U0054354

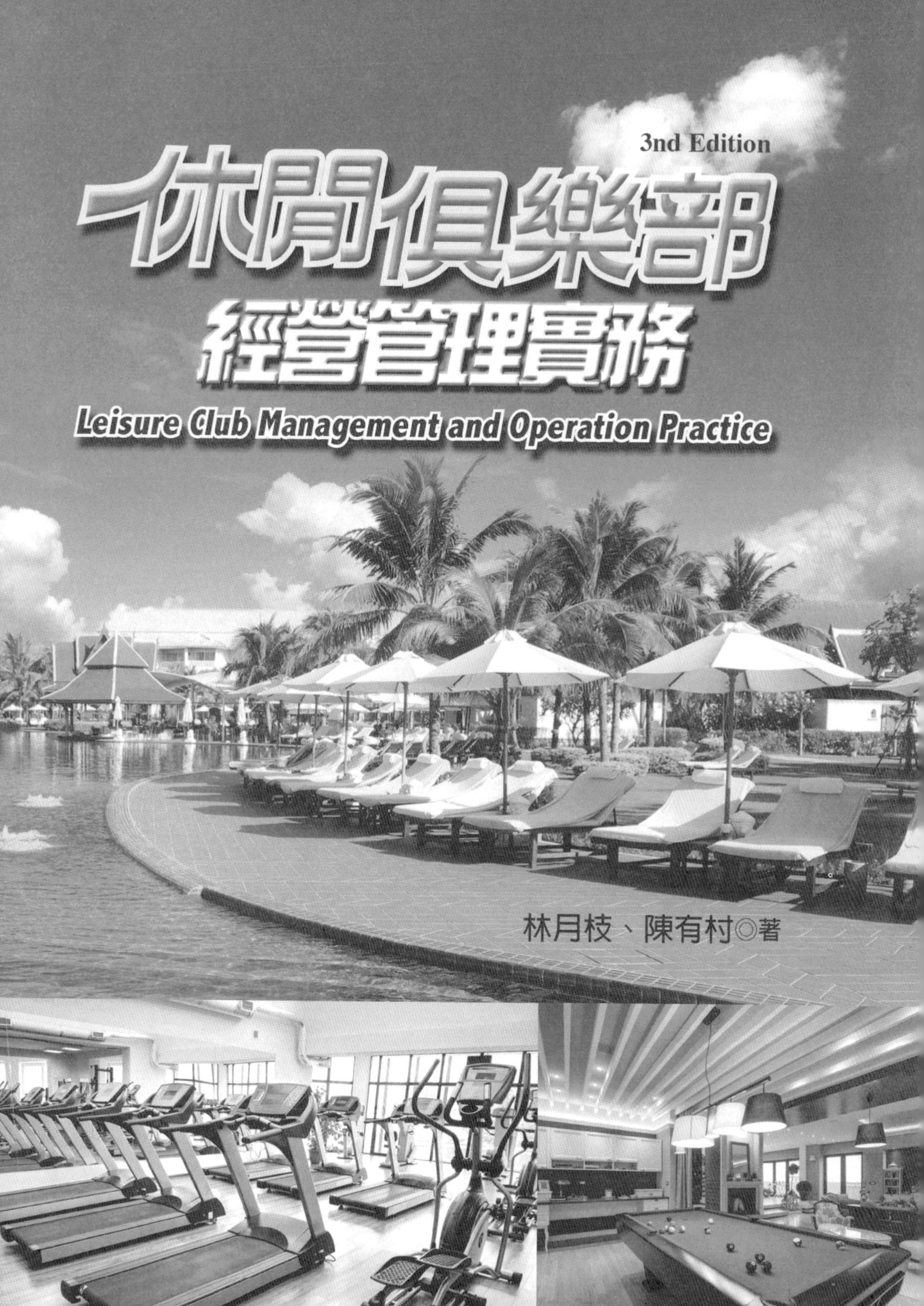
3nd Edition
休閒俱樂部
經營管理實務
Leisure Club Management and Operation Practice
林月枝、陳有村◎著

高 序

運動健康俱樂部在台灣的發展，從附屬在五星級飯店到現在全國連鎖，以及國際企業加入經營，已經二十五年。在這過程中，本書作者林月枝小姐（Gerri）是少數全程經歷的人之一。

Gerri和我熟識超過十年，亦師亦友，並且共同籌組推動運動休閒產業經理人協會，規劃執行經理人證照課程，協助具有創業熱忱的人經營俱樂部。因此Gerri不僅對於俱樂部營運大大小小的事情如數家珍，對於俱樂部的產業發展歷程也有深刻的、宏觀的體驗與認識，更和許多俱樂部從業人員、經理、高階主管、投資者，建立良好的關係。這些經驗與智慧都充分流露在本書的字裡行間。

經營管理運動健康俱樂部固然可以應用傳統商學管理的學理邏輯，但是如果能夠運用俱樂部專屬的資料，有系統地介紹和討論，必然可以更有效地學習和應用。

本書結合學理以及實務發展，是相當在地化的一本好書，我非常榮幸，有機會獲得作者的邀請，撰寫推薦序，得以先睹為快，收穫良多。相信讀者也會與我有同感。

國立體育大學校長

高俊雄 敬薦

2015年1月6日

自 序

本人自畢業後即投入運動休閒俱樂部的行業，從事休閒俱樂部工作長達三十年之久，歷經了各種類型休閒俱樂部的籌備及經營管理實務，同時也在各大專院校教授休閒俱樂部經營管理相關課程。當我剛開始教學，想找一本適合當作俱樂部管理的教科書時，發現針對此課題的書並不多，而且大部分爲外文的相關書籍。但依我在國內從事此行業的經驗得知，國外的管理模式並不完全適合國內的生態，同時也發現該類的書大都偏重理論。事實上休閒俱樂部因不同的定位形式，無論是商務型、體適能型、社區型或鄉村型，在經營規劃管理理論上大致相同，但操作模式及策略卻差異甚大。

在現行週休二日以及降低勞工工作時數、鼓勵運動休閒等因素影響下，國人參與運動休閒風氣逐步成長。同時加上不動產業、飯店業，甚至目前某些醫院，更是將俱樂部納入必備的經營範圍，因此，未來在人力的需求上，休閒俱樂部領域專業知識更是重要。

本書乃在個人開始教學時，爲了將自己在此領域經驗傳遞給在校學生，希望能幫助學生畢業後對投入此行業更能得心順手的理念下，同時獲得出版社的支持，於是著手將過去三十年來經歷的各式休閒俱樂部的實務加以整理撰寫，希望能成爲教授此課程的教師們教學時的工具書，也能是學生將來就業後還能用得上的參考書。

本書在編寫過程中確實花了很多的工夫才完成，在教學時先以投影片方式發給學生做爲講義，並經由學生在學習過程提出意見加以修正才完成。

本書在2006年初版，2009年第二版再版至今，國內運動休閒風氣提升許多，市民運動中心紛紛成立，大型體適能型健身俱樂部更採連鎖快速展店的發展，甚至不少具專業運動的教練也勇於在這產業自行創業，讓運動休閒俱樂部產業由衰退期再度復甦。然而在一片繁榮看好的產業前景中，要記取過去大型俱樂部退場的警惕，投入休閒運動俱樂部仍須將經營規劃的根基打好，才能眞正穩紮穩打永續經營。另外在教學過程中發現同學對於經營俱樂部，無論是在規劃程序時計畫書的撰寫，或對規劃活動的企劃書擬定方面，都比較不知所措，因此在第三版也保留俱樂部籌備程序與計畫書及俱樂部活動服務規劃章節。第三版對於水質管理方面在增加許多實務的管理概念，能夠提供更完善的俱樂部經營管理實務眞正的需求，是大專院校俱樂部經營管理相關課程最適合的教科書。

在此感謝正修科技大學運動健康與休閒系主任蔡崇濱先生給我授課的機會與肯定，同時也要感謝過去一起和我規劃管理無數休閒俱樂部的夥伴吳秀雲小姐，協助圖片及作業流程資料蒐集的陳清豪先生，以及前中華民國運動休閒產業經理人協會的理事長蔡特龍先生，台灣體育運動管理學會榮譽理事長、現任國立體育大學校長高俊雄先生，以及協會經理人研習會擔任講師的各位業界夥伴，提供豐富的實務經驗論點及寶貴的意見。由於該書準備決定出書時間較爲緊迫倉促，難免有所錯誤與遺漏，尙祈休閒俱樂部業先進與學界前輩不吝給予批評與指教。

林月枝 謹識

2015年1月28日

目 錄

高 序 i
自 序 iii

導論篇 1

Chapter 1 俱樂部的範疇與領域 3

第一節 俱樂部的定義與特性 4
第二節 俱樂部的經營制度 11
第三節 俱樂部的分類 16

Chapter 2 俱樂部的起源發展與現況 23

第一節 俱樂部的起源與發展 24
第二節 大陸運動俱樂部發展概況 36
第三節 俱樂部經營管理的成功要件 40
第四節 俱樂部未來經營趨勢 43

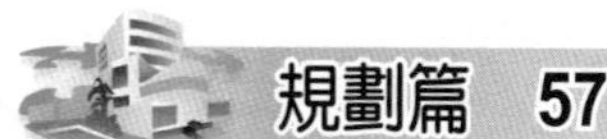
規劃篇 57

Chapter 3 俱樂部產業競爭分析 59

第一節 消費者行爲研究 60
第二節 競爭力分析 64

Chapter 4 經營理念市場規劃 73

第一節 發展型態定位 74
第二節 硬體設施與器材設備規劃 84
第三節 承載量運用分析與計算 89
第四節 成本預估 94
第五節 擬定俱樂部籌備程序與計畫書 98

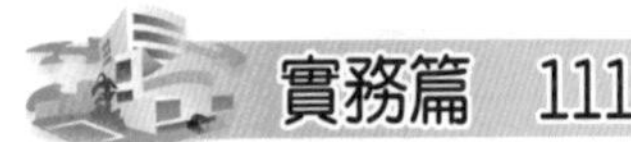

實務篇 111

Chapter 5 運動休閒區作業管理 113

第一節 健身房基本工作實務 114
第二節 俱樂部專業運動經理人建立 124
第三節 運動／休閒區管理辦法 130
第四節 作業流程 136

Chapter 6 櫃檯與行政作業管理 143

第一節 櫃檯區主要作業實務 144
第二節 櫃檯管理辦法 160
第三節 行政及管理部門管理辦法 164
第四節 作業流程圖示法 171

Chapter 7 會務管理 179

第一節 會員規章 180
第二節 會員會務管理實務 184
第三節 俱樂部活動服務規劃 198

Chapter 8 水區營運作業管理 205

第一節 水療及溫泉管理實務 206
第二節 作業管理辦法 216
第三節 水區作業流程圖示法 243

Chapter 9 服務品質管理 253

第一節 高品質的意涵 254
第二節 服務補救 265
第三節 發展擴增服務品質 267

Chapter 10 人力資源管理 271

第一節 人力資源管理之基本概念 272
第二節 休閒俱樂部人力資源規劃 276
第三節 俱樂部人事管理實務 283
第四節 教育訓練 302
第五節 薪資管理與績效考核 309

Chapter 11 行銷管理 323

第一節 行銷策略 324
第二節 商品規劃 331
第三節 行銷計畫擬定 334

Chapter 12 財務與危機風險管理 337

第一節 俱樂部資金與財務管理計畫 338
第二節 損益平衡點應用 340
第三節 危機風險管理 342
第四節 俱樂部意外事件預防與處理 345

Chapter 13　餐飲管理　353

第一節　餐飲管理的意義與特性　354
第二節　餐飲市場與消費　358
第三節　俱樂部附設之餐廳經營與管理　360
第四節　餐飲服務　366

附　錄　371

附錄一　契約書範例　372
附錄二　緊急事件標準作業流程範例　398
附錄三　員工手冊範例　408
附錄四　俱樂部經營管理顧問提案範例　445
附錄五　各式表單　448

參考文獻　461

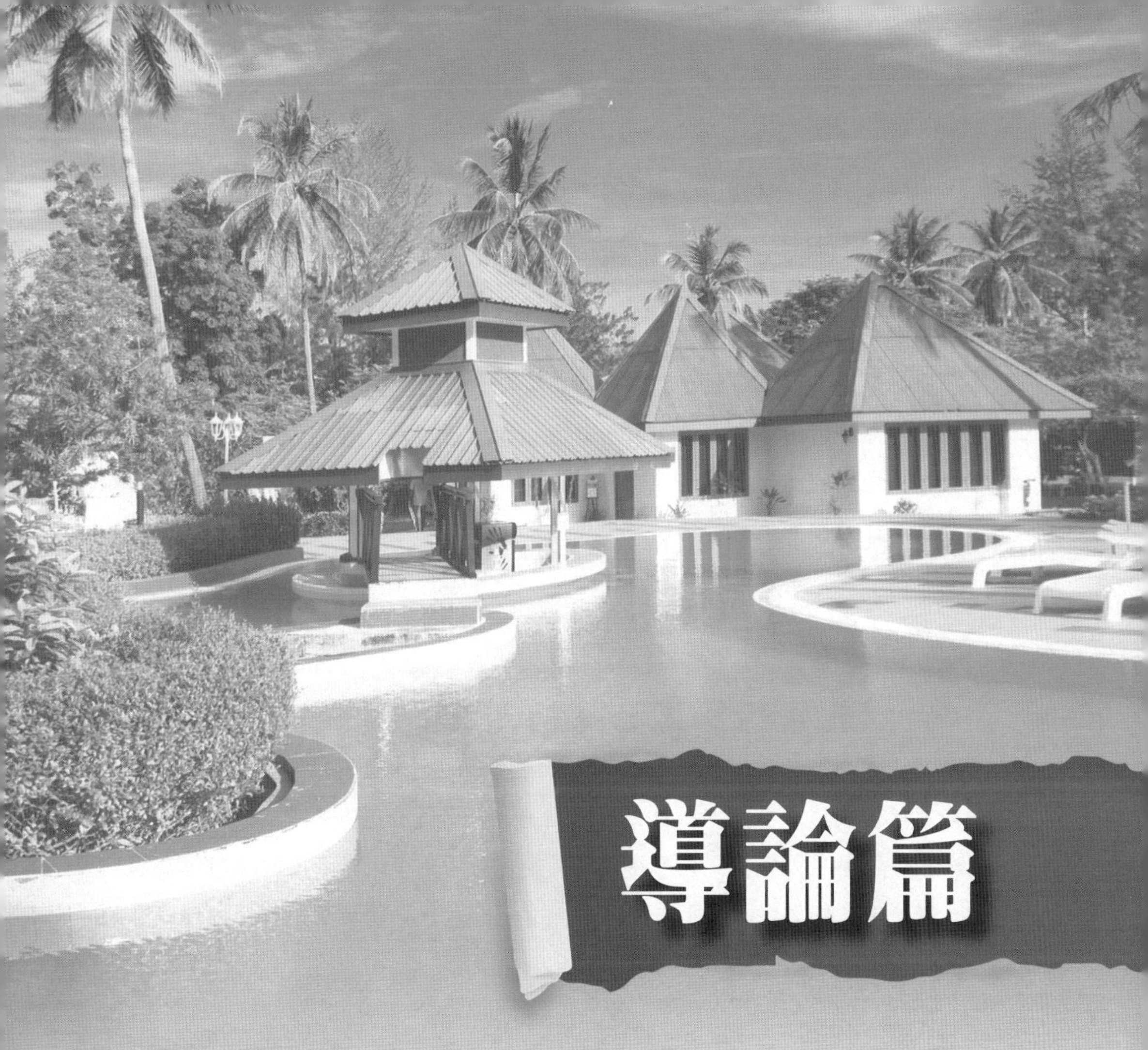

導論篇

第一章　俱樂部的範疇與領域

第二章　俱樂部的起源發展與現況

隨著生活水平的提升，個人休閒運動意識抬頭，加上週休二日的政策，國人對健康的觀念也漸漸重視。因此，近幾年來，台灣休閒俱樂部因應需求，如雨後春筍般地不斷成立。從早期的健身院、韻律舞蹈班，進而到專業健身俱樂部、連鎖有氧韻律世界、商務健身聯誼社，以及五星級大飯店更隨著國際的潮流，也紛紛成立健身會員俱樂部，以趕上時代的腳步；甚至對市場靈敏度頗高的建築業，更加利用健康休閒俱樂部為房屋促銷的手段之一，於是社區型態的健康休閒俱樂部也就應運而生。雖然也曾經歷全球金融風暴引發台灣健身休閒俱樂部的歇業，但由於市民運動中心陸續的開幕，也再度帶動台灣健身俱樂部的成立風潮，不僅在都會區開立大小不同的各類型健身俱樂部，二線城市也紛紛開設不少的健身俱樂部，由此可見，休閒運動健身俱樂部的市場是被看好的。

然而，在如此眾多不同類型的休閒俱樂部中，無論是設備、場地提供的服務均各有異，因此，對於休閒俱樂部的經營，從初期市場定位的選擇，籌備時在硬體設施、器材方面及動線規劃上，直到試營運期、正式營運期，還有哪些工作事項須完整規劃，在休閒俱樂部產品生命週期各階段如何經營管理，如何做行銷策略，真正得到的利潤有多少，投資報酬率有多高，這些都是管理者經營休閒俱樂部的成功命脈。

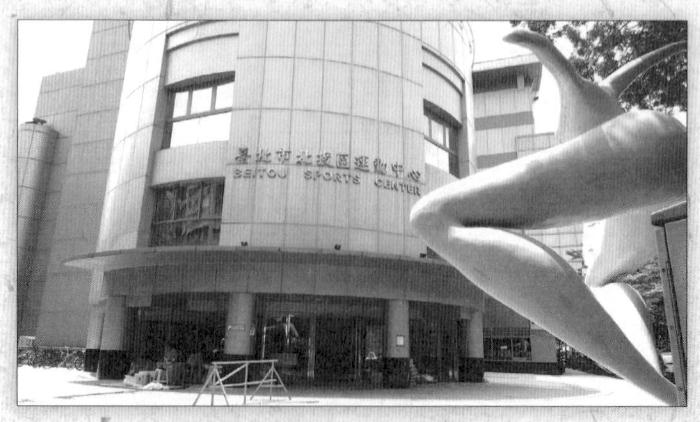

近年來政府推動市民運動中心，提供市民在各行政區有一處平價運動場所，帶動年輕族群運動的熱潮

資料來源：北投運動中心提供

俱樂部的範疇與領域

- 俱樂部的定義與特性
- 俱樂部的經營制度
- 俱樂部的分類

第一節　俱樂部的定義與特性

健康休閒俱樂部是美國在1970年代開始發展的健康事業，它不但加強了民眾對健康、體適能和全人健康的觀念，也促進民眾實際參與活動（姜慧嵐，2000）。在國人對休閒需求及運動健康觀念逐漸提升後，休閒俱樂部成爲能爲大眾提供休閒健康活動與服務的最佳場所。俱樂部這個名詞對國人已不再陌生，這種新興休閒事業的蓬勃發展，對增進社會大眾的健康做出貢獻。根據國際健康及運動俱樂部協會（International Health, Racquet, and Sportsclub Association, IHRSA）統計，全世界各類型健康休閒俱樂部截至2005年止，共有68,355家，其中歐洲最多共有27,125家，其次美國共有26,830家，同時IHRSA在2015年公布亞太健身俱樂部報告也顯示，亞太地區也已突破28,000家健身俱樂部。由此可見，休閒俱樂部已是生活機能的一部分。

一、俱樂部的定義

有關俱樂部之定義，各界一直議論紛紛，卻始終沒有明確的標準或依據。Buchanan（1965）認爲，俱樂部的組成是人們基於若干經濟方面的理由，與自己喜歡的人群聚集在一起，共同分享喜好的娛樂或利益，而定期集會的封閉社交團體。

以下爲近年來幾位國內學者依據俱樂部所提供服務的觀點所做的定義：陳金冰（1991）認爲，俱樂部（club）是根據一群人爲了利用規模經濟，或利用其爲一決策單位的方便，或與自己喜歡的人們聚在一起，或集合相同消費行爲和品味的封閉式社交團體。宋曉婷（2001）則將其定義爲強調以健身及休閒功能，來滿足消費者健身、休閒、娛樂等需求，並提供多元化服務，以招收會員爲其主要收入來源的運動休閒俱樂部。周明智（2002）則將其定義爲一群共同嗜好及共同興趣的人，爲滿足自己的社交及遊憩需求而集會在一個特定地點，並由專業管理人來提供所有的服務。

綜合國內學者對俱樂部各種的定義，在此可將休閒俱樂部定義爲，是一種集合相同消費行爲的封閉式社交團體，通常會有資格審核程序以取得入會資格，同時具有社交、休閒活動功能，不用現金交易爲主。而這一群消費者在此封閉式社交團體中，由休閒俱樂部業者提供運動、健身、休閒、娛樂等器材設施及指導或諮詢服務，或餐飲、住宿、會議等功能，使這群消費者藉由業者提供的服務，進行消費行爲。

簡單來說，俱樂部屬於集合相同興趣、需求、消費行爲的社交團體，在同一個空間以及時間當中，由休閒俱樂部提供具有休閒、社交、娛樂、運動等設施及指導或者是諮詢服務的功能。

二、休閒俱樂部的特性

休閒俱樂部乃是服務業的一環，在休閒事業範疇，它與旅館業及運動休閒業的有形及無形商品之特性非常相似。因此，休閒俱樂部具有與一般服務業及休閒產業相同的基本特性外，還具有本身的特殊特質。

(一)服務業基本特性

休閒俱樂部具有的服務業特性有下列幾項：

◆無形性

服務業呈現出的服務商品是無形的，會員在使用、享受過程時，也許看不到或摸不到實體，購買服務後，也無法擁有眞正實體物質。業者藉由觀察被服務者的反應，可以體會出所提供的服務是否能使消費者滿意。休閒俱樂部所提供的服務大部分也是無形的，如教練運動諮詢、課程指導；但也有一些服務是讓消費者得到有形商品的服務，如運動用品販售。

◆不可分割性

無形的服務類商品只存在於買方與賣方之間的互動，經驗的發生與人們的體驗是同時並存的，兩者密不可分；服務無法先在某處製造出來，然後在其他時間再運送至他處供顧客消費，唯有在消費者在現場情況下，服務業之生財器具才有用；銷售服務性商品是直接的，銷售員與顧客間沒有媒介，商品無法囤積。此特性導致之結果為，購買服務性商品無法試用。

◆易逝性

服務性商品是無法事先購料、生產、儲存的，因此較不能因應需求的變動，同時商品有時效性，故較難平衡服務的供需。例如度假型休閒俱樂部的客房，如未在當晚前出租就無法提供服務；但度假旺季時又常常客房不足，會員常會訂不到房間，均因服務無法預先儲存，這就是服務性商品的易逝性。

◆異質性

由人類製造消費之服務性商品，都無法維持一定品質，故難達到標準化，顧客需求是因人而異，服務業為達品質一致性，須減少過程中人為因素的影響，或許可有所改善。休閒俱樂部為因應每一位會員不同的需求，以及不同的人所提供的服務均有所差異，故屬於異質性。

(二)休閒產業特性

休閒俱樂部具有的休閒產業特性有以下幾項：

◆資本與勞力密集

休閒俱樂部投資興建的硬體、設施等需要相當大的資金，除了以投資性為主的住宿型休閒俱樂部外，大部分投資報酬是屬於長期投

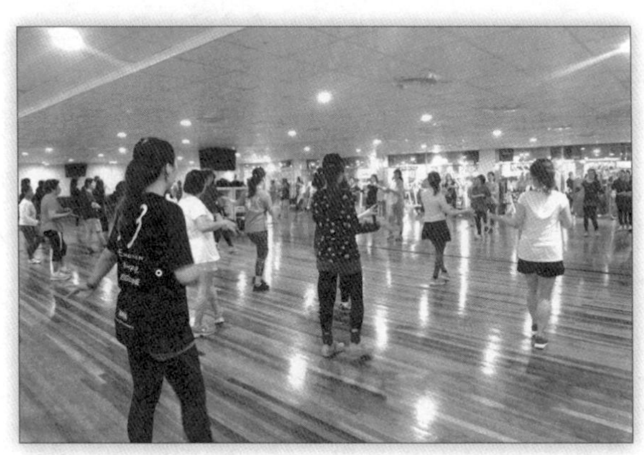

會員對各類的團體課程需求均有其差異，俱樂部為滿足客人的差異性，必須提供各種不同的課程
資料來源：焦點健身中心提供

資、低回收的。同時，休閒俱樂部屬於以人來執行服務的活動，所以服務品質是吸引消費者的一項主因，因此需較高的人力資本。

◆市場受外在環境影響大

政治環境安定、經濟發達、社會治安良好、交通便利、股市景氣好，均是促進休閒俱樂部發展的因素，故休閒俱樂部市場受外在環境影響甚大。

◆地理性

休閒俱樂部的地理位置條件非常重要，不同類型的休閒俱樂部，就必須因應不同地理環境來定位，這對營運影響很大。例如各種不同類型的休閒俱樂部有鄉村俱樂部、運動俱樂部、社區俱樂部、商務俱樂部等。

(三)特殊性的特質

由於俱樂部與一般的休閒事業經營方式較不同，因此產生一些特殊性的特質，茲說明如下：

◆市場流通性

有些休閒俱樂部會員證是具有價值性的，通常此類俱樂部經營成效良好，各種制度規定及軟體規劃完善，提供媲美五星級飯店之服務，同時硬體設施設備完善，會員素質平均水準很高，加入此種俱樂部成爲社會地位象徵，加上名額有限，反而創造出市場需求，會員證價格在市場上高出原本之定價，故具市場流通性。例如：早期統一健康世界會員證、高爾夫球俱樂部會員證等。但目前市場上這類的俱樂部因供應者增加及景氣不佳的原故，在台灣還能保有這樣的優勢已經所剩無幾。

◆飽和度

會員制休閒俱樂部在會員人數上通常均有所限制，因爲俱樂部的空間、設備或設施均有限，無法無限地對客人提供服務，因此只對限定的對象進行服務，一般爲會員本人或同行親友。例如：早期圓山聯誼會、美僑俱樂部等對會員資格人數都有非常嚴格的管控。就連非會員制的市民運動中心，在空間有限的情況下，寒暑假時健身房也需要

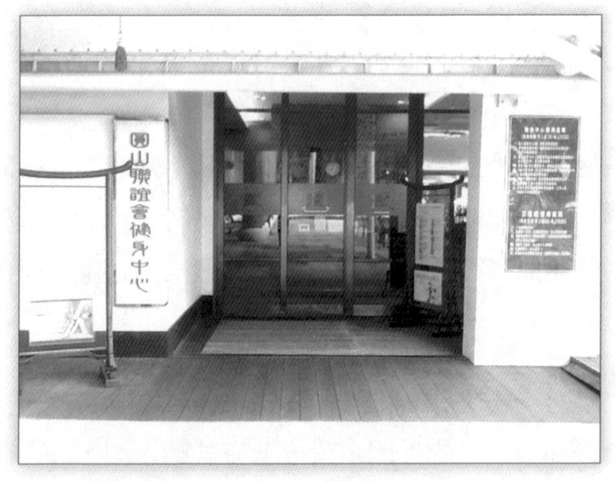

商務型俱樂部

資料來源：攝自圓山聯誼會健身中心

有人數的控管，避免造成擁擠使用不便。

◆整體社會價值貢獻

俱樂部提供給顧客社交、聯誼、運動、休閒、親子、名望、商務等多功能的機制，顧客可藉由休閒俱樂部提供的服務，來提升生活品質的水準，對整體社會機能有其貢獻度。除此之外，對社會經濟的貢獻尚有：

1.增加休閒產業類型就業機會：目前全國大專院校與運動、休閒、健康、觀光、餐旅等相關科系林立，每年畢業的學生人數眾多，許多人想投入相關產業，休閒俱樂部為其中之一項，因此可增加休閒產業就業機會。
2.刺激地方經濟發展：一個休閒俱樂部的成立會直接和間接影響當地的社會文化和經濟狀況，進而改變或創造社會、文化、風俗及各種制度，因此以正面影響而言，無形中可刺激地方經濟發展。
3.增加土地的價值：許多土地原本可能因為偏僻，或有些屬山坡區域較無價值，因此一些財團或業主即在該區建立休閒俱樂部，一般多為鄉村型或度假型俱樂部為多。藉由具價值、流通性高的會員卡的推廣，當地的土地也就跟著水漲船高增值了。典型案例如台北信義區挹翠山莊的台北鄉村聯誼社、屏東滿州鄉的小墾丁渡假村。
4.增加稅收及營業額，提升土地使用率和旅館住宿率：有些休閒俱樂部是附屬在飯店旅館內，除了提供會員使用以外，也提供房客使用，因而可增加住宿率、營業項目及稅收。尤其目前外國商務旅客投宿旅館均非常重視是否有健身俱樂部的提供。
5.對在地居民提供就業機會：休閒俱樂部屬於休閒產業之一，因此具有休閒產業人力密集度大的特性，一個休閒俱樂部的成立，內部需要工作人員眾多，如教練、櫃檯接待人員、人力資源部行政人員、業務行銷企劃人員、清潔服務人員、客房人員、餐飲人員等等，而服務業工作時間不像一般朝九晚五的作息，對現場基層人員，業者大多偏好招募當地居民爲員工對象，故能提供相當多的職缺，創造地區內的居民就業機會。

◆私密性與封閉性

正統會員制休閒俱樂部只針對會員或特定對象提供服務，故屬封閉性場所。也因採會員制，僅對會員提供服務，一般散客除非由會員帶領入場，否則無法直接前往消費，提供會員隱密性較高的休閒、社交、運動及服務的場所，因此政商名人熱衷於加入高級私密性高的俱樂部從事休閒運動。

◆投資與獲利性

在國外經營成效良好、各種制度規定及軟體規劃完善、歷史悠久的所有權制不動產度假型休閒俱樂部，由於具市場流通性，故會員證具有投資價值或保值效益。尤其對投資業者而言，度假型休閒俱樂部的土地會增值，而會員制休閒俱樂部的會員卡流通性比房地產流通性高，因此具快速回收獲利的優點。有些業者也對會員提供分紅回饋方案，加速會員證的投資性與獲利性，但在國內由於法規政策在這方面不夠嚴謹，造成消費者糾紛案例層出不窮，故消費者越來越不願以此目的，對這類型的度假型休閒俱樂部作投資。

◆增值性

一般會員證銷售情形如同房地產分階段性訂價。例如在預售期購買者通常爲所謂的創始會員，所購的會員證價格較低，直到進入營運期時，休閒俱樂部通常會以調高入會費來提升價值，故對創始會員而言，等於有增值效益。

◆多元性

休閒俱樂部除了提供的是無形性的服務商品，同時也提供無形服務附屬在有形的硬體設施上的實體商品。因此，休閒俱樂部提供了商務、聯誼、運動、休閒、餐飲、住宿等功能，當然屬於多元化的事業特質。

◆時間性

休閒俱樂部使用人潮有非常明顯的尖峰與離峰時段，因此常有業者在人潮稀少的離峰時段，推出較低價位之離峰會員，提升使用率，以塡補時間性的差異。

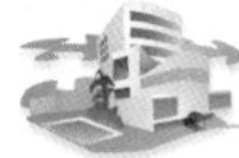

第二節　俱樂部的經營制度

一、休閒俱樂部的經營制度

由於有各種不同形式的休閒俱樂部，有些偏向不動產事業的銷售制度，有些偏向一般市場買賣，更有些是以不同制度同時存在，因此，在經營與管理上均有極大的差異性，不論採哪一種制度經營，規劃前均應先瞭解各種制度因形式差異而產生的不同會員權益。以下爲各種制度說明：

(一)會員制

會員制（membership）是依可提供之服務來估計招募名額，不提供服務給非會員。關於會員數計算，若是不提供住宿之俱樂部，通常以每人約一坪至半坪計算，或以承載量計算會員總人數之預估（承載量計算於後面章節將有詳細介紹）；若是有提供住宿，如度假鄉村俱樂部，則會以提供的總客房數乘以三十的基準，作爲會員總人數預估的參考。

(二)所有權制

所有權制（ownership）是一種不動產業針對休閒度假房間產權持分的俱樂部制度，業者將所有房間規劃爲銷售單位，計算每位會員擁有可使用的天數。一般在美國業界會將以每一個客房規劃爲十五個銷售單位，在其他國家有些會規劃爲十六或十二個銷售單位。通常以經營提供住宿爲主的度假村俱樂部才會採行此制度。

(三)分時使用擁有權制

1960年代開始，興起一股度假熱潮，當時美國人流行在French Alps擁有價格昂貴的一個禮拜之分時度假擁有權，這股風潮使得全世界的五千個度假勝地紛紛跟進，現在的分時擁有權（time sharing）產業已成爲國際性質，並且在觀光產業中快速成長，在一片經濟不景氣的時代中，可以用觀光業的發展來解決不動產業的困境。

分時所有權的概念，採分時分享的制度，亦稱爲度假分時所有權，此制度讓消費者可以用很低的價格，承購度假村房間單位每年固定時間的使用權利，也就是度假區將豪華的住宿點，分爲數個住房單位將時間分割的每一時段，通常是一個星期到數個星期所有權分別售予很多人，而依時間長短，讓所有權人可以依自己的需要登記住房。基本上，分時度假村業主會將全年五十二週規劃成五十個週單位，再依淡、旺季來設計不同價格銷售，是屬於所有權制的另一種變相制度。

分時使用所有權在美國流行的原因，除了產品、公司經營良好之外，最重要的因素是其「使用擁有權」的概念，以俱樂部型態經營度假村不動產業，使得購買者有種歸屬感，並讓度假者有安全感，不用擔心沒有房間外，也讓購買者獲得許多與一般非會員度假時不同的服務。然而因爲每年都回到相同度假村度假，容易使消費者厭倦或失去新鮮感，因此又出現分時度假計畫交換組織的行業，讓會員可以享有每年在世界各國不同地點度假的機會，北美現在是最大市場。

分時使用擁有權制和所有權制所具有的特性及賣點，是這兩種制度都是由不動產證券化的概念衍生而來，所以具不動產證券化的特性。過去幾年台灣休閒產業也曾極力推行分時度假制度，但尚無非常成功的個案。不動產業者雖有意大力推展，但皆停留在評估階段，且開發這種規劃案涉及之層面非常廣闊，整體環境面涵蓋政治、經濟、社會環境、交通建設、國民所得、休閒遊憩人口等；個體面涵蓋個人之休閒時間、休閒費用、休閒偏好習慣，以及度假俱樂部本身之吸引力、設施之數量、品質及容納量、經營服務及品質管理等，故各項預測都充滿極大的變數，並不是一般投資者敢冒然行動的。除此之外，即使國外的度假俱樂部來台灣市場行銷，也因台灣近來詐騙集團猖獗，使消費者對購買此類俱樂部會員證不敢冒然採購。

(四)使用權制

使用權制（right-to-use）即爲度假權制，將度假俱樂部設施、住宿、活動、交通及其他所有規劃的服務，包裝爲一套產品，依不同時間、住宿等級，分別設計不同價格出售。銷售的對象購買此商品後，僅能在有效的期限內，享有使用的權利，並無實質的產權或經營權利。台灣有些度假型提供住宿的鄉村俱樂部會採會員制鞏固基本消費

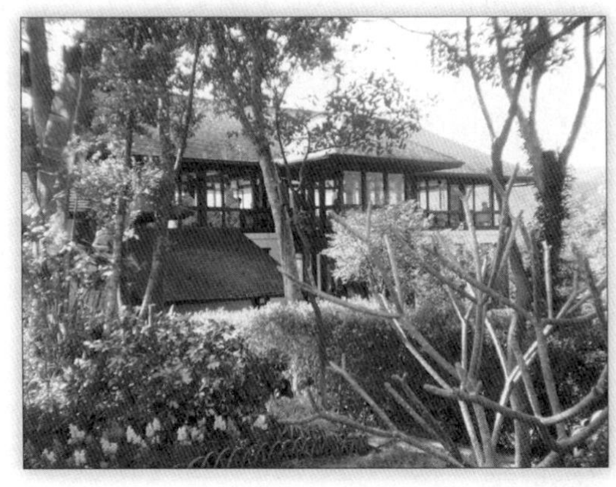
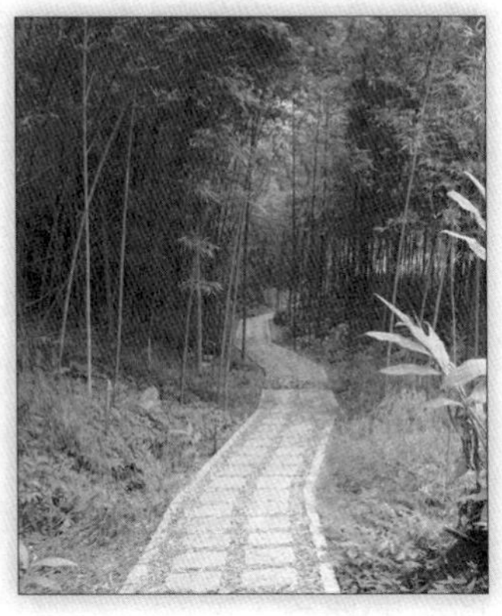

歐美地區區域廣闊，到各地停留數週移地度假情況普遍，因此分時度假盛行

族群外，另外也會設計度假使用權制的套裝行程增加營收。至於無提供住宿的休閒運動俱樂部而言，無論採會員或非會員制，消費者幾乎都是屬於僅使用權的權益。

二、制度差異

因爲不同的制度對於休閒俱樂部經營與管理的長期性發展而言，都會產生重大影響，故在規劃休閒俱樂部時，必須先加以瞭解。以下就內部作業成本、制度規範、銷售機會、會員權存續期限、附加價值、市場流通等方面，來加以比較其差異，如此才能規劃出恰當的制度。

(一)內部作業成本

一般會員制商品易產生買賣、轉讓等問題，對於會員的資料、帳款處理、權益變遷等內部作業均會產生成本，因此不同制度會有差異性，其中以所有權制因與不動產性質相近，故轉換成本最高。

(二)制度規範

休閒俱樂部會員所簽訂契約中的權利和義務，最重要是要合法及適法，但目前相關法令並未明確加以規範，雖然過去體委會（現改爲體育署）對健身房有訂出一份制式化契約，但眞正使用並未普及，因此目前的會員契約或會員章程，大都由各業者自行訂定，故在權利義務、適法性、保障性方面各有差異。以制度性而言，目前使用權制較鬆散，因此有一些休閒俱樂部倒閉，造成會員扔雞蛋的案例發生，例如佳姿事件、國王與我、亞力山大、中興健身俱樂部事件等。但也因這些事件的發生，使得消費者對購買長期的會員證產生不安全及不確定性，因此目前法令規範業者預收的長期入會費或年費至少需有50%的金額需交予信託，以確保會員權益。

(三)銷售機會

休閒俱樂部最主要的銷售爲會員證銷售，此銷售機會攸關投資成本初期回收或投資利潤的機會。而此銷售機會涵蓋的項目有會員權利義務、會員證售價及價值、會員期限、銷售的數量等，其中所有權制因具有投資、保值的因素，因此在售價方面最高；而會員制則視會員期限不同，有不同的獲利及銷售機會；至於分時使用制度則可採大量銷售，因此售價較平均；而使用權制最能大量銷售，故售價較低。

(四)會員權存續期限

會員制方面約定條款期間有權益存在；使用權制僅度假期間或使用期間才有權益；所有權制及分時使用擁有權制度均依契約訂立期限。

(五)附加價值

基本上，會員數量爲休閒俱樂部一項重要資源與資產，因此利用此資源可產生延伸性商機的附加價值，除了純度假休閒的使用權制較無法掌握太多資源外，其他制度均具備其附加價值。

(六)市場流通

除了使用權制無太大市場流通性外，其他制度對於市場流通的價值、通路、對象均根據當時外在環境及規範而定，因此非常多元化。

(七)社會價值

各種制度均具備社會價值的存在，會員制及分時使用制度方面，均具有區隔性的社會價值；所有權制則更具有投資性的價值，當產品制度、經營理念、市場需求大時，更是吸引投資客的青睞。使用權制一般較單純，購買資格也較無規範，因此更易爲一般消費者接受。

(八)飽和度

使用權制不涉及所有權，因爲顧客轉換率高，業者也比較無法掌控，在飽和度上較無限制。會員制雖然有名額限制的飽和度問題，但消費者永遠無法得知目前眞正的會員人數，因爲會員進出時間不定，又有時間性的特質，業者爲了彌補離峰時段人潮的不足，常會有業務行銷人員永遠對消費者告知，會員名額尚未額滿，以便爭取更多消費者加入會員的行銷說詞。其他制度在人數或名額上均有限制。

第三節　俱樂部的分類

俱樂部的範疇相當廣泛，因此探討經營規劃管理時，應先瞭解是屬於哪一類型的俱樂部。本節針對不同的休閒俱樂部分類方法，一一加以介紹。

一、運動休閒俱樂部所提供之服務項目

依運動休閒俱樂部所提供之服務項目，可劃分爲下列幾種（程紹同，1997）：

(一)低量功能型

低量功能型（limited function services）的運動休閒俱樂部主要是針對特定的服務對象提供少量的服務項目（一至三項），且經營的性質各有所不同，所提供的服務項目大部分是以硬體設備的使用與指導爲主，像是健身器材的使用與指導、有氧舞蹈教學等。

(二)多功能型

多功能型（multi-function services）的休閒俱樂部所提供之服務，

可分為軟體和硬體的服務。在軟體服務的提供方面有：各種健身器材的使用與指導、韻律與有氧舞蹈的教學、運動處方的開立與營養保健、定期與不定期地舉辦活動或比賽等；而在硬體服務的提供方面則有：健身房、心肺功能訓練器材室（如跑步機）、韻律與有氧舞蹈教室、運動健康諮詢室、視聽室、三溫暖設備以及更衣室或淋浴設備等。此類型的俱樂部包括：中興健康俱樂部、克拉克健康俱樂部等。但受到市場需求多樣化的影響，較新的多功能型運動健康俱樂部，皆設有室內溫水游泳池、壁球室、健康餐飲／咖啡廳、會議室、兒童遊戲區、販賣部等設施，服務方面則多增設指壓按摩、餐飲服務、托兒服務項目等，此類俱樂部如亞力山大健康俱樂部、太平洋都會生活俱樂部等。

(三)全功能型

全功能型（all function service）可以郊區／大型休閒和專業運動休閒俱樂部為代表。其包括的服務內容相當豐富，除了擁有多功能型的運動休閒俱樂部的軟、硬體設施外，並另有休閒娛樂（如戶外球場、烤肉區、生活講座、藝文活動）及商業聯誼（如大型會議室、宴客餐廳）等全面性的服務內容。例如：小墾丁綠野渡假村、統一健康世界等（整理自陳有村，2003）。

二、以附屬地點範圍分類

以附屬地點範圍來分類，大致可分為下列幾種（程紹同，1997；高俊雄，1995）：

(一)附屬於五星級大飯店

一般附屬在五星級大飯店的休閒俱樂部，通常以藉飯店的形象與聲譽採商務聯誼為主的休閒俱樂部居多。例如君悅飯店的綠洲健身俱樂部、晶華酒店的會員俱樂部、喜來登飯店的會員俱樂部、圓山飯店的圓山聯誼會。

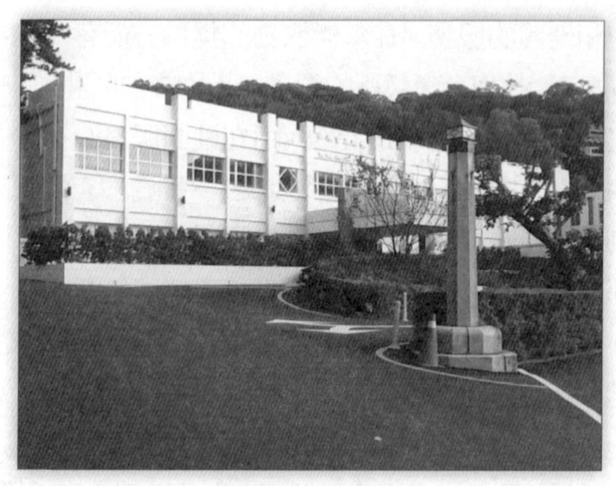

附屬五星級飯店內的聯誼社外觀
資料來源：攝自圓山聯誼會

(二)企業休閒中心

目前有很多企業家有鑑於國人對運動休閒的重視，及瞭解其對生產力的影響，故在公司內部興建運動休閒爲主的俱樂部，提供員工使用。例如：至善安養中心的至善生活館、中興紡織公司、聯電的蓮園、台積電等科技公司。

(三)學校

各級大專院校基於自籌經費方案的實施，許多有開設與運動、休閒、觀光、遊憩、體育等相關科系之院校，紛紛成立健身休閒俱樂部或休閒相關會館，一方面提供學生實習的機會，另一方面有的更對外經營，以增加營收、維持營運。例如：國立體育大學的體適能中心、師範大學的體適能中心、世新大學的世新會館及針對師學爲主的中華大學、輔仁大學、德霖技術學院、萬能科技大學等學校的體適能中心。

(四)醫院

在醫院以醫療保健爲背景成立的健康俱樂部漸漸受到歡迎後，國內有許多醫院也投入俱樂部的營運。例如：榮總、台大、馬偕體適能中心及西園醫院附屬健康管理中心，有些更標榜是五星級服務的健康俱樂部。

(五)城市型

以提供都會區的消費者運動、休閒、商務聯誼的俱樂部爲主。例如：過去的台北聯誼會、中興健身俱樂部、加州健身中心及仍繼續營運的世貿聯誼社、高勁健身中心、101世界健身尊爵會館等。

(六)郊區型

一般以採多樣化的度假休閒爲主的俱樂部居多。例如：山海觀渡假俱樂部、統一健康世界、小墾丁渡假村等。

(七)社區型

通常爲以提供居民運動休閒爲號召，進而提升社區生活品質爲主的健康休閒俱樂部。例如：世界山莊、海悅社區、佛朗明哥、熱帶嶼等。

(八)高爾夫球場

專門提供會員高爾夫球爲主的球場，也同時兼顧會員健康休閒需求成立的休閒俱樂部。例如：美麗華、揚昇等高爾夫球場的俱樂部。

三、以市場經營目標定位分類

以上的分類法較適合作學術研究比較使用，如果要針對不同休閒俱樂部在經營行銷管理等方面加以比較研究，建議採用以下分類法，較能符合市場經營的實務（林月枝，2000）：

(一)專業體適能俱樂部

以區域性而言，集中在都會區，提供專業體適能運動處方，及與國際潮流同步教導的各式有氧運動課程為主；健身運動器材非常齊全。例如：過去的中興健身俱樂部、加州健身中心以及現在的高勁健身中心、世界健身俱樂部、極限健身中心、健身工廠等，另外目前也流行以專業主題的小型健身俱樂部，僅提供少數專屬運動訓練項目的設施，但標榜較客製化教學為主，例如輕適能運動空間、運動工作室等都屬此類。

(二)商務型休閒俱樂部

以商務社交的身分表徵為訴求；一般存在於商業區內為主，或是五星級飯店內；設施除了專業體適能為主的設施外，另外最大特色是擁有知名的餐廳提供會員佳餚及舒適的聯誼場所。例如：過去的台北聯誼會、亞太聯誼會及現在仍繼續經營的世貿聯誼社、君悅飯店綠洲健身俱樂部、圓山聯誼會、晶華酒店聯誼社等。

(三)社區綜合型健康休閒俱樂部

此類型休閒俱樂部大都是建築業投資的，在產權方面一般可分為兩種：一為建商擁有獨立產權，因此對外開放獨立經營型；二為附屬於社區之公共產權的俱樂部，採封閉式經營。獨立經營型一般採開放式經營，對外招募會員，其住戶有些是當然會員，免入會費但仍需繳納每月清潔費，達到使用者付費的原則，有些俱樂部為回饋社區居民針對入會費給予折扣優待。附屬社區公共設施型採封閉式經營，社區住戶為基本會員，以公共管理費來支付管銷，不以經營俱樂部利潤為目的。例如：世界山莊、海悅社區、傑士堡健身俱樂部均採封閉式經營；過去的亞力山大社區健康俱樂部、水都健康俱樂部、同發健康俱樂部，以及現在的貝克漢休閒健康俱樂部、康樂美健康世界俱樂部等則採開放式經營型態。

(四)休閒度假型鄉村俱樂部

是一種綜合餐飲、休閒、度假、運動之綜合型休閒俱樂部；場地較大；地點遠離都會區；設施非常多樣化，通常附設住宿、餐飲、娛樂及戶外的活動設施，以滿足週休二日需求。例如：統一健康世界、大板根森林溫泉渡假村、理想渡假村。

(五)主題式健康運動休閒俱樂部

鎖定流行或趨勢的特殊主題爲標榜，面積占地以此主題設施占大部分比例；客層訴求較爲集中。例如：活水世界休閒健康俱樂部，以水療爲訴求；揚昇高爾夫球俱樂部，以高爾夫球爲訴求；春天酒店俱樂部，以溫泉爲訴求；仕女名媛健康俱樂部，以女性爲訴求；西園醫院永越健康管理中心，以預防醫學醫療及體適能爲號召等。

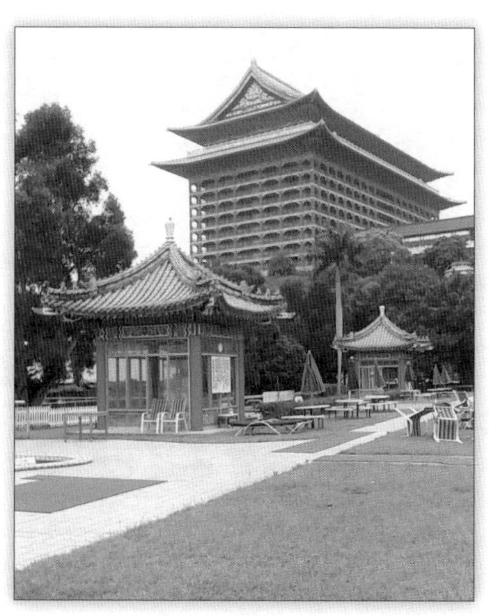

度假鄉村俱樂部重視戶外休閒設施

總之，台灣不同區域休閒俱樂部未來類型可能的走向，應屬在較有資源特色區域，將會以特殊環境主題爲主的休閒俱樂部爲發展方向，如溫泉區的溫泉會館；而在都會區內由於交通便利與人群密集，專業運動俱樂部與商務型休閒俱樂部較能生存；加上目前週休二日，旅遊區通常易造成交通擁擠及人滿爲患的現象，因此在各住宅社區，就非常適合發展親子綜合健康休閒俱樂部；學校或公司行號可考慮採短小的循環健身或有氧舞蹈運動課程的平價俱樂部爲主；至於較偏遠的郊區，考慮國人休閒習慣，以度假鄉村俱樂部較能有發展空間。

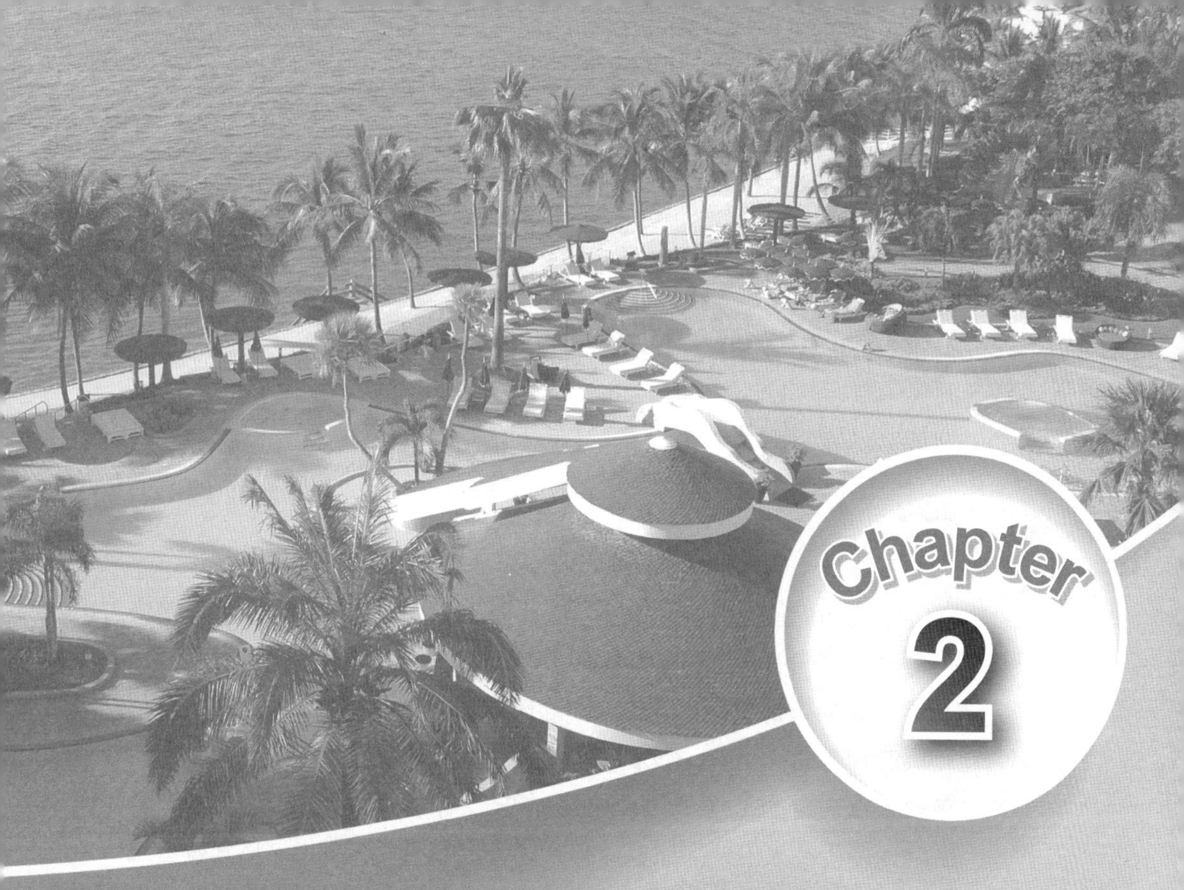

俱樂部的起源發展與現況

- 俱樂部的起源與發展
- 大陸運動俱樂部發展概況
- 俱樂部經營管理的成功要件
- 俱樂部未來經營趨勢

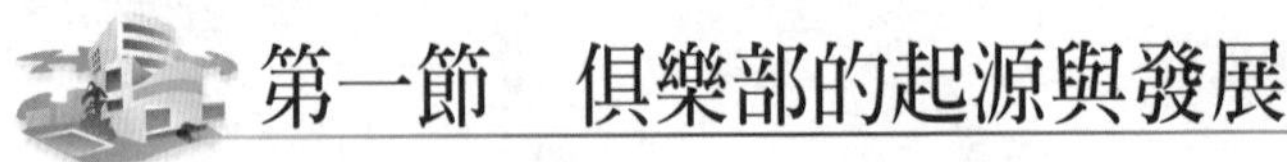

第一節　俱樂部的起源與發展

一、起源

早在古希臘、羅馬時代的浴室（baths）乃是希臘時代軍官聚集地，就是現代俱樂部的雛型代表，由電影《羅馬浴場》的場景可看出一、二。俱樂部眞正起源於歐洲的英國，1652年在倫敦即有牛津和劍橋的咖啡屋（coffee shop）形成，這種咖啡屋經營模式採會員制，會員須繳入會費並遵守規定，此種模式後來轉換爲俱樂部（club）的觀念。傳統私人俱樂部採會員制，以特定職業或專業人員爲其會員目標，使會員人數有所限制。當時俱樂部的產生只是提供一些「落魄王孫」一個重現昔日光芒的去處。十八至十九世紀大英帝國勢力強大，因而促使許多上流社會貴族與紳士組成俱樂部，英國人對運動相當熱衷，因而同時發展運動俱樂部，以提供俱樂部成員運動相關活動，例如1848年成立劍術俱樂部；1857年成立登山俱樂部；1868年成立賽馬俱樂部等，但在當時俱樂部的會員對象，卻僅限於在英國社會上具有政治力及經濟力的人士才有機會參與。

當俱樂部在歐洲盛行後，也傳入美國。美國在1715年成立第一個社交爲主的俱樂部；1882年美國第一個鄉村俱樂部（country club）成立；1900年美國YMCA已具有健康俱樂部規模；1960年高爾夫球俱樂部更是興盛；到了1968年分時度假制傳入美國。而國內於1953年由美軍顧問團在台灣成立俱樂部；1970年國內國華高爾夫球俱樂部成立；1977年商務聯誼社開始在國內營運起來，如太平洋聯誼社、來來大飯店俱樂部紛紛成立。美商克拉克健身俱樂部於1980年正式在台灣成立，從此台灣運動休閒俱樂部陸續出籠。

二、國內休閒俱樂部發展過程

台灣運動休閒俱樂部可說是近三十年來才蓬勃發展出來的。以國內近年來運動休閒俱樂部演進來看，由健身院、武術館到深受男性歡迎的三溫暖健身中心，進而推展至單項運動教室、體適能健身中心；隨著觀光飯店的林立，飯店附屬健身俱樂部、商務休閒聯誼社也紛紛蓬勃興盛；加上週休二日，度假休閒的鄉村俱樂部更是乘勝追擊；也因競爭的激烈，爲了市場區隔，採差異化策略造就了主題趨勢的休閒俱樂部。各年代的代表俱樂部如下：

(一)1970～1980年

1970年成立的國華高爾夫球俱樂部，以及1977年成立的太平洋聯誼社、來來大飯店俱樂部，可說是這一時期最具代表性的俱樂部。1970年代晚期也有類似健身中心提供的運動設備的健身院，當時提供的是簡易台製傳統健身機械器材及啞鈴、槓鈴等運動設施，一般以單次收費方式提供民眾使用。同時期還有武術館以販賣藥品及復健爲主的健身事業，也受到部分專門的人士所喜愛。另外，深受男士喜愛的三溫暖中心盛行，業者更是用健身中心爲名稱，以掛羊頭賣狗肉的方式經營事業，當時並沒有運動休閒相關產業的業別，只好都歸屬於娛樂業，因此常受到政府警員荷槍實彈進行臨檢，也被稱爲八大行業之列，這對後來經營正統專業體適能爲主的健身中心，造成強烈的衝擊與困擾。

1976年以女性參與韻律舞蹈爲主的佳姿韻律中心，爲開啓台灣女性專屬運動課程的先驅。但當時僅以韻律舞蹈爲主，還未有體適能觀念。1977年太平洋聯誼社成立，以商業行爲爲主，強調餐飲服務，屬商業聯誼型的俱樂部。

直到1980年美商克拉克健身俱樂部在台北市民生東路與敦化北

路交叉口成立。當時會員以外商爲主，同時也吸引當時有名的藝人及企業家的加入，並且引進進口的各式專業心肺及重量訓練器材，推動美國專業健身訓練及有氧運動爲訓練課程，並採國際連鎖經營方式，爲專業體適能俱樂部建立重要的模範。1980年來來大飯店（現在的喜來登飯店）內的俱樂部成立，算是當時最具規模的飯店附屬健身俱樂部。

(二)1981～1990年

1980年代初期，在台北復興北路上有一家企業家健康俱樂部設立，並以專業健身房、有氧舞蹈課程的提供，及屋頂跑道、休閒交誼廳等設施，是國人成立的專業休閒俱樂部爲號召，受到不少上流社會名人的青睞，但後因經營者內部出現問題而無預警的結束營業，這可稱爲俱樂部倒風的先例。

在此階段單項運動教室開始盛行，其中以女性參與韻律舞蹈爲主的佳姿韻律中心，更是加碼拓展加盟及連鎖店，鼎盛時以三十至五十坪左右的場地，在全國設立了超過二十家以上的直營及加盟店；後來加盟店紛紛經營不善，相繼解約，只剩直營店（姜慧嵐，2000）。雅姿韻律世界也在1983年成立，成爲佳姿最直接競爭對手，至1992年雅姿韻律世界連鎖店及加盟店共達十一家。董事長唐雅君於1993年將原雅姿健康世界台北分部更名爲亞力山大健康休閒俱樂部進軍健身市場，至1997年已共有二十一家連鎖俱樂部。亞力山大健康休閒俱樂部也是台灣當時由韻律中心轉型健康休閒俱樂部相當成功的例子（李敏玲，1997）。以商務餐飲聯誼爲主的台北金融家俱樂部於1984年成立，由於地理位置處於擁有多家國內外金融機構聚集的民生東路上，因此當時受到許多企業家及金融家喜愛，而紛紛加入成爲會員。

1986年設在中興百貨公司的中興健身俱樂部成立，此乃第一家由國內百貨業投資的健身俱樂部。此外尚有已結束營業的、標榜懶人運動區的常春藤體適能俱樂部，及克拉克會員跳出來設立在現微風廣場附近的福康健身俱樂部，也都是在此時期成立。

1988年成立的合家歡渡假俱樂部爲當時極爲著名的分時度假俱樂部，但因業者並無實際充足的自營度假飯店資產，乃以與業者簽約方式合作，也因法規制度不完善，終究就無法順利經營下去進而無疾而終，當時很多名人購買的會員證就石沉大海；至於商務聯誼俱樂部方面更是吸引企業者的投入，如圓山聯誼會、世貿聯誼社、林肯俱樂部、君悅飯店（原名爲凱悅飯店）綠洲會員俱樂部、晶華酒店會員俱樂部等相繼成立。

另屬於主題式的休閒俱樂部，則以台北高爾夫球、小型賽車、動力滑翔翼爲流行趨勢；其他體適能健身中心也不斷地成立，有由健美協會在台北市仁愛路成立的瑞峰健美中心、環亞飯店附屬健身中心，也有由對運動健身有興趣的幾位友人一同合作在天母成立的皇家健身中心、健美界人士成立的台北健身院、1989年日商投資成立的桑富士運動俱樂部等。

(三)1991～1999年

此一時期可以說是社區型健康休閒俱樂部的戰國時代。由於房地產業者爲了處理餘屋及提升房屋的附加價值，建商在各投資興建的社區內設立健康休閒俱樂部，得到消費者熱烈迴響，部分建商及企業開始介入投資俱樂部產業，相繼成立社區型健康俱樂部，例如統一企業、太平洋建設、僑泰建設、宏國建設等，都已投入龐大資金於俱樂部產業，興建大型俱樂部，進而成立連鎖事業。以過去全國連鎖最多的亞力山大健康俱樂部而言，即是由佳美建設在信義區的亞力山大社區委託唐雅君合作經營，於1993年成立開始，至結束營業時已超過二十家以上的連鎖體系，這也是開啓俱樂部經營業者、建築業者與消費者三贏的典範。

1994年百貨業也加入俱樂部經營的版圖，由SOGO百貨公司投資的太平洋都會生活俱樂部成立，並且曾經擴增至中壢、高雄SOGO百貨；其他尚有如現代米羅、水蓮山莊、熱帶嶼等社區型休閒俱樂部，以及因爲建商本身主業或轉投資產業財務危機，而被迫結束營業的菲尼士、和信生活家、國王與我健康俱樂部、同發健康俱樂部、水都健康休閒俱樂部等，都是當時規模、設備數一數二的社區型休閒俱樂部；統一健康世界爲了擴展版圖，也在此時期陸續在全省城市成立統一城市俱樂部（伊士邦健康俱樂部前身）。

在此俱樂部鼎盛時期，商務聯誼社業者當然也不缺席，反而更是積極投入戰場，如台北聯誼會、天母聯誼會、虹頂聯誼社、亞太聯誼會、遠企會員俱樂部、漢來會員俱樂部、六福皇宮會員俱樂部；至於體適能健身中心，也增加了由中興健身俱樂部股東自行成立的奧偉健身中心，另由幾位年輕的俱樂部同好共同成立的小型健身俱樂部沛綠雅健身中心，以及校園內的附屬健身中心均開始對外營運；至於鄉村俱樂部仍以台北鄉村聯誼社、統一健康世界、小墾丁渡假村、地中海俱樂部、揚昇高爾夫球俱樂部等爲主。

(四)2000～2010年

由於運動休閒俱樂部市場看好，吸引外商體適能健身中心陸續加入台灣市場，除了日商桑富士俱樂部外，日商鉅運公司（Big Sports）成立東京健身俱樂部；2000年開始，陸續有美商投資成立的加州健身俱樂部，採美式大型健身器材，以數量充足及占地廣闊爲特色，以健身結合娛樂、二十四小時營業爲經營概念的美式新時代經營方式，挾帶著美式超級行銷旋風，以二十至三十五歲的年輕族群爲對象，成功地切入目標市場，引起一股台灣年輕人健身運動的新潮流。2000年同時還有國內耐斯集團和美國金牌俱樂部合作金牌健身俱樂部（Gold's Gym）在大安捷運站大樓成立，由於其健身環境及定位和加州健身俱樂部熱鬧炫耀目的氣氛截然不同，加上地理區位便利，吸引了不少區域上班族群。美商世界健身俱樂部（World Gym）選擇由南部起家，陸續北攻進軍台灣健身市場，並且在2010年10月1日起，正式接手經營台灣的加州健身中心成爲國內市場占有率最高的健身俱樂部。

國內統一健康世界城市俱樂部與台南知名的Spa韻律業者結合，成立統一佳佳公司，除了將統一原有的城市俱樂部轉型外，更積極開拓新點，並以伊士邦健身俱樂部呈現。此時也吸引新加坡商來台與中興健身俱樂部合資成立中興健身俱樂部第二館，中興健身俱樂部原想以此擴展連鎖體系，以便與加州、佳姿、亞力山大等連鎖體系健身俱樂部相抗衡，但由於和原合資事業經營理念不易溝通、經營不利之下，一年後草草結束營業，轉手他人。

其他如星球健身俱樂部、好萊塢健身俱樂部等俱樂部也都在此時期誕生。原本就是被公認爲台灣健身俱樂部的代表之亞力山大健身俱樂部，在外商紛紛進攻台灣之際也展開反攻，於2001年開設高級商務俱樂部，定名爲亞爵會館，2004年在高雄太平洋都會生活俱樂部結束營業後，接手成立亞力山大高雄SOGO分部，並且陸續拓展大陸據點。佳姿董事長蔡純眞女士爲了不讓亞力山大專美於前，於2004年投資三億五千萬台幣，在全世界矚目的台北101大樓成立超大型百萬入會金的高級休閒俱樂部，建設101佳姿氧身工程館旗艦店，期待超越其他休閒俱樂部再造事業的高峰，只可惜對休閒俱樂部的經營規劃概念與實務仍嫌不足，2005年佳姿系統因現金流缺口驟然停業因而提早下台，三十年建立的企業劃下休止符。雖然過去也有不少單一俱樂部發生易主轉手或結束營運的案例，但由於佳姿是國內僅次於亞力山大的大型連鎖健身俱樂部，因此也成爲當時重要的社會新聞之一。

在此階段走差異化策略的主題式俱樂部或專門化策略的俱樂部，除了一般以溫泉、馬術、運動中心、水療、水上活動、美容SPA爲重點訴求外，由於科技業知名經理人溫世仁突然去世，使得國人愈來愈重視自己身體健康狀況，加上失業潮、經濟生活等壓力，及最近國內憂鬱症等心靈問題疾病甚受重視，因此醫院健康中心也開始投入體適能俱樂部行列，例如萬芳醫院、永越健康管理中心都成立體適能中心。此外，講究身心靈調養的瑜伽系列主題更是當紅炸子雞，除了吸引外資投入經營豪華、號稱專業的各門派瑜伽中心陸續成立外，國內瑜伽教師也流行自立門戶，開設瑜伽教室，更有多位藝人投入瑜伽出書、指導教學事業行列，爲瑜伽事業帶來一片前景。

當佳姿事件正被休閒產業議論紛紛，消費者對俱樂部信心動搖尙無法回復之際，2007年底亞力山大無預警歇業，使衆多會員權益受損，更是轟動全台。當時活力工場健身俱樂部也發生財務危機，因而易主經營。尤其是2008年可說是整個世界經濟黑暗期，在此時爆發出金融危機，無論是金融投資、企業財團都受到美國雷曼兄弟金融破產所帶來相當龐大的震撼，因而也前所未有出現冰島國家破產等，產生整個世界經濟風暴。國內金融市場也被波及，因而對企業縮緊銀根，俱樂部產業也部分受到拖累，產生財務危機甚至宣布結束營業。2009年本土經營體適能健身俱樂部的老店——中興健身俱樂部也難逃此命運吹起熄燈號。就連統一集團下的伊士邦健康俱樂部也重新定位分析各個據點的增減與調整，以便適應整個大環境的衝擊。健身俱樂部至此不禁令人感慨究竟是這個產業的經營不易，還是整個經濟大環境的變遷，或是人爲的其他因素所構成，我們在這些個案中可發現有些共通性，眞正原因大部分都是轉投資失敗或個人因素居多。

歷經佳姿和亞力山大倒閉風暴，又碰上全球性的通貨膨脹，使得國內健身俱樂部市場面臨寒冬。爲突破困境，並符合未來將走向M型化的消費市場，在這健身俱樂部消費者信心指數正値低迷時期，消費市場不景氣，國內健身市場也走向平價化。2005年，源起於美國的Curves進軍日本純女性的運動空間，因價格便宜大受歡迎，透過大量開放直營和加盟店成立，短短一年兩個月就在日本開了三百多家分店，會員人數達七萬人。2006年Curves正式進軍台灣市場，目前全台已有十餘家分店，以每個月至少一家店的速度快速擴張，收費方式分年繳和月繳。主要客層鎖定三十歲以上的家庭主婦和已婚上班族，營運方式是在有限空間內，以圓形擺放八至十種健身器材，教練在中間帶領和監督，學員在每個運動器材上運動三分鐘，一圈下來大約只要三十分鐘。一個星期三次就可以達到一般人最基本運動量，讓身材不會發胖的「Curves」三十分鐘女性健身課程雖然至目前爲止尚未創造風潮，但國內現有的健身俱樂部也開始開設此類課程加入戰局，如統一集團旗下的統一伊士邦決定投入平價健身市場，創造全新的「BEING slim」品牌，進軍三十分鐘的女性健身市場。三十分鐘女性健身俱樂部的進入資金門檻不高，再加上統一佳佳和美系Curves兩大品牌競相投入台灣市場，Curves以加盟方式展店，統一集團將採直營店方式經營。這種短而小的經營模式之健身事業，已悄悄的在此際燃起，因而也吸引了國內自行研發運動器材的雅柏斯公司積極投入推動環狀體能便利健身館。雅柏斯的環狀體能便利健身館對象不限於女性，而是以健康爲訴求，目標鎖定在四十歲以上熟男、熟女及銀髮族爲主。

(五)現階段發展

行政院體育委員會（現改爲體育署）2009年度施政方針即明訂建構運動設施網絡體系，普設國民運動中心及各項休閒運動設施，使民眾可以用平價的消費，享受五星級的運動設施與服務；規劃將來全國設立五十座室內運動中心，二十座室外運動公園的願景。正當政府對全民運動推動，大力規劃興建運動中心之際，民間大型連鎖的健身休閒俱樂部卻爆發一連串的倒風。又碰上全球性的通貨膨脹，使得國內健身休閒俱樂部市場面臨寒冬。

爲突破困境，並符合未來將走向M型化的消費市場，及因應銀髮族社會，在健身休閒俱樂部消費者信心指數正值低迷時期，消費市場不景氣的大環境之下，國內健身休閒俱樂部市場目前開啓小型專業的客製化的俱樂部，以特定的目標族群市場開發投資成本較小的健身工作坊的概念型俱樂部，爲台灣健身俱樂部事業掀開另一新里程，爲健身俱樂部找出一條有效發展的生路。市民運動中心的成立，初期階段爲民間健身俱樂部帶來衝擊，但也因爲市民運動中心的平價帶動運動健身的風潮，因此這一、兩年陸續看到大型運動健身俱樂部也陸續跟進加碼，讓這個行業展露曙光。就如World Gym台灣區總監柯約翰表示，健身產業在台灣是有市場且被需要的，之前有許多健身品牌係因錯誤的經營策略而結束營業。健身業在每個現代化國家的蓬勃發展，對於提升全民體育貢獻卓著，卻又是不容否定的事實，由此可見，產業成功與否，看經營者是否使用長遠的眼光及正確的策略去營運。現階段運動休閒健身俱樂部在大家努力地推動運動對健康的助益及經營健身休閒俱樂部要如何以自身優勢，把握環境機會，發展出有效的健身休閒俱樂部的商業模式乃是經營者當前重要的課題（表**2-1**）。

表2-1　1970～2014年台灣休閒俱樂部發展重大記錄

時間（年）	紀事	特徵
1970	國華高爾夫球俱樂部成立	台灣第一家高爾夫球俱樂部
1976	佳姿韻律中心成立	開啓女性專屬運動課程的先驅
1977	太平洋聯誼社成立	以商業行為為主，強調餐飲服務，周邊附屬設施為輔，包括網球場、游泳池及三溫暖
1980	美商克拉克健身俱樂部成立	台灣第一家採用進口心肺功能及重量訓練器材，並引進美國訓練方法、有氧舞蹈及營運方式的健康體適能俱樂部
	來來大飯店内的俱樂部	飯店附屬健身俱樂部
1983	雅姿韻律世界成立	與佳姿成為強勁對手的韻律中心
1984	台北金融家俱樂部成立	屬於金融業俱樂部，其經營項目以餐飲、商業社交聯誼為主
1986	中興健身俱樂部成立	第一家由百貨公司投資建造的體適能俱樂部
1988	合家歡分時度假俱樂部成立	與國際休閒渡假交換聯盟（RCI）簽約，會員可與世界兩千餘俱樂部交換免費度假
1989	桑富士運動俱樂部成立	中日合作的俱樂部
1990年代	主題俱樂部紛紛成立	例如：太平洋都會生活俱樂部、和信生活家休閒俱樂部、富邦米蘭親子俱樂部、統一健康世界俱樂部、揚昇俱樂部、鴻禧俱樂部、大衛營俱樂部、悠活渡假村等

（續）表2-1 1970～2014年台灣休閒俱樂部發展重大記錄

<table>
<tr><th>時間（年）</th><th>紀事</th><th>特徵</th></tr>
<tr><td>1990</td><td>綠洲健身俱樂部</td><td>凱悅（現名君悅）大飯店附屬會員健身俱樂部，飯店由新加坡豐隆集團向政府租用五十年</td></tr>
<tr><td>1993</td><td>亞力山大健康休閒俱樂部成立</td><td>由韻律中心成功轉型為健康體適能俱樂部</td></tr>
<tr><td rowspan="3">2000</td><td>加州健身俱樂部在台灣成立</td><td>外商俱樂部陸續進軍台灣市場</td></tr>
<tr><td>日商鉅運公司東京健身俱樂部成立</td><td>女子專屬健身俱樂部</td></tr>
<tr><td>金牌健身俱樂部成立</td><td>劍湖山世界有限公司與美國Gold's Gym合資成立</td></tr>
<tr><td>2001</td><td>World Gym世界健身俱樂部首度登台成立</td><td></td></tr>
<tr><td rowspan="2">2003</td><td>中山運動中心委外開始營運</td><td>台灣第一座市民運動中心——中山運動中心委外經營，由中國青年救國團得標</td></tr>
<tr><td>伊士邦健康俱樂部於高雄金典酒店成立</td><td>統一集團與佳佳合資成立伊士邦健康俱樂部</td></tr>
<tr><td rowspan="2">2004</td><td>亞力山大成立SOGO分部</td><td>高雄太平洋都會生活俱樂部結束營業，由亞力山大成立SOGO分部</td></tr>
<tr><td>北投運動中心啓用</td><td>承包經營單位是基督教青年會YMCA，2014年起承包經營單位是建中工程股份有限公司</td></tr>
<tr><td rowspan="2">2005</td><td>高雄瑪舶健康體適能俱樂部成立明華加盟店</td><td>瑪舶健康體適能俱樂部於2006年6月在高雄成立四維店</td></tr>
<tr><td>佳姿休閒俱樂部結束營業</td><td></td></tr>
<tr><td rowspan="3">2006</td><td>中正運動中心啓用</td><td>承包經營單位遠東鐵櫃鋼鐵廠股份有限公司</td></tr>
<tr><td>南港運動中心啓用</td><td>承包經營單位中國青年救國團</td></tr>
<tr><td>健身工廠自高雄地區發跡起源</td><td></td></tr>
<tr><td rowspan="2">2007</td><td>亞力山大無預警歇業</td><td></td></tr>
<tr><td>萬華運動中心啓用</td><td>是採用太陽能的綠建築，承包經營單位中國青年救國團</td></tr>
</table>

（續）表2-1 1970～2014年台灣休閒俱樂部發展重大記錄

時間（年）	紀事	特徵
2008	內湖運動中心啓用	承包經營單位遠東鐵櫃鋼鐵廠股份有限公司
	士林運動中心啓用	承包經營單位是基督教青年會YMCA
	TRUE Fitness全真健身會館於公館古亭商圈設立	
2009	中興健身俱樂部吹起熄燈號	
	信義運動中心啓用	承包經營單位中國青年救國團
	松山運動中心啓用	承包經營單位匯陽百貨事業股份有限公司
	大同運動中心啓用	承包經營單位遠東鐵櫃鋼鐵廠股份有限公司
2010	文山運動中心、大安運動中心啓用	承包經營單位中國青年救國團
	World Gym正式接手經營台灣的加州健身中心，品牌名稱統一為World Gym健身俱樂部	
2012	TRUE Fitness全真健身會館初進駐大台中地區	
2014	2014年起健身工廠深耕雙北新都會區及拓展運動服務版圖至桃竹苗、嘉南地區	
	輕適能運動空間台北市光復南路店成立	
	TRUE Fitness全真健身會館進駐中壢及中和	
	桃園焦點健身中心、威尼斯健身中心成立	
2015	輕適能運動空間華視店成立	越來越多小型專業運動教室型態成立

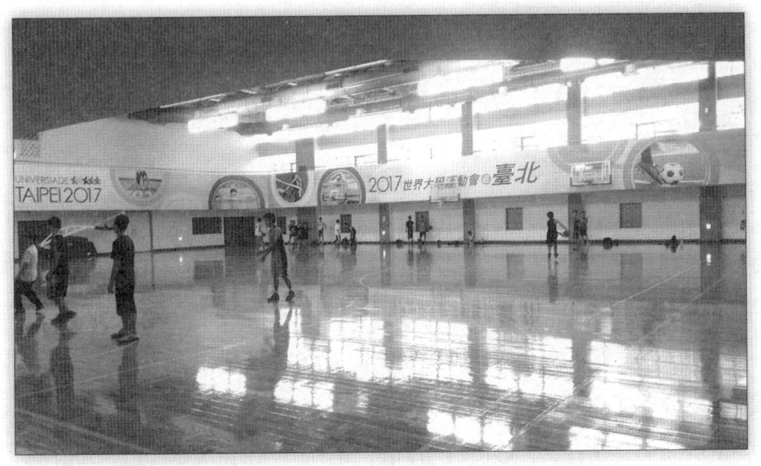

多功能體育館是運動中心型態必備的硬體設施
資料來源：北投運動中心提供

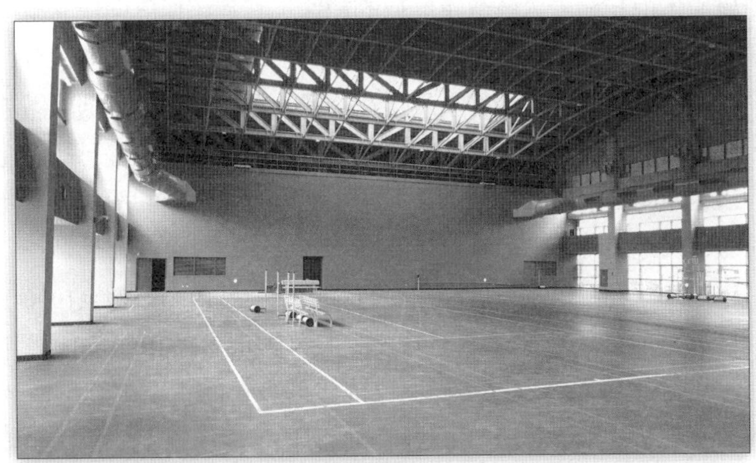

羽球場是運動中心出租設施的熱門商品
資料來源：北投運動中心提供

第二節　大陸運動俱樂部發展概況

健身俱樂部在中國大陸的發展，比起台灣略晚了將近十年，也就是台灣健身器材製造業者移往中國大陸後，健身俱樂部業者也開始登陸，初期時部分台灣健身俱樂部專業人才也受聘於大陸的健身俱樂部。然而，在中國大陸，健身中心不一定是運動健身場所，就如早期台灣在健身中心這樣的招牌下，也可能是提供三溫暖泡澡、按摩、腳底按摩的地方。根據李豪傑（2006）指出，針對大陸有提供以有氧舞蹈、重量訓練指導爲主要服務的健康俱樂部而言，其發展階段與台灣相似，可以比擬爲台灣的台北健身院、雅姿韻律、亞力山大俱樂部、亞爵會館，但是隨著大陸改革開放的加速，其趕超速度極快。兩岸的有氧韻律舞蹈教室都始於八〇年代，台灣很快的就發展出連鎖會員制韻律教室，九〇年代初期轉型爲現在的健身俱樂部，大陸則因體制問題，直至九〇年代末期才完成轉型。但是僅僅三年，大陸已經迅速設立高級連鎖健身俱樂部。亞力山大2002年以亞爵會館的形式在上海開設亞力山大分部時幾乎已無領先優勢。

中國大陸健身俱樂部發展主要經歷階段乃是1980年初至1990年，可稱爲大陸運動俱樂部之萌芽階段，服務的項目在1980年代猶如早期台灣流行韻律操的「健美操」已成爲健身房的主要服務之一，重量訓練的重點就如台灣1970年代時，以肌肉型健美爲主。從1990年初到1998年，此期乃爲運動發展期，開始流行有氧健身；1990年初期，經營手法也開始發展爲會員制。自1998年後至今正是健身俱樂部流行期，更產生各種連鎖健身俱樂部。尤其從2003年至今，大陸同樣發生市場競爭，行銷策略出現價格戰，因而形成加速整合與擴張的經營策略。現在就以產品生命週期來看大陸運動俱樂部的發展：

一、萌芽期（1980～1990年）

1980年代初期健身俱樂部一般投資規模較小，主要針對男性爲目標市場，因此強調體型雕塑，指導的專業性強，但眞正參與的人還少。根據李豪傑（2006）描述，此一時期以瀋陽體育學院盛繼賢老師爲代表人物之一，他除了學校裡的舉重教學、訓練，同時擔任一些健身房的顧問。而被譽爲「中國健美第一人」的馬華女士，在1985年開始擔任健美操教練，後來在中央電視台開設「健美五分鐘」節目，成爲中國知名的健身明星。這種女性運動的風氣一旦經過電視台宣傳後，帶動女性消費者大量投入健美操運動的風潮，正如台灣早期的韻律操盛行，也是先受到珍芳達韻律舞蹈的影響。李豪傑（2006）更指出，大陸當時對這個時期有個傳神的形容，也就是一個健身房的全部家當就是一個跳健美操教練，加上一台錄音機。其實回顧台灣運動俱樂部萌芽階段，其實不也是一樣嗎？就整體而言，在此時期大陸的俱樂部場地規模大部分在一百坪以下，投資金額也不多，因此不會造成進入障礙，但利潤以當時大陸經濟水準來比較算是不錯的。

二、成長期（1990～1998年）

1980年代經濟特區實施，在健身事業方面，以台商最先熟悉的深圳特區成效最爲顯著。1994年創建深圳市好家庭實業，以生產運動器材起家，1995年就開設第一家健身俱樂部。上海浦東新區1990年開發，表示中國大陸將實施多方位的對外開放。中國行政管理學會更將1992年至2000年定位爲努力創建適應社會主義市場經濟體制的國家行政管理新體系。商業活動此時得到開放，相對一切向「錢」看，公家部門的人想盡辦法利用掌握的公共資源轉爲自身的收益。同時期有氧運動在國外正興起，也就更帶動了中國健身俱樂部產業，有氧健身因此也得到了快速發展，到了這個階段，俱樂部也隨之擴大經營規模，並且經營概念逐漸流行採會員制。

中國大陸在1995年頒布「全民健身計畫綱要」，籌建體育俱樂部也就成爲討論的焦點。因此，不少學者陸續研究及發表與健身俱樂部相關的文章（欒開封，1996；凌平、施芳芳，1996）。官方政策與學界相結合，也促進健身俱樂部如雨後春筍般的紛紛設立。當時俱樂部很多是依附在體育相關單位的體育場館中，健身俱樂部的基本服務設施，不外乎就是重量訓練器械與有氧舞蹈教室，而且當時的有氧舞蹈教室場地已有一百坪左右。此階段可以「月壇健康城」（1999年改爲月壇天行健身會）爲代表（李豪傑，2006）。

三、成熟期（1998～2003年）

中國大陸健身俱樂部發展的第三階段，不只發展到各種連鎖俱樂部興起，同時顯示中國健身消費能力非常強大。1998年馬華健身俱樂部創立，以有氧舞蹈爲主要服務，1999年就在中國設立十個分部，當時年卡費爲一千九百元人民幣。這個收費在當時健身俱樂部已是最高的收費，市場主要客群爲白領、新富階層人士。1999年在北京浩沙健與美健身俱樂部成立，單店投資約爲兩百萬人民幣，提供有氧舞蹈與器械重量訓練服務，會費與馬華差不多，同時開始快速擴張。在上海方面則有香港投資的舒適堡健身俱樂部成立。

進入2000年時，經濟領先發展的深圳、上海等地已經出現高價俱樂部，而北京的俱樂部場地仍大部分在三百坪以下、採平價策略、以一般大衆爲目標的俱樂部爲主。但是至2001年北京青鳥健身開業，北京也出現高價位商務聯誼健身俱樂部，收費爲一千八百元人民幣入會費，加上五千元人民幣年費。此時上海同等級的健身俱樂部年費約一萬元人民幣。中國各城市與各區域的經濟發展差異，使同級的俱樂部在定價上相對也產生不同。場地規模方面高級俱樂部多在七百至一千坪左右，有些旗艦店甚至達三千坪以上。此階段代表如青鳥健身俱樂部。

這個階段經營投資方面產生了對俱樂部有興趣的投資人，因此憑藉投資者資金的投入，誕生許多大型俱樂部，同時外來的投資者與專業經理人，更促使俱樂部的管理水準大幅度提高。隨著市場的快速擴大，發展較成熟的俱樂部也開始轉型為供給俱樂部管理服務，也就是從直營店轉向顧問輔導經營的know how輸出或代理經營管理，進而推動連鎖加盟店業務。

四、衰退期（2003年至今）

2003年元月在《深圳法制報》已有刊出〈健身業面臨寒冬〉的報導，就在當年上海的金吉姆（Gold's Gym）加盟店歇業，引起業界震撼。不過其他地區的俱樂部仍呈現繼續擴張的趨勢，例如2003年深圳健身器材製造商好家庭實業開始設立俱樂部投資管理公司，開放俱樂部加盟業務。

2005年，大陸也出現擴張太快的大型健身俱樂部紛紛關閉部分分店的狀況，甚至整個連鎖體系隨之結束。例如：中體倍力關閉了北京的左岸公社店與湖南長沙分店；擁有五家分店的北京葆萊健身結束營業，四百名會員轉由青鳥接收。這顯示各俱樂部因搶奪有限的白領健身族群，形成價格競爭，俱樂部的經營風險逐漸呈現，會員的權益無法得到保障，品牌信譽保障有名無實。當時國家體育總局已經對上海、廣州等地高級健身場館，以互相壓價為主要手段的惡性競爭，感到不安。

五、現階段

雖然大陸健身休閒事業也經歷過生命週期的洗盤，但目前也進入復甦期，但和台灣不同的是大陸人口、地域，因此大型的健身事業以連鎖加盟快速展店爲方向，尤其是健身器材製造商更是加速擴展業務至健身俱樂部經營與連鎖加盟。例如青島英派斯、北京寶德龍、山西澳瑞特、武漢伊斯特、福州萬年青等。

第三節　俱樂部經營管理的成功要件

經營管理俱樂部必須先瞭解此行業特性，因爲此行業投資成本較龐大，屬於細水長流型之行業，若想要快速回本，短線操作者，一般而言均難逃失敗之命運。因此，以下各項考量的方向正確，乃是成功經營管理之要件。

一、投資硬體設施設備成本考量

由於社區型健康俱樂部標榜的就是全家共享的俱樂部，因此若規劃屬此類型的休閒俱樂部，在設施方面一定要涵蓋老、中、青均能滿足爲基本要求。一般而言，健身房、游泳池、韻律教室、兒童遊戲區、淋浴三溫暖區及休息聊天區等可稱爲基本配備；再依市場定位增加如水療、溫泉、餐飲、攀爬、球場等強化設施。此硬體設施的投資須考量投資成本龐大，若想在價格上反映成本則將是一大挑戰，故須作長期攤提之財務規劃。因此，若採封閉式經營，通常業主將此成本作爲售屋成本，也就是此項投資主要爲提升房屋附加價值爲主。即使採開放式經營，通常投資成本過大也須以此目的爲主才適合。

若純粹以經營休閒俱樂部爲主業，更須由專業人員作有效硬體規劃，以達經濟實惠，同時能夠對準市場需求爲主。總之，硬體投資成本在財務管理上，基於永續經營，務必考慮長期攤提成本這一重要課題。

二、設施動線規劃得當

硬體方面除了規劃適當的設施外，設施的位置在何處、服務動線如何，這些都與營運後的管理息息相關。動線規劃主要考量日後經營管理服務時是否流暢。因爲流暢的動線可減少人力成本，同時達到有效服務管理，展現專業服務品質，提升良好之口碑及形象，進而帶動行銷，此乃經營上達到開源節流不可或缺之要件。

三、規劃開源營收方向

一個休閒俱樂部要成功，除了成本控制得當之外，要有營收才是眞正能夠永續經營之關鍵。就如棒球比賽若只會守備，最多只能與對方言和，若想要勝對方就必須有強大的進攻能力。因此，若休閒俱樂部採封閉式經營型態，因無對外招收會員，故規劃其他營收更是重要，例如私人教練、團體課程收入、商品收入、租賃收入、管理收入、來賓收入、活動收入或餐飲等，都是重要規劃來源。即使採開放性經營型態，雖有會員收入爲主項，但實際經營管銷仍要靠其他營收來輔助維持，才能得到應有的好盈餘。

四、管理服務重點與服務品質技巧

營運前有適當規劃後，進入實際經營管理時期，正確專業經營管理才能有好的行銷策略加以實踐。管理重點包含人力資源整合管理、倉儲管理、消耗品確實有效掌控、員工專業服務流程訓練、提供服務活動管理規劃、環境清潔、安全管理以及完整會員制度會務管理等，都須由具實務專業經驗，且有訓練整合能力的專業經理人善加管理，以確保服務品質。

五、價格策略

一般而言，開放性休閒俱樂部在規劃會員或門票價格策略上是一項重要決策，大致以成本考量或市場考量來制定。以目前國內社區型休閒俱樂部走向，必須採市場考量來制定價格較能成功。因爲社區型休閒俱樂部硬體投資成本較大，而市場對象鎖定在社區內或社區附近居民爲主要族群，同時最大功能是可滿足全家三代同樂之機能，尤其目前經濟較不景氣，整個物價均有上揚趨勢，在消費者認爲薪資不漲的情況下，對於購買休閒俱樂部這種非民生必需的產品，如果價格以成本爲考量，一家人加入費用過高，將導致曲高和寡，如此俱樂部將面臨入不敷出，長期經營必不樂觀，故在價格策略上需作全面性考量。

六、行銷策略

休閒俱樂部行銷策略上，需根據俱樂部的型態定位及消費者的行爲，考慮市場對象來源、如何打動吸引對象、行銷通路是否需求廣大，故推展廣告費用應花在有效的刀口上。例如：社區型的休閒俱樂部，除非採全國連鎖經營方式，否則應放在吸引附近居民，讓他們眞正得到訊息即可，同時配合各種特殊節日或族群採用促銷活動，在社區型休閒俱樂部行銷上，比將大把鈔票花在車廂、電視廣告上更可以達到良好效益。

七、企業法規

由於法規上針對休閒俱樂部經營的區位有所限制，因此在規劃時，需先行對現階段法規以及俱樂部基地的性質有所瞭解，以免走在法律邊緣及走法律漏洞，爲將來營運上埋下一顆不定時的炸彈。例如：社區型俱樂部大部分均設在住宅區內，因此若要採開放式經營型態，對於法規規定不可不注意。因爲要合法取得俱樂部營利登記證，同時營運項目均要合法才能高枕無憂合法營業。要得到合法營業證除了對地點區域性法規有認知外，還要符合消防安全檢查、衛生檢查等相關規定。員工方面還要聘用領有合格衛生管理人、防火管理人、救生員執照、餐飲廚師執照、美容執照、健身指導員證等人員，並定期作身體檢查，這些都須充分掌握。

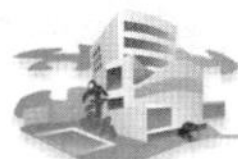

第四節　俱樂部未來經營趨勢

休閒俱樂部在未來市場上經營的趨勢，勢必走向專業化與差異化的策略，行銷經營方面也必須以體驗、創新與整合行銷爲策略，本節即針對這些策略加以闡述。

一、專業化與差異化

俱樂部在未來將會是個競爭激烈的行業，無論由國內業者或國外集團投資進軍台灣這一個市場，或國內企業發展至大陸的新興市場。對於經營的成功趨勢，必須走向市場區隔專業化，主題差異化，服務個別化、專門化，以及價格彈性化策略，才能在休閒俱樂部這一行業生存。

(一)差異化策略

休閒俱樂部硬體設施設備易被模仿，要讓產品有與衆不同特色凸顯出來，唯有強化服務品質爲策略的方針，才能構成差異性。具體做法有：

◆無形變有形

服務是無形性，如何將休閒俱樂部無形的服務創造成看得見的服務。例如：會員加入後，會務主管在會員第一次前來領取會員卡時，附上一封歡迎信或卡片，以溫馨熱誠的字句，加上精美高雅的信封外觀，如此就能使無形的服務轉變成有形；又如在化妝檯上將未用過的梳子放在貼有「已消毒」 字樣的籃子，表現出對會員衛生的重視，這也是一種有形化高品質服務的表現。

◆標準化產品也能迎合於顧客需求

延伸細微的強化服務，使顧客滿足虛榮或物質需求。會員進入俱樂部櫃檯，員工必須與會員打招呼，這是一項標準化的作業流程，將它進一步做到和會員打招呼能夠稱呼其姓氏或抬頭，就能夠滿足會員的虛榮需求，尤其當會員帶朋友一起前來俱樂部時，更是一項需求滿足。又如在會員生日或喜事時，適時寄上一張賀卡祝福，更能滿足會員的心理需求，打動會員的心。

◆強化員工訓練，提升附加價值

一般消費者對服務業附加價值評價，大都取決於服務的品質，如果顧客感受該公司服務有價值就會持續消費，消費者持續消費就能為公司創造高報酬水準，而這些讓顧客滿意的服務價值，來自員工的高品質服務水準，員工若能達到工作滿意自然能有好的工作表現。由此可知，此乃一種循環因果關係，因此在休閒俱樂部管理者給予員工良好的教育訓練，使其提供的服務品質受會員肯定，會員就會喜歡，俱樂部生意就會興隆，營運好就會有盈餘，業主就會開心，對員工薪資福利可望增加，員工就會滿意，表現就更完美。故高報酬也轉而使附加價值再提升。

◆品質的控制

服務業品質表現以人為主，除了要有良好教育訓練以外，尚須具備明確作業流程規劃、精密科技儀器輔助、管理人員的督導及顧客壓力直接達到監督效果等，才能有效達到品質控制管理。

◆顧客對品質期望的影響

顧客滿意與否取決於顧客期望程度，服務的品質越符合顧客的期待程度，顧客相對越滿意。顧客體驗的經驗與期望程度會影響公司服務品質的程度，故利用顧客對品質的期望，並針對顧客需求，配合服務品質的改進，可提升公司的差異化服務策略。

(二)專門化

此爲高度集中的服務策略方針，也就是做別人無法做或不願做、不想做的事業，同時儘量做到低成本、高價位、高度集中服務的消費目標，達到產品與服務精緻化。但要做到此專門化尙須重視企業文化及人力資源管理的運用，如此才可提升員工生產效率，同時有效阻礙競爭者的進入。例如君悅飯店綠洲會員休閒俱樂部，以高價位會員卡進行市場目標的區隔，鎖定在高所得消費人口，提供精緻的備品及高品質服務，集中服務在有限的會員上，滿足會員的需求，同時也建立俱樂部高級服務品質的企業形象。

二、體驗、創新與整合行銷

「現代年輕人眞有創意」，這是時下常聽到的一句話。實際上，創意是無所不在的，只要願意在創意情境內做投資，就能傳達創意給利益關係者。感性、創新抬頭，已踏進體驗時代，然而創意的眞正原動力乃來自夢想，有夢最美不就是政治人物的口號嗎？因爲有了夢想時就能將其轉換成創意，進而與經營目標作結合，成爲一種商業行爲模式，發展組織實現夢想，世界著名的迪士尼就是最佳案例。

在現代科技帶領之下，尋找新鮮，追求滿足刺激的感受，已是時尙潮流。休閒俱樂部產業屬於服務業，具有服務業的無形特性，因此更需藉由體驗，讓消費者增加對休閒俱樂部內、外在的瞭解與認知，體驗行銷這類的手法是必然的途徑。加上環境一直在改變，消費者喜好也一直在變，唯一不變的定律是「任何東西每天都在變」。而行銷是企業的重要生存命脈，再好的商品若無法行銷出去，一切均歸於零。因此，休閒俱樂部經營要在未來所面臨的錯綜複雜環境中生存，除了體驗、創意行銷的運用，還要整合行銷與企業整合建立競爭優勢的能力。

(一)體驗行銷

休閒俱樂部體驗行銷，重點要擺在消費者、參與者和環境，同時在體驗過程由開始前、過程中、過程後，所產生的整體情境、設施的感受、視覺、感性、知性等情感與理性需求，均要讓顧客得到感性、知性的心理品質價值，同時具機能、價值、效益等理性需要的滿足也一併需要達到。根據吳松齡（2004）對休閒產業經營管理提到的方向，加以運用在休閒俱樂部上之具體做法如下：

◆生活也是休閒玩樂、休閒玩樂也是體驗的活動

工作價值對現代人而言已改觀，尤其工作態度消極、職場倫理道德低落，多數人認爲輕鬆快速地成爲富爸爸、富媽媽或企業家都是理所當然的成功之道，對年輕人而言，會玩樂才是時髦的代表，凡事先樂後苦，先享受後付費，因此消費市場的一些高價名品的商店中處處可見到年輕人，但也出現一堆的卡奴，更有人抱持著辛苦工作當然是爲了享樂、凡事要先犒賞自己的心態。雖然這種並非完全正確的觀念，但是已儼然成爲一種趨勢，這對休閒產業而言成爲一種商機。加上國人對健康的觀念也漸漸重視，隨著生活水準的提升，爲使工作壓力舒緩，生活就要有休閒玩樂，來充實閒暇生活，運動休閒玩樂，增進身體健康，提高生活品質。休閒俱樂部正是符合現代人需要的行業，一般未參與過休閒俱樂部的消費者，可能對俱樂部不甚瞭解，甚至誤解，因此，如何使消費者對休閒俱樂部具有休閒玩樂，舒適自在

的體驗活動，讓顧客感受到在休閒俱樂部就是生活、就是休閒、就是玩樂、就是健康美麗的一連串的愉悅感受，是在俱樂部體驗行銷中重要的手法。

◆擴大科技體驗健康、休閒感受

科技的日新月異，整個社會環境已進入e化時代，如果休閒俱樂部各方面趕不上科技的列車，將會受消費者淘汰。因此，休閒俱樂部的經營環境也需呈現出現代科技的表徵。例如：電腦化運動器材的提供、檢測分析、電腦智慧型運動處方開立軟體的設計；美容電腦化科技設備的運用；餐廳燈光音響數位化的製作等，均能讓消費者在感性需求上，滿足物超所值，追求潮流時代尖端的驕傲，同時達到健康休閒效益的生理實質需要。

◆健康美麗是必要性的體驗元素

現代的休閒俱樂部對消費者生活的滿足，除了先進科技與休閒愉悅品質外，不論男女老少，健康美麗是重要的參與休閒俱樂部元素之一。從現代消費市場來看，只要能眞正達到健康美麗的產品，再貴都有衆多消費者，因而到處可看到美容整形、香水、化妝保養品、身材雕塑等產品廣告。故休閒俱樂部在體驗行銷上，也必須要使消費者感受到可達健康美麗的效益。

(二)創意行銷

創意是現代人常掛嘴邊的兩個字，如何將文字付諸於行動是未來休閒俱樂部行銷上重要的焦點。一般常用的創意來源爲以下方式：

◆節慶行銷

以當時的節令作爲行銷的主題訴求，容易給消費者深刻的印象，挑起消費者需求的欲望。例如：父親節到來，休閒俱樂部業者即常會以爸爸的健康爲訴求，配合套裝促銷方案，吸引子女爲爸爸或太太爲先生購買一張會員卡，給爸爸健康的休閒育樂環境。當然以節令的行

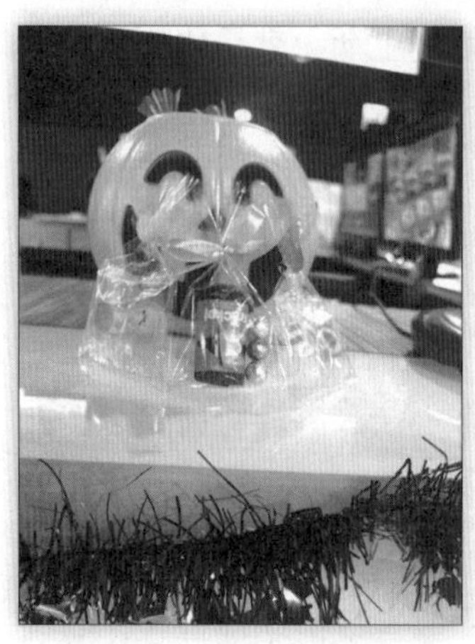
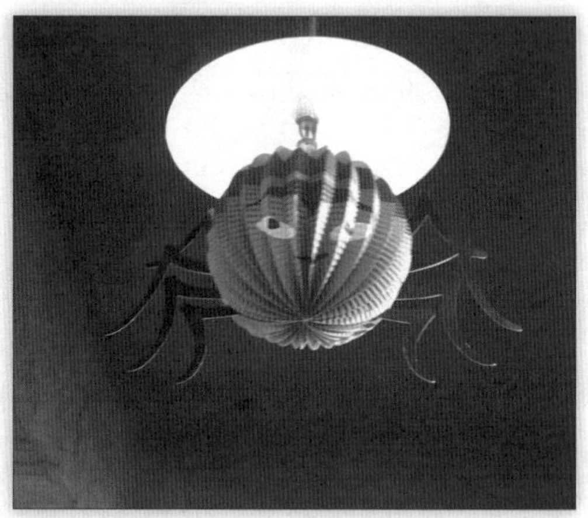

萬聖節常常是俱樂部節慶行銷的重要節日之一

銷，除了節令特色之外，尚需加入不同引起消費者需求的創意，否則就無法刺激消費及凸顯效益。

◆活動行銷

此類的行銷對於剛開幕或想打響知名度的休閒俱樂部最適合採用。根據一些實證研究的發現，此類的行銷手段對於品牌具有相當的助益及正面影響力，活動行銷最能符合刺激消費前先創造消費需求的原則。例如：以健身體適能為主的休閒俱樂部，目標市場中的消費者，參加俱樂部的目的，健身強化體適能是重要因素之一，因此在開幕時舉行為消費者免費體能檢測或體脂肪分析等，讓消費者認知自己的體能及脂肪狀況，喚醒消費者的警訊，創造對運動健身的需求，進而刺激消費；又如，配合政府或團體機關舉行的活動，現場帶動有氧舞蹈等造勢活動，也是打開知名度的好方式。

◆情境行銷

現代由於生活水準提升，針對年輕人對於生活的價值改變，因此情愛的訴求已是現代行銷中重要的手段之一。此類行銷常藉由俊男、美女為宣傳噱頭，由俊男、美女呈現出在休閒俱樂部中休閒健康或育

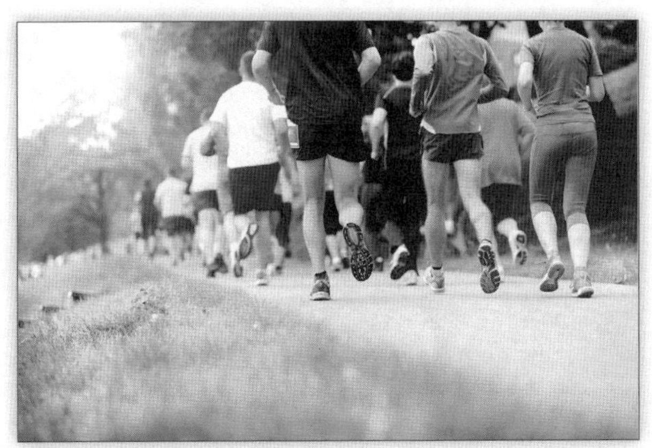

慢跑活動現在已經是全國人民風行的休閒運動，可藉由主辦此類活動達行銷宣傳的目的

樂等情境，以情愛爲話題吸引感性的認同。若針對家庭成員爲訴求的休閒俱樂部，則以老、幼雙代在俱樂部中歡樂、安全的情境呈現，同時呈現出年輕人可安心工作、運動或做其他的事，一幅滿足享受三代同堂各所需求的情境。

◆客製化主題行銷

在休閒俱樂部行銷的市場區隔中，爲凸顯專門化或集中化，常會爲主要的客戶群，包括以職業、年齡、區域等爲主題，特別製作一套專門化的行銷組合。例如：針對銀髮族的市場主題，除了在價格方面特別強調配合老人社會福利之外，爲了滿足銀髮族群消費者在此階段的人生，也能得到自我實現、滿足心靈的需求，因此，休閒俱樂部也會針對他們的需求，來量身訂做適合他們的設施與活動，對他們具吸引力的行銷包裝。

◆幸福滿足感行銷

此類行銷在休閒俱樂部創意行銷中，以休閒度假俱樂部、鄉村俱樂部或社區健康休閒俱樂部最常使用。目前社會休閒的價值觀正興起滿足家庭幸福、親密的感覺，此點可從汽車業中發現，近來休旅車的

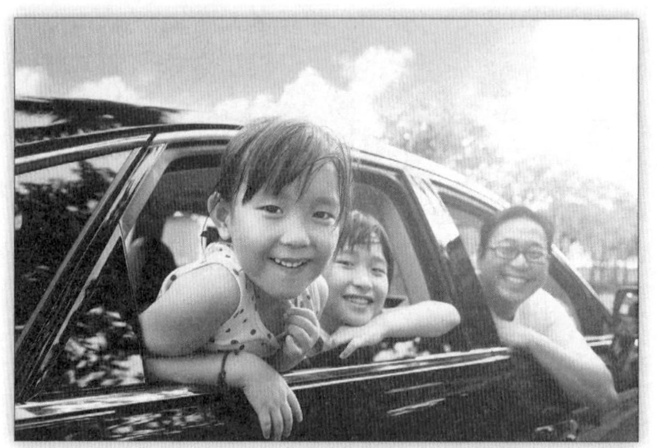

汽車業者為推出的休旅車作宣傳最常以全家出遊呈現幸福的家庭氛圍吸引消費者目光

市場愈來愈大，一般家庭有了孩子之後，嚮往購買休旅車的車主占有很大的比率；再由2003年《天下雜誌》的調查顯示，台灣人對幸福的排列有58.9%將家庭美滿列爲主要的幸福。因此，這些類型的休閒俱樂部在行銷創意上，強調該俱樂部創造出以滿足全家的幸福和樂景象爲重點。

◆健康主題行銷

休閒俱樂部是強調健康創意行銷的最佳事業，除了強調運動帶來的生理健康，也呈現休閒娛樂放鬆的心靈健康，更從服務、餐飲、設施等各方面，針對健康的訴求來做行銷的發揮。例如：SPA、健康飲食、心靈講座、氣功、瑜伽等，在休閒俱樂部提供的服務中，已是不可缺少的項目。

◆公益與環保訴求行銷

一家休閒俱樂部的成立，對附近或社區雖會帶來一些商機，但也會爲居民帶來一些困擾，譬如停車交通問題、噪音、廢棄物、治安等，可能會引起居民的反彈，如此對休閒俱樂部的形象將會造成傷害，所以休閒俱樂部做好行銷之前，要先做好公益行銷，建立良好社

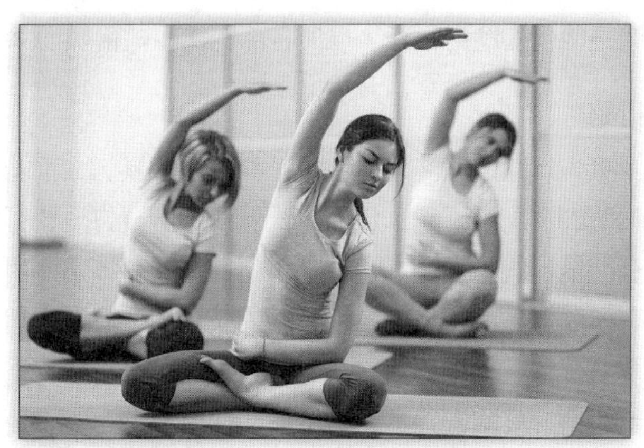

針對女性瑜伽課程是一項很受歡迎的課程

會、居民公關。例如：休閒俱樂部可認養附近公園或道路維護，或舉行社區資源回收、跳蚤市場、環境保護等議題活動，均能拉近與居民的關係。尤其是社區型健康休閒俱樂部，做好公益行銷是使組織在行銷策略及宣傳促銷活動中，達到事半功倍的效益，是非常必要的行銷策略。

(三)整合行銷

在現代的休閒俱樂部事業中，面對國內、外組織的競爭，及經營環境的複雜，加上經濟、政治的變動頻繁，所以休閒俱樂部事業要面對這些問題及調整適應，企業需透過組織整合，無論創新行銷、人力資源、財務管理、設施設備資源、服務品質作業管理等各個方面，均須加以思考如何整合，才能建構下一波競爭優勢爲主要的目標。

◆企業整合之定義

企業整合乃爲掌握其資源與提供企業組織整合性的管理機制，其在數位時代之快速改變與變化的年代，企業整合乃提供企業進行永續性經營，及適應激烈變動之經營環境的動態行爲（吳松齡，2004）。換句話說，企業整合是在提供企業各部門間溝通、協調內部作業流程、品牌間透明化的應用程序，以使各部門爲組織目標而共同努力。

◆新整合行銷

通常企業做行銷的策略以運用電子科技爲工具，大都著重在對個別消費者瞭解的增加；不過，這種方式無法瞭解買方消費行爲、心理狀態及消費時情境的影響多寡。將來以這種電子科技爲運用工具的行銷策略會有所改變，必須加入各種行銷的技巧，同時考慮消費的各種活動習性及消費情境。這種無論在何種情況之下，都能夠爲消費者提供無微不至的消費經驗方式，就是新整合行銷。

◆整合行銷傳達應用與管理

整合行銷傳達是由促銷、廣告、展覽、直銷、公衆關係等組成的，共同的目標就是強化其各元素促進銷售的成功。休閒俱樂部組織在進行行銷策略規劃時，就要考慮有哪些適當的傳達管道，可利用在進入這個市場中的策略，不同的訊息就必須採取不同的傳達管道，使不同的訊息能夠進入眞正需要的目標消費者市場中，發揮其最大的價值。廣告傳達與宣傳一般手法如下：

1.促銷推廣活動：主要是刺激吸引消費者參與購買、活動、消費等欲望的主要方式，一般休閒俱樂部常採用的促銷活動有摸彩、贈品、免清潔費、優待券、打折等均是。
2.公衆關係：公衆關係的對象包括員工、股東、顧客、競爭者、供應商、社區、政府、媒體等，然而要採用公衆關係策略規劃時，需注意公衆對象對組織的期望與要求，小心規劃，以免弄巧成拙。
3.廣告宣傳：廣告是一般企業最常用的傳達管道，但廣告決策易受文化差異的影響，因此要以廣告爲傳達訊息管道時，需考慮目標市場對象在文化、態度、價值觀、信仰、感覺、作風等因素上的認知爲思考要素。休閒俱樂部常做的廣告有車廂廣告、報章雜誌、電視、廣告看板等。

4.訊息：此乃溝通中主要傳達的要素，因此在傳達時需注意資訊來源、編碼、訊息管道、接收者、接收者解碼、回饋、干擾等溝通過程中的溝通模式要素，使有效訊息能夠確切地傳送給正確的目標收訊者，不受環境干擾變數，並解讀確實的訊息。溝通模式的基本步驟如**圖2-1**。

5.媒體企劃及分析：媒體溝通管理是相當重要的，因爲媒體的有效性會隨著不同文化、商品的種類而產生變化。因此，在進行媒體企劃分析時，要注意媒體涵蓋的範圍、經費、可使用性、種類等因素。例如：如果該休閒俱樂部的目標市場對象是附近居民或特定對象，就不需做花大筆經費刊登車廂廣告的企劃。

6.廣告代理商選擇及廣告議題的管制：考慮由哪一個代理商執行廣告活動是適當的、哪些議題受到限制、是否受到公眾負面的注意，這些都是在宣傳時要注意到的事項。

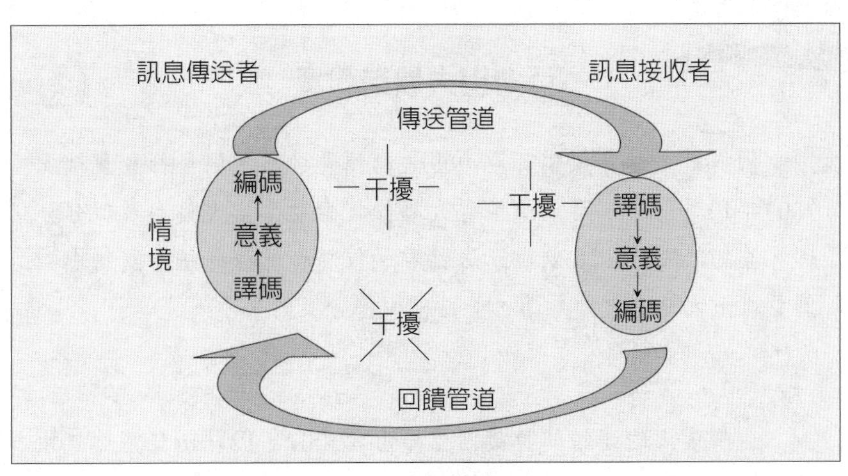

圖2-1　溝通模式

◆人員服務與管理

休閒俱樂部事業是人員與會員最直接聯繫的服務業之一，在會員心目中，服務的品質大多數來自服務的人員，確保服務人員的專業服務品質，具備專業證照可說是勢在必行的基本條件，服務人員就是代表整個俱樂部組織的水準，因此瞭解會員的期待與需求，爲刺激會員的需求，須安排更多元化的服務訓練提供服務，滿足會員的期望是非常重要的口碑宣傳管道。也唯有內部員工提供良好的服務品質，才能使整合行銷傳達得以發揮功效。

◆通路多元化聯盟

休閒俱樂部產業愈來愈多元化，行銷傳達管道有時需靠其他行業的協助與合作才能創造三贏局面，故通路多元化的策略聯盟是一項有利的管道。

報導回顧視窗

亞力山大歇業報導

國內最大健身俱樂部亞力山大無預警歇業，引發社會震撼。2007年12月21日，台北地檢署大動作搜索亞力山大集團及部分分部，並約談亞力山大創辦人唐雅君。位於台北紐約紐約購物中心的亞力山大分館鐵門緊閉，並貼出暫停營業的告示。

資料來源：中新社

台灣最大的連鎖健身集團亞力山大2007年12月10日突然無預警宣布停止營業，遍布全國的各分店都鐵門深鎖，一千五百多名員工一夕失業，不知所往，國內數萬名會員繳納的會費有可能石沉大海。更重要的是，亞力山大聞名全國，是國內健康休閒俱樂部代名詞的象徵，繼2006健身知名品牌佳姿健康集團倒閉後，亞力山大也難逃停業的厄運。健身俱樂部的兩張王牌都難以為繼，深層的原因是什麼？亞力山大引發的社會震撼絕不止於員工和會員。

健身王國轟然倒塌

有「全國最會賣健康的女人」之稱的亞力山大董事長唐雅君，10日一身黑衣召開記者會，哽咽落淚說，「因為沒有估計到台灣經濟景氣衰落得如此之快，亞力山大陷入不斷虧損的境地，我真的撐不下去了。」此情此景，和亞力山大風光無限的過去恍若隔世。

唐雅君二十二歲開始創業，靠媽媽賣掉家裡唯一的房子，湊足五十萬元當作啓動資金起步。當時成立的舞蹈社只有五名員工，到後來發展成健身、休閒於一體的多元化會館，業務橫跨海峽兩岸，全盛時期擁有二十多家分店，兩千多名員工，每個月營業額高達兩億五千萬元。

亞力山大健身俱樂部除了提供傳統的有氧舞蹈、器械健身之外，還有按摩、美容、餐飲等多元化的健康休閒服務。在亞力山大，會員可以享受到「30芬SPA」、水療、泰式菜餚等，會館內還有網咖供會員使用。當然，這樣的服務要價不菲，亞力山大所瞄準的就是有經濟實力、重視生活質量的消費人群。

但是台灣經濟愈來愈不景氣，中產階級的消費力正在萎縮。唐雅君說，亞力山大對這一點估計不足才會投資失敗。從2007年起，受到不景氣的影響，亞力山大的每月營業額衰退至一億兩千萬元，10月份以來更跌至八千萬元，長期下來造成資金短缺。唐雅君稱，雪上加霜的是，公司在引進投資人時遭遇詐騙集團，被詐騙高達九千五百萬元，成了壓垮公司的最後一根稻草。

員工、會員不知所措

亞力山大無預警停業，其會員的不滿可想而知。最憤怒的是關門前幾天才被吸引入會的會員們，他們受各種優惠的吸引，買了健身禮券或剛交了會費，有人還花上百萬元辦了終身會員卡，「因為亞力山大這麼大，這麼有名，非常相信它」，結果卡還來不及用，健身中心已經上鎖。「為什麼要結束營業了還推出各種優惠方案吸引人入會？」每個亞力山大的分店門前，都有不甘心的會員想討回自己花的冤枉錢。

亞力山大的員工們也很無奈，天天到健身中心上班，在最後一天下班時全然未覺關門的跡象。辛苦工作多年，老闆一句話沒有就走了，這個月的工資還沒著落。唐雅君回答記者提問時稱這個月員工薪水是確定發不出來了，資遣費要清算公司資產後，才能確定發放的金額與比例。可是員工們要等到何年何月？

因亞力山大在停業前夕仍吸收會員，收取高額會費，經營亞力山大的唐雅君姐妹已涉嫌欺詐，台北警方介入調查。唐雅君10日晚到台北地檢署應訊，堅稱直到最後時刻她都在極力挽救集團，沒有停業打算，不是惡意吸收新會員。她已經出讓了大陸亞力山大的股權投入台灣業務就是明證。她表示自己被騙了九千五百萬元，但她指控的對象並沒有到場對質，檢察官稱將再一次傳訊對方。唐雅君表示正在積極尋找買家，將儘快讓亞力山大逐漸恢復營業。唐雅君姐妹以四百萬元交保。

資料來源：《人民日報》海外版。

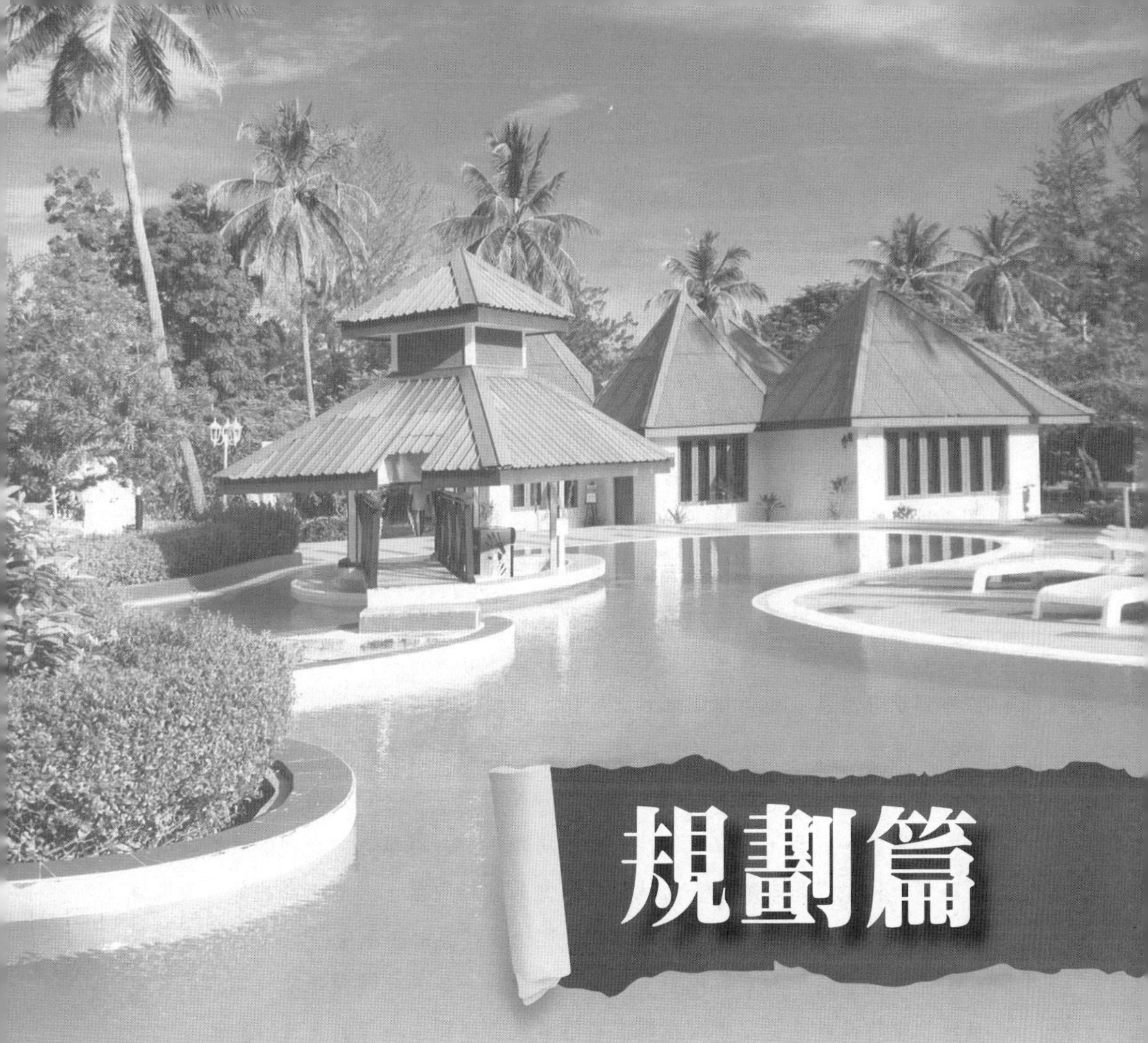

規劃篇

第三章　俱樂部產業競爭分析

第四章　經營理念市場規劃

休閒俱樂部經營管理的成功與否，在經營前籌備規劃時即為一大影響因素。規劃階段如果得當，將來在營運管理上可得事半功倍之效。反之，將是推動營業管理時的一大阻力。休閒俱樂部經營規劃不當，將會造成進入營運時的困境，嚴重的可能導致關門大吉。前陣子市場上造成衝擊甚大的佳姿101及亞力山大健身俱樂部是最直接的案例。根據徐堅白（2002）提到，一般而言，休閒俱樂部經營規劃常出現的弱點可能是：發展定位型態以及主要訴求不夠明確；對俱樂部事業的基本及特殊性無法深度瞭解；企業本身財力不足，資金轉移運用不恰當；硬體設施不符合國人休閒運動習性及未跟上市場潮流；對軟體系統進行規劃不夠詳細周到；沒有完備的整體營運計畫；商品規劃能力不足；行銷通路選擇不恰當或受到某些因素的限制；不當的人力資源規劃，無法完成專業教育訓練；會員規章或契約規劃不詳盡；會員活動、課程安排不周到或不符合消費者需求；無法規劃會員入會後在俱樂部持續消費等。因此，俱樂部要經營一定需做前期完整經營籌備計畫。前期規劃上基本有以下各項步驟：(1)俱樂部產業競爭分析：從市場調查分析、競爭力分析，再以SWOT分析其優勢、缺點、機會、威脅，完成可行性分析。同時，對於競爭者、交通狀況等也需掌握瞭解，再根據此市場調查的結果作專業的分析評估，考慮布局的條件及區域屬性來進行俱樂部的定位、宗旨、經營理念及特色的企劃；(2)經營理念市場規劃：先做出發展型態定位規劃，配合理念架構，就其定位及理念規劃出服務項目及作硬體設施配置及動線規劃；利用承載量計算作為規劃決策的基礎；(3)根據以上的規劃結果作行銷策略規劃；(4)最後很重要的步驟，即是針對營運前對投資成本及基本營運時初步成本預估，同時計算以規劃的商品營運收入多寡，以決定投資與否。

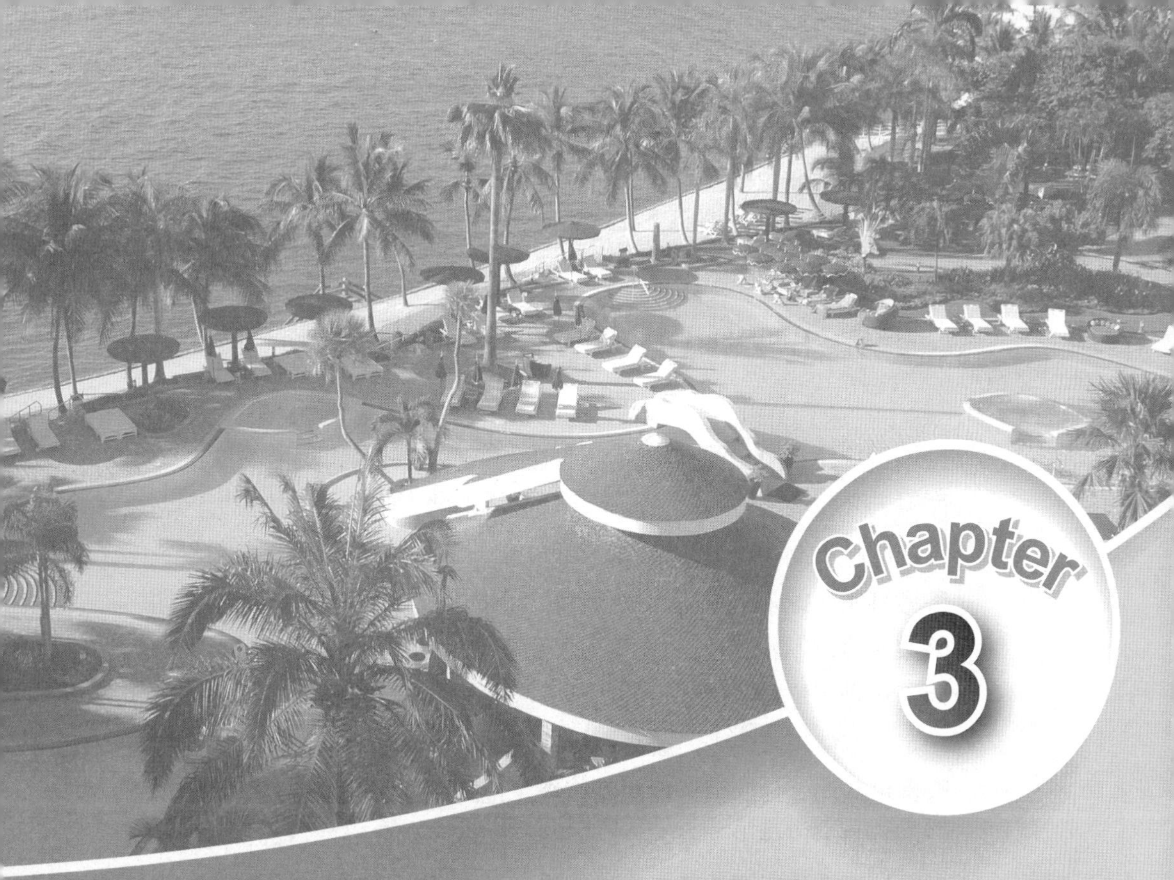

俱樂部產業競爭分析

- 消費者行爲研究
- 競爭力分析

第一節　消費者行爲研究

當決定成立休閒俱樂部時，應該先設法掌握市場環境狀況，進而對未來發展趨勢進行預測。一般影響消費者購買行爲的主要因素來自：(1)文化因素，如主文化、次文化、社會階層；(2)社會因素，如參考群體、家庭、角色及地位；(3)個人因素，如年齡與生命週期、職業、經濟狀況、生活型態、個性與自我觀念；(4)心理因素，如動機、知覺、學習、信念、態度等。因此，調查的範圍基本上須包括：鎖定區域性對象的人口統計變數特質，以及參與動機、考量因素等，因爲這些均是休閒俱樂部規劃市場定位的準則。在還未對實際市場進行調查前，可先由文獻各實證研究中瞭解有關俱樂部消費者行爲，將有助於對實際目標消費者市場的瞭解以作爲規劃時參考。例如陳有村（2003）針對太平洋都會生活俱樂部各分店會員消費行爲上的研究結果如下：

1.台北會員，以女性居多，年齡集中在三十一至五十歲，學歷以大學占大部分，職業以家庭主婦居多，收入則多在六至七萬元左右爲主。每週參與次數以四次最多。
2.中壢會員，以女性比例稍高，年齡集中在三十一至五十歲，學歷以大學爲大部分，職業以從商者居多，收入則多在三萬五千元以下爲主。每週參與次數以三次最多。
3.高雄會員，以男性比例稍高，年齡集中在四十一至五十歲，學歷以大學爲大部分，職業以從商及服務業者居多，收入則多在三萬五千元以下爲主。每週參與次數以三次最多。
4.在考量因素「空間需求」、「價格與新穎硬體設備」、「休閒附屬運動設施」、「形象方便性」四個構面上均有顯著呈現，台北會員大於中壢會員，中壢會員又顯著大於高雄會員。

林月枝（2004）針對銀髮族在選擇運動休閒俱樂部的消費者行爲研究中得知，銀髮族在運動休閒俱樂部參與動機上，依序爲心理需求、生理需求、社會需求；銀髮族在選擇運動休閒俱樂部時，就整體考量因素重視程度依序爲「服務軟體與可靠性」、「環境空間與便利性」、「功能性設施」、「價格」、「形象與附屬設備」。就個別因素重視程度以「有合法的執照與保險」、「服務人員的服務態度與效率」及「業主的財力與信用保障性」爲重視與非常重視合計人數最多。而較不重視因素爲「選擇具有名人背書的產品」及「提供全球流行趨勢的運動課程」。這些結論提供我們在行銷策略上有具體的依據，才能有效作出正確的行銷組合。

一、消費族群調查分析

根據消費者行爲研究調查結果參考之後，須先就人口屬性方面找出消費族群方向：

1.最主要購買者：以目前經濟環境配合消費者市場調查分析，找出俱樂部最主要的消費族群。

2.最有潛力顧客群：有時最主要的購買者可能已被開發甚多，因此，就須依市場調查分析，找出還有哪一消費族群是最具有潛力的顧客。

3.競爭對手的主要顧客：針對競爭對手的消費顧客做調查分析，找出哪些顧客群已是競爭者的顧客。

4.如何做區隔：根據以上分析出哪一消費族群是我們規劃的休閒俱樂部最容易鎖定的消費群，再以此消費族群的特性，配合俱樂部規劃區隔的特徵，作爲該休閒俱樂部定位的方向。

5.市場範圍：以市場定位區隔方向，同時考慮該俱樂部的各方面條件，規劃市場的範圍。

二、購買動機

針對實際的消費者調查其消費行爲，可幫助規劃者對消費者需求的認識，在策略規劃上才能對症下藥，當然如果因時間、人力、財務等因素無法實地調查，可委託學校機關代爲調查研究分析，或更簡單方式參考已研究出的文獻爲參考依據，找出眞正本案對象的購買動機，不過此法較需注意研究時間、對象、型態是否符合該案。

(一)會員及來賓眞正使用動機

會員制的休閒俱樂部主要服務的對象爲會員，而參加成爲會員的消費者使用俱樂部的動機，因年齡、俱樂部型態、教育程度、職業、收入、性別等因素的不同，使用的動機也有差異性，例如：學生參加的休閒俱樂部就比較以健身、交友娛樂、時髦流行等爲使用的動機；銀髮族使用的動機可能以健康體能維持、尋找社交夥伴、打發時間等爲主；企業家可能以商務聯誼、身分表徵、維持體適能爲主要動機。故休閒俱樂部規劃時，應先瞭解該俱樂部主要消費者眞正使用動機爲何，再根據此動機規劃設計活動與提供的服務。如果是非採單一會員制的俱樂部，除了瞭解會員使用動機外，尙須瞭解來賓使用消費的動機，分析來賓和會員動機有何差異，進而方便將此最具有潛力的顧客——也就是這些來賓，規劃出使其成爲會員的行銷策略。

(二)參加的目的

通常顧客由前來使用俱樂部設施，進而參加成爲會員，其目的也是必須瞭解的，才能進一步使前來休閒俱樂部的顧客都能滿足他們的目的，才能達成銷售休閒俱樂部主要商品——「會員」的目標。

(三)吸引入會特質爲何

除了對消費各客群使用及參加動機的瞭解之外，尙須知道是哪些因素吸引這群消費者加入該俱樂部，一般會員加入一家休閒俱樂部吸引他們的因素不外乎價格、地點、設施裝潢、服務項目、課程、活動等，當然不同定位的俱樂部型態，會有吸引不同的消費族群的特質，就其規劃出的特質來吸引入會。

三、無法在其他俱樂部滿足需求因素

在對市場的狀況調查中，首先須知道已參加其他俱樂部的會員滿足程度爲何，如果想要達到較高滿意度，需提供哪些服務、設施或機制。其次，瞭解其他俱樂部的會員，在該俱樂部最常遭遇的問題及產生的原因爲何，而這些問題無法得到解決的原由所在；最後，還要清楚假設將以上所遭遇的問題解決，滿足顧客需求後，是否意味商機就會存在，其問題改善後市場基礎狀況又如何。

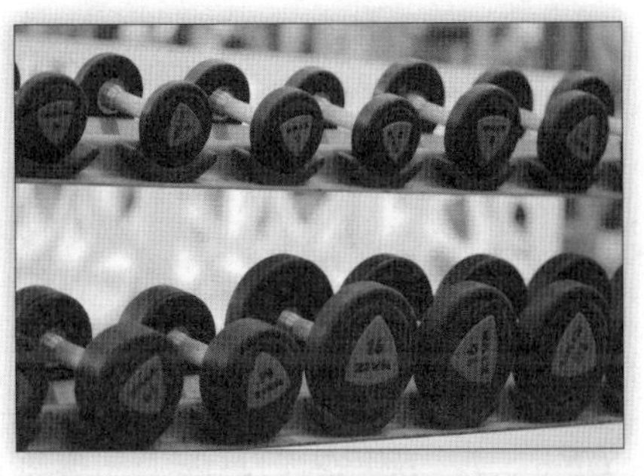

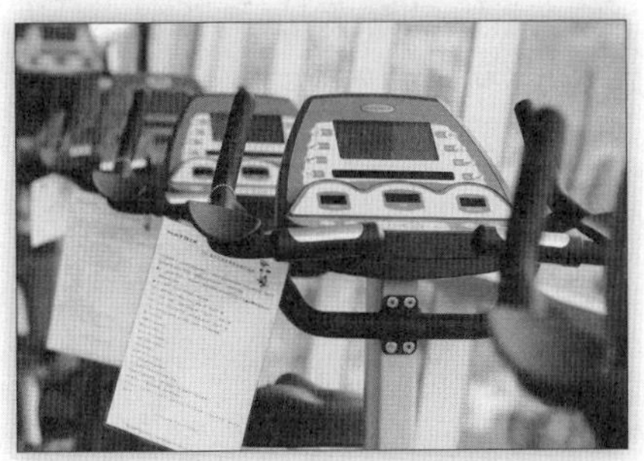

四、考量因素

消費者參加俱樂部會因人口統計變數的不同，對選擇加入俱樂部考量的因素產生差異，根據研究調查結果顯示，不同型態定位的俱樂部參加的

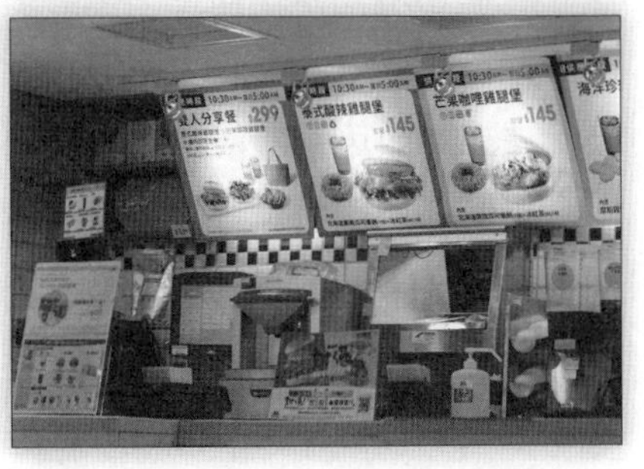

消費者要的是什麼？我要提供什麼才能滿足消費者？

顧客考量因素會有不同，但大部分會當作主要考量因素不外乎爲價格、設施、服務、區位、交通、信用、安全性等。因此，進行消費行爲的市場調查時，也需瞭解目標市場對象對選擇休閒俱樂部考量因素重視的程度。

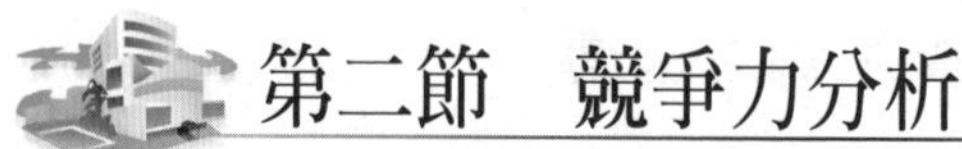

第二節　競爭力分析

一、環境動態分析

影響產業獲利程度的競爭作用力，也是影響策略形成最重要的因素，若想藉由有利的定位來應付產業環境的競爭，先要摸清楚左右環境的因素。因爲對自身能力與外部競爭作用力來源的瞭解，可以使企業應該競爭的領域，以及最好避開的部分的範圍凸顯出來。因此，一個企業要生存於市場上，對整個大環境、產業環境及競爭環境的動態必須詳細加以分析，才能知道本身具有多少的競爭優勢，以便規劃具競爭力的經營策略，正是所謂的知己知彼，才能百戰百勝。

(一)總體環境分析

總體環境乃是任何企業都必須面對的大環境，這個環境並非是我們可以控制改變的，此大環境涵蓋整個經濟、社會、政治、教育、科技、法律、政策、風俗民情、文化、軍事等環境皆是。然而此大環境所產生的任何變化是每個企業都要面對的，但是大環境對每個企業的衝擊程度均不同，有些環境的改變對某企業而言是弊多，但對某些企業卻又是利多。例如：南亞海嘯事件、空難事件可能使短期間國人出國旅遊人次降低，對旅行業者帶來衝擊，但相對國人仍需休閒娛樂，故對於休閒度假俱樂部產業卻是正面的利多。因此，想要順利經營休閒俱樂部事業，應分析如何順應此企業無法左右或加以改變的大環境，才能在業界生存。

(二)產業環境分析

產業環境分析乃是依企業所屬的事業進行思考分析，休閒俱樂部乃屬休閒服務業，具有強烈的休閒產業屬性，因而一家休閒俱樂部對產業環境蒐集的資訊，就包含提供相關單項運動設施的運動中心、各類型休閒俱樂部、運動休閒公園，甚至休閒旅館等資料。其他尚有對附近交通環境、天然資源環境、商圈及人力資源狀況等，都屬產業之環境。

(三)競爭環境分析

競爭環境簡單直接而言就是同行的動態，針對同業的行銷、經營管理等策略的資料蒐集。以休閒俱樂部而言，最需要觀察同行的範圍包含價格策略、提供設施設備、服務內容、促銷策略、產品的規劃、行銷通路等，蒐集相對競爭狀況資料作為競爭力分析的基礎。

二、環境動態探測

環境動態的探測不是憑報章媒體的資訊就能夠確實掌握，它是需投入相當的人力、財力、物力等資源才能得到周全的資料，所以許多業者對此都感到相當程度困擾。實際上，目前對於偵測環境的方式已經是一門專業的事業與學問，故有些業者已委託專門機構代行之，或與學術單位以產學合作方式進行。以下為學者張宮熊在《休閒事業管理》一書所提出的一些方法，加以整理可作為休閒俱樂部事業經營規劃者參考。

(一)蒐集環境情報網路的廣設

情報蒐集需有充裕的情報來源，一些休閒俱樂部可能由行銷企劃部或公關部進行情報的蒐集，以便做行銷規劃的來源。有的採網路問卷調查、顧客購後滿意度調查或專職人員搜尋各種資料情報。最近也常有與學術研究單位合作，讓學者爲該企業進行相關資訊蒐集。

(二)所蒐集的環境資料或情報注意攸關性及重要性

情報或資料衆多，但須注意哪些是與休閒俱樂部經營相關的情報，以免浪費時間及金錢，而得不到重要資料。例如：對於前往北投區泡溫泉的遊客人口統計變數與消費習性，對以溫泉爲主題的春天酒店俱樂部可能就是重要情報，但對天母加州健身俱樂部而言就屬間接情報，而對大安加州健身俱樂部而言則屬無關之情報。

(三)情報蒐集需長期性且專心

情報資料均是具有累積性的，蒐集愈多愈久，相對有效性愈易見，同時可以像股市內由各股價曲線看出股價變化一樣，由環境變遷的曲線，加以分析看出環境變化動脈，以便採取因應對策。例如：佳姿健身俱樂部出現經營不利狀況時，在行銷上勢必對休閒俱樂部產業帶來衝擊，業者必須以長期蒐集的資料，觀察過去俱樂部產業經歷同樣的結束營運案例後帶來的影響，進行分析，才能找出因應的對策。

(四)正確資料比完整的資料重要

爲了得到正確的資料，如果企業本身人力不足，可委託公信力佳的機構蒐集，提供可信度較高的資料情報。

(五)需適度蒐集情報

情報太多或太少均不適當，情報過多會造成成本增加，對效益成本而言不划算；太少又缺乏可信度，因此適度的蒐集是必要的。

三、環境的分析技巧

環境的分析方法可根據美國管理策略大師麥可·波特（Michael Porter）所提出的一般化分析技巧加以分析：

1.產業結構分析：影響產業競爭的態勢與動力，以及其決定因素有哪些。
2.一般策略態勢：低成本、差異化與專門化策略乃建立競爭優勢的做法，應分析其對休閒俱樂部的適宜性爲何種，分析其做法對休閒俱樂部企業的關聯有多大影響。
3.個體經濟市場分析：以供需曲線作爲價格訂定和價格調整參考、彈性分析環境對市場的影響。
4.產品替代行爲：替代程度與速度分析，找出因應的策略來左右替代品。
5.對供應者及購買者策略：上、下游相對談判能力之探討分析。
6.進入障礙及移動障礙：針對進入產業障礙如何建立、如何消除，以及產業遇到瓶頸時是否有轉移的可能性等問題一一加以分析。
7.對競爭者分析：同類型的競爭者在市場內相對位置與策略爲何。
8.捕捉市場訊息：市場情報對經營目標意涵爲何。
9.競爭者動向：分析競爭者策略行動，找出對應方法。
10.策略群組與策略布局：明瞭俱樂部產業的群組分布情況，瞭解眞正戰場與競爭者何在及出現型態。

四、產業內競爭力分析

管理大師麥克・波特認爲產業競爭狀態，主要是根據五股基本的競爭作用力而定，而這五股基本的競爭作用力量的總和，決定了產業最終獲利潛力，稱爲競爭力的五力分析（**圖3-1**）。因此休閒俱樂部企業以此五種談判能力，作爲評估分析產業內的競爭力。

(一)潛在競爭者進入的威脅（threat of entry）

指的是隨時可能加入產業成爲直接競爭者，企業的新進入者會帶來新的產能，他們渴望奪取市場占有率，以及實質的資源。侵入者的威脅程度視產業進入障礙的高低，以及新進廠商如何評估現有競爭者可能的反應而定。一般主要構成的進入障礙有規模經濟、產品差異化、資金需求，以及一些與規模無關的成本劣勢、取得經銷通路、政府政策等，當然在形勢發生變化時，進入障礙也會隨之改變。

◆規模經濟（economies of scale）

這些經濟體系會迫使進入者必須以大規模進入市場，否則便得接

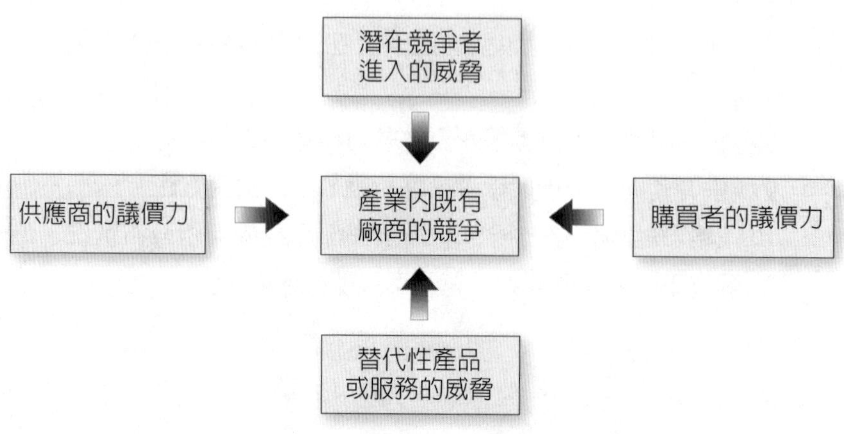

圖3-1　競爭力的五力分析

受成本劣勢的現實。以過去休閒俱樂部市場中，亞力山大健身俱樂部採連鎖店不斷擴展的方式，就是採取規模經濟提高市場占有率的一種做法。

◆產品差異化（product differentiation）

品牌識別會創造產業的進入障礙，因爲它迫使新進廠商必須大量投資，以克服顧客對品牌的忠誠度。

◆資金需求（capital requirements）

競爭需要投入大量財力時，會造成產業的進入障礙，尤其是當資金必須投注在有去無回的廣告或研發的工作時，更是顯著。

◆與規模無關的成本劣勢（cost disadvantages independent of size）

無論新進廠商的規模多大，企圖達成的規模經濟有多高，既有的廠商具有潛在競爭者不及的成本優勢，也足以構成潛在競爭者進入的障礙。

◆取得經銷通路（access to distribution channels）

面對重重的障礙，新進廠商必須確保其產品或服務的通路，因此這也成爲潛在競爭者一項主要的進入障礙。

◆政府政策（government policy）

政府以核發執照或限制取得原料等方式，管制或限制廠商進入特定的產業，如貨運、酒類零售、運輸、原油等受管制的產業，就更是一般潛在競爭者無法進入的最大障礙。在休閒俱樂部方面使潛在進入廠商卻步的原因，主要可能因爲既有廠商擁有龐大堅實的資源，可以展開對新進者有力的反擊；也可能既有廠商不惜削價競爭，這可能導致所有業界成員的財務績效呈現衰退，或者因爲產業成長趨緩，不但影響到吸收新進廠商的能力，同時可能導致所有業界成員的財務績效呈現衰退。

(二)替代性產品或服務的威脅（substitute products）

提供與企業相同產品或服務功能具替代效果者，高度替代性產品或服務的存在表示有強烈的競爭威脅。替代品或替代性服務會使產業無法將產品價格拉到最高點，面對替代品時，除非產業能將產品的品質提高或增加其差異性，否則在營收上，甚至可能在成長上都會受到傷害。

(三)購買者與供應商的議價力（powerful suppliers and buyers）

對產業的成員而言，供應商具有提高價格，或降低採購貨品與服務品質等議價力量。每個重要供應商或購買者力量的強弱，視市場情勢的特質，以及這個產業在銷售或採購上的相對重要性而定。

◆購買者的議價力

向企業購買產品或服務者，如採大量採購或產品無差異性，則購買者具有好的議價力；但如果產品爲購買者重要需求或物超所値，此時購買者的議價力便降低。又如獨占市場或寡占市場的產品或服務購買者，相對議價能力就相對減弱。

◆供應商的議價力

供應各原物料、零組件、半成品或服務給企業者，如果上游由少數主導且集中、供應商能形成向後整合的威脅、產品具獨特性、無替代壓力、本身非供應商重要客戶，那麼供應商便具有良好的議價能力。

(四)產業內既有廠商的競爭

指的是直接與企業發生競爭行爲的企業，故需運用戰術取得有利地位，以企業身處行業思考環境及附近商圈及同行策略與動向，也就是目前存在於相對區域的同性質俱樂部的資料蒐集，以便運用戰術策略的擬定，既有競爭者在地位上的競爭，應用的戰術大致不脫價格競爭、推出新產品、廣告大戰、促銷。其中競爭者資料蒐集包括通路、會員、價格、廣告、促銷、設施、賣點、專業程度、定位等要項。通常會密集地競爭乃因爲競爭者衆，而且實力大致相當；產業成長趨緩，部分成員急於擴張市場占有率；產品或服務本身缺乏差異性或轉換成本；固定成本高或容易腐壞的產品，會導致削價競爭；產能常態性的大量增加或退出障礙太高。

五、SWOT分析

另外，產業在做規劃分析時最常用也最容易的就是所謂SWOT分析（S：Strengths；W：Weakness；O：Opportunities；T：Threats），SWOT分析乃來自美國管理學者史提勒（Steiner）提出以環境中的優勢、缺點、機會、威脅組合起來而稱之。俱樂部規劃時SWOT分析就是將俱樂部本身所具備的內在優勢與缺點，以及外部環境的機會與威脅，組合起來分析，也是休閒俱樂部做規劃時，常用到的基本分析模式。美國管理學者庫洛克（Glueck）提出的規劃模式，也就是把環境資訊區，分爲機會與威脅，環境因素有利企業發展，或創造獲利可能，而企業可投入取得利益稱之機會；反之，環境因素不利企業發展，或使企業未來獲利與成長停滯，稱之威脅；在環境因素的變動中，有時機會可能變成威脅，威脅可能就是機會。對企業而言唯一不變的是環境一直都在改變，因此進行策略規劃，先從變動中找出機會與威脅，並且就企業內部條件與資源做分析。因此，休閒俱樂部前期規劃須對企業本身著手進行SWOT分析，內在環境分析來源有下列各方面：

1.企業既有資源：有形資源方面，如土地、建物、設備器材等；無形的資源，如技術、人脈政商關係、企業品牌知名度、形象、商譽、企業文化等均是。

2.企業內部人才：專業規劃人才、員工工作能力與向心力、管理經營人才及能力。

3.經營能力：經營者專業正確的知識與理念、財務資金控制條件、組織架構、關係企業財力等。

至於外部環境分析則可就經濟、政策、法令發展條件、俱樂部附近環境特色、交通狀況、科技設備的支援等進行分析。

六、可行性分析

當一個俱樂部做好前期的規劃各項分析後，最主要就是要根據以上各種分析來研究並評估俱樂部的可行性發展，作爲投入休閒俱樂部產業發展與未來的預測。以下作爲各項分析的主要目的：

1.可經由市場調查消費者行爲及參考企業的理念，訂定俱樂部的定位及找到目標客群。

2.整體環境分析：可讓我們找到進入市場的利基。

3.產業及競爭力分析：評估當前產業經營狀況，瞭解其競爭力、平均利潤水準及占有率。

4.內部環境條件分析：尋求附加價值的方向或延伸商機。

5.內部環境資源分析：確立規劃行銷策略發展的可行性。

6.財務預估：經營投資成本預估，設定經營收益情況，作爲評估投資回收時間及報酬率。

7.適法性分析：對建築相關法規及產業相關政策法規的合法性概況評估，作爲永續經營的依歸。

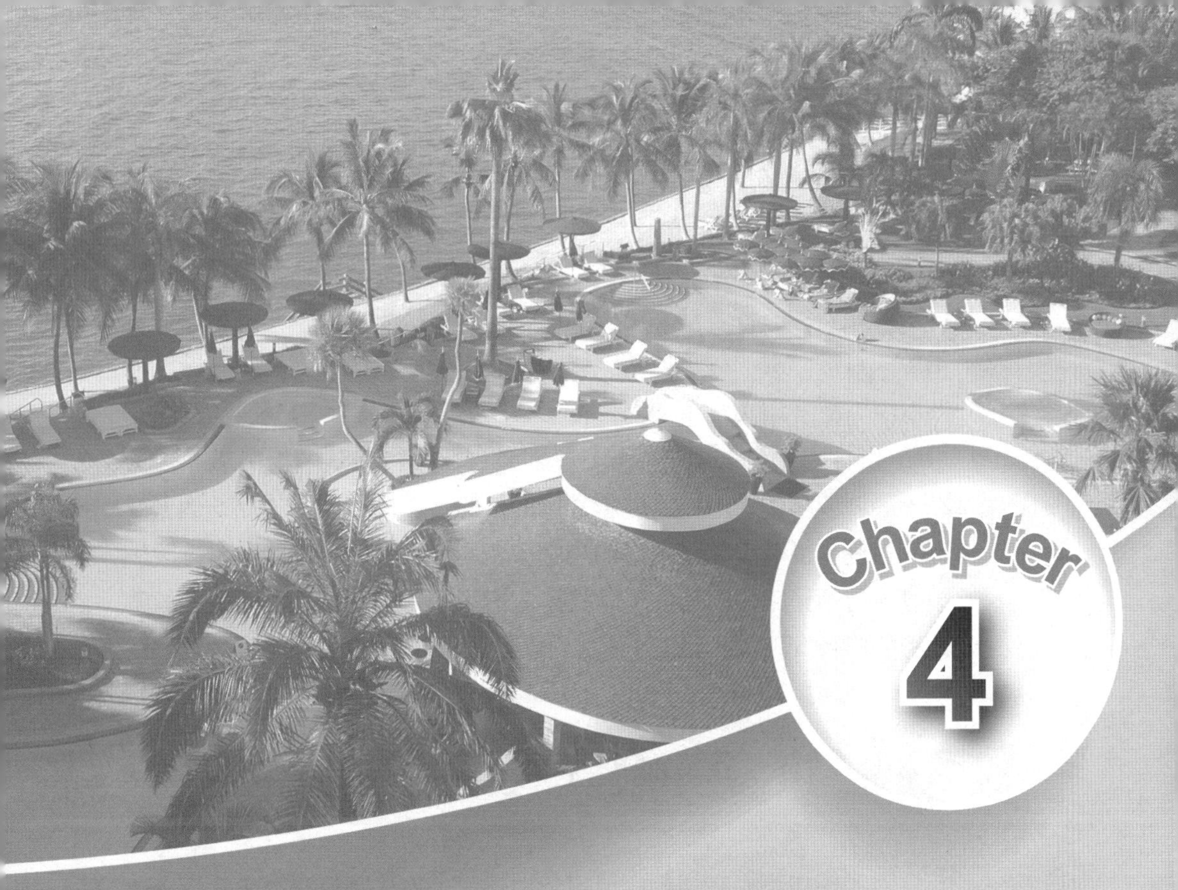

經營理念市場規劃

- 發展型態定位
- 硬體設施與器材設備規劃
- 承載量運用分析與計算
- 成本預估
- 擬定俱樂部籌備程序與計畫書

俱樂部經營規劃的目的，乃是希望依經營理念及消費市場需求，找出明確目標客群，建立市場，並且透過市場動向的瞭解，發展經營定位與目標，進而尋求成功關鍵因子，創造競爭優勢。也因對整體內外環境瞭解，確定企業內部條件，有助於創造價值，發展成功的企業策略，同時確定關鍵性問題，規劃出合理可行機制，找出損益平衡點，發展成功戰略，作爲經營實施的依據。因此要規劃成立一個俱樂部的企劃，從商談階段、市場調查、基本計畫、服務經營計畫、設施規劃、行銷策略、財務收支計畫等，均須一一瞭解規劃，才能利於營運後的經營管理。

第一節　發展型態定位

爲了使規劃者在規劃發展定位型態前，對休閒俱樂部產業市場有基本認識，首先對休閒俱樂部一些基本經營現況加以介紹。

一、經營基本概念介紹

(一)俱樂部名稱

目前休閒俱樂部相關事業市場上常用的名稱如下：

1.健身中心：過去因爲三溫暖業爲八大行業之一，並且均以健身中心爲名稱，故部分健身中心業者即改爲健身俱樂部，但目前法令上已有運動場館業的業別，加上國人也對健身事業有進一步的認知，因此，部分以體適能爲主的俱樂部又喜歡以健身中心爲名稱，如過去的加州健身中心、克拉克健身中心。

2.廣場：社區型或綜合型的俱樂部，提供較多元的服務，爲了與一般健身俱樂部做區別，因此以此名稱爲主，如活力補給廣

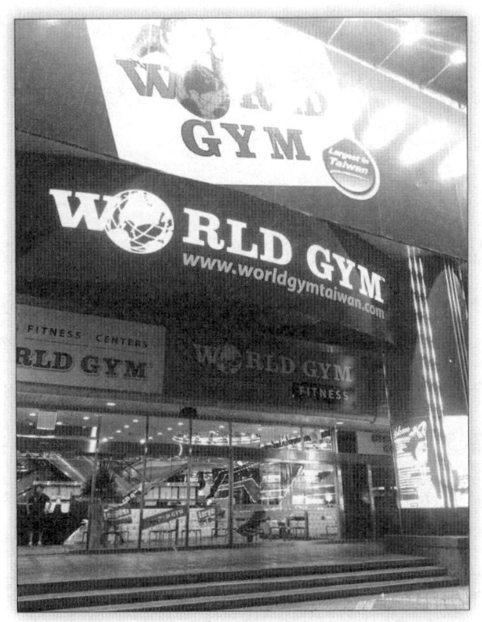

體適能為主的俱樂部喜歡以健身中心或健身俱樂部為名稱

資料來源：攝自世界健身俱樂部

場、創世紀生活廣場。

3.聯誼社（會）：以商務聯誼爲主的俱樂部，爲標榜商務聯誼的上流社會形象，幾乎都以聯誼社或聯誼會爲名，如台北聯誼會、世貿聯誼社。

4.會館：若有提供住宿或休息的空間之俱樂部比較會以會館爲名，顯示其密閉與私密性，如太平洋溫泉會館、亞爵會館、海灣會館、亞太會館。

5.健康（健身）休閒俱樂部：凡以健康休閒爲主要宣傳之俱樂部，均會以此名稱令人直截了當明白其經營的標的物，如現行的高勁健身俱樂部、世界健身俱樂部、伊士邦健康俱樂部及過去的亞力山大健康俱樂部、中興健身俱樂部等。

6.教室：通常偏重某一項運動技能教學之俱樂部，如佳儷韻律教室、哈達瑜伽教室、游泳教室。

7.世界：一般以主題式經營的俱樂部爲主，如活水世界、水世界。

(二)經營地點

1.飯店：飯店內附屬俱樂部大部分是由飯店自行掌管營運，有的以服務房客爲主，有的以開放招收當地居民爲對象，但也有一些屬外包給俱樂部經營者，以合作方式進行營運，如君悅飯店、遠企飯店、晶華酒店、喜來登飯店、鴻禧飯店、國賓飯店、六福皇宮等。

2.學校：部分學校俱樂部僅供學生、教師及校友使用，有些也對外開放招收會員，但因學校設施規模差異，開放設施也有所差別，如國立體育大學、中華大學、大仁科技大學、輔仁大學、淡江大學等。

3.商業區：主要方便商業區內的工作者，依運動、休閒、聯誼等主要訴求不同有不同形式的俱樂部，如台北聯誼會、世貿聯誼社、世界健身中心、高勁健身俱樂部、虹頂聯誼社等。

4.社區：採封閉式經營者以提供社區居民使用爲主，但有些社區的俱樂部也會採開放式對外招收會員增加營收，如世界山莊、海悅、三芝熱帶嶼、傑士堡等社區就是以供社區居民使用爲主。

5.企業：規模大小不一，主要以提供員工使用爲主，少部分也會對外開放招收會員，如聯電企業、中興紡織、台積電及華亞科等是以提供員工爲主要服務對象。

6.醫院：目前國外非常流行的預防醫學也是國內的熱門事業，因此醫院也會整合醫療團隊，加入運動健康資源成立健康中心或俱樂部招收會員，例如藝人小S坐月子期間選擇的隸屬西園醫院的永越健康管理中心就是一例。其他尚有部分醫院也整合安養中心，紛紛成立運動休閒俱樂部，如至善安養中心、長庚醫

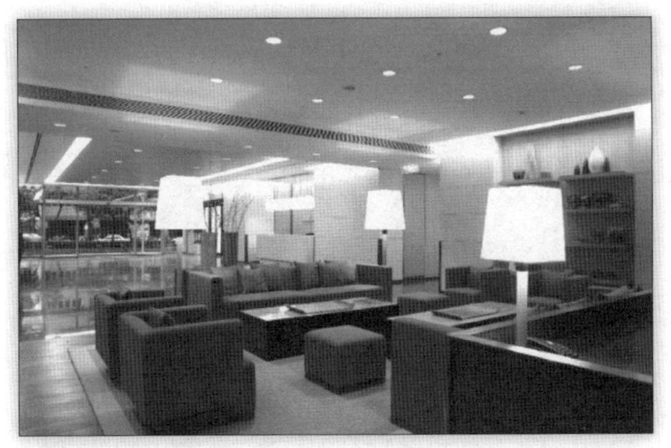

永越健康管理中心
資料來源：網絡排行榜，www.pai-hang-bang.com

院安養中心。

7.郊區：由於地理位置較偏遠，故位於郊區之俱樂部通常會提供度假休閒的產品，因此以度假俱樂部或鄉村俱樂部爲主，如統一健康世界。

(三)經營特性

依照提供的設備設施來看，以旅遊型、休閒型、商務型、運動型、健康型、社區型爲主要的訴求均有。

(四)經營範圍

1.室內運動類：如桌球室、撞球室、飛鏢區、室內高爾夫球模擬室、兒童運動區等。

2.戶外陸上運動類：如馬場、高爾夫球練習場、慢跑區、體能訓練區、攀岩區、滑草場、籃球場、網球場、賽車場等。

3.文化學習、藝術類：如畫廊、圖書館、閱覽室、文化教室等。

4.室內健身養生運動類：如健身房、有氧舞蹈教室、健康諮詢中心、體適能檢測中心、游泳池、三溫暖、水療池、個人溫泉池等。

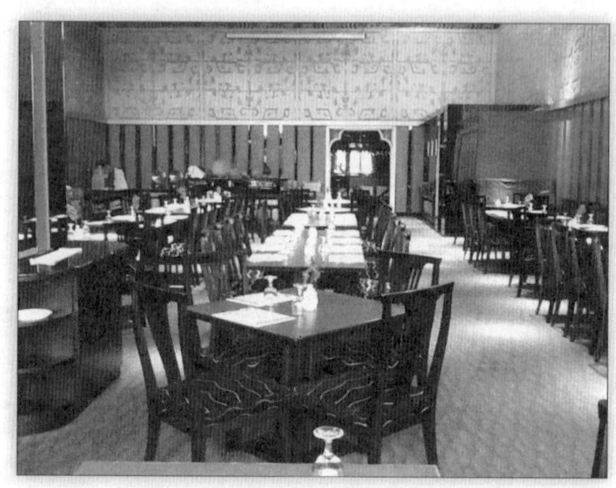

餐廳是俱樂部營業額重要來源

5.戶外水上活動類：戶外游泳池、滑水道、溫泉大眾池、遊艇、划船、腳踏船、衝浪、帆船、水上摩托車等。

6.休閒、娛樂、社交類：視聽室、麻將棋藝室、卡拉OK室、芳香室、精神鬆弛室、交誼廳等。

7.餐飲、會議服務類：商務中心、會議室、各國特色餐廳、簡餐咖啡廳、教育訓練中心、健康養生吧、宴會廳、茶藝室等。

8.生活服務類：兒童托管中心、洗衣中心、服務中心、美容中心等。

(五)俱樂部的管理活動

1.現場管理：包含餐飲服務、房務管理、櫃檯接待、休閒娛樂、運動健身、會議活動、業務管理。

2.後場管理：涵蓋安全工程管理、會務管理、資訊管理、人事管理、教育訓練、財務、總務倉儲管理。

3.服務管理：作業程序、儀容儀態、溝通、服務態度、抱怨處理、品質管理。

4.經營行銷策略：價格策略、產品種類、行銷通路、促銷推廣策

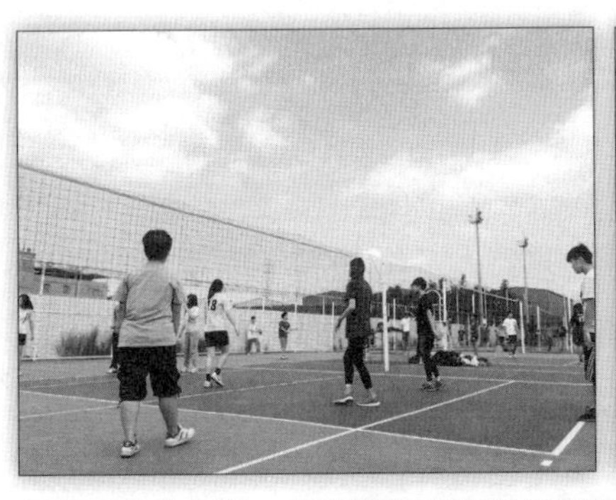
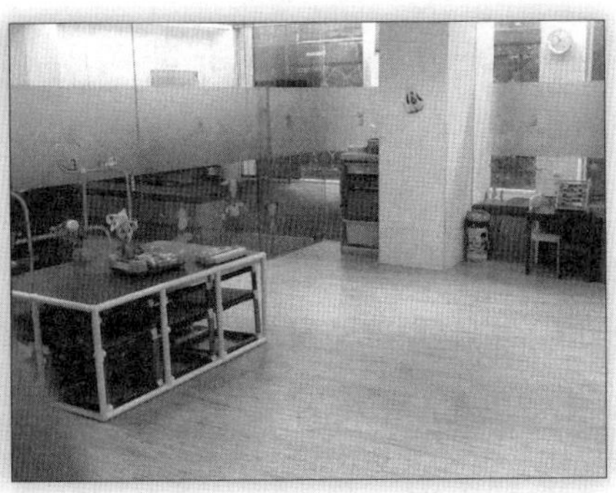

任何設施的提供，在籌備階段均須仔細規劃

略、策略聯盟。

(六)硬體設備

不外乎健身房、有氧舞蹈教室、健康諮詢中心、三溫暖、視聽室、更衣淋浴室、游泳池、水療設施、美容室、球場、遊戲室、文化教室、餐廳、廚房、客房、戶外休閒設施等等。

(七)軟體服務

指的是器材設備使用指導與訓練服務、有氧運動的教學指導、節慶活動與比賽、運動處方設立、體適能檢測、心靈健康諮詢、營養諮詢、指壓、按摩、美容服務等。

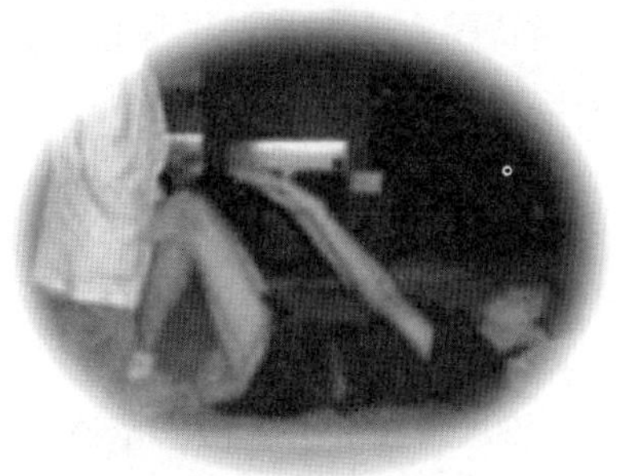

有些標榜健康的俱樂部，除了提供教練指導外，同時還提供復健師協助的軟體服務

(八)資金來源

一般資金由國內企業界轉投資、個人投資、朋友合夥投資、政府投資、國外企業界投資均有。

(九)營利爲目的經營方式

◆**會員制**

對外營運、較重視服務品質的俱樂部大多採此制，而會員種類依期限可分爲終身會員、年期會員、短期會員等，若以對象區分可分爲個人會員、家庭會員、團體會員、公司不記名會員等。

◆**非會員制**

一般以提供較不需由個人指導服務的設施爲主的俱樂部，比較會採對外全面自由開放的方式經營，如游泳池、溫泉水療等俱樂部，通常會隨市場趨勢變化制定不定期別收費標準；通路以採現場賣票、預售儲值卡、套票販售、團體售票等方式爲主軸，但也會有些以業務員洽談公司、行號、組織針對團體售票方面進行銷售，或批發給旅行社、便利商店爲另一通路。現行的市民運動中心就是屬非會員制開放式經營模式，雖然是公辦民營方式經營，但經營者仍然以營利爲目的，只是必須配合政府一些非營利目的的政策執行，例如提供公益時段免費讓六十五歲以上居民使用部分設施及部分開放空間供所有市民使用。

二、理念架構

如圖**4-1**所示，根據潛在消費者的調查分析，並對消費者認知的瞭解，規劃出俱樂部提供哪些設施與服務，同時發展出此消費者參與的動機及眞正入會動機，以利作市場經營商品定位與策略。

(一)商品定位

根據俱樂部規模與成長率、吸引力、公司目標與資源、所處地理自然環境、競爭力的分析，以及整個經濟大環境與人文環境，就市場情況發展出經營的市場區隔定位。

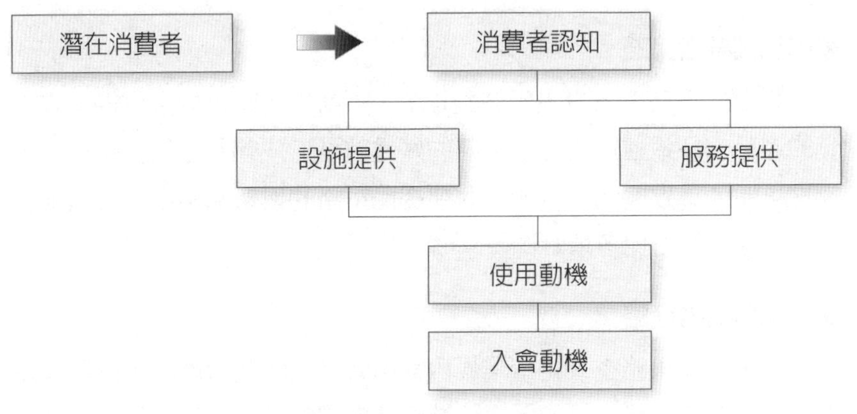

圖4-1 經營理念架構圖

(二)經營策略

就定位及分析規劃加以選擇運用的經營策略。以競爭的觀點而言，常運用的產品經營策略有以下幾種：

◆市場領導者策略

在俱樂部產品中眞正的領導者可能只是認知上的領導，也可能是企業眞正的領導。這些就必須根據業者企業的資源及管理者經營的理念觀點而定，當然在俱樂部產業並不一定要成爲領導者才能有利可圖，因爲俱樂部產業與地理性之特點，並不一定有最先進的設備或課程，客人才會上門，只要能夠滿足眞正目標消費者的需求，仍然大有可爲。

◆防禦市場占有率的策略

本身在市場上已有相當的占有率，對於競爭者若無太大的擴張占有率時，則採保守穩定成長的經營策略，但當最主要競爭者有擴展版圖的計畫時，立即積極開發新戰場，以鞏固市場占有率的一種策略。

◆**市場挑戰者策略**

採取此策略者須投入研發的資源，不斷地挑戰市場上覺得不宜投資的產品。採這種策略之俱樂部的好處就是形成差異化的行銷策略，反之可能會導致關門大吉。因此要採此策略的俱樂部業者，必須衡量企業本身的財力與各項資源。

◆**市場追隨者策略**

這種產品策略主要是依業界內領導者推出哪些新產品，公司就跟進的一種保守策略。例如俱樂部游泳池過濾系統，有業者以創新領導策略打出採用最新的設備，乃利用鹽分解出氯的方式達到過濾效果，如果領導者使用後受到好評，公司就跟進。採用這種策略時業者須投入資源研究該產品的評價與市場接受影響度，並在最佳的時機推出，如果評價不好就不冒然推出。

◆**市場利基者策略**

是慎選領導的一種策略。有些俱樂部在某些舞蹈課程方面可能居於領導的地位，但對某些健身產品則無法自我超越，那就以對自己俱樂部強項的舞蹈課程產品採領導者策略，而對健身產品方面，則採追隨策略就好了。

三、營業內容規劃

(一)服務內容

經由定位及服務理念規劃出提供的各類服務項目、設施、數量、氣氛、格調、機能及營運時間規劃等。

◆**設施空間**

包含健身房、游泳池、活水水療區、三溫暖、烤箱、紅外線烤箱、蒸氣浴、藥浴、餐廳、客房、會議室、後場管理設施、生財器具等。

◆服務活動

1.健身活動：運動處方設立、體適能檢測、健身諮詢指導、運動成果追蹤。
2.休閒活動：放鬆活動、水療療程規劃、聯誼活動、商務資訊講座等。
3.餐飲服務：中餐、西餐、簡餐、健康吧、宴會廳、特殊料理等。
4.商品販售服務：運動商品、保健食品、休閒用品等實體商品。
5.停車服務：代客停車、停車場提供、提供接駁車。
6.課程服務：各式有氧韻律課程、私人健身教練指導與諮詢、游泳教學課程、非會員體能年齡檢測、中老年人特殊運動課程、水中有氧、健康檢查、復健運動規劃課程等。
7.生活服務：出租櫃提供、洗衣、美容、美髮、代購郵寄、兒童托管、無人銀行、按摩、指壓等。

(二)經營方式

一個俱樂部要如何規劃經營方式，在實務上應從俱樂部的定位與理念方面加以思考，何種經營方式較爲適合。

◆設施空間

必須考慮哪些是會員免費使用的空間、哪些是非會員購票券使用的範圍，以及是否有使用人數限制等。

◆會員專業服務

依經營定位考量會員專屬服務部分是否收費、若需收費其理由爲何、是否會引起會員抱怨、如何因應，這些問題都應在經營計畫中表列出來。

◆收費課程或活動

包含報名方式及流程規劃、消費付款方式規劃、收費標準、售後服務、績效評估等各項辦法。

(三)營運時間

首先須分別對俱樂部試營運期及正式營運期整體營運時間規劃，尚有因平日及假日不同需求營運時間做不同規劃，以及不同設施服務有不同營運時間等，均應在規劃時即規劃出適當的時間，以利組織人力資源單位對人力的數量與進場時間的安排。

第二節　硬體設施與器材設備規劃

依市場分析評估，產生了俱樂部的定位之後，即可展開硬體上的規劃。硬體的設施可根據前期所提及的俱樂部型態的設施部分，自行依俱樂部面積大小、市場需求、會員取向，作比例的分配及各硬體動線的安排。在此階段，一般多爲聘請設計師來策劃，但須由專業的經營管理人員，或專業健康事業顧問，依營運管理的經驗及需求和設計師溝通建議，以免淪爲美而不實，造成管理者在營運時的困擾及經營成本費用的增加。除了規劃設計圖的注意外，同時在此階段也需做好開辦成本及營運成本的預估。除了硬體設施規劃費用外，各種運動器材設備都必須配合室內裝修做正確的規劃，符合合理性、實用性及耐久性的使用原則。

規劃俱樂部建築物方面，在基本構思計畫方面，是整個建築規劃基礎架構；建築設施設計或規劃，會涉及硬體環境條件，因而做好設施計畫及機能服務定位，即可方便做坪效面積構成分配；針對內部營業設施及後場管理設施布局，管理動線規劃適當，才能達到減少不必要作業時間浪費，提升服務效能，節省營運開支；同時具有良好員工工作職場環境，也才能提高員工效率及服務品質。因此，事先將硬體規劃完善，減少服務補救，增加顧客滿意度，提升經營競爭力，是建築物計畫重要的因素。

一、硬體規劃原則

根據經營理念、市場定位與投資金額爲基本概念，規劃設施規模、數量、建築風格構思、動線配置，並且配合天然資源環境條件及內部企業資源環境，規劃出俱樂部特色及形象。可善用具體設計圖加以表現，落實尺寸、面積大小、規模、數量，並加以推算其成本，作爲財務預測計畫之依據。在硬體規劃上還有一項重要原則，即爲考量法令的適法性與標準性，更要以建築安全結構爲基礎，才能規劃出好的硬體建築設施。

二、硬體設施規劃構思

依以下各重點爲思考方向：

(一)考慮整個俱樂部建設重點

根據經營定位、投資成本預算的限制、形象及機能的運作，規劃出建設重點所在處。

(二)考慮整個俱樂部發展方向

以近程、中程、長程各階段性的發展方向作階段性考量建置營業設施數量時機，如客房數、餐廳數、廚房、運動區、休閒區、淋浴、更衣室、置物櫃。

(三)考慮整個俱樂部設施內容

在整體機能方面，依提供營運服務項目規劃出健身運動設施、室內及戶外休閒設施、餐飲服務、客房住宿、會議服務、親子娛樂等內容，以及依數量、形式、經營結構比例、坪效計算、規模等，規劃其面積比例大小。

(四)考慮各單項設施特徵

將創意融入平凡設施中，表現出不平凡的差異性與獨特性特色。

(五)工程計畫時間表

根據預估完成營運日爲基準點，訂立出每一階段工程完工進度時間表，並加以監督完成。

三、現場營運區域空間與動線

依設施服務基本空間、承載量及管理作業程序來設計有利營運的動線安排。一般現場設施配置規劃包含項目如下：

(一)休閒功能性設施

◆室內健身運動類

1.水區：游泳池、按摩池、溫泉池、淋浴室、三溫暖水池、各式水療池、蒸氣室、芬蘭式烤箱、紅外線烤箱。

2.球類及休閒區：回力球場、乒乓球場、保齡球館、撞球室、羽球館、飛鏢室、高爾夫球模擬室、體育館。

3.健身區：健身房、有氧舞蹈室、體能檢測室、健康諮詢室、兒童體能室、拳擊室。

◆戶外活動類

1.滑水道景觀游泳池、日光浴、兒童戲水池、釣魚、餵魚區。
2.網球場、高爾夫球場、槌球場、慢跑道、健康步道、溜冰場、滑草場、馬場、射箭場、BB彈射擊場、攀岩場、沙雕場。
3.遊戲區、迷宮、露營區、烤肉區、表演場、自行車道、原野遊樂區、動物區。
4.戶外水上活動：海水浴場、水上排球、水球、浮潛、拖曳傘、水上摩托車、風帆、衝浪板、滑水、香蕉船、腳踏船、遊艇、手划船、玻璃船。

◆文化、社交類

1.教堂、禪室、佛堂、畫室、藝術展示區、資訊櫥窗、圖書館、閱覽室、茶藝室、橋棋藝交誼廳、禮堂。
2.親子教室、才藝教室、視聽室、兒童遊戲室。
3.芳香室、音樂鬆弛室、電腦遊戲室、情緒發洩室、占卜、星座、命盤諮詢室。

(二)營業機能性休閒設施

◆餐飲類

中餐廳、西餐廳、各國式餐廳、池畔餐廳、貴賓廳、宴會廳、咖啡廳、簡餐廳、酒吧、PUB、健康吧、露天咖啡座、KTV、夜總會、聯誼廳、音樂廳、會議中心。

◆生活服務類

兒童托育室、保健中心、生活服務中心、美容沙龍、按摩中心、家管服務中心、商務中心、洗衣中心、代購中心、金融服務中心、保險箱等設施。

(三)商品形象規劃

◆整體建築景觀類

包含玄關大廳、櫃檯接待外觀和企業形象的契合、色彩搭配、器具設備、氣氛營造。

◆環境景觀類

如藝術雕塑、藝術水牆、景觀瀑布、溪流觀景台、魚池、噴泉、公園造景、涼亭、鄉居水車、透明電梯、吊橋、纜車、雕花大門、香榭大道、林蔭廣場、草原等景觀。

四、後場部門位置配置

後場設施規劃正確，就可提供工作人員舒適方便的工作場所，如此一來，不但可保持員工的好心情，更能增加工作的效率，提升服務的品質，爲公司帶來更大的利潤。但規劃時除了考量舒適正確性外，仍有些成本原則要注意，儘量以將較畸零地、不易運用之空間規劃爲後場部門區；另外，員工、貨物進出動線更應以方便作業、不妨礙營運及有效運用爲原則；除此之外，還需考慮裝潢時就應事先預留各種必要管線，以便配合消防、安全、保全、資訊等各系統配置；至於停車規劃方面，以建物本身或附近資源考量。一般後場設施空間與動線規劃，實際項目不外乎以下各項：

1.員工相關設施：員工出入口、員工休息室、更衣室、員工餐廳、員工宿舍、員工教育中心、制服收發及庫存室等。
2.營運機能設施：貨物進出場口及動線、垃圾處理動線、房務部或洗衣部門配置等。
3.機房及控制設備系統配置規劃：防災警報系統、保全系統、資訊系統、衛生排水系統、空調系統、各式水池過濾系統、供電系統、燃料供應系統。

4.生財設備系統：洗衣房、廚房、倉庫、冷凍庫。

5.行政管理部門：財務部、人事部、行銷部、管理部等。

第三節　承載量運用分析與計算

承載量（carrying capacity）又稱爲產能，是現有作業系統可以提供品質良好服務的最大容量（高俊雄，2004）。對業務而言，承載量是許多決策基礎。對休閒俱樂部經營者，提供的服務是屬於生產與消費同時發生的服務業特性，換句話說，必須消費者到俱樂部來時，才能進行服務。所以運用承載量衡量單位，以人次計算爲宜。然而，休閒俱樂部具有飽和度的特性，如果不知該俱樂部最大承載量，而無限制地招收會員，將會導致服務人手不足，品質下降，不但會員抱怨連連，員工也會受不了，最後會員流失，員工離職，這將註定走入營運失敗之命運。

不過，因爲休閒俱樂部又具有時間差異特性，也就是說離峰與尖峰時間人次相差非常明顯，若僅計算最大承載量仍嫌不足，故以最大承載量並考慮實際需求的狀況來推算出最適承載量，就比較適合作爲經營管理績效目標設定的基礎。同時又可利用決定的最適承載量、實際服務會員數以及推估的最大承載量等數據，評估目標達成率的績效。除此之外，也可利用最大承載量的推估，作爲計算俱樂部會員招收人數的最佳設定方式。

根據高俊雄（2004）對承載量的分析，在進行承載量的推算時，有四種基礎以利計算設計，說明如下：

1.生態（ecological）：在不破壞俱樂部生態均衡的前提之下，同一時間能容納的最大人數，即在某一段時間重複使用最多的次數。

2.社會（social）：在維持俱樂部服務品質與體驗品質前提下，同一時間能容納的最大人數，即在某一段時間重複使用最多的次數。

3.實質環境（physical）：在俱樂部活動不需等待的前提下，同一時間能容納的最大人數，即在某一段時間重複使用最多的次數。

4.設施（facility）：在俱樂部安全無虞的前提下，同一時間能容納的最大人數，即在某一段時間重複使用最多的次數。

一、最大承載量

最大承載量指的是某一段時間內，俱樂部可以同時提供的最大服務人次。計算出每天最大承載量之後，就可以算出一周、一個月、一年等一段時間內最大承載使用人次數了。

計算方式：

客觀瞬間最大容量×一天設施使用周轉最大次數＝每天最大承載量

客觀瞬間最大容量：以現有提供的設施與服務，在尖峰某一瞬間同時可以容納的最大使用人數。

設施使用周轉最大次數：一天總營業時間內，同一設施可提供不同使用者重複使用的最大次數。以俱樂部而言即爲總營業時間除以每人單次平均使用時間。

例如（以下爲基本數據）：

1.假設該俱樂部每天營業時間爲上午6:00到晚上10:00。

2.每位會員每次平均使用時間爲2小時。

3.俱樂部尖峰瞬間客觀估計假設爲130人。

4.俱樂部離峰瞬間實際使用估計假設為70人。

5.俱樂部每天營業尖峰時間為上午6:00～8:30，以及晚上6:30～9:00，一共5小時。

根據以上數據，該俱樂部每天最大承載量計算如下：

130人×960分鐘／120分鐘＝1,040人次／天

二、最適承載量

最大承載量推估出來的是最大使用人次，但表現出來的數字屬穩定的狀態，實際經營俱樂部發現營業時間內使用人次呈現是極不穩定的，因此時間性的特性才會發生在俱樂部產業，因此推估可能的使用人次就會比最大承載量來得少。

計算方式：

尖峰時間最大承載量＋離峰時間最大承載量＝最適承載量

（延續上例）每天最適承載量計算如下：

130人×300分鐘／120分鐘＝約325人次／天（尖峰）
70人×660分鐘／120分鐘＝約385人次／天（離峰）
325人次／天（尖峰）＋385人次／天（離峰）=710人次／天

三、使用率分析

以俱樂部實際使用人次與最大承載量的比值，就是俱樂部設施的使用率推算。當我們以最大承載量、最適承載量和實際使用量做比率分析時，比率值都在0～1之間，比值通常而言當然愈高愈好。

1.俱樂部設備使用率：實際服務人數除以最大承載量。
2.俱樂部最適使用率：最適承載量除以最大承載量。
3.俱樂部使用目標達成率：實際服務人數除以最適承載量。
4.最適使用率通常在0.5～0.7之間居多。

計算方式：

設備使用率＝最適使用率×目標達成率
實際服務人數／最大承載量＝
（最適承載量／最大承載量）×（實際服務人數／最適承載量）

該俱樂部之各項使用率如下：

1.實際服務人數爲一天380人次。
2.最大承載量一天1,040人次。
3.最適承載量一天710人次。
4.最適使用率則爲：710／1,040=0.68
5.目標達成率爲：380／710＝0.54
6.設備使用率則爲：380／1,040＝710／1,040×380／710＝0.37

四、差異分析

根據以上數據，最適承載量減去實際服務人數爲正數，乃呈現設計承載量過多，表示顧客參與次數過少，設備閒置狀況偏多，收入減少，應開發更多會員人數以提升設備使用率。反之，若最適承載量減去實際服務人數爲負數，乃呈現設計承載量過少，表示顧客使用設施時須等待，設備充分被使用，收入增加，但呈現擁擠帶來抱怨，降低服務品質，應考慮增設更多設備、停止招收會員人數或擴建場地，以符合設備使用率。

五、會員人數上限推估

俱樂部大部分都是採會員制，一般推估會員招募人數的上限方法，除了較客觀的以最大承載量來推估外，實務界中對有經驗的規劃者而言，爲了方便也常以大略概括坪數預估法預估會員招收人數。

(一)大略概括坪數預估法

1.一般採2人／坪。

2.若屬體適能俱樂部無游泳池者則採1.5人／坪。

3.如果有水療池的健康休閒俱樂部預估則採2.5人／坪。

(二)最大承載量推估法

計算方式：

一天最大承載量人次×一年開放天數＝一年最大承載量人次
一年最大承載量人次÷使用設施服務的頻次＝招收會員人數上限

例如：

1.一天最大承載量人次爲1,040人次。

2.俱樂部開放營業一年休館時間爲農曆年7天，每個月再扣一天維修日不開放，因此每年營業天數爲346天。

3.會員每人平均一星期到俱樂部3次，51週共153次。

招收會員人數則爲：

1,040人次×346天＝359,840人次（一年最大承載量人次）
359,840人次÷153次＝約2,352人（會員）

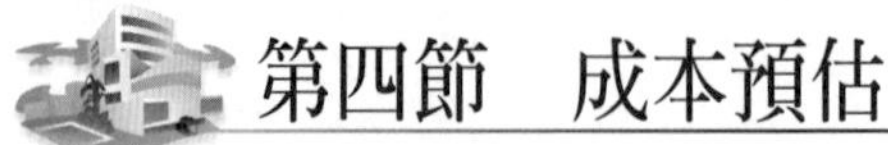

第四節　成本預估

一、利潤來源的規劃

依俱樂部的大小、營運的項目，開發利潤來源。一般可分以下各項來創造營運利潤：

1.會員招募：如各種會員入會費。
2.商務聯誼：如餐飲收入、會議收入、教育課程收入、聯誼活動收入。
3.美容休閒：指壓、按摩、做臉、瘦身、美髮等。
4.健身活動：特別課程規劃，如游泳、球類、私人教練、訓練計畫國際標準舞課等。
5.商品：運動衣服、運動鞋襪、美容產品、運動商品等。
6.其他：來賓費、出租櫃、停車費等。

二、成本預估

(一)設施內容

可分為非獨立可另外收費休閒設施，如游泳池、水療池、三溫暖、兒童戲水池、健身房、韻律教室、MTV室、回力球、球類活動、健詢室、兒童遊戲室、書報閱讀室、更衣室（含淋浴整容）、大廳、辦公室、商品店。另一類為可獨立另外收費休閒設施，如美容室、會議室、KTV包廂、吧台、餐廳。

(二)投資成本

包含場地費用、硬體設施建造費用、設備器材費用、公關費、裝潢設計費等。實際的估算可找各項支援廠商，依需求項目做初步的成本預估。

(三)營運成本預估

營運時期最基本的成本費用包括人事成本，水、電、瓦斯燃料費用，營運消耗品，文具印刷等雜項費用，以及租金、稅金、保險費、維修費等。其中以人事費用及燃料費會占較高的比率，以實務經驗者預估原則約為：

1.人事成本：商務型或採高品質服務會員制俱樂部，人事成本大約占營運費用30%～45%，如果是屬於體適能為主軸型態的健身俱樂部，人事成本大約占營運費用應控制在30%以下；因此若實際費用超出比率時，就需檢討組織架構、人員編制或工作執掌之調整的可行性。

2.水、電費、燃料費約占經常支出費用之20%～35%。這項是營運時無法避免的費用，因此在規劃硬體設施和設備時，就應先評估燃料採用哪一種系統最為經濟又有效率。尤其現在水、電、瓦斯燃料隨著波動漲價，更需因應當時的行情加以評估。

3.設備維修費用方面，一般會依投資成本之0.3%～0.5%，估算為營運時必要的維修費用，而實務經驗者建議將投資成本之1%～3%作為提撥費用較為恰當。

三、營運目標設定

規劃階段所提出的預算估計是業主最想要瞭解的一環，業者須瞭解的方向包含會有多少的營收、會員人數會如何成長、回收年限是多久、何時達損益平衡等，因此針對階段性營收要做好目標的預估設定。損益平衡點（Break-Even Point, BEP）分析是常用來推算要維持現有休閒俱樂部組織運作收支平衡，至少必須創造多少的營業額或銷售數量的一種分析方式。故利用推算損益平衡點的過程與結果，可以對於管銷費用支出、售價以及營業目標加以評估、設定，更可以作爲評估經營風險、設定經營目標之用。因此，將預估階段性營收、會員數及費用成本預估編列成財務報表，業者就能夠很容易得知預期損益平衡的年限及會員數成長速度，以作爲將來正式營運時績效的目標。

四、三至五年財務預估分析

一般在實務界，除了做一整年或至回收年限的財務預估報表之外，許多投資者會要求至少做三年的財務預估，或以招收會員數目預估財務狀況。因爲休閒俱樂部是資產密集度高的事業，固定成本的部分需作適當折舊攤提，因此，並不是一、二年就可達損益平衡，故需至少三年，甚至五年的財務預估分析，將銷貨收入、銷貨成本、營運費用、固定成本等做出預估分析，提供業者作爲投資報酬率判斷的參考根據。表**4-1**是占地約2,000坪的水療健康休閒爲主軸的社區型俱樂部，並且以會員數爲依據的財務報表用來預估需招收多少會員才能達損益平衡的其中一種範例。

表4-1 營運預估表

	會員數500名（僅對住戶）	會員數1,000名（對外招500名）	會員數1,500名（對外招1,000名）	會員數2,000名（對外招1,500名）	會員數2,500名（對外招2,000名）
營銷收入					
入會費（對外招會員平均1,500／月計）	0	750,000	1,500,000	2,250,000	3,000,000
月清潔（針對住戶以平均1,000／月計）	500,000	500,000	500,000	500,000	500,000
課程收入（如游泳、健身、舞蹈等）	10,000	50,000	70,000	100,000	150,000
商銷收入（如泳具、運動用品等）	10,000	35,000	50,000	70,000	100,000
租櫃收入	0	5,000	12,000	15,000	20,000
來賓單次收入（平均單次200元計）	15,000	100,000	150,000	200,000	250,000
活動收入	0	20,000	50,000	80,000	100,000
外包抽成（如美髮、美容、餐飲等）	5,000	50,000	100,000	150,000	200,000
小計	540,000	1,510,000	2,432,000	3,365,000	4,920,000
營銷成本					
業務獎金（18%）	0	135,000	270,000	405,000	540,000
課程成本（50%）	5,000	25,000	35,000	50,000	75,000
商銷成本（65%）	6,500	22,750	32,500	45,500	65,000
活動成本（85%）	0	17,000	42,500	68,000	85,000
小計	11,500	199,750	380,000	568,500	765,000
營銷毛利	528,500	1,310,250	2,052,000	2,796,500	4,155,000
營運費用					
薪資支出	1,300,000	1,400,000	1,450,000	1,500,000	1,600,000
水電／瓦斯	1,600,000	1,600,000	1,600,000	1,600,000	1,600,000
三溫暖耗材	200,000	200,000	200,000	200,000	200,000
廣告／印刷費	70,000	150,000	170,000	215,000	270,000
保險費（如勞保、健保、意外、產物）	150,000	150,000	150,000	150,000	150,000
郵、電費	100,000	150,000	170,000	200,000	220,000
洗滌費（如毛巾、制服）	50,000	80,000	100,000	120,000	150,000
清潔營運消耗品	70,000	90,000	100,000	130,000	150,000

（續）表4-1　營運預估表

	會員數500名（僅對住戶）	會員數1,000名（對外招500名）	會員數1,500名（對外招1,000名）	會員數2,000名（對外招1,500名）	會員數2,500名（對外招2,000名）
裝飾／修繕費	100,000	100,000	100,000	100,000	100,000
信用卡手續費（2%）／稅捐（5%）	40,000	110,000	190,000	280,000	350,000
文具用品	10,000	15,000	15,000	18,000	20,000
交通／伙食費	70,000	90,000	90,000	105,000	110,000
雜支	50,000	50,000	50,000	50,000	50,000
勞務／公關費	20,000	50,000	60,000	80,000	100,000
職工福利費	20,000	20,000	20,000	20,000	20,000
小計（不含租金）	3,850,000	4,255,000	4,465,000	4,768,000	5,090,000
租金支出	750,000	750,000	750,000	750,000	750,000
小計（含租金）	4,600,000	5,005,000	5,215,000	5,518,000	5,840,000
營運淨利（不含租金）	**-3,321,500**	**-2,944,750**	**-2,413,000**	**-1,971,500**	**-935,000**
營運淨利（含租金）	**-4,071,500**	**-3,694,750**	**-3,163,000**	**-2,721,500**	**-1,685,000**

第五節　擬定俱樂部籌備程序與計畫書

經過前面四節的介紹，瞭解一個俱樂部在營運前的規劃工作是專業且重要的工作。本節將籌備程序及計畫書作一整體介紹，有助於專業經理人提案之參考。

一、商談階段

業主想要成立休閒俱樂部，首先要有完整的計畫，並聘請專業經理人做籌備工作，針對成立休閒俱樂部的構想、立地環境、經濟環境、場地有效運用、經費預算、經營策略等加以探討評估，與建築師溝通平面圖的規劃，並請業主提供相關資料及預定完工日期等各方面的因素，進而評估成立俱樂部營運的可行性分析，此階段的工作是非常重要的課題，需考慮以下問題：

(一)初步構想

1.動機：清楚地瞭解目標市場、潛在消費者在哪？消費者認知爲何？

2.經營型態：確定目標市場後，爲俱樂部經營商品定位。

3.硬體設施項目：針對商品定位與消費者需求規劃硬體設施與設備的項目。

(二)立地環境

俱樂部座落的地點、周邊的環境（包括周邊交通、風俗、資源等環境因素）都是很重要的考量因素。

(三)經濟環境

當時整體大環境的經濟與政府政策因素，絕對會影響俱樂部之後的營運問題。整體經濟的提升有助於消費者對生活品質的需求提高，

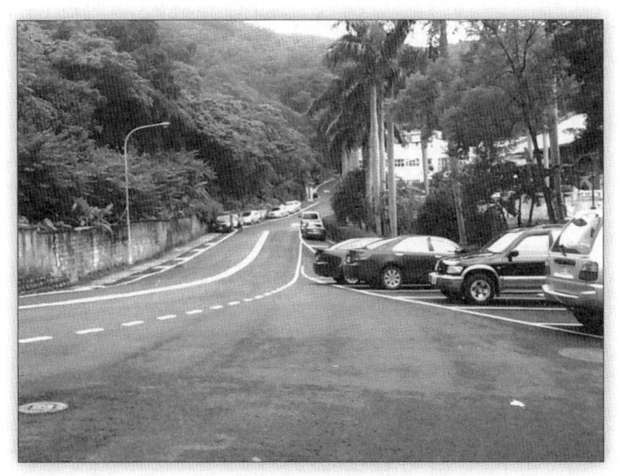

規劃任何俱樂部，對於外圍地理環境也必須加以分析瞭解

也就會有更好的消費能力。

(四)場地有效運用

確定目標市場定位之後，根據客源的主力需求設施，優先規劃可提供的設施空間。並與建築師討論必需之設施規劃的位置與大小，以期達到即使坪數有限也能做到「麻雀雖小，五臟俱全」的效益。

(五)經費預算

成立俱樂部，編列預算，需要多少設備、設施、人力、資源，要有多少的開銷預算，都必須清楚做好預算編列且做正確的規劃。經費的預算關係整體俱樂部資金用途、投資報酬率以及計算回收年限。

(六)經營策略

由專業經理人與業主及相關籌備人員，根據市場分析及定位，以競爭觀點，從不同的角度經協商、溝通，提供不同策略或構想，擬定經營策略。

(七)平面圖規劃

與建築師商討動線的合理性，是否符合管理者經營時的管理原則，同時使消費者感到舒暢。無論是消費者參觀或是使用，清楚的平面圖動線能方便消費者與俱樂部，達到雙方互惠的局面。

(八)請業主提供相關資料

俱樂部的成立，土地的取得最需合乎相關法令規定，產權清楚是基本條件。

(九)預定完工日期

依據硬體設施施工預定完工時間，訂立試營運日期。硬體設施擺設、法令規章證照、員工招募訓練等，根據此日期編訂時程表，才不至於延誤時間，而損失更多的金錢。

二、市場調查

(一)整體經濟環境調查分析

俱樂部的成立，整體經濟環境是需要調查及分析的，瞭解成立時間點是否可以承受外在的風險，包含人口密度、性別、教育程度、年齡、文化、科技等，皆是影響總體經濟環境的因素。

◆所得

對於休閒俱樂部而言，消費者的所得狀況將會影響消費能力，所得高休閒消費者相對消費意願也較會提高，所以也是休閒俱樂部經營者訂定出消費標準的參考方向。

◆交通概況

交通是否便利是消費者考量因素之一，因此也是一項影響休閒俱樂部經營成敗的關鍵。如果座落在都市中，以健身休閒爲主的運動俱樂部，交通一定要便利或停車方便，以消費者方便爲考量，才能招募更多的會員加入與提高使用率。

◆都市計畫、法令的合法性

休閒俱樂部的座落地點，配合相關法令，瞭解商圈的特性，決定什麼樣性質的休閒運動俱樂部滿足特定的市場需求。需配合各項法令，才能減低未來休閒俱樂部成立後，避免產生一些不必要的麻煩。

◆消費力的評估

所得能力與消費能力，大致上成正比，但現今的社會生活型態改變，有些年輕的族群，雖然所得不高，但勇於嘗試新鮮事，捨得花錢。退休族群雖無所得進帳，但因過去積蓄，休閒時間又多，因此消費能力更高。因此選擇消費市場的區隔，除了所得能力外，消費能力也是考量的主要方向。

(二)競爭環境

◆客源商圈的設定

主要根據俱樂部定位，鎖定消費的族群。以商務型俱樂部而言，座落於都會區的俱樂部，對於都會區商務人士消費者而言，中午習慣有一適當簡單商務午餐，在下班之後先至健身房從事運動，或到俱樂部餐廳應酬，因此對商務型俱樂部來說，客源商圈的劃定對俱樂部規劃設施與經營影響甚大。

◆同性質俱樂部的資料蒐集

良性的競爭是俱樂部經營者應有的觀念。在競爭的環境中必須能夠展現出差異化，因此要不斷的創新、開發新產品、提升服務品質與注重會員滿意度，而在良性的競爭中，要瞭解同性質俱樂部的發展趨勢，必須做好資訊的蒐集，以作爲俱樂部經營參考。蒐集方向如下：

1.通路：以會員產品而言，會員加入的訊息與管道爲何。以交通來看，消費者如何可以到達俱樂部。同業競爭者的資料蒐集愈多，愈能夠瞭解競爭對手的通路是如何運作，作爲經營的參考。

2.價格：影響俱樂部招收會員的主要因素之一，在於價格訂定，價格更是消費者最爲敏感的神經系統，消費者在選擇參加俱樂部時，也會比較俱樂部價格。但是並非價格愈低愈能夠吸引消費者，因爲消費者會評估俱樂部是否有提供滿足消費者所需的服務品質，故在競爭者中訂定出合理的價位是需做審慎評估的一項重要工作。

3.廣告、促銷：廣告可用清楚明白的方式來告知消費者產品的特色，而促銷也要有不同的方式呈現。廣告、促銷的方式很多，包括平面廣告、網路和電視媒體的運用等，也可以藉由瞭解競爭者不同的廣告促銷方式，作爲瞭解競爭對手的行銷手法。但本身要做廣告或促銷時，必須根據目標市場客源的規劃，考量採用的方式。

4.設施：是提供消費者的主要服務硬體設備。故瞭解競爭對手主要提供的設施器材爲何，或是分析競爭對手設施規劃上的優缺點，顧客滿意度如何，均可透析出競爭對手在設施規劃上的優勢或危機，以作爲規劃的參考。

5.特色：就是能夠提供消費者的主攻服務項目。因此瞭解競爭對手的賣點之後，利用自身的優勢提供出一個比競爭對手更吸引人的特色，或是多元化的賣點，才能獲得消費者較多的注意力，然而這些差異性的服務也許成爲往後經營的主要特色。

三、基本計畫書

(一)經營型態

根據前面章節對俱樂部總類的介紹及分析，決定俱樂部的經營型態，例如：以鄉村型態的休閒俱樂部來說，提供優美的風景、廣大的腹地、遠離城市中的擁擠感爲號召主題，再以放鬆心情的休閒遊憩爲主，爲消費者打造一個舒適的休閒環境。以城市型態的運動俱樂部，以提供交通便捷、健身設施齊全多樣化、功能性高爲主，讓消費者有方便的運動空間。另外，在社區型態的休閒俱樂部，是提供一個平日或閒暇之餘，消費者能夠藉由運動或休閒，放鬆自己的心情，達到身心健康的場所。

(二)市場調查的結果分析

瞭解目標消費者、選擇目標市場、瞭解市場需求。

(三)經營理念

根據公司的使命與願景，發展符合業主、消費者、員工三贏局面的經營理念。

(四)擬定方案

市場定位、規劃籌備時程。

四、營運事業計畫

(一)組織架構

人力的組織架構，根據俱樂部的定位及服務設施功能，規劃各單位的權限或功能性，從中找出最佳的組織架構。俱樂部中不同的部門負責不一樣的業務，但彼此間需互相的支援合作。

(二)投資成本

成立俱樂部時，依各項設備、設施器材、人事費用、公關費用及其他費用等的支出，計算出投資成本。

(三)經營計畫

1.人力資源相關管理：包含人事管理、教育訓練、組織發展、職位說明、組織規範制度。

2.服務管理：包含健康管理、各項管理辦法、作業流程、會務管理、餐飲管理。

3.業務行銷：包含定位、通路、促銷廣告、人員預算、包裝、流程、目標、承載量、策略。

4.財務管理：包含現金流量、財務分析、回收年限、目標設定、風險管理等。

(四)經營團隊介紹

可加強業主對提案者的信任度，列出包含過去經營成功的個案及經營團隊主要人物資歷介紹。

報導回顧視窗

消費者新知：健身房會籍轉讓條件抽查——轉讓費最高達7萬5！

進入了炎炎夏日，隨著身上布料越來越少，小腹、蝴蝶袖、軟軟大腿肉藏不住跑出來見客。想要擁有完美曲線、健康體能，上健身中心不僅能有專業的講師教練，也不用在炙熱太陽下揮汗如雨。然而在加入健身中心後，中途可能因為受傷、懷孕或服兵役、職務異動或遷居等因素而需暫停或終止，選擇終止合約對於消費者而言還需要負擔一部分的解約手續費，因此若能找到買方願意承接轉讓合約，可以減低解約費用的付出，甚至買方若願意負擔轉讓手續費，原會員更是沒有任何的損失。

一般健身中心新入會員需要負擔入會費或手續費（保證金）等，部分業者還會預收兩個月份的會費，加起來動輒上萬比負擔轉讓費還昂貴。對於想撿便宜又不想綁約太久的民眾來說，從親友或是網路上尋找會籍轉讓，是許多人選擇的途徑之一。

但消費者以低價取得健身房會員資格後，卻發現會員卡在使用上限制頗多，二手轉讓後所衍生出來的糾紛更是複雜。有關於健身、瑜伽中心的會員糾紛是民眾到消基會所申訴的常見案件之一，因此抽樣十四家健身、瑜伽中心，針對會員轉讓的部分進行調查，提醒民眾購買轉讓卡前應多多留意。

★部分轉讓費高於定型化契約所規定

消保會所頒訂的《健身中心定型化契約範本》中第十六條，明文規定業者轉讓手續費不得超逾新台幣1,500元，製卡費不得超過200元，然而在所抽樣的十四家中，編號(1)Action LIFE、(2)Curves規定會員籍無法轉讓；編號(5)royal yoga：轉讓費6,000元、(7)true fitness集團：轉讓費2,000元、(10)極限健身中心：手續費＝剩餘月數×月費×30%，表示剩餘月數越多轉讓費越高則超過1,500元標準、(12)綠洲健身中心：轉讓費75,000元；共四家業者的收費標準超過規定，明顯違反《健身中心定型化契約範本》。

由於範本並無強制力，因此消基會認為，應於應記載與不得記載事項中，增訂會籍轉讓費上限，因消費者將會籍轉讓予他人，業者除了一些行政上之必要開支外，應無其他高額成本。但若健身中心約定不得轉讓，應屬於定型化契約條款對消費者顯失公平，主張該條款無效。

★不同時段，不同方案

客製化的市場需求，健身中心針對不同族群對於運動健身的需求，推出不同的優惠方案。有給家庭主婦、SOHO族等避開尖峰人潮、白天去運動的陽光卡；提供企業合作優惠的公司卡；經濟能力有限又想運動的學生卡，以及兒童專屬的兒童卡或限定暑期推出的短期卡等。

不同的身分別、使用時間限制的專案卡，有些優惠真的是打破市場價，讓轉讓得手的消費者有買到賺到的感覺。但這些低價優惠也會有許多使用上的限制，例如：(1)Action LIFE的陽光卡、(11)伊士邦健身俱樂部的養身／活力陽光會員、(14)健身工廠的銀卡等卡別，有限制會員入場使用期間，逾時則須加收費用；(1)Action LIFE、(3)Go Gym高勁健身俱樂部及(10)極限健身中心，推出以年齡及身分為區別的兒童卡、學生卡，若消費者未詳細瞭解合約內容而冒然購買，結果使用資格不符，帶來麻煩又多花一筆冤枉錢。

★單店使用，還是全台通行？

現今台灣健身市場蓬勃發展，不論是本土業者或是外商進駐，紛紛都擴大建立起連鎖門市，因此，例如(3)Go Gym（高勁）健身俱樂部、(4)pure yoga、(7)true fitness集團、(8)World Gym世界健身中心、(11)伊士邦健身俱樂部、(14)健身工廠等六店家，於加入會員時，有將全台通用或是單點使用作為一個收費分界標準，通用卡費用每月約高於單店卡100～700元不等；編號(1)Action LIFE、(4)pure yoga、(7)true fitness集團、(8)World Gym世界健身中心四家轉換使用館別，則需收取1,000～2,000元的轉館費，且轉讓的地域不同則另補收差價；(14)健身工廠轉換館別則每月月費需加收400元差額；因此當承接轉讓卡時，要注意卡片使用地域範圍，是否符合需求，以免每月花大錢卻用不到，或是還須另付一筆轉館費。

★不限次數還是預約制？教練需要額外收費？

一般使用健身、瑜伽中心對於器材是不會限制會員的使用次數，但是若想要有專業教練指導說明，可能就需要另外付費。健身中心除了器材使用外，也會推出像有氧運動、舞蹈教學、養身瑜伽等課程。為控管上課品質及人數，(3)Go Gym（高勁）健身俱樂部、(4)pure yoga、(5)royal yoga、(6)Space yoga、(7)true fitness集團等五家課程都需事前預約登記的，若該堂課額滿則需等待候補通知；對於時間無法配合或是老是遇到熱門時段的消費者，雖然當初是以為能無限上課次數、使用健身房，但實際上，卻受這些規定限制，而沒有享受到無限使用次數的優惠。

其餘的九家雖不採上課預約制，讓會員彈性自由安排，但因此有消費者反應若臨時停課，健身中心則不會主動告知讓消費者白跑一趟；甚至因無控管上課人數而超收學員，導致使用空間過於擁擠導致運動碰撞，嚴重影響上課品質。

日前台北市消保官針對北市四十七家健身中心及運動中心抽查，發現運動器材使用方法之說明不合格率達26.22%，尤其剛接觸健身運動的新人，對於許多器材的使用規則方法是很陌生，若需專業教練指導還需額外付教練費，實在不合理，器材的使用不當不僅無法達到強身健體的目的，甚至會對於身體或器材造成損害。

★消基會呼籲

持之以恆、評估自我需求

隨著國民生活水準的提升，對於健康意識的注重，花錢加入健身、瑜伽中心維持體能放鬆紓壓也成為趨勢。許多消費者藉以健身、瑜伽中心的合約期限規定來約束、督促自己運動的決心。但消費者本人除非能事先確定自己有把握在短期內消費完畢，否則僅因為業者提出一些優惠，就冒然的消費，將換來得不償失的結果。

而一般健身、瑜伽中心所簽訂的契約，時程越長平均月費越便宜，在消費者精打細算下，一次就簽訂長期的合約，卻未考量到實際需求以及金錢負擔能力，事後反悔還需負擔解約費用。

口頭約定沒保障，白紙黑字簽了才算

台灣健身、瑜伽中心市場競爭激烈，業務為達成業績壓力，使出三寸不爛之舌，給予優惠殺價空間外，還會提出免轉讓手續、免轉館（點）費、外帶加送免費教練課程等等，但在消費者心動不已之際，別忘了簽名時看清楚是否有將優惠條件清楚註記在合約上，且把握七天鑑賞期間，保障自己的權益。

把握體驗試用期仔細參觀比較

為了吸引更多人加入會員，健身、瑜伽中心除了給予價格或方案上的優惠外，通常會給予消費者免費體驗券。消費者理應把握這機會，不僅體驗瞭解適合自己的課程方案外，也藉由參觀的機會，仔細看清楚運動器材是否有詳細說明、場地環境清潔、設備是否老舊等。

另外，如最近暑期期間，許多人想趁著兩個月的時間好好運動鍛鍊，業者也推出暑期的優惠方案，因此健身房人潮湧現，導致使用器材時需要耗時間排隊，超收學員也導致上課品質不佳，民眾在參加體驗時，也可從中觀察瞭解業者是否有超收會員、導致服務品質下降等情形。

業者無預警停業、轉讓經營權，消費者權益受損

近年來陸陸續續不論規模大小的健身中心不是停業，就是易主被合併，一般消費者並不能預測大環境變遷下，何家業者會發生財務危機，更不知何家企業財務體質已發生問題，不管是否有其他業者或政府介入接收，都已導致消費者權益受損。

消費者面對預付型會員制消費時，應選擇有履約保證之業者。簽訂合約期程也不宜太長，另外，消費者可採取「一次」消費或「月付」的繳費方式，如此可避免損害擴大。

資料來源：轉載自財團法人中華民國消費者文教基金會網站。

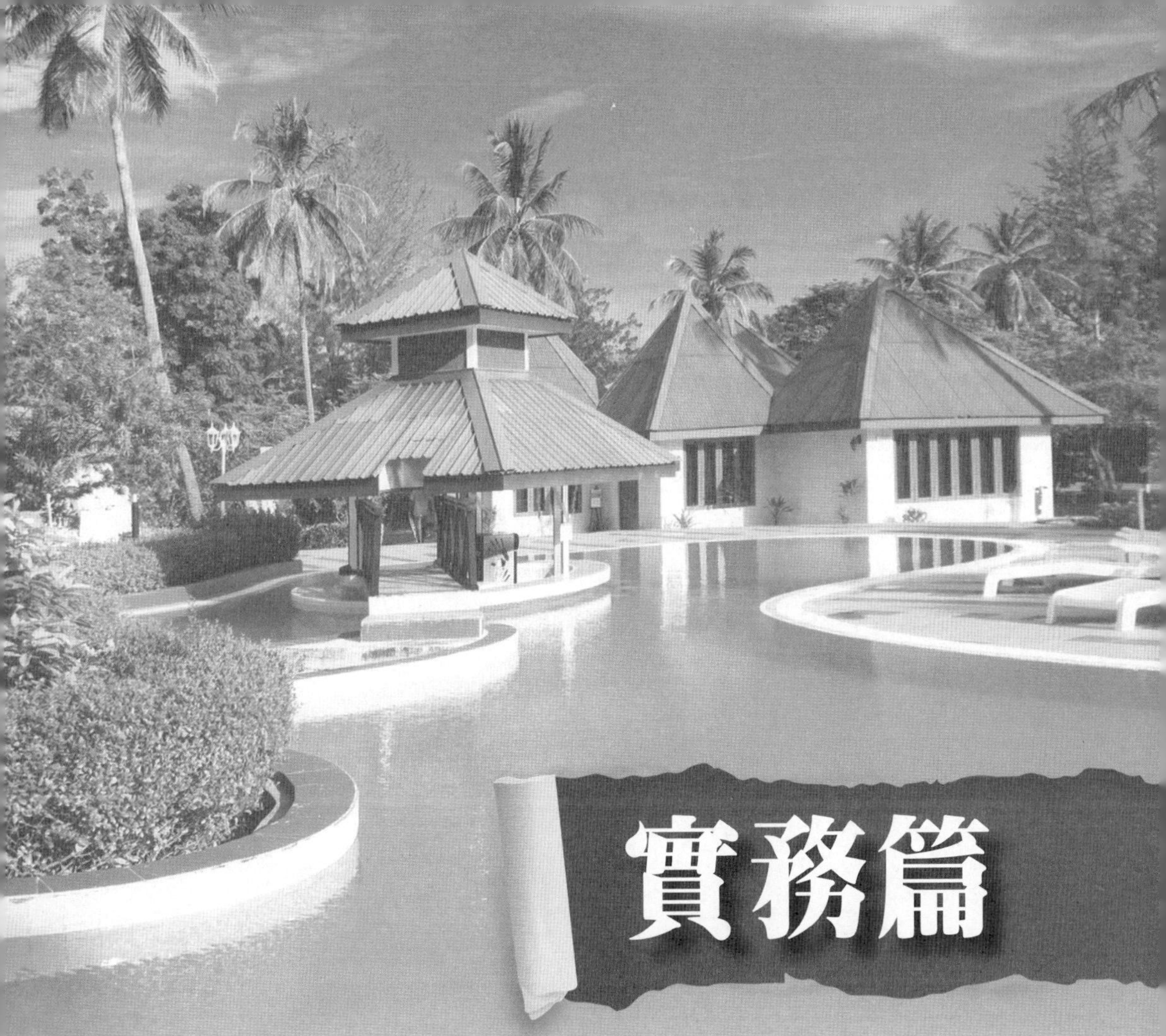

實務篇

第五章　運動休閒區作業管理
第六章　櫃檯與行政作業管理
第七章　會務管理
第八章　水區營運作業管理
第九章　服務品質管理
第十章　人力資源管理
第十一章　行銷管理
第十二章　財務與危機風險管理
第十三章　餐飲管理

休閒俱樂部經營管理者的經驗及對俱樂部市場的瞭解非常重要，由籌備規劃開始，除了規劃篇的概念外，真正考驗的時機是正式進入市場競爭行列時，是否禁得起挑戰，如同預期理想順利規劃營運。這就必須先對於現場運動休閒區域、櫃檯接待區域與水域休閒區域等作業辦法及作業流程有完善正確的制訂，同時後場部分的支援單位尚有人力資源管理部門、財務相關部門以及俱樂部最重要的安全性問題的各種實務工作，也需完善正確地制訂好作業辦法及作業流程。俱樂部正式營運後，是否能維持良好的效率，達到全面品質管理或ISO9002服務品質的標準，這更是服務業經營的基本關鍵。本篇就實務上的各項管理服務辦法、作業流程的實例加以介紹說明，讓讀者能夠清楚瞭解編寫方式及內容要點，協助讀者將來制定標準作業流程時的參考，並且能夠舉一反三加以運用。

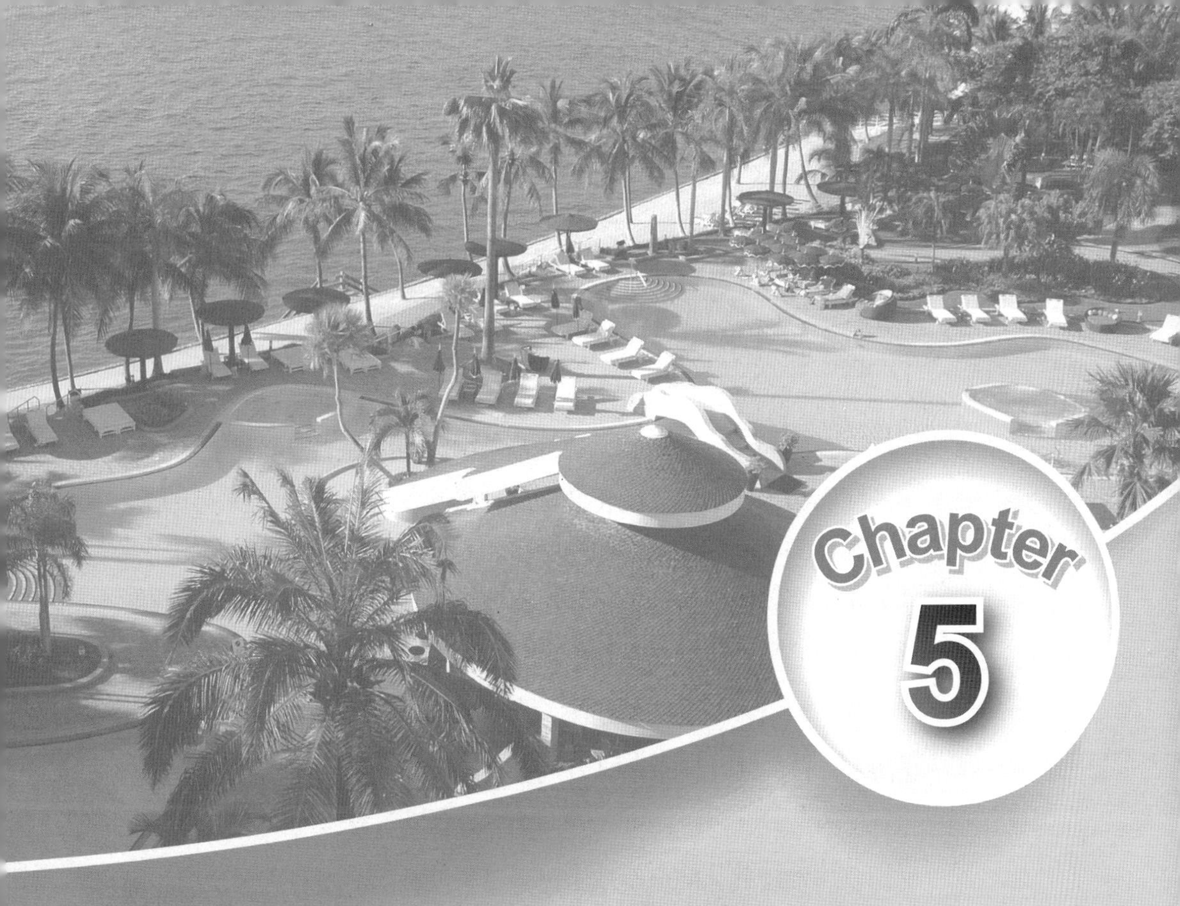

運動休閒區作業管理

- 健身房基本工作實務
- 俱樂部專業運動經理人建立
- 運動／休閒區管理辦法
- 作業流程

運動休閒區域在一個現代休閒俱樂部提供的設施中是不可缺乏的部分，就連過去以商務餐飲爲主、看不到任何運動休閒設施的商務型俱樂部，在現今的競爭市場中，也要以運動休閒相關設施作爲吸引顧客加入會員的號召之一，因爲這些設施已是現在消費者選擇加入俱樂部的考量因素之一，尤其是健身房不但是休閒運動俱樂部的核心產品，連國際觀光飯店法規也將健身房列爲基本必備設施之一。因此，對於運動休閒相關的設施如何做適當的管理，成爲休閒俱樂部的經營管理重點。本章主要介紹健身房及其他室內休閒娛樂設施的作業程序及管理辦法實務，作爲實際管理者的參考。

第一節　健身房基本工作實務

健身房在現代休閒俱樂部中已是不可缺少的一項設備。這項設備在各個休閒俱樂部中如何表現出差異性，其主要的關鍵人物就是指導的教練或稱指導員。因此首先介紹一般以服務導向的健身教練或指導員的基本工作要點。

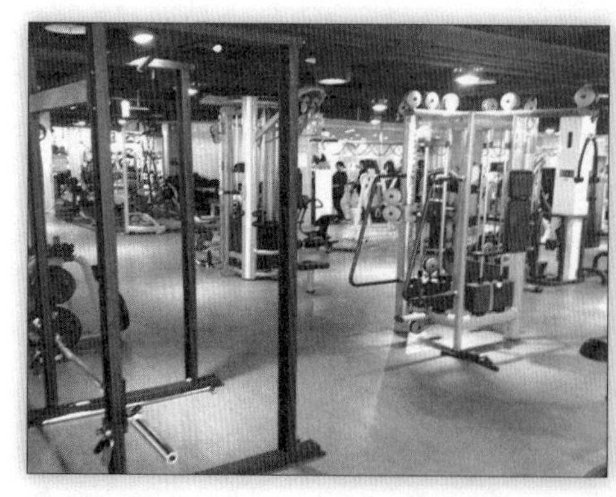

健身房重量訓練區

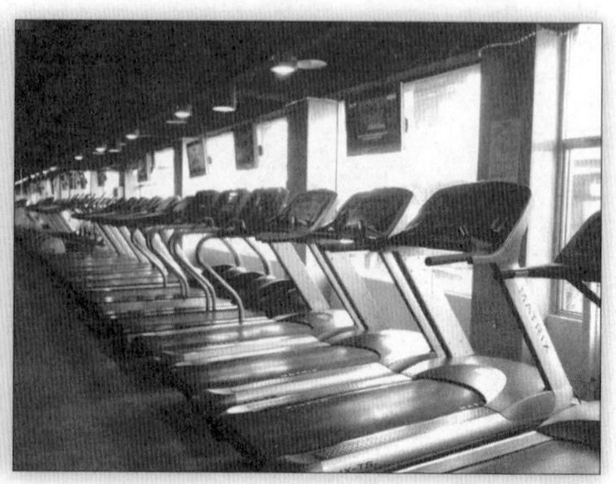

心肺有氧器材區

資料來源：拍攝於焦點健身中心

一、展現專業的形象迎賓

健身教練應注意本身的體能、穿著、儀容、姿勢、一舉一動。養成規律運動及均衡飲食習慣，隨時維持極佳的體能狀況。穿著要專業，服裝要保持清潔、不邋遢。儀容要清爽，頭髮梳理整潔。經常保持端正的姿勢，抬頭挺胸，不要彎腰駝背。健身指導員的態度應當是積極的、親切的、有活力的、誠懇的、認眞的。當顧客到達健身房時，無論認識與否最基本的第一個工作就是打招呼問候，尤其認識的會員一定不要忘了稱呼其姓氏或頭銜，即使正在忙著打電話，也要起身點頭表示歡迎之意。

二、身體健康狀況之調查

身體調查問卷乃針對第一次進入健身房的顧客，爲了安全起見，應請顧客塡寫身體健康狀況問卷，尤其非會員更是需要塡寫健康問卷如表**5-1**。

當客人塡完問卷，指導員仔細閱讀問卷，如果問卷上有異常的回答，必須詳細請教顧客實際狀況，若有健康疑問可請顧客先和醫師確認再運動，以確保安全。例如：以表5-1的這種問卷，一至八題中回答一個「是」以上，需告知客人還不適合做體適能檢測或運動，建議應先和醫生以電話諮詢或當面討論，確認是否適合做運動，找出對顧客有益又安全的運動，以及詢問運動中需要注意的事項。如果九至十題中回答一個「是」以上，就請顧客運動前詳細告知教練實際狀況，以安排適合客人的運動，以增進客人的身體體適能狀況及維護運動安全。如果回答全「否」，就可預約體適能檢測，依照客人身體的狀況，排定適合的運動計畫，並開始規律及持續的運動計畫。

表5-1　健康問卷表範例

健康問卷		
一般性的體能活動對一般人來說是很安全的，但有些人在開始做運動前應和醫生商量。如果您決定從現在開始投入規律運動，請先回答下列問題（如果您超過六十九歲，且過去不常運動，請務必先與醫生商量）：		
	是	否
1.您是超過五十歲的男性，或是超過四十歲的女性，且以前沒有運動習慣？	□	□
2.您曾被醫師告知有心臟方面的問題？	□	□
3.您曾被醫師告知有高血壓方面的問題？	□	□
4.您有服用心臟病或控制高血壓的藥？	□	□
5.您曾有過胸痛、暈眩，甚至暈倒的情形嗎？	□	□
6.您有呼吸系統的問題（如氣喘）嗎？	□	□
7.您曾被醫師告知有骨骼或韌帶方面問題，不能做某些運動？	□	□
8.您有其他不能參加運動的理由（上述未提）嗎？	□	□
9.您會經常膝痛嗎？	□	□
10.您經常背痛嗎？	□	□
以下情況請暫緩做運動 若您暫時身體不適，例如感冒、發燒、經期不適，請暫時停止運動，等恢復了再運動。若您懷孕了或可能懷孕了，在您做運動前請先和醫生及體適能教練討論。		
※請注意： 從事運動後若您的健康突然變化，以致有以上的症狀，請先暫停運動並立即告知醫生及體適能教練。您的運動安全需要您的用心，教練無法為您承擔任何責任，如果填寫此問卷時有任何疑問請在運動前詢問醫生。		
顧客簽名：＿＿＿＿＿＿＿＿　日期：＿＿＿＿＿＿＿＿ 體適能教練：＿＿＿＿＿＿＿＿		

三、量血壓、脈搏數、體重

健身房應該放置血壓計供客人運動前、後都能簡單的測量血壓，以維護客人安全，當血壓過高或過低時，有很多運動是不適合的。因此進入健身房運動的顧客，請先量血壓確認是否正常，若有異常請顧客先休息一下，不要急於運動。測量血壓時也一併可得知脈搏數，脈搏數與體重有助於運動規劃指導時的指標，因此爲運動前須做的基本事項。

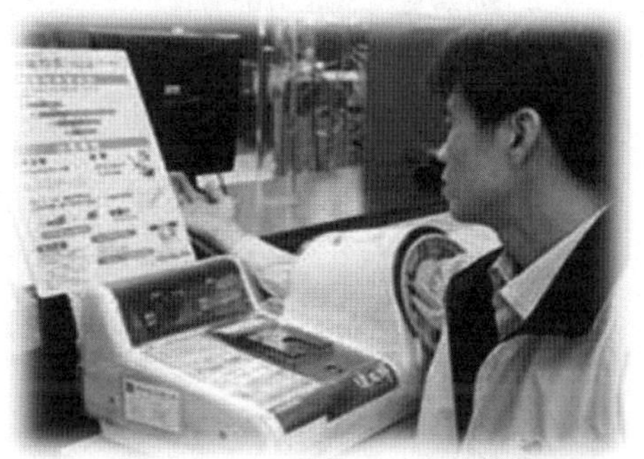

量血壓是為客人安全把關的一項重要程序

四、規劃運動處方

(一)首先須瞭解客人允許活動時間

會員第一次到健身房運動，對健身房完全不瞭解時，需由指導教練爲他們設計運動處方，花費的時間較多，因此須先瞭解當天客人時間是否足夠爲他們做一系列的運動、測驗、規劃與指導，如果當天無充裕的時間，則需與會員預約下一次的時間。就算是以銷售私人教練課程爲主的健身房，也應免費贈送1～3堂基本的諮詢介紹課程，讓客人對健身房的認識及瞭解自己的運動需求，這對銷售私人教練課程有很大的助益，同時也要問清楚平日可允許健身每次有多少時間，以及每週可來運動的次數，這將有助於運動規劃。

(二)活動目的、目標設立、運動能力類別確定

當教練爲會員規劃運動處方之前，應先做詳細的諮詢，瞭解顧客

運動的目的爲何，以進一步爲顧客設立近程與遠程目標，同時在諮詢過程中瞭解顧客運動習慣，以評定顧客的運動能力，可作爲運動強度比率與運動項目的選擇依據，這些都是在爲顧客開立運動處方時，不可缺少的工作過程。

(三)計算運動強度訓練範圍

心跳數是心肺功能訓練時運動強度的最佳指標，強度過高可能會爲客人帶來危險性，太低又可能無良好的效果。根據美國運動醫學心臟協會研究認爲，一般正常人最有效的心肺功能訓練強度爲最大心跳數的60%～90%。老年人或無運動習慣者則爲50%～70%爲佳。因此，運動時應爲顧客計算出他的最佳訓練的運動強度範圍，並且告訴顧客個人的運動強度心跳數範圍爲多少，並且採漸進式的訓練以維護運動的安全。

計算方式：

220－年齡＝最大心跳數
理想的運動訓練心跳數範圍＝〔（最大心跳數－安靜時心跳數）×60%～90%（運動的強度根據顧客運動能力選擇強度範圍）〕＋安靜時心跳數

例如：

A君今年二十歲，安靜時心跳70，如果他的運動強度在60%～70%，請幫他算出運動時訓練強度範圍的心跳數爲多少？

220－20＝200（最大心跳數）
（200－70）×60%＋70＝148（60%強度時的心跳數）
（200－70)×70%＋70＝161（70%強度時的心跳數）
故運動時訓練強度範圍的心跳數為148～164（次／分）

五、討論及設定運動計畫

無論是客人購買的私人教練課程或以服務導向為顧客所設立規劃好的運動處方，都需詳細地解釋與告知客人，並與客人討論是否有特別的意見。同時一份完整的運動處方應具有暖身運動、有氧心肺運動、柔軟度運動、肌肉適能運動、緩和運動等五大部分的活動。

六、指導運動

「安全」是健身教練指導學員運動時第一原則。指導個人或帶領團體運動時，對各種動作分解解說要詳細，尤其對於易造成運動傷害的高危險動作。即使是以銷售私人教練為主的健身房，無論客人是否有購買課程，指導安全正確使用運動器材都是教練必須的工作之一。指導客人運動時，針對每一項運動所用的設施，也應說明設備器材的名稱與主要作用，並且介紹設備器材使用方法及示範使用技巧，除此之外，尚須讓客人嘗試使用且詢問感覺。至於客人從事有氧運動時，

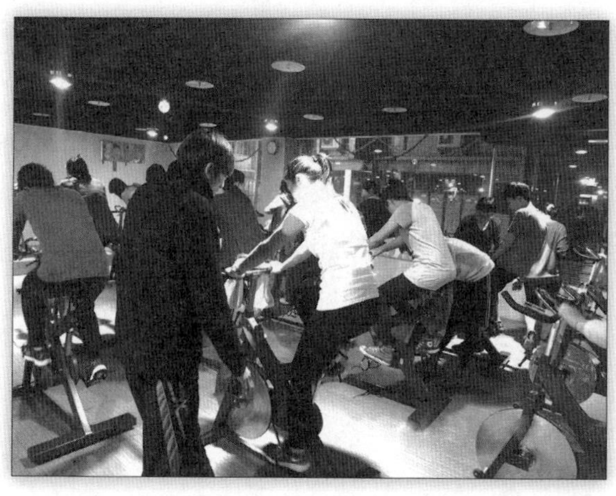

腳踏車使用位置的調整，教練必須指導客人如何使用

需爲客人測量心跳數，一般至少於運動開始五分鐘後、做完運動時以及做完運動休息一分鐘後均要測量。

健身教練應該很明確的知道自己扮演的角色，是協助學員建立運動的習慣，健康的生活方式。在運動動作指導時不要強調醫學上的療效，如果有任何不清楚的地方應該請教專家，不要傳遞錯誤或沒把握的訊息給客人。

七、體適能檢測

教練也需幫客人做健康體適能的檢測，以確實瞭解顧客的體能年齡狀況，以作爲運動處方規劃與運動指導的依據資料。除了有些健身房有身體組成測量儀器可測量外，一般教練可幫客人測量項目最基本的包含心肺耐力、體脂肪、肌力、肌耐力、柔軟度等項目。體能檢測記錄卡依俱樂部體能檢測儀器不同，而有不同的表格規劃，範例如表**5-2**。

八、追蹤客人運動及記錄

健身房教練或指導員除了以上工作外，還有一項很重要的服務，即是利用運動記錄表做運動後追蹤的資料。尤其過去沒有運動習慣的客人，前三個月是客人是否會養成運動習慣的關鍵期。因此，對客人持續的關心與觀察，並且適時調整運動處方或做檢測，都是身爲健身指導員很重要的任務，同時也是顧客關係的建立，表現出良好服務品質的重點，更是提供銷售私人教練課程的教練銷售課程的一項重要服務與技巧。表**5-3**爲運動記錄表範例。

表5-2　體能檢測表範例

體能檢測記錄卡			測試日期：　年　月　日	
姓名		性別　　　生日	年　月　日	年齡
血壓	mmHg（收縮壓／舒張壓）		安靜心跳	______次／分
	檢測項目	檢測結果	說　明	評　估
身體組成	身高	______公分	$\text{BMI}=\frac{\text{BW(kg)}}{\text{H}^2\text{(m)}}$	□過瘦 □稍輕 □理想 □稍重 □肥胖
身體組成	體重	______公斤	BMI=______	
身體組成	皮脂厚	三頭肌______mm 二頭肌______mm 肩胛下______mm 側　腹______mm	體脂肪率： ______%	□過瘦 □稍輕 □理想 □稍重 □肥胖
身體組成	生物電阻	體脂肪率：______%		□過瘦 □稍輕 □理想 □稍重 □肥胖
身體組成	體圍	上臂____　胸圍____ 大腿圍______ 腰圍____　臀圍____	腰臀圍比______	□稍少 □普通 □稍大 □危險
肌力	握力	R：______、______ L：______、______	平均______公斤	□加油 □稍差 □普通 □良好 □優秀
肌力	胸前推舉	______次	男：50%體重 女：30%體重	□加油 □稍差 □普通 □良好 □優秀
肌力	腿部前伸	______次	男：50%體重 女：30%體重	□加油 □稍差 □普通 □良好 □優秀
肌耐力	一分鐘屈膝仰臥起坐	______次／分	胸前交叉式	□加油 □稍差 □普通 □良好 □優秀
柔軟度	坐姿體前彎	1.______2.______ 3.______	最佳______公分 標準______公分	□加油 □稍差 □普通 □良好 □優秀
心肺耐力	肺活量	1.______2.______ 3.______	最佳______毫升 標準______毫升	□加油 □稍差 □普通 □良好 □優秀
心肺耐力	三分鐘登階	1.______2.______ 3.______	體力指數： ______	□加油 □稍差 □普通 □良好 □優秀

表5-3　運動記錄表範例

會員姓名：＿＿＿＿ 會員編號：＿＿＿性別：＿＿＿年齡：＿＿＿第　頁						
日期 項目						
基本狀況記錄						
身高（cm）						
體重（kg）目標　　kg						
血壓（高／低）（mmHg）						
安靜心跳（beat / min）						
體脂肪（%）目標　　%						
柔軟度：記錄內容（持續時間<秒>*次數） 建議做法：持續時間＿＿＿<秒>*＿＿＿次數						
坐姿體前伸						
弓箭步						
……						
心肺功能訓練：記錄運動時間＿＿＿／強度＿＿＿／運動中心跳數＿＿＿						
跑步機						
腳踏車						
……						
肌肉適能重量訓練：記錄重量＿＿＿／次數＿＿＿／組數＿＿＿						
蝴蝶機						
大腿前伸						
……						
緩和運動：記錄運動時間						
伸展操						
走路						
……						
指導員簽名						
備註						

注意：若資料因教練建議而修改，則由教練指導員以紅筆直接標示。

九、環境清潔安全維護例行性工作

健身房教練或指導員除了與客人應對的相關工作外，針對健身房器材的定期清潔、簡單的上保養油保養，及檢查是否有損壞需更新等，均是安全考量的必須工作，同時營運時間內整個健身房地板、窗戶、設備等清潔的維持，也是不論是私人教練或健身指導員該做的工作。例如客人使用器材之後，需擦拭器材上的汗水，又如飲水機沒水了、紙杯用完了，健身房教練或指導員也都要立刻補充完畢，永遠讓健身房處在最佳狀態，提供給客人使用的最佳環境。以下為每日基本例行工作：

(一)營業前開店準備

1.早班教練於上午開店前準時整裝就序到達。

2.將心肺訓練區機器的插座插上電，並且試運轉，試能否正常運轉。

3.檢查環境，做清潔打掃：擦拭各區域之器材、設備、玻璃、鏡面和桌面並保持物品之乾淨整潔。

4.如果前一晚會員檔案未歸檔時，應先予歸檔並排列整齊。

5.播放音樂（有些俱樂部播放是由櫃檯控管）。

(二)營業中工作檢視

環境清潔維護；器材設備的維護；音響設備的維護。

(三)營業時間後

將健身區器材擦拭乾淨；健身區各項器材歸位，將電源關閉；教練桌面清理乾淨，並將椅子歸位；將會員檔案歸檔於資料櫃中，並照順序排列整齊；音響、CD、錄音機之電源關閉；檢查所有電源是否關閉。

(四)交接事項

對於上級主管或會員交付之事件或其他如有任何延續事件，必須要確實交接由晚班繼續完成者，應填寫於「交接簿」上，通知當班教練或指導員雙方並簽名確認。

十、音樂選擇播放與運動氣氛營造

健身房是提供會員運動的場所，運動本身是一項磨練，不是享受輕鬆的活動。因此，運動環境的氣氛非常重要，教練應該懂得選擇一些活潑、聽起來讓人就想動的音樂播放，客人才會更有運動的動力。此外，爲了激勵客人持續運動，養成喜好運動的習慣，教練應能夠企劃一些提升運動的節目，鼓舞增強客人運動的興趣。

第二節　俱樂部專業運動經理人建立

一個成功的俱樂部專業運動經理人，必須具備的基本條件包括：具學識素養與服務理念、運動處方設計的原則與技巧、體適能評估方法與技巧、心肺復甦術與緊急狀況處理能力、領導統御的技巧與能力、運動環境與氣氛的設計安排能力、運動技術指導能力、親和力與開朗外向的人格特質、基本行政文書處理能力及觀察力等才能勝任前一節所介紹的工作。

一、運動指導級經理人

(一)運動指導員的定義

運動指導員（exercise leader），係指在健身俱樂部中，具有與運動參與者（會員）個別或團體互動機會，並提供可能的健康評估、運動指導或相關諮詢服務之運動教練（葉怡君，2003）。

(二)運動指導員證照

不少徵才企業在面試新人時，尤其針對並無太多工作經驗的新鮮人而言，第一考量爲是否具備專業運動相關證照。擁有專業證照愈多，行情自然愈好。各家休閒俱樂部會因屬性不同而有不同要求，但擁有愈多證照，代表技能俱全，至於是否爲體育相關科系出身，各家並不一定那麼重視，但想要投入這個職務，最好平常要有持續休閒運動的習慣。至於證照是哪一個單位發行的，其實各家企業並不一定有特別要求，因爲現今在台灣所發行的證照，無論是代理國外民間組織單位（即所謂國際證照）或國內單位組織自行舉行的認證，仍都屬於民間單位組織所認證，尚未納入國家考試。

因此，並非擁有證照即是工作保證，最主要在產業界重視的仍是眞正實力，但參加認證研習絕對可增加專業技能與接受新觀念，正是年輕人從事運動休閒產業所需具備的條件之一。要在這行有不錯的成績，就要不斷的投資自己、參加更多專業證照研習考證，除了加強自己專業能力外，對於工作的熱忱態度，乃是進入運動休閒產業的踏腳板。必備專業運動指導相關證照如：美國運動醫學學會（ACSM）

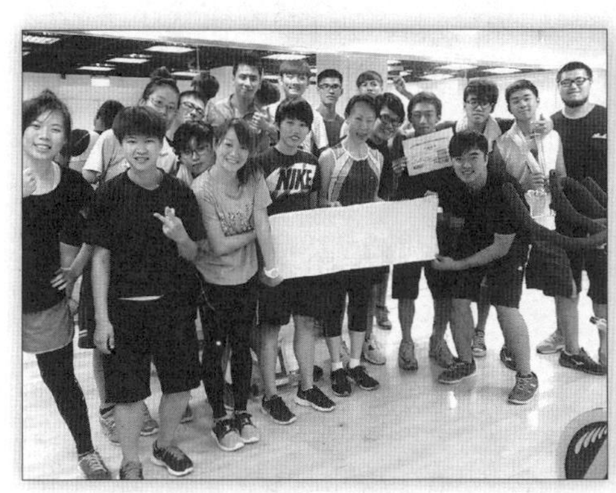

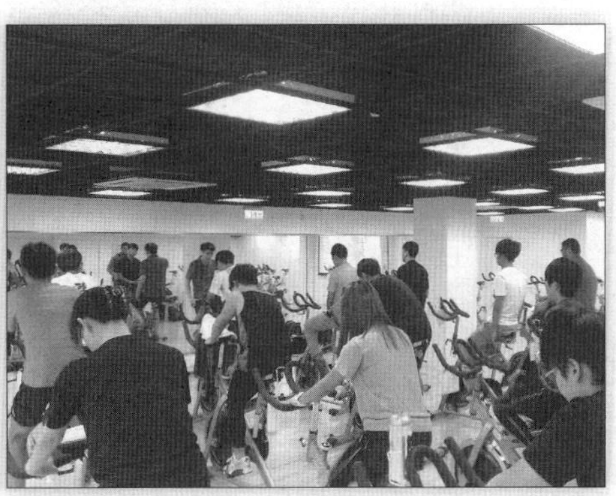

台灣運動休閒產業經理人協會飛輪有氧教練證照培訓

資料來源：台灣運動休閒產業經理人協會提供

運動指導員證、美國體適能協會（AFAA）健身指導相關證照、台灣運動休閒產業經理人協會（TRASMA）台灣運動休閒產業現場管理經理人證及TRASMA健身指導員證、TRASMA運動休閒俱樂部管理師、CPR急救證、紅十字救生員證、游泳教練證、美國肌力與體能訓練協會（NSCA）重量訓練相關證照、美國運動協會（ACE）運動指導相關證照、運動防護員證、運動急救證、有氧教練證、飛輪有氧證等。

(三)私人運動教練指導

隨著「個人化」、「特殊性」、「隱密性」等運動需求漸趨強烈，現今不少俱樂部的會員，開始選擇另外付費請私人運動教練（personal trainer）的方式，爲自己量身訂製專屬運動處方，期能在最短時間內達到個人需求的運動目的。當然，有些健身型的俱樂部爲了增加營收，也可能採不提供免費運動處方設計或指導，因此對大多不懂運動健身的消費者，也不得不找一位熱心又有專業資格的教練，購買私人教練指導運動課程。

◆功能

私人運動教練應爲顧客設計全方位的健身計畫；幫助消費者在名目繁多的健身課程中，選擇適合自身需要的健身課程；幫客人訂立明確的鍛鍊目標，並提供精確的健康評估、科學的諮詢。透過健身教練個性化的指導，健身者將嘗試改善和提高自己的身體健康水平，發展和保持心肺功能、柔韌性、力量水平，及減少或保持體內脂肪比例。當私人教練與客戶建立良好的信任關係後，私人教練的角色對消費者而言就是老師、教練、顧問、督導、支持者、營養師、健身評估員、生活方式管理顧問、體重控制，既是健身的諮詢顧問，也是個人生活的諮詢顧問。

◆指導方式

私人運動教練採取一對一的方式，一位教練同一時間指導一位健身者。私人教練是爲健身者提供專業化的體能評估和個性化的運動指導。這對於健身新手或有特殊需求的消費者來說，是十分必要而有意義的。

◆來源

俱樂部看好私人運動教練市場發展潛力，私人教練需求性日增，體育相關科系畢業生成爲健康休閒俱樂部產業的寵兒。部分業者採建教合作方式，提早鎖定優秀人才，網羅好手。

◆健身俱樂部中私人教練發展

台灣目前的幾家健身休閒俱樂部，對私人教練市場營運策略及行銷方式的現況及差異如下：

1.伊士邦健康俱樂部：在伊士邦前身的統一城市俱樂部階段的早期健身教練，以在各分店執行體適能檢測服務及器材的教學指導爲主，新會員加入後教練爲他們安排運動處方，剛開始幾次指導會員如何使用，但並非一對一全程指導，因此尙無私人教練指導體系。各個分店的運動服務主要還是以會員自由性質的使用爲主，教練觀察會員運動狀況適時給予建議，因此所使用的器材及設備都採精緻化原則。在服務的宗旨上採客服優先方式，在健身部服務人員的編制，因考量人力成本，通常也採用一班一人制的時段性聘任，在會員人數龐大的尖峰時間，對會員而言常無法有效地執行運動教學指導，而且教練還要負責現場環境安全維護及指導器材安全使用。人員編制不足及沒有私人教練指導的系統，就營運效益而言，也失去了對會員有效率的監督及管理，不但會員易流失，同時也無法產生會員二次消費帶來的利益。近年來，伊士邦積極地推動私人教練的行銷，仍採一般服務的値班健身教練外，尙有另一批私人教練專門幫會員執行私人運動指導服務。在國內的健身市場，要做到眞正的服務就要有輔助性的行銷手法，在諸多的會員，雖然不是每位會員都會聘請私人教練，但以國內參與健身俱樂部運動的人而言，因長期在運動體適能資訊及常識的缺乏條件下，如果能聘請一個私人教練來作爲健身運動的起步，是好的開始，可確保消費者在運動時的安全及效益性（陳啓昌，2007）。

2.世界健身俱樂部：2001年台灣分公司於台中市德安購物中心成立，相繼於台中SOGO百貨、台南、高雄、台北內湖成立分店，其行銷理念採高品質環境享受，低價位平民消費爲市場區隔。在私人教練行銷策略上，私人教練指導體系由美國總公司提供，台灣分公司依營運方式不同再調整。世界健身俱樂部的私人教練指導行銷方式，採用平民消費的價格來促銷，配合組織系統式銷售策略，每位會員都可依自己需求選擇私人教練的協助。據統計2004年台中SOGO店的私人教練行銷業績平均每個月約一百萬，而該店的私人教練約有十名，每個月每名私人教練產值約爲十萬台幣左右。不管這些做法是否大家可以相互認同，但在營運上的實際獲利，確是可以作爲業者在執行面上的參考及借鏡（陳啓昌，2007）。

3.目前有許多相關營利或非營利組織自行開設師資培訓營方式培養私人教練指導的專業常識及銷售技巧，以因應市場的需求。

二、運動管理級經理人

當一個運動指導經理人成功地扮演其指導的角色後，很多教練對自己的事業思考未來的發展，有的人希望自行創業，有的想成爲一位中高階的管理者，有的想成爲顧問師等。無論想要有更上一層樓的發展，或者在教練的舞台扮演更出色角色，行政能力在經營管理上是不可或缺的技能。

(一)運動管理級經理人定義

在運動休閒俱樂部中，具有參與領導、管理員工或涉及營運規劃行銷策略等工作，需承擔俱樂部某種程度的成敗責任之經理人，其職務可能爲主任、副理、經理、協理、總監等。

(二)運動管理級經理人證照

目前國內針對運動管理級經理人的研習認證，開設的並不像運動指導級經理人來得普遍，大部分相關經營管理的研習主要都是一般的產業。目前比較專業的針對經營管理者開設的證照，以TRASMA台灣運動休閒產業經理人協會行政管理經理人證或規劃管理經理人證，以及台灣運動管理學會的設施經理人證或運動產品行銷經理人證，目前TRASMA台灣運動休閒產業經理人協會推出俱樂部管理師證照屬乙級管理證照類爲主要的證照。

(三)運動管理級經理人專業能力

運動經營管理經理人專業能力需求，除了專業態度外，還需具備溝通技巧、個人特質、專業技能、運動休閒專業知識、公共關係、領導統御技巧、人力資源的運用、教育訓練的執行、抱怨處理能力、顧

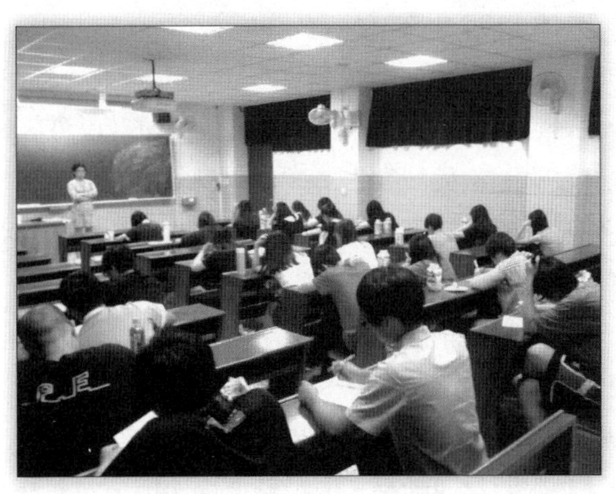

證照制度是現今服務業用人的基本要求，參加證照檢定是自我充實實力的方式之一

資料來源：台灣運動休閒產業經理人協會提供

客關係行銷建立、活動企劃能力、財務分析能力、策略擬定能力等。因此，有志於繼續在運動休閒產業發展者，無論目前所處的角色是指導員或已經是中高階管理者，更有些是投資者或經營業主，不斷地參加各項認證研習不但可瞭解市場的動脈，強化經營管理的能力，尙可透過產業的交流，增加市場的商機。

第三節　運動／休閒區管理辦法

管理辦法的制訂，關係到提供的整體運動休閒設施的服務標準與管理準則。一般常要建立的管理辦法，包括顧客運動處方管理辦法、運動課程管理辦法、各個運動或休閒設施的使用管理規範、會員健康管理辦法、健身教練或指導員的工作守則等項目。每一家運動休閒俱樂部根據型態、對象、設施不同，管理辦法都有部分的相似及相異處，以下提供之社區型休閒俱樂部範例作爲實際執行時的基本參考依據。

一、健身房使用規則範例

1.兒童卡會員（身高130公分以上）使用健身房設施，須先申辦兒童健身卡，並依教練指導使用器材以確保安全，並請於每次進入健身房使用前，出示兒童健身卡方可使用，參觀者未經許可請勿進入運動區，以免造成會員不便。

2.十二至十六歲可請教練指導使用有氧器材（跑步、腳踏車、階梯機）。

3.父母亦請勿將幼兒留置健身區域內。

4.請著運動服裝及運動襪、運動鞋進場使用，勿著泳裝或其他不適之便服或鞋子入內。

5.運動前請先做暖身運動，運動中若有不適應先停止活動，並告知教練，聽從其指導。

6.用餐後休息一小時以上才能運動，未經許可請勿做出高難度之危險動作。

7.健身房內禁止飲食。

8.對不熟悉之器材務請教練指導，以免運動傷害。

9.請依規定小心使用各項器材，並小心愛護器材，用畢請歸位。

10.對有時間限制之器材敬請注意使用時間，在尖峰時段，電腦健身車、跑步機和階梯機等，每次使用時間請勿超過二十分鐘。

11.使用重量凳或其他器材後，請擦拭流下的汗水。

二、兒童遊戲室使用規則範例

1.嚴禁身高140公分以上之孩童及大人進入遊戲區內，請家長在等待區靜候，方便照顧。

2.請先脫鞋再進入室內，禁止將飲料、零食帶入遊戲室內，以保持清潔。

3.爲確保小朋友的遊戲安全，請各位家長協助不要讓小朋友拍打玻璃及在遊戲室外追逐，以免造成危險。

4.請勿讓小朋友將室內玩具攜出。

5.若二歲以下小朋友在遊戲室內玩耍，請家長協助小朋友至公廁如廁。

6.請家長協助維護環境清潔與安全，讓小朋友有個良好的遊戲空間。

7.如發生緊急事故，請立即通知最近服務人員處理。

三、韻律有氧團體教室使用規則範例

1.請著運動服裝與運動鞋襪，以免造成運動傷害，上課中若有不適請停止動作，並請教師協助處理。

2.任何課程請於上課前進入教室，有氧課程開始十分鐘後，請勿進入教室，以免因暖身不足而引起運動傷害。

3.飽食後須休息一小時方可運動。

4.韻律教室禁止飲食，器材使用完畢請歸位。

5.除了兒童課程外，其他各項有氧課程十二歲以下小朋友請勿參加。

6.韻律有氧團體教室器材採預約制，請於上課前預約。

7.依課程表時間，韻律有氧團體教室的使用以上課爲優先。

四、各項器材日常維護辦法範例

1.健身指導員負責健身區、有氧區內各項器材日常維護工作。

2.每日擦拭各項運動器材的灰塵，以保持清潔，並上保養清潔油。

3.運動器材的輪軸保養，每半個月上一次潤滑油。

4.每月作一次整體保養（與器材公司簽訂保養合約負責）。

5.有氧區之輔助器材，每日擦拭一次。

6.音響設備，每天清理並測試器材運作是否正常。

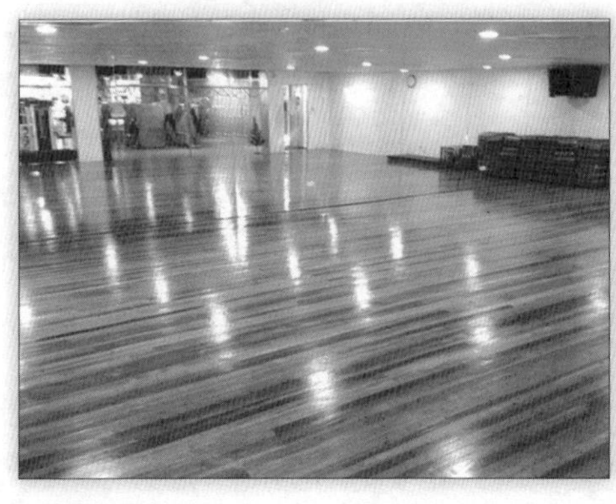

飛輪有氧教室

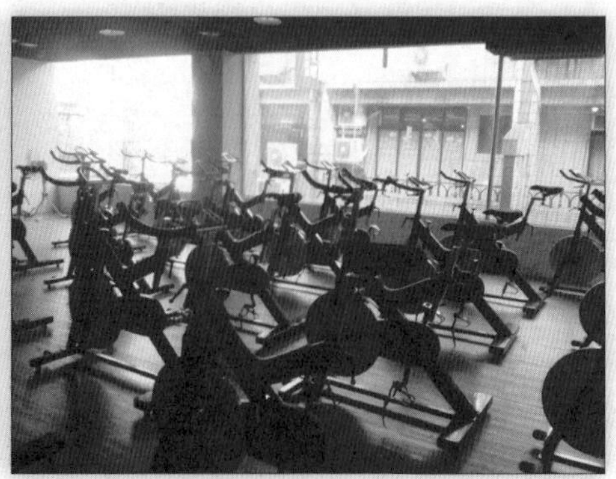

韻律有氧團體課程教室

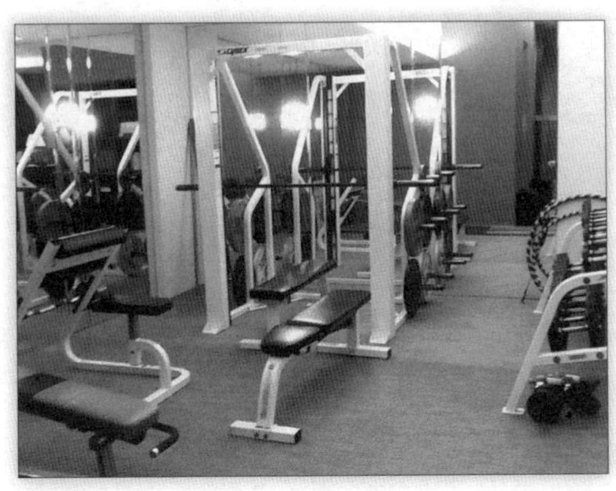

舉重器材區
資料來源：攝自圓山健身中心

7.有氧運動器材，客人每次使用過後立即擦拭汗水。

五、健身教練工作守則範例

1.準時上班不得遲到、早退，任何請假均需向主管報備。
2.完全瞭解並遵守公司規定。
3.保持個人的服裝儀容及個人的衛生整潔。
4.與同事保持良好的團隊精神，互相幫忙完成工作。
5.接受主管交代之工作並確實完成。
6.不可在工作崗位看報及嚼口香糖或吃零食。
7.上班時間內不得睡覺、吸菸、擅自離開工作崗位。
8.不得發生帳目不符之情形。
9.不得在公司內擅自販賣物品。
10.工作不忘微笑。
11.見客人進入健身房一律要起身打招呼。
12.上班時間內不可打私人電話聊天。

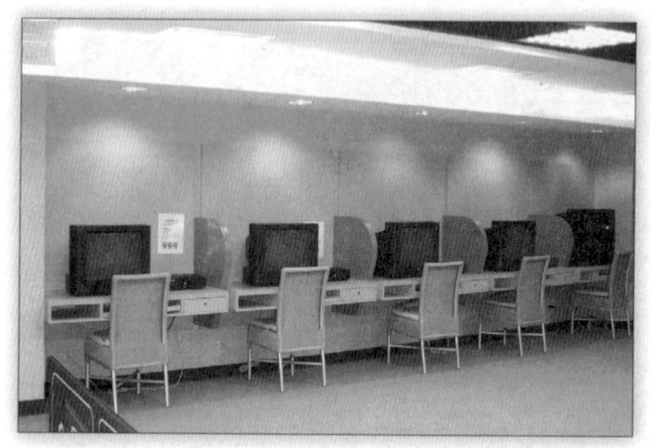

電視遊樂區為各俱樂部常規劃的娛樂設施
資料來源：青山鎮休閒俱樂部

六、娛樂室使用管理辦法範例

1.發生故障情形時，請聯絡服務人員，請勿拍打機台。
2.請遵照設備說明使用。
3.請勿在娛樂室內吸菸及飲食。
4.若因不當使用損壞設備或場地，將依俱樂部損壞賠償辦法要求賠償。
5.本區設備僅供娛樂，非賭博用途。
6.請自備零錢或換幣後投幣使用。

七、乒乓球或撞球室使用管理辦法範例

1.欲使用本區之會員採預約制，請至健康諮詢室預約及租借球具。
2.請按照預約時間準時入場，若逾時十分鐘未到場者，即視爲自動取消，由下一位候補者遞補。

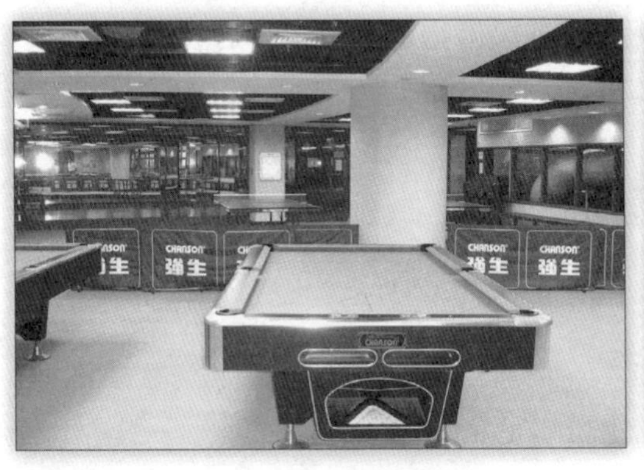

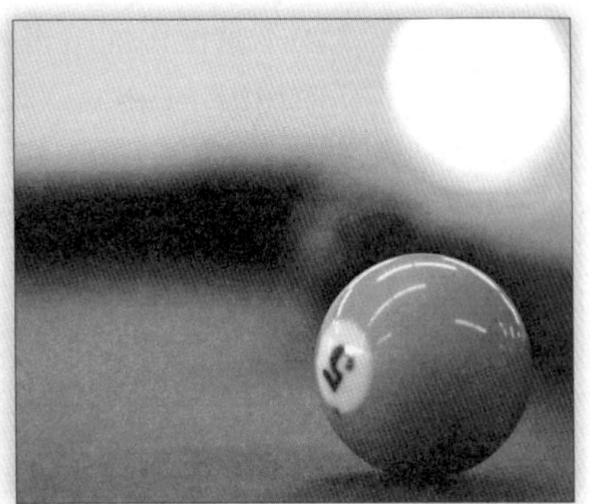

撞球室設施使用要有良好的管理機制
資料來源：青山鎮休閒俱樂部

3.每次預約使用以五十分鐘爲限，租借之器具使用後請儘速歸還。
4.請穿著適宜運動鞋及運動服。
5.請使用正確球具。
6.請勿在內吸菸及飲食。
7.若損壞球具及場地，將依俱樂部損壞賠償辦法要求賠償。
8.若患有心血管疾病、糖尿病、高血壓及類似相關重大疾病者，在沒有醫師許可或告知教練情況下請勿使用。

八、書報閱讀區使用管理辦法範例

1.書報雜誌僅供此處閱讀，請勿攜出。
2.請勿大聲喧譁或有干擾他人之舉動。
3.本區請勿吸菸及嚼食口香糖。
4.本區僅提供飲用水之飲用，請勿攜帶外食入內。
5.請勿隨地置放垃圾。
6.書報雜誌閱畢請歸回原位。

7.因不當使用而將書報雜誌或設備損壞遺失者，須依俱樂部損壞賠償辦法賠償。

九、美容部管理辦法範例

(一)美容工作人員管理規範

1.美容工作人員需穿著上班規定之制服。

2.出缺勤比照俱樂部員工方式辦理。

3.上班時間未經請假，不得隨意進出俱樂部。

4.不可擅自帶領客人參觀俱樂部，須與負責單位接洽安排。

5.未經許可，不可使用館內供客戶使用之設備、器具。

6.有會員、來賓預約美容室療程時，美容室應派人至大廳等候。

7.未經辦理入館手續、單純使用美容室之會員、來賓及美容工作人員，需於櫃檯之美容室預約知會表上簽名。離館時由櫃檯人員塡寫離館時間。

8.對會員、來賓需善盡善良管理人之義務。

(二)會員、來賓進出俱樂部美容部之管理辦法

1.會員、來賓使用美容室及其他設施時，需依入館手續辦理。

2.外來客（非會員）未經會員邀請同行者，不得使用館內設施。

第四節　作業流程

運動休閒俱樂部因具有服務業的屬性，爲確保服務品質的一致性，運動休閒娛樂部門服務作業均有所謂的標準作業流程（Standard Operation Procedure, SOP）的制定，作業流程指的就是每一項工作的程序，這對服務業而言，是維護服務品質一致性的最佳方式。以下針對健

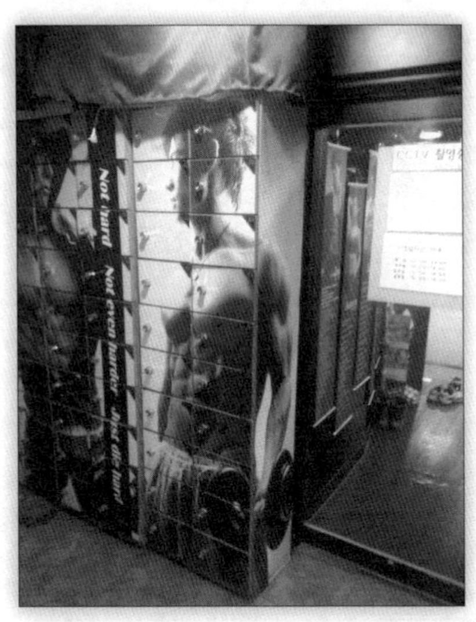

教練必須正確執行健身房工作以確保客人的安全

身房、視聽室、美容部等單位之例行工作流程設計範例加以說明。

一、健身房工作標準作業流程

根據健身房指導員的基本工作要點及提供的服務標準，可將客人使用健身房的流程以圖表顯示，如**圖5-1**，如此做有助於對新進員工做教育訓練之教材，同時也建立工作的標準化。

(一)健身房作業流程

1.服裝儀容整潔，表現專業形象，態度熱情有禮貌，面帶笑容。

2.客人進入健身房，若是坐著須馬上站起來，並面帶笑容表示歡迎之意，待客人走近時，致上標準招呼詞，例如：「○○○先生／小姐，早安／午安／您好，我能爲您效勞嗎？」。

3.請客人在來賓登記簿上簽名，第一次來的客人請塡寫問卷資

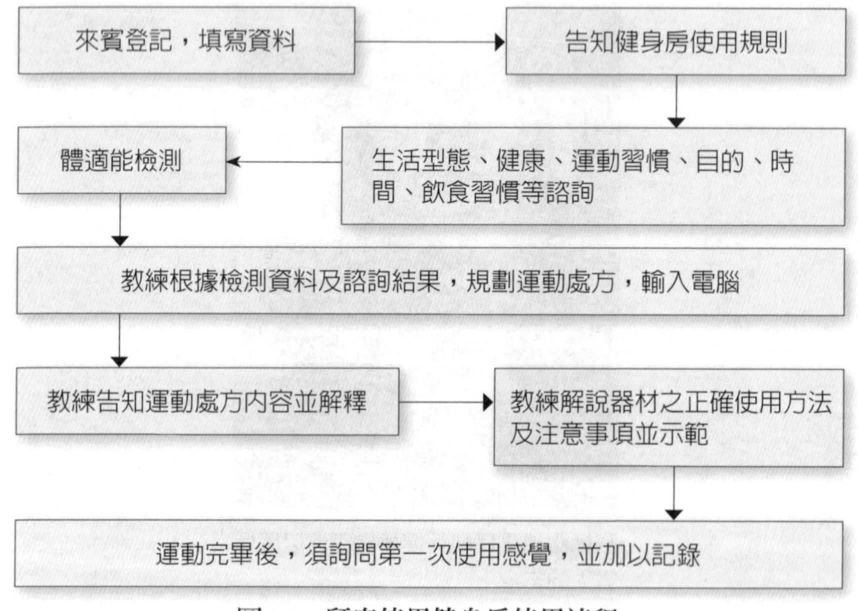

圖5-1　顧客使用健身房使用流程

料，問卷有問題則須進一步研究討論。

4.請客人量血壓、體重及瞭解脈搏數，無異狀可使用健身房者，則告知健身房使用規則。

5.幫客人規劃運動處方，須先對客人生活型態、健康、運動習慣、目的、時間、飲食習慣等進行諮詢。

6.做體適能檢測流程，如**圖5-2**。

7.教練根據檢測資料及諮詢結果，規劃運動處方，輸入電腦。

8.教練告知運動處方內容，並解釋給客人瞭解。

9.教練解說器材之正確使用方法及注意事項，並做示範動作。

10.客人運動完畢後，須詢問第一次使用後感覺，並記錄下來，作爲修正參考。

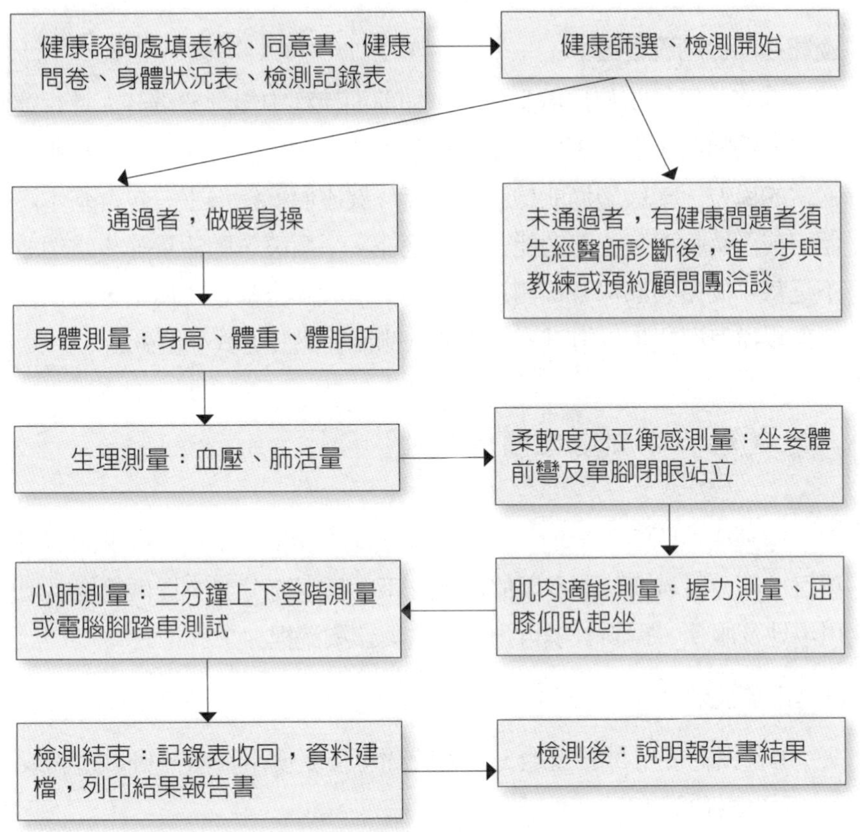

圖5-2 體適能檢測流程

(二)流程圖示範例

◆健身房使用流程圖

健身房是休閒俱樂部不可缺少的一項設施，客人到健身房最主要的目的不外乎是爲了健康、減肥、美化身材等，因此客人第一次進入健身房時，教練應該告知該注意的事項，幫客人規劃設計運動的處方，及指導客人如何使用器材，這些都是必須提供的良好服務。**圖5-1**乃針對顧客使用健身房的標準作業流程範例。

◆**體適能檢測流程圖**

在客人第一次使用健身房時，如前面流程中提到要爲客人進行運動處方的規劃，在規劃之前須先做體適能檢測才能對症下藥，規劃出適當的處方。一般體適能檢測的項目以健康體適能爲主，包含基本身體組成、柔軟度、心肺功能、肌肉適能、平衡感、肺活量等。當然並不是每一個俱樂部都會檢測這些項目，但大部分都以此爲主，再依俱樂部規模與型態加以增減。體適能檢測流程設計方式如**圖5-2**。

二、運動／休閒場地預約流程

運動或休閒活動場地，依實際俱樂部的面積大小及所提供的服務項目，部分區域或位置有限的狀況之下，爲了充分公平提供給會員使用場地及服務，需制訂項目預約辦法與作業流程。

(一)作業流程

1.若預約使用付費場地，預約時間可接受使用日前三日以電話或現場預約。

2.需將預約項目、姓名登錄至場地預約記錄簿內。

3.當天預約者逾時十分鐘以上，未向健身教練處報到，即視同放棄，由候補預約者遞補使用。

4.將實際使用者登錄電腦內，以便計算費用。

5.客人使用完畢，列印清單請客人簽名，並登錄電腦做結帳動作。

(二)場地預約使用流程

通常會訂出客人預約的時效，接受預約時需記錄預約者、預約的場地、時間等。當天若預約者未出現達一定時間時，會將其資格取消，由候補者遞補使用，如果有收場地費規定，則需記錄在電腦收費系統以便收費。**圖5-3**乃爲場地預約使用流程設計的範例。

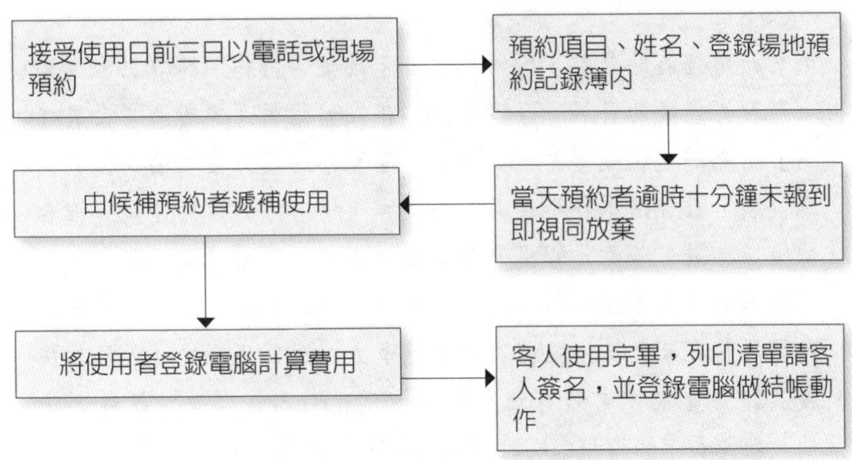

圖5-3 場地預約使用流程

報導回顧視窗

兩岸共同推動運動產業，商機無限

大陸國務院日前宣布將推出若干措施，鼓勵民間資本投入體育產業，預估到2025年產業規模逾5兆人民幣。可見中國大陸相當重視體育產業的發展，因此，我政府為協助國內業者拓展運動產業市場，蓬勃運動產業發展，讓運動產業成為真正打造幸福經濟的推手，應該積極促進兩岸運動產業的合作與交流。

根據中華經濟研究院報告指出，台灣在2008年統計的運動休閒業產值約為492億新台幣，從業人數約為5.2萬人，而中國大陸在全國體育及相關產業統計資料中，2008年運動服務業產值約1,555億人民幣（約折合6,998億新台幣），從業人數約317萬人。顯而易見，兩岸運動服務業市場規模不論在產值、從業人數，中國市場規模相對大，若台商能進入中國大陸，其潛在商機也相對較多。僉以近年來，兩岸政府皆正視到運動（體育）產業對於活絡經濟的效益，紛紛推出若干政策、措施，將有助於運動（體育）產業的發展。台灣自2012年開始推動「運動產業發展條例」，期透過稅賦優惠、獎（鼓）勵、補助等方面來協助運動產業發展，且台灣本身不乏具有商機和市場潛力的運動產業，惟台灣市場有限，若要大幅提升運動產業產值，勢必要與對岸合作。而中國大陸，在2011年「體育事業發展十二五規劃」中提及將加速發展體育產業，增強體育產業競爭力；近日公布的「關於加快發展體育產業促進體育消費的若干意見」則從財政、稅收、土地、就業和市場環境等方面明確促進體育消費的政策。

另隨著兩岸經濟協議（ECFA）的簽署，運動服務業也列入開放項目中，兩岸經濟協議早期收獲清單中，我方開放「運動及其他娛樂服務業」項目包括運動賽事推廣服務（如高爾夫運動賽事之推廣機構）、運動賽事籌備服務（如國際運動會之籌辦機構），以及其他運動服務業（如運動指導服務）；而2013年兩岸服務貿易協議簽署，陸方在兩岸服務貿易協議運動服務業新增開放項目包括運動推廣服務、運動賽事籌備服務和運動場館營運服務（高爾夫球場除外），往後台灣業者可前往大陸，拓展運動賽事及運動場館營運相關業務。

質言之，運動產業現已成為國際間帶動國家整體發展的重要產業之一，亞洲地區運動產業之發展更是方興未艾。兩岸運動產業各有其優劣勢，如何截長補短在有利雙方情況下發展與合作，是未來兩岸進一步合作必須考量的重點。例如：中國大陸在運動競技層面上較台灣具優勢，而在台灣在整體創意上，包括創作、設計、經營管理等卻是遠超越中國大陸，因此，結合競技運動與科技創意之產品設計開發之合作機制是可考量的方向。

資料來源：曾慧青（103年10月31日）。國政評論。財團法人國家政策研究基金會。

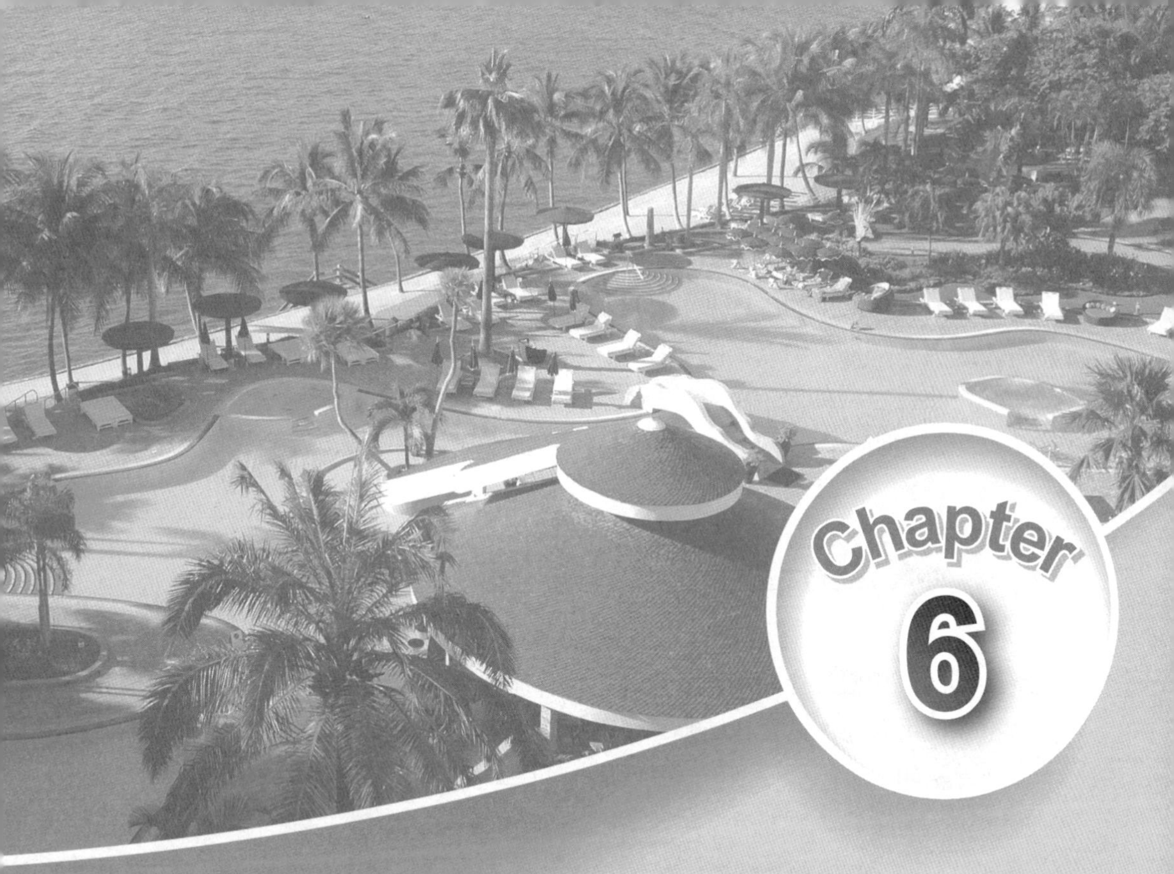

櫃檯與行政作業管理

- 櫃檯區主要作業實務
- 櫃檯管理辦法
- 行政及管理部門管理辦法
- 作業流程圖示法

任何一家對外營運的公司給顧客的第一個印象就是大廳櫃檯或服務櫃檯的形象，因此，休閒俱樂部的櫃檯接待就成了俱樂部的門面招牌。然而，俱樂部的櫃檯人員所要做的工作，和一般飯店櫃檯比起來更是包羅萬象，可說是飯店的綜合版。本章將針對櫃檯的主要工作詳加說明。

第一節　櫃檯區主要作業實務

櫃檯工作類別涵蓋會員事務管理（入會請假繳會費）、會員入場使用管理、銷售（結帳）、課程活動報名等等。就其工作實務說明介紹如下：

一、訪客接待（reception）

來賓入館參觀、洽公、使用設施，櫃檯人員都需要面帶微笑，若坐於座位上，則須立即起身並致上歡迎詞，依照迎賓禮儀作業標準歡迎來賓，以下為基本作業程序：

(一)來賓入館參觀作業

來賓參觀館內設施或環境，則通知行銷部人員來大廳帶領客人，並請客人先行於接待休息區稍坐，若相關人員於X分鐘內未到達（一般讓來賓等待不要超過五分鐘），則再次聯絡相關人員並請客人再稍候。

(二)來賓入館洽公作業

若來賓至館內為洽公時，聯絡館內相關人員，並請客人先行於接待休息區稍坐，若相關人員於X分鐘內仍未到達，請再次聯繫相關人員並請客人再稍候。

(三)來賓入館使用設施作業

1.必須先確立來賓是否爲會員，如果來賓不是會員，則確認是否有會員陪同，若沒有的話則向來賓致歉，並說明俱樂部爲會員制，並不開放給非會員使用。如果來賓有入會之意願，則請客人先行於接待休息區稍坐，並立即聯繫行銷部人員帶領參觀接待。

2.如來賓有會員陪同，則請會員出示證件，由來賓塡寫基本資料及購買入館門票（或掛會員帳，此乃依俱樂部營運的方式有所不同），並開立發票予來賓後，即依資料辦理入館手續。

3.來賓若是會員，則確認會員卡（如果你不認識他），若無會員卡則以其他相關文件確認其會員之身分。有些俱樂部會先檢查該會員是否有積欠帳款，如有積欠，請客人先行付清後，依入館手續辦理。

4.入館手續辦理完畢後，發予更衣櫃鑰匙。將會員及來賓證件置留於鑰匙格（key box）內。會員如有預約場地，則指引方向，並祝客人入館使用愉快。

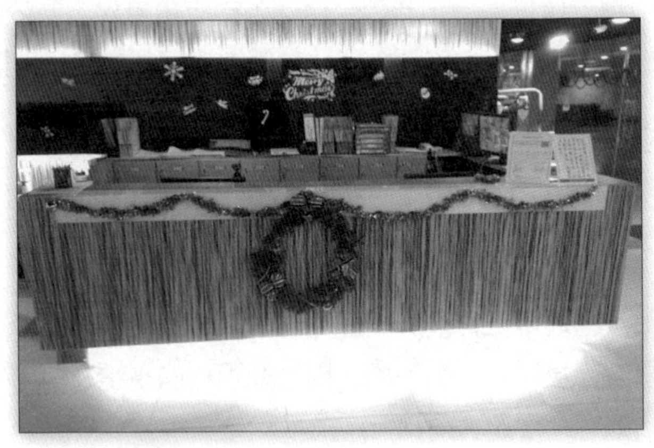

健身俱樂部型態客服接待櫃檯

資料來源：焦點健身中心提供

(四)來賓體驗試用作業

各部門因業務需要，常會安排來賓試用。首先，各部門需先將試用名單、時間會簽櫃檯部門，等來賓到達俱樂部時，負責安排之工作人員需陪同至大廳辦理入館手續，試用完後依離館作業程序辦理。

二、總機作業

一般旅館或大型公司行號，電話接聽轉接大部分由總機負責，但在俱樂部，櫃檯就是總機，需負責電話接聽轉接等工作，因此，電話禮儀、電話尋人、留言、諮詢服務等都需瞭解。

(一)外線電話來電、轉接

1.如果公司電話有語音服務系統，接獲來電時，會由電話語音說「XX您好（早）」，並且該電話會於電話系統當中鈴響三聲內接起電話。

2.電話系統可由來電者直撥分機號碼後轉至各分機，若電話忙線中，電話系統會請對方稍後再撥或留言該分機，若不知分機號碼則轉接櫃檯總機，若轉至櫃檯總機，由櫃檯人員依電話禮儀（於第十章〈人力資源管理〉教育訓練部分詳述）轉接電話。

(二)電話預約作業

預約的事項可分場地預約、特殊活動、會議和餐廳預約等狀況，各種狀況之處理原則如下：

1.場地預約則轉至育樂部（有些稱休閒部門或運動部門）。

2.來電客人爲特殊活動預約，則登錄預約的事項及所需的基本資料，並登錄至預約系統。

3.會議訂席或餐飲訂餐轉至餐飲部（有些俱樂部另有成立訂席組）。

(三)電話線路故障處理

1.當電話線路故障時，可由櫃檯人員開立請修單交管理部派員處理，請修單之規定依管理部統一訂定辦法處理之。

2.維修人員若未依時前來處理，則向管理部詢問狀況。如果是依時前來處理，則將處理情況記錄於櫃檯之工作日誌。

三、出納（cashier）工作

櫃檯人員也是俱樂部的出納員。來賓離館前均會到櫃檯辦理離館手續，處理在俱樂部的帳款。以下針對綜合性運動休閒會員俱樂部在收銀、結帳、報表、發票、零用金管理作業要項加以說明。

(一)各區掛帳作業

◆會員或來賓於館內產生消費行為

1.各區工作人員填寫消費明細帳單，表單上須將更衣櫃號碼、貨號、品名、單位、數量、單價、折扣數、折扣額及實際金額標明清楚後，請客戶確認簽名，客戶簽名後再請經辦人員簽名。

2.帳單通常為一式兩聯，第一聯由營業單位留存，第二聯由出納留存。

3.將明細單之項目登入電腦後歸檔，並將明細單附於各區營業日報表的後方訂起來。

◆運動休閒部門經常性課程收費作業

1.運動休閒部門將開辦課程之內容會簽櫃檯，會員至運動休閒部報名後，運動休閒部人員告知會員於期限內至櫃檯繳款。

2.櫃檯人員則依運動休閒部輸入電腦內之課程收費資料，向會員收取費用，開立發票。

(二)來賓離館前結帳作業

◆會員結束使用館內設施，並欲結帳離館

1.會員會至櫃檯要求結帳，如要求代付仍在館內的客人之消費款，則需查詢被招待人姓名及會員編號或更衣櫃號碼。

2.由櫃檯人員填寫代付款單，表單中必須將付款人及被招待人之姓名、編號及更衣櫃號碼標明清楚；代付款單一式二聯，分別有被招待人聯及付款人聯，被招待人聯放入鑰匙放置櫃中，付款人聯由會員自己留存。

3.請會員於代付款單上簽名之後，再由櫃檯經手人簽名。然後將被招待聯放入招待人鑰匙放置格內，同時將代付款明細輸入電腦內。

4.有時會員會要求代付一同離館的客人消費款，在離館前需請會員與客人一同交出鑰匙，並且查詢客人領取物品是否繳交齊全，如果未交還，請會員或來賓將物品歸還給取用或借用單位。

5.依照衣櫃號碼整理出客戶於館內之所有消費名細，以確認帳單總額。

6.列印離館消費明細表，內容包括櫃號、姓名、場地名稱、結帳時間、貨號、品名、數量、單位、單價、扣除所有折扣後之消費金額，並請客人確認帳單是否無誤，若帳單消費金額有誤，則向相關單位確認。若確認以上帳單無誤，則請客人簽名，並詢問客人之付款方式及是否需要公司統一編號。

◆客人付款

付款方式可分為兩種：

1.現金方式：客人以現金付款，列印發票，點收現金並確認現金

眞僞無誤後，將發票、帳單、找零金交給客人並退還證件，並向客人致謝，歡迎其再次光臨。

2.信用卡方式：

(1)客人以信用卡方式付款，先確認其信用卡是否爲本俱樂部授信之信用卡，若非所授信之信用卡，詢問客人是否有其他本俱樂部授信之信用卡，如果有，則核對會員之信用卡有效日期，確認無誤後繼續刷卡流程。如沒有，請客人直接付現。若客人無現金，如果該俱樂部有訂立掛帳使用辦法，則依俱樂部掛帳使用辦法辦理，由行銷部人員向會員取回消費款。

(2)進行刷卡時如發現會員之卡片有誤，要求會員以現金支付，若會員無現金，則適用上述之俱樂部掛帳方式處理，再由行銷部進行收款作業（並不是所有俱樂部都有掛帳收管制度）。卡片無誤，繼續刷卡程序。

(3)一般刷卡程序，先撕下簽名單請客人簽名，核對簽名日期無誤，列印發票，將發票、信用卡簽單、結帳單據交給客人，將消費單據及信用卡簽單訂在一起，待營業結束時，依結帳作業程序處理。

◆代客停車服務

1.有些俱樂部會有代客停車服務，故需於離開俱樂部前詢問是否有停車。若會員或來賓在俱樂部內停車，請出示取車卡，並確認停車卡上之日期、出入場時間、車號及停車位號碼，並將費用付清後（有部分俱樂部屬付費停車），以無線電或電腦設備系統通知門廳泊車服務人員取車。

2.取車卡通常也是一式兩聯，分別爲門廳服務留存聯及客戶留存聯，該卡就是來賓入館時所發給的停車卡。

3.在客戶持有停車卡之櫃檯簽收處，蓋上付訖章、結帳時間，簽名後交還客人，最後向客人致謝意歡迎再光臨。

(三)當日營業結束後結算作業範例

◆結算作業程序

1.蒐集各區繳交之單據及各區營業日報表，並投入出納用保險箱內，其中日報表需要櫃檯人員將櫃號、入館單號、消費明細簽單號碼、客人姓名、消費金額、所有折扣之計算及實收金額，計算彙總得出今日之總營業額。
2.日報表須於經辦單位人員處理過後，再經報表簽核流程，讓所有俱樂部各相關單位主管簽核至最高主管。日報表可分爲一式二聯，分別爲出納聯及營業單位聯，分別在所有單位皆已簽核完畢後，交由出納及營業單位留存。
3.列印出全館營收日報表，點收現金、信用卡簽帳單、消費單據與營收日報表之金額確認有無錯誤，如有錯誤則應先檢查日報表與各細節是否有錯誤發生，若無錯誤則將現金裝入現金袋，並塡寫帳款交接明細表。其中該表必須將收現明細、信用卡簽帳張數明細、禮劵張數明細、折價券、招待券全部合計總數，若一切無誤則由經辦人員（櫃檯人員）及監盤人簽名之後，再由出納及財務副理（或主管）簽名。
4.交接明細表共兩聯，分別爲出納留存聯及櫃檯留存聯。將現金袋、各區及全館營收日報表、帳款交接明細表等整理後，投入出納用保險箱內，等出納人員取之。
5.最後，將其他待辦事項及注意事項，塡寫於工作日誌中，以便明日早班人員做相關的瞭解。

◆報表簽核程序

1.館內送簽時，製表人將已製定資料交給單位主管，由單位主管再將資料簽核送給部門經理，部門經理再將資料送給執行副總，最後由總經理覆核。

2.若俱樂部規模較大，有總公司與各分館之分，在總公司送簽流程上則由承辦人製表，將表送交給出納，以為現金收付之處理，之後交給會計人員確認後簽名入帳，會計入帳後再交由財務副理審核，審核無誤後簽名，再交由財務主管簽名；若有誤則退回原會計人員或出納重新處理，再依前述之流程送簽。財務副理確認無誤後將簽呈（單據或資料）交由執行副總確認無誤後簽名。經由上述之流程後由總經理及董事長做最後的覆核。

(四)電腦失效處理程序

1.若電腦發生狀況無法連線掛帳、列表時，銷售人員應以事先印刷之「消費明細簽收單」表格來取代電腦列印作業。

2.將客戶消費商品項目逐筆填寫於事先印刷好之「消費明細簽收單」表格內，請客戶簽認。

3.客戶簽認後，銷售人員再將表格轉至櫃檯，請櫃檯協助輸入電腦掛帳。

4.利用人工作業時，有關掛帳作業表格，應儘速轉至櫃檯協助電腦輸入掛帳，以免有漏單跑帳情事發生。

5.有關電腦無法連線時，應儘速以電話或申請單（請主管簽核後）等方式，通知管理部工程組人員儘速維修，以免影響當日正常營運作業。

四、商品販賣區作業

商品販售區管理商品販賣、商品進貨及倉庫盤點、展示布置。有些休閒俱樂部會僱用專門人員負責商品販售工作，有些則由櫃檯兼管。

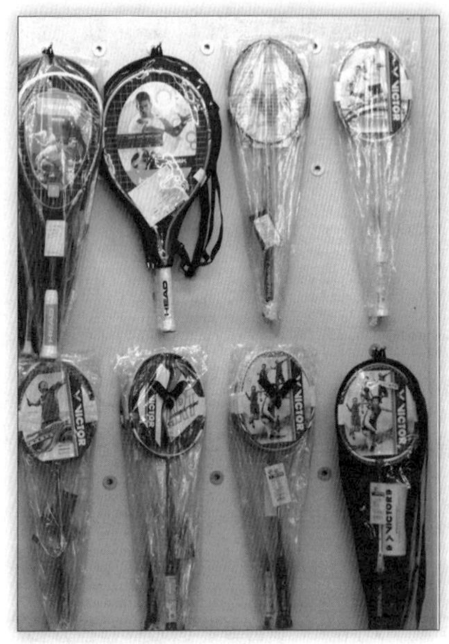
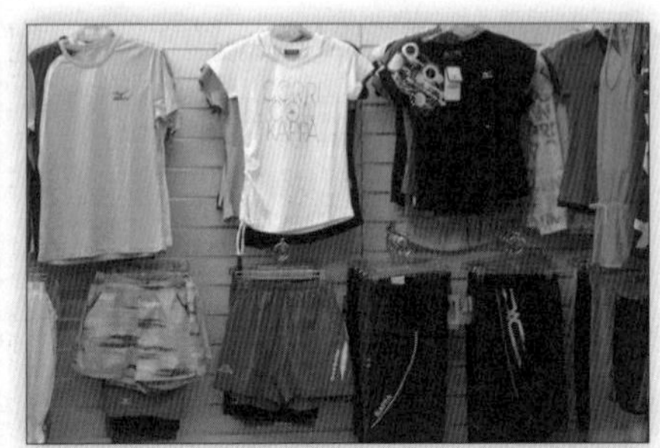
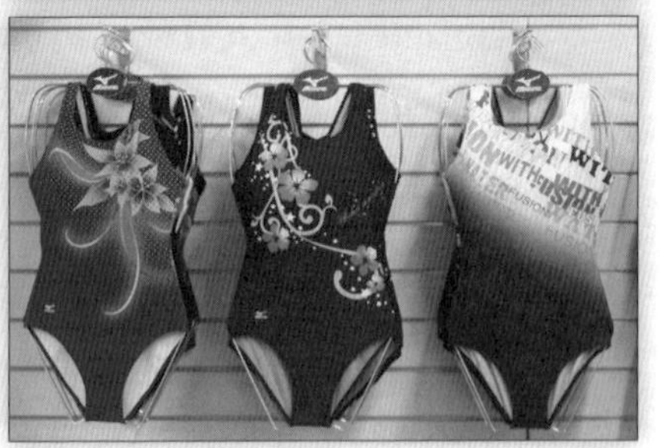

運動相關商品展示販售

(一)準備工作程序

1.執勤銷售人員於預定上班時間到達工作場所，整理店面工作環境及清潔工作，查看工作日誌是否有交辦事項，若有緊急事項則需優先辦理，取出專櫃鑰匙，開啓展示櫃並進行確認商品數量、位置及排放等作業。

2.確認商品數量，依循前日「商品存量控制表」，查核當日現場應有之庫存，再依公司規定方式確認商品存放位置及擺設，以上作業確認無誤後，開始展開銷售作業。

(二)銷售作業程序

1.客戶入內參觀陳設商品時，應向客戶表示歡迎之意，並禮貌性詢問是否需要介紹，必要時提供商品介紹解說。

2.客戶選定商品後，服務員應詢問客戶更衣櫃號碼，依選定商品貨號、數量進入電腦內勾選，並列印「消費明細簽收單」，一式二聯。

3.將「消費明細簽收單」請客戶簽認。如果有誤，重新列印再請客戶簽認，原消費明細簽收單於電腦上註明該單作廢，作廢表單於結帳時一併連同當日「營業日報表」交財務部歸檔。無誤則將商品包裝交予客戶，並感謝客人消費和歡迎其再度光臨，並將帳單統一歸放於帳夾內，以供結帳使用。

(三)客戶商品換貨處理作業

1.客戶來店表示欲更換原已購買之商品時，先請客戶出示商品及「會員來賓離館消費明細表」或「統一發票」，執勤之銷售人員應先查看是否符合商品換貨規定，如果不符，則應委婉告知客戶無法換貨之原因，誠請客戶見諒，並感謝其惠顧。

2.如果符合換貨規定，讓客戶選擇欲換取之商品，選擇完畢後，銷售人員進入電腦點選換貨作業，輸入更衣櫃號碼，點選換回商品之消費日期、貨號、金額及欲更換商品之貨號、金額、補差額等欄位（貨號可利用商品條碼機輸入）及確認商品價值差額後，列印「客戶換貨單」（一式二聯），請客戶簽認。

3.單獨入館換貨之客戶，因不辦理入館作業，故客戶在入館時，櫃檯會給予一臨時代號取代更衣櫃號碼。這是利用商品電腦條碼，直接用條碼機刷碼方式輸入電腦，以減少人工作業錯誤與時效。若電腦或條碼機無法使用時，再以制式表格以人工作業取代。

4.基本上確認換貨商品之價值，依「多不退，少補差額」之原則辦理結帳掛帳作業。需再付款者，請客戶先至櫃檯辦理結帳付款後，方可至商品販賣區領取商品；無需再付款者，上述作業完成後，將更換後之商品包裝完畢，交給顧客並感謝其再度光臨。然後將所發生帳單統一歸放於帳夾內，以供結帳使用。

(四)換貨商品之後續處理作業

瑕疵品依退貨作業流程，轉交管理部處理，非瑕疵品（即商品完好無損壞者）則將商品上架再進行銷售。

(五)訂貨作業程序

服務員依「商品存量控制表」之安全庫存量或現場需求提出補貨需求（有關商品安全庫存量應視銷售狀況而制定）。

1.填寫「商品請購單」（一式三聯），請主管簽名後，第一、二聯交管理部辦理。
2.將「商品請購單」第三聯留存聯歸檔，並於工作日誌中註明，以爲追蹤之依據。

(六)進貨作業程序

1.依管理部採購、驗收程序完畢後，由管理部倉儲驗收人員依商品販賣之「商品請購單」之數量，送交商品至商品部服務人員，並出示「商品出庫單」交商品部服務人員進行點收作業。
2.服務人員依「商品請購單」實際請購商品數量、貨號與管理部之「商品出庫單」核對、驗收，確認簽收作業。
3.簽收後取回「商品出庫單」留存聯，依商品種類進行分類輸入電腦之「商品存量控制表」。
4.將商品上架，「商品出庫單」、「商品請購單」留存聯歸檔。

(七)營業結束後作業

1.將當日「消費明細簽收單」及「客戶換貨單」彙總整理，列印當日「營業日報表」及「消費明細簽收單作廢日報表」。核對確認當日「營業日報表」金額與「消費明細簽收單」之總金額是否相符。
2.如有不符，應查明其差異原因，是否有漏單或計算錯誤之情形，直至查明為止。如符合，將該區「營業日報表」、「客戶換貨單」、「消費明細簽收單作廢日報表」及「消費明細簽收單」之各聯分開整理。

3.「財務出納聯」統一整理裝訂後，投入櫃檯出納用保險箱內。「營業單位聯」統一整理裝訂後，歸檔至商品販賣區檔案櫃內。

4.盤點當日商品存量，填入商品存量控制表。整理店內工作環境、清潔工作及填寫工作日誌。關閉電腦、冷氣等開關電源。

5.關門並上鎖，完成結束工作。

(八)庫存管理程序

1.每日補貨作業於平日販售時間內，若有缺貨時即應馬上進行補貨作業，以免展示櫃上有空缺。

2.每日應於營業結束後，清點一次店內所有商品之庫存量，填入「商品存量控制表」中。

3.將當日訂購、進貨、退貨、換貨及銷售商品與「商品存量控制表」進行確認作業。

4.若月底盤點庫存產生差異時，應查明其差異原因，並於「商品存量控制表」作存量控制調整及說明。

5.各部門每個月依報表自行進行盤點，每季則配合管理部作庫存盤點作業。

五、失物招領（失物歸類、失物公告、失物保存）

1.凡於俱樂部區域內拾獲之物品，皆統一交由櫃檯進行公告、領取之作業，過期之處理方式則交給管理部處理。

2.拾獲物品之種類及保管期限範例，如表**6-1**所示。

3.拾獲物品一經公告後，於保管期限內未領取，則依規定處理。

表6-1　拾獲物品之種類及保管期限範例

種類	保管期限（公告日起）	過期之處理方式
泳裝、泳褲	五天	丟棄
食品	三天	丟棄
衣服（乾）	三星期	送慈善單位
衣服（溼）	五天	丟棄
鞋子（襪子）	一個月	丟棄
蛙鏡	一個月	丟棄
手錶	一個月	送慈善單位
其他	一星期	視情況處理

4.超過保管期限領取者，則不負已處理後之責任，俱樂部可全權處理。

5.經拾獲之物品，不論貴重與否，不負保管之責任。

六、處理抱怨

櫃檯須以專業的方式來處理客戶抱怨：

(一)由抱怨中得到利益

由抱怨中可得到的利益包括：反應客人的觀點及需求，以及業者缺失之處；提供了免費的品管、稽核及市調意見；突顯培訓的需求所在，可避免再次發生錯誤；增加與客人接觸機會，促進銷售的契機；引起高階層主管注意，反映出管理者或員工的態度；增加內部溝通機會；可以作為績效評估的依據；提供考驗員工EQ的機會，也是監督供應商的方式之一。

(二)處理方式及步驟

首先避免衝突，仔細傾聽，表示同情客人處境，先不做評斷，針對疑問點提出問題，並提出行動方針，並取得顧客同意及採取行動，最後仍需做追蹤及回應。

(三)抱怨處理後的行動步驟

將相關部門的行動步驟列出，並實際行動，組成委員會評估行動方案及追蹤，事情完成仍需告知客人事情已改過，最後別忘了向協助相關部門致謝。

七、活動、課程報名、預約及各項資訊洽詢

(一)俱樂部館內活動櫃檯協助作業

各部門主辦之活動應會簽至櫃檯以利協辦作業，主辦單位提供之活動內容、表單資料、協辦項目，由櫃檯主管向櫃檯員說明之，櫃檯員依協辦項目依時處理。

(二)協助預約及報到作業

負責單位下班時，櫃檯人員協助處理相關預約或活動如下：

◆場地、活動預約

1.採電話預約：客人來電詢問預約事宜，詳問客人欲預約何種場地或活動，請客人稍候，依客人需求將電話轉至預約負責單位。告知接線人員，線上爲欲預約客人。

2.傳眞預約：收到來賓預約場地、活動之傳眞，登錄資料於傳眞文件收件本，而依據該收件本中所記載的日期、時間、收件者、經辦人員及收件者，電話告知相關單位，請其至櫃檯領取傳眞並簽收。

3.現場預約：來賓至櫃檯預約場地、活動，則入電腦或撥電話向負責單位查詢，是否尙有名額或空席之場地，請來賓至負責單位塡寫預約單或其他相關文件表格，負責單位下班時間時，則由櫃檯塡寫報名單或其他相關文件，並於隔日交給負責單位

且簽收。該報名單中必須詳細填寫的資料，包含舉辦日期、時間、地點、活動內容、名稱、名額人數、費用、會員卡號姓名、聯絡電話、經辦人、會員報到後簽名欄等。

◆來賓報到

1.場地預約報到：來賓到櫃檯表明有預約場地，先指引客人至預約之場地報到，若來賓尚未辦理入館，請依入館作業流程辦理。

2.活動預約報到：若客人到櫃檯表明爲參加活動報到手續，則依入館作業流程辦理入館，查看活動是否已事先預約，如不是事先預約者，查看活動名額是否已額滿，若已額滿請客人下次事先預約，若未額滿則填寫活動報名單，並請客人直接在報名單上簽名。

3.若已事先預約者，請客人於活動報名單上簽名，並查明是否尚須再繳交費用。若不用繳交費用則先指引客人至活動場地，若需繳交費用則先收費再開立發票，指引客人至活動場地，並祝客人消費愉快。

◆會員取消、變更預約流程

1.客人來電要求取消、變更預約：先詢問客人原來預約之資料，再依客人所述資料將電話轉接至負責單位。

2.會員傳眞取消、變更預約：客人傳眞要求取消、變更預約，依傳眞資料塡寫簽收簿，聯絡負責單位至櫃檯領取並簽收，以示負責。

3.現場取消流程：來賓於櫃檯知會取消活動或場地時，先查詢是否爲當日之行程，若不是當日之行程，則電話聯絡負責單位處理。若是當日之行程，則櫃檯人員直接取消該活動報名單，並通告負責單位處理。

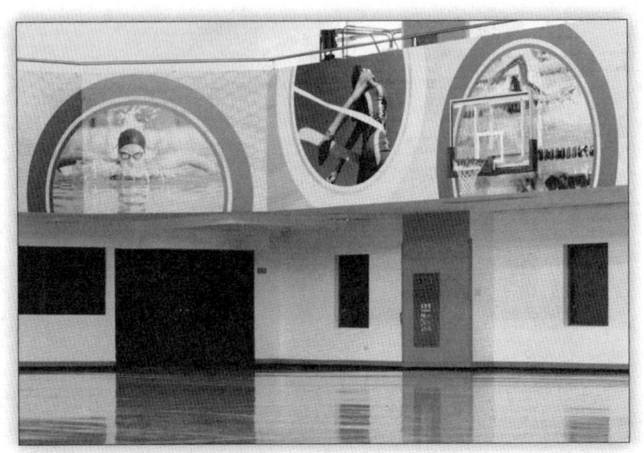

球場也需使用預約制度
資料來源：北投運動中心提供

八、執勤前準備工作及營業後整理工作

(一)早班執勤前準備工作

1.依據班表排定之早班櫃檯人員於早上入館時，即換好公司規定之服裝衣著，到達工作場所。

2.開始櫃檯之基本清潔工作，其中包括櫃檯檯面、庶務機器及電話，並會同值班主管開啓櫃檯之保險箱，並取出零用金，放置於櫃檯之零用金抽屜內，並在每日零用金存領表上簽名記錄。

3.於開始營業前十分鐘播放音樂，音樂之播放種類視音樂播放時間表而定。

4.詳閱昨日工作日誌上晚班人員所交辦應處理事項，工作日誌中應以緊急事項先行處理並簽名之。於完成所有預備工作之後，站在適當位置準備迎接客人。

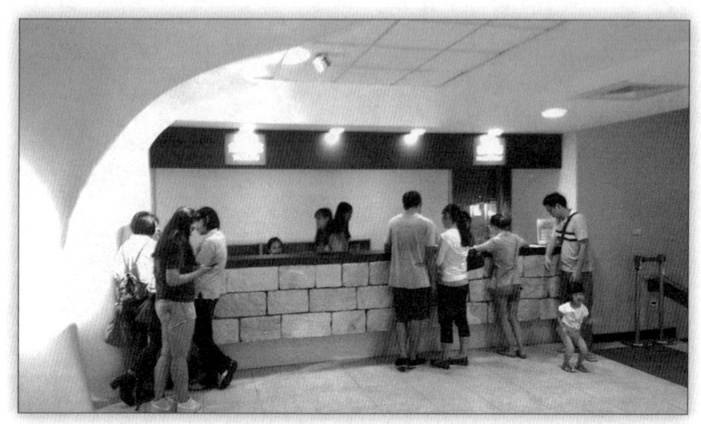

運動中心型態售票服務櫃檯
資料來源：北投運動中心提供

(二)晚班營業後整理工作

1.於營業結束前三十分鐘內播放音樂，並以館內特別錄製之廣播詞，告知客人即將結束營業時間。

2.依營業結束之結帳流程辦法辦理結帳手續，並會同值班主管，將找零金放入櫃檯用保險箱內，並將之鎖上。

3.將交辦事項填寫於工作日誌之晚班人員交接事項中，以便明日早班人員瞭解。

4.最後將資料檔案歸檔，並將檯面整理乾淨，關掉所有電腦、冷氣、音響等電器用品電源，離開前再將燈光關掉。

第二節　櫃檯管理辦法

櫃檯區相關的管理辦法包含櫃檯人員工作守則、保險箱管理辦法、零用金管理辦法、結帳出納管理辦法、票券管理辦法、毛巾管理辦法、房客入場登記管理辦法、商品管理工作辦法等。以下為一些管理辦法範例之介紹。

一、櫃檯人員工作規範

工作規範乃針對員工工作時應遵守的指導方針。

(一)個人儀表

1.頭髮要梳理整齊，長及肩部之頭髮須使用髮帶、髮夾將其梳綁，以免影響工作。

2.女性員工可擦適當顏色口紅增加儀容美觀；指甲應經常修剪保持乾淨，以不塗指甲油爲佳；淡妝爲主，勿濃妝豔抹；保持身體及口腔衛生清香。

3.制服常保整齊清潔；工作不忘微笑，不把私人情緒帶到工作崗位。

4.常保精神奕奕，坐姿及站姿端正；對話須輕、短、簡、小等。

(二)服務準則

1.迎賓儀態端莊，主動親切問好，注意語詞、修飾語氣、音調適中。

2.嚴禁於工作場合吃東西、喝飲料及放置食物。

3.服務區域嚴禁擺放私人物品。

4.交接班須準時，交代清楚待辦事項，以免影響服務品質。

5.非當班人員不可進入服務區域（下班者請儘速離開）。

6.當班時不得閱讀書報、滑手機、上網玩遊戲或查詢無關工作事項。

7.吃完飯後務必刷牙，保持口氣清新，並擦口紅。

8.來賓問題應儘速於第一時間回覆，並適時回報及反映狀況予主管瞭解。

9.不可對來賓言詞嚴厲，或態度惡劣、強硬。

10.一切以客為尊，服務至上，誠信第一。

二、商品管理工作辦法範例

1.泳具、開放性櫃架上的商品，由客人自取至櫃檯結帳，上鎖物品如香水等，必要時才由櫃檯人員取下結帳。
2.已入館之會員及來賓購買商品販賣區之商品，可以掛帳至客房或櫃號內，亦可單獨結帳。
3.每月必須盤點，並且隨時補貨上架，同時針對商品進行請購、退貨、換貨作業。

三、住宿客房管理辦法範例

有些俱樂部有提供住宿或休息的商品，如溫泉俱樂部、鄉村俱樂部、度假俱樂部等，因此對住宿相關規定須制定管理辦法。茲以溫泉休閒俱樂部為範例，針對其管理辦法提供參考：

1.住宿與退房時間：
   (1)住宿下午三點以後，退房中午十二點以前，最多可延到一點。
   (2)接受客戶延遲退房，以一小時為限，未接受客戶延遲退房而延遲退房者，半小時內不予收費，超出半小時以上，以休息之加休計費單位收費，超出三小時以上，則以住宿費用計算。
2.住宿與休息對象：限會員及會員所邀請同行之來賓，不接受會員代訂。
3.價格：均需外加一成服務費。
4.住宿保留時間為當日晚上六點，另通知LATE C/I者得延長之，最遲延長至九點。

5.溫泉區使用原則：

(1)房間內提供浴袍及塑膠手提袋，供房客至水區時使用。

(2)不另提供更衣櫃給房客使用。

(3)至溫泉區使用需更換客房內浴袍或出示房間鑰匙方可使用。

6.因入館身分有會員、住宿客及外來用餐客（受會員邀請），無法完全管制，故考慮住宿客的隱私性問題，僅作詢問後即放行。

7.男更衣區入口加設管理員，防止外來客不請自入。

8.房客遷入時櫃檯發給物品包括：房間鑰匙一把（傳統）或電子房卡一張、早餐券兩（四）張、歡迎住宿文件封套一份（內置早餐券，封套上面註明中英文之歡迎住宿詞、使用規定、房號）、其他不定期之宣傳DM。

9.溫泉區休館日：因客房為二十四小時營運，無法同時每月休館一日，但如遇溫泉區需維修、保養暫停營業，則事先安排日期，以會訊告知會員並於現場張貼暫停開放之公告。

10.更換房間作業：房客要求更換房間，遷入後一小時內，且有空房時，或因其他本館因素才要求更換，必須給予更換。

11.鑰匙遺失賠償：客房鑰匙遺失依規定賠償，更衣櫃鑰匙遺失依規定需賠償，客戶賠償後，如於離館遷出前拾獲交至櫃檯，可歸還賠償金。

12.晨間喚醒（morning call）：雖然房間中有鬧鐘（和電話結合），但房客仍可要求人工喚醒，客人可至櫃檯登記電話語音喚醒服務。

13.代叫計程車：聯絡特約車行，登記車號。

14.行李寄放：給行李卡，憑卡領取，僅供寄放，行李內物品遺失不負責。行李置放於櫃檯後辦公室，僅收住宿客，不收溫泉使用客的行李。行李卡保留兩天，由主管核驗無誤後銷毀。

15.緊急清潔通知作業：客房、個人溫泉房正被使用，但後續有人等待使用時，櫃檯於結帳完成時，需主動通知房務組緊急清潔。

第三節　行政及管理部門管理辦法

俱樂部作業管理事宜除了現場管理外，支援營運工作及後場行政工作也是相當重要的，因此也要制訂各種管理辦法以利經營管理。

一、會員服務相關管理辦法

根據俱樂部定位及規模的不同，需針對各俱樂部的需求制訂相關管理辦法，包含會員動態追蹤、會員聯繫、抱怨處理服務辦法、俱樂部章程、會員基本資料管理、會員健康資料管理、會員使用俱樂部守則、會員規章、會員卡、接待參觀辦法（第七章詳細介紹）。

二、環境清潔管理辦法

有些俱樂部的清潔工作採外包制，則制訂外包管理辦法，但大部分俱樂部仍採自行僱員做清潔整理之工作，則需制訂包含公共區域、男女更衣區、淋浴室區域以及俱樂部其他專屬區域的清潔管理辦法。

三、其他服務管理辦法

現場工作方面有更衣室、三溫暖服務管理辦法、三溫暖使用規範，置物櫃管理辦法、洗滌管理辦法、毛巾備品管理辦法等，也都要一一做好規範。

四、行政文書管理辦法

此乃公司內部的行政規範制訂，作爲員工工作的準則與依據，包括薪資管理辦法、採購管理辦法、備品、總務、倉儲管理辦法、安全風險管理措施、緊急事件、人事管理辦法、簽呈辦法、組織功能、主管權限、文件保存管理、檔案管理、安全庫存量控制等。以下爲幾個範例供參考：

(一)簽呈管理行政辦法範例

1.由各部門主管提報申請事宜，先向管理部索取編號。
2.提報單位送會簽相關部門，送至管理組呈經理核示。
3.由管理組送顧問建議，顧問建議後由管理組呈總經理批示。
4.管理組再呈董事長批示。
5.定案後，管理組公告或回覆。
6.提報單位接到回覆，將結論以備忘錄知會相關部門。
7.管理組發布公告。

(二)電腦故障緊急處理辦法範例

◆電腦修復

工作站之電腦故障時，櫃檯人員嘗試重新開機是否可正常運作，可正常運作，則將未輸入檔之資料重新輸入，若不可正常運作，儘速以電話或申請單（請主管簽核）方式通知管理部，並請管理部人員儘速修復，以免影響當日正常營運作業。

◆帳單作業

電腦無法正常運作時，櫃檯人員用事先印刷之表格以人工塡寫方式替代電腦作業，客戶結帳時，將所簽收之帳單彙整計算收費，發票則以手開方式開立。

五、財務會計管理辦法

財務是公司的基礎，如果無妥善的財務管理辦法的規範，將會使公司淪爲空殼。因此，針對資財盤點、日記帳、總帳、稅務、薪資發放、請款、銀行往來等，均要依俱樂部規模與型態制訂完整的管理辦法。

六、公關業務管理辦法

俱樂部具有封閉性的特質，如果沒有善加利用公共關係及良好的業務推廣辦法，經營上將會非常吃力，故需制訂之管理辦法重點如下：

(一)業務行銷推動

針對行銷策略、價位制訂原則、廣告推動準則、業務獎金辦法、市場調查辦法等規劃出規範，以作爲組織業務推動的方針。

(二)會務行政工作

俱樂部大部分採會員制，故對會員入會作業及會員會籍作業：期滿、轉讓、退會、暫停、製卡、補卡、繳月費、歸檔、收費辦法、會員活動企劃辦法、契約簽訂等作業，要有正確的管理辦法制訂，才能以專業的形象呈現在顧客面前（第七章詳細介紹）。

(三)公共關係、事務接洽維繫

俱樂部最常與政府單位打交道的有衛生局、管區、消防局、稅捐處等。除了執法單位外，對於同行、鄰里居民、廠商也都是俱樂部要成功經營需建立良好關係的對象。所以制訂對這些對象公關管理辦法上，就要懂得彈性原則與交際原則。

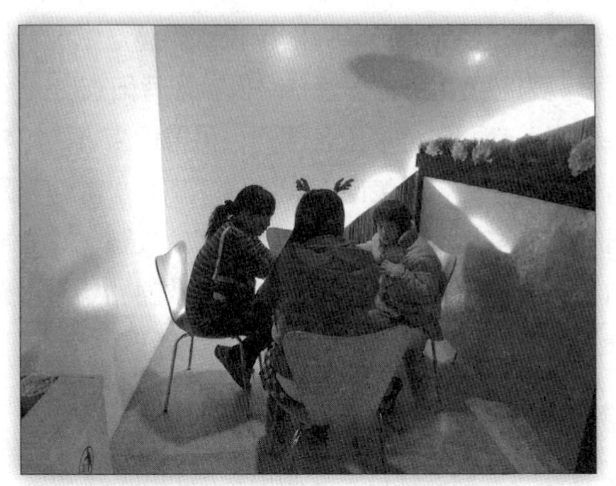

業務人員須對來賓詳細解說入會相關事宜

◆業務參觀作業範例

1.自行至俱樂部要求參觀：

來賓洽詢入會及參觀事宜可分兩種：

(1)來賓來電洽詢：請客人稍候並將電話轉到行銷部，告知接線之業務人員，線上爲洽詢入會及參觀的客人，由業務人員向客人問好，並自我介紹後再請教客人之基本資料，同時回答客人問題，依行銷部參觀流程處理。

(2)入館要求參觀：請問客人是否有預約，客人如沒有事先預約，請客人於休息區稍候，客人有事先預約，則詳問客人姓名及預約對象，並請客人於休息區稍候，聯絡接待負責人員，需注意接待人員是否過久仍未出現，若過久未出現則再次提醒接待人員。

2.行銷部、各部門邀請來賓參觀：櫃檯早班人員於早上開始營業後，入電腦列印當日參觀來客名單，而通常當日參觀來客名單，由各部門自行於事前自動輸入，依名單向各部門確認參觀人數或資料是否無誤。若有誤，更改誤差之處，若無誤，則將當日參觀來客名單歸檔於資料夾供參觀時備查之。

3.來賓使用前參觀接待：由各部門人員帶領來賓入館參觀，櫃檯人員需起立，面帶微笑向客人問候「您好！歡迎光臨」，取出當日參觀來客名單與負責帶領人員確認人數、姓名，參觀完之後由負責帶領參觀之人員負責向來賓致謝意「謝謝光臨」後，並確認所有人員皆已離館，完成接待作業。

◆業務獎金辦法範例

業務獎金一向是過去經營會員制俱樂部的成功關鍵之一，因此不同經營理念的管理者在制定辦法時就會有很大差異。此處介紹兩種不同類型的方案供讀者參考。

第一種類型，大型休閒會員制俱樂部業務管理與獎金辦法範例。

此法乃針對俱樂部擁有不同組織部門共同運作，但公司業務經營原則採全員共享、公平的方向，而規劃出的一種綜合性獎金辦法之範例。

1.無底薪業務人員：包含全體員工、股東、董事會、客戶、團體機關等，其獎金辦法如下：

(1)依入會年費實際收入金額，扣除5%營業稅後，爲業務營業額，營業額之7%爲獎金。

(2)依票券預售之實際收入金額，扣除5%營業稅後之50%爲業務營業額，業務營業額之10%爲獎金。

2.有底薪之業務部門：

(1)責任額：業務主管，爲每個月全體業務部門人員基本營業額度總額（每月業務部門總業績達成，主管加發總營業額0.5%爲主管督導獎金）。業務人員則以個人底薪除以0.15爲個人基本營業額。

(2)獎金部分：

個人營業額	底薪	獎金
責任額以下	扣一半	5%
責任額以上	全薪	10%

(3)獎金部分營業額計算：

·需先扣除信用卡手續費及發票稅捐。

·票券部分以收入50%為營業額。

·月清潔費不計算入業績。

·協助非業務單位成交會員之年費業績不計入個人總業績，惟獎金部分可得3%。

3.團體績效獎金：

(1)餐飲部服務費分配：

·公司：20%（作為補助員工福利金來源）。

·餐飲部：40%；會務部：10%；業務部：10%；運休部：10%；管理部：10%。

(2)會員卡營業額獎金：以當月會員年份總額5%為績效獎金。比例分配為餐飲部10%；會務部30%；運休部40%；管理部20%。

第二種類型，針對較小型之俱樂部業務管理與獎金辦法範例。

由於人力資源較有限，因此除了業務人員外，採全體員工也兼任業務人員之業務管理辦法。

1.適用對象：凡俱樂部所屬業務秘書及現場之員工均須遵循此管理辦法。

2.獎金計算辦法：

(1)專任之業務秘書其獎金及薪資辦法，依公司人事部公告訂之。

(2)現場主管及教練均以業績之10%為抽佣之獎金（任職於俱樂部之員工均發給10%）。

(3)以上業績均以實質業績爲主，凡以支票、信用卡付費者，須等其金額確實進入公司帳戶，始開始計績，因業績之計算以月爲單位，因此支票跨月份則以月份兌現日期之月份爲主，信用卡則須於每月二十五日前之刷卡單爲當月業績，之後則爲次月業績。

(4)業績之計算須以入會費計績，月費不列入計績項目。

3.業務流程：爲保障每人之業績及掌握之會員。凡提出業績者均須依照下列之流程辦理，以免喪失其權益，凡未按規定辦理者，其業績計獎部分由公司收回，不得異議。

(1)每人聯絡之客戶均須於聯絡後，於準會員聯絡簿中登錄（包含公司或團體），登錄中須詳載日期、聯絡內容等相關資料並簽名，該聯絡簿需每天由最高主管（不在則由次高主管）簽名於最後一欄，前面不得留有空白。

(2)凡提出業績者皆可領有一本工作日誌，凡聯絡之客戶亦須詳載於內，並於每日交由當日最高主管批閱，前面亦不得留有空白。

(3)凡外來客參觀且未指名某業務承辦人員時，帶參觀者即享有業務優先權，但其來賓須不包含在準會員聯絡簿及個人工作日誌中，否則即使成交，其業績亦歸聯絡人所有。

(4)不指名客戶於參觀後須詳填參觀資料表，一式兩份，一份由帶參觀者留存，一份則集中於值班櫃檯，以供值班人員核對該客戶是否已參觀多次，並維護第一次帶參觀者之權益。

(5)業務人員如有客戶逾一個月均未與其追蹤並詳載於相關簿冊中，則由成交人員享有所有之業績。

(6)櫃檯及運動休閒區人員有帶參觀之義務，於帶完參觀後，如屬其他教練或業務掌握之客戶，須通知其業務人員完成後續，如所屬業務不在亦須義務完成成交手續，待月份結算後，公司得視情形給予服務獎金。

4.活動促銷日及特殊案例業績計算方式：

(1)特案之計績以其折扣之折數計績，如以七折入會，則其業績亦以七折計算之。

(2)凡遇公司所辦之親友日或相關活動時，業務人員為確保所邀約之客戶，須於活動前一日提出使用或參觀之客戶名單，如列入名單中之客戶，均屬聯絡人所保有。

(3)水區人員因值班之原因無法參與活動時，如屬其客戶，均由現場人員負責掌握，如當場成交則由帶參觀者分得業績2%，水區人員得8%，當日之外來客（即不指定客），則須自業績中提撥1%予水區人員。

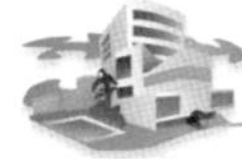

第四節　作業流程圖示法

在各部門都有作業流程與管理辦法的制訂，兩者最大差異是：管理辦法是企業經營管理的機制依據，作業流程乃員工進行工作的基本程序。本節則針對前面提到的一些作業程序標準化的制訂，以職場實務上對員工做教育訓練時，最有效也是最方便、簡單的流程圖示法範例呈現加以介紹。

一、會務部至櫃檯結帳作業流程圖範例

結帳是櫃檯的一項重要工作，會務部如果招收到會員入會申請時，也必須到櫃檯結帳。入會費用一般金額較大，顧客會以信用卡方式付費。因此，當櫃檯人員辦理會務人員來結帳時，除了確認費用金額外，開立發票時要確認是否需打統編，並且事後需將入會填寫的三聯單送交適當的單位存查。**圖6-1**乃是針對會務部至櫃檯結帳作業流程，以圖表現的範例。

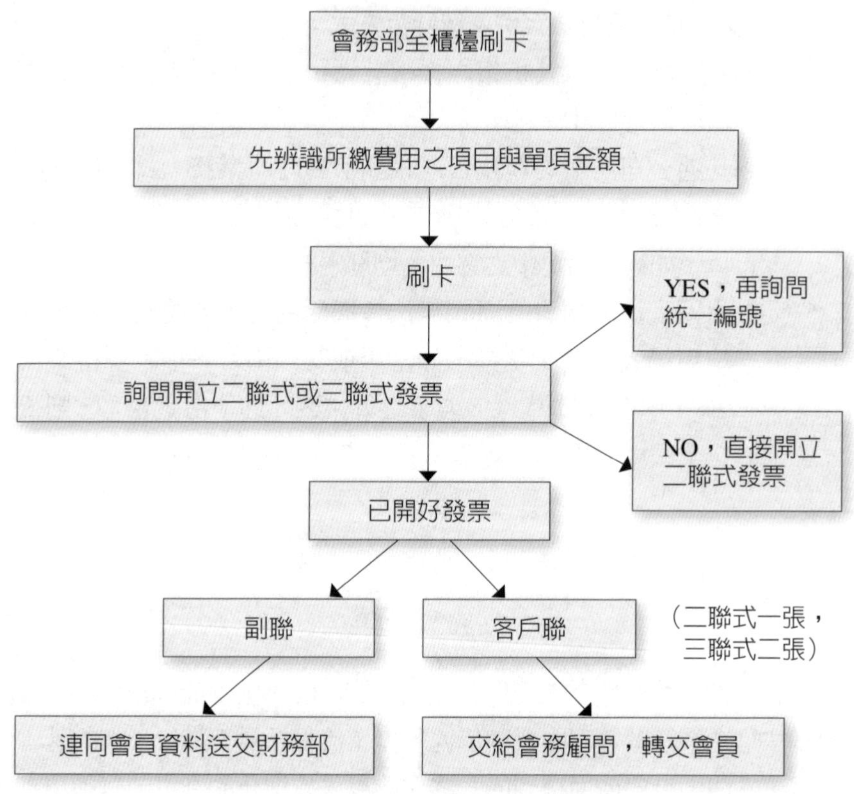

圖6-1　會務部至櫃檯結帳作業流程

二、遺失會員卡作業流程圖範例

通常會員制俱樂部都會發給會員一張會員卡以辨認身分，但會員卡若遺失則需申請補發，櫃檯人員若接到會員提出申請，均會依公司規定的表格填寫，若需顧客付費，則需記得收費，同時並記錄到營收日報表，如此帳目才能清楚，製卡單位也才有依據製卡。新卡製作完成後由會員到櫃檯領取，櫃檯人員不要忘記請客人簽收。針對遺失會員卡補發作業流程的範例，如圖**6-2**。

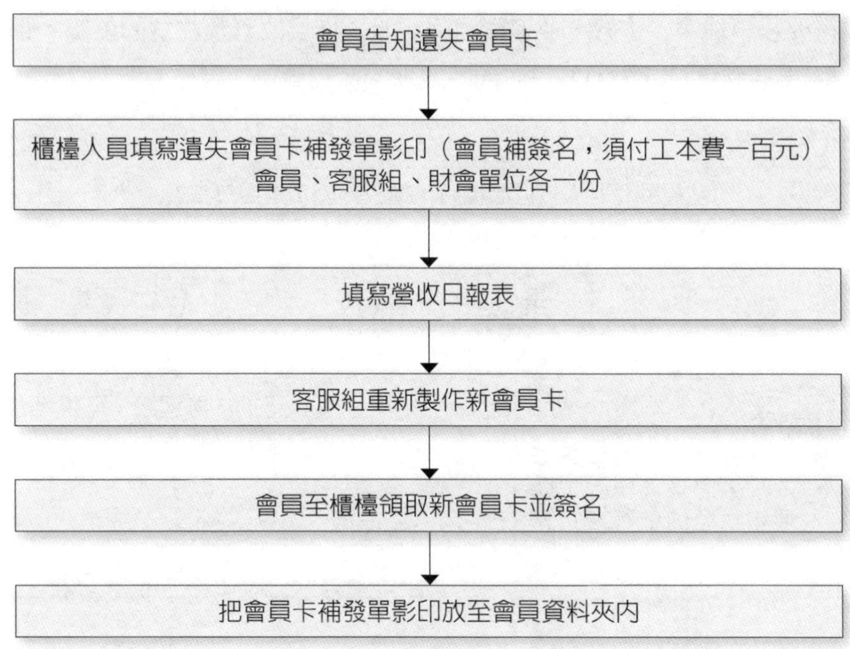

圖6-2　會員卡補發作業流程

三、櫃檯同仁接待流程圖範例

櫃檯是俱樂部的第一道控管門禁，當有客人進入俱樂部時，櫃檯人員要有禮貌地招呼客人，對會員與非會員都應有一定標準招呼用語及招待程序。**圖6-3**即爲一般顧客進入俱樂部時的範例流程圖。

四、會員與潛力客戶訴願處理

抱怨處理機制在服務業中，可說是表現出服務品質好壞的一項考驗，更需制訂標準處理程序。櫃檯人員可以說是最容易遇到顧客抱怨的單位之一，處理原則上，除了依一般公司抱怨處理的技巧外，記得要將事件報告主管，並追蹤回報記錄，作爲改善及注意的依據。**圖6-4**爲遇到會員或潛力客戶訴願時處理的流程範例。

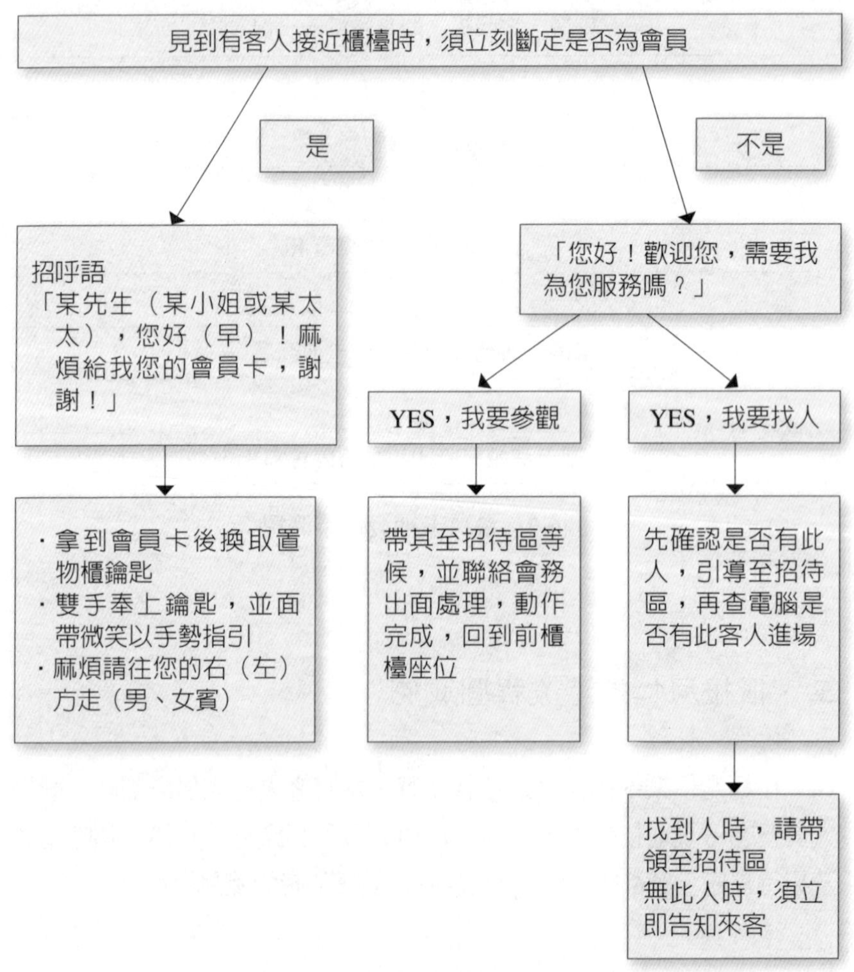

圖6-3　櫃檯同仁接待流程圖

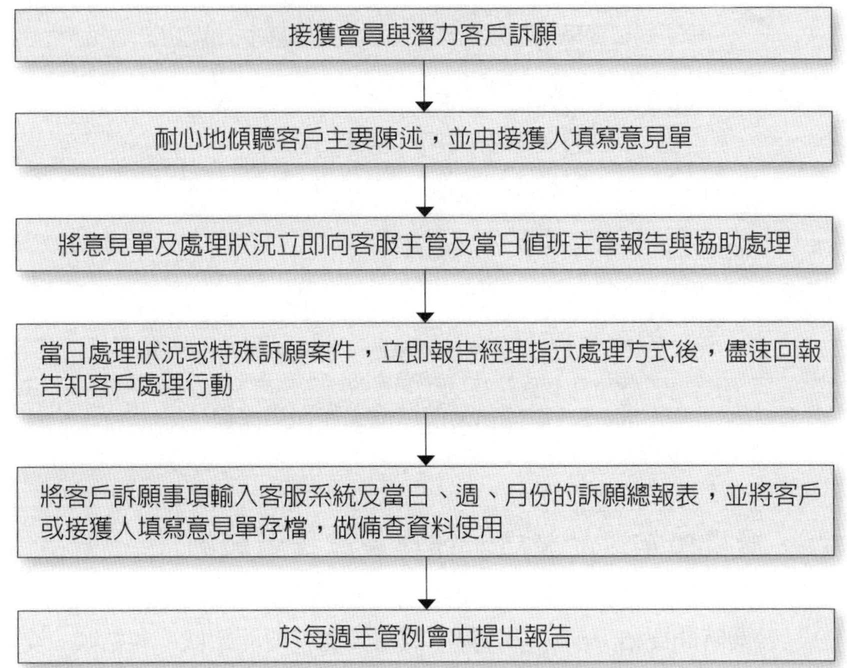

圖6-4　會員或潛力客戶訴願處理流程

五、櫃檯執勤前的準備工作作業流程圖範例

任何一個商店要開始營業前，均要做開始營業前置作業的準備，俱樂部中櫃檯爲第一門面，更需要在開門前將一切主要工作完成，才能開始營運。這些前置作業通常不外乎開保險箱取零用金、放音樂、看工作日誌等。**圖6-5**爲櫃檯執勤前準備工作作業流程之範例。

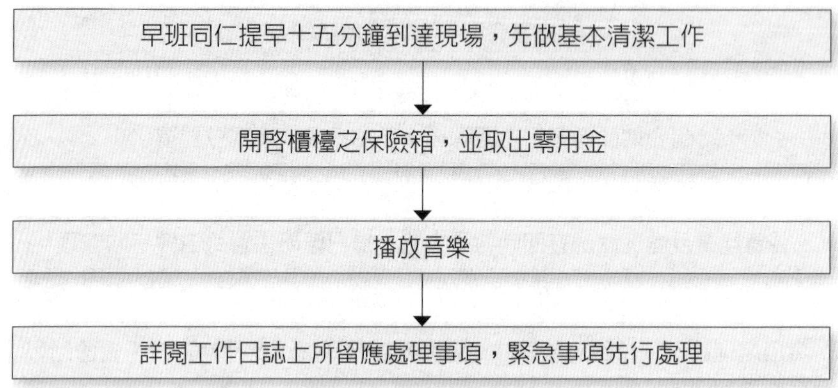

圖6-5　櫃檯執勤前準備工作作業流程

六、櫃檯營業後的整理工作作業流程圖範例

營業時間要結束前三十分鐘，櫃檯人員就要開始做一些結帳、交辦事項記錄、資料歸檔及關閉一切電源等工作，所以也須列出標準的作業流程。櫃檯營業後的整理工作作業流程範例如圖**6-6**。

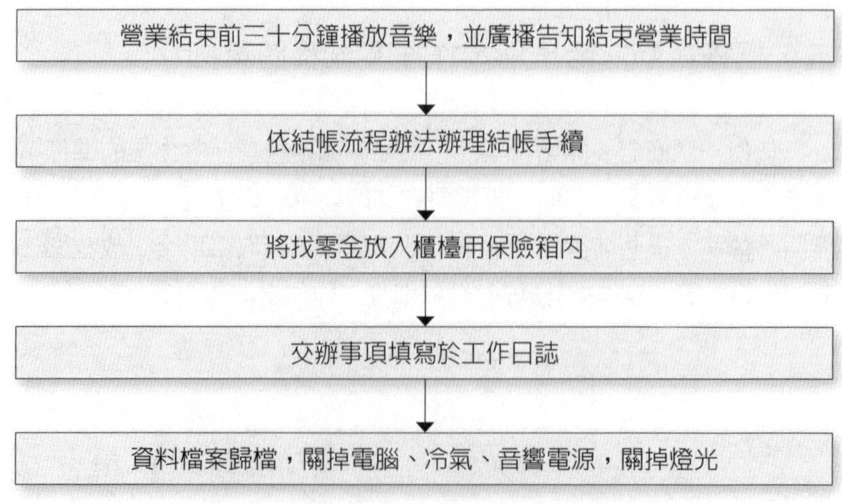

圖6-6　櫃檯營業後整理工作作業流程

七、會務工作（會員退費、轉讓）辦理流程圖範例

舉凡會員資格有任何異動，如退費、轉讓等均是會務部門的工作，須由會務人員來辦理，有些俱樂部櫃檯人員同時兼會務人員，因此更須有一定的標準作業以流程圖方式表現，才能使作業清楚易懂，正確做處理。**圖6-7**爲有關會員退費、轉讓辦理標準作業流程範例。

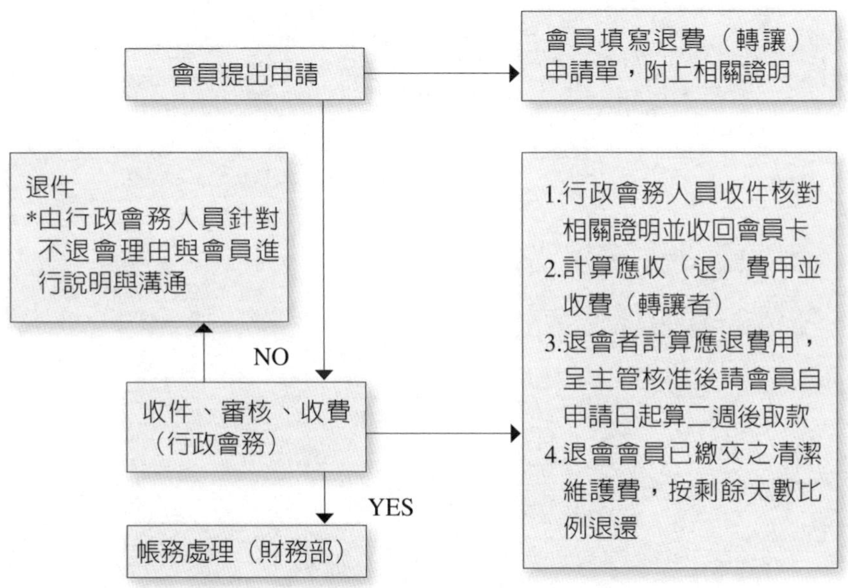

圖6-7　會員退費、轉讓辦理標準作業流程

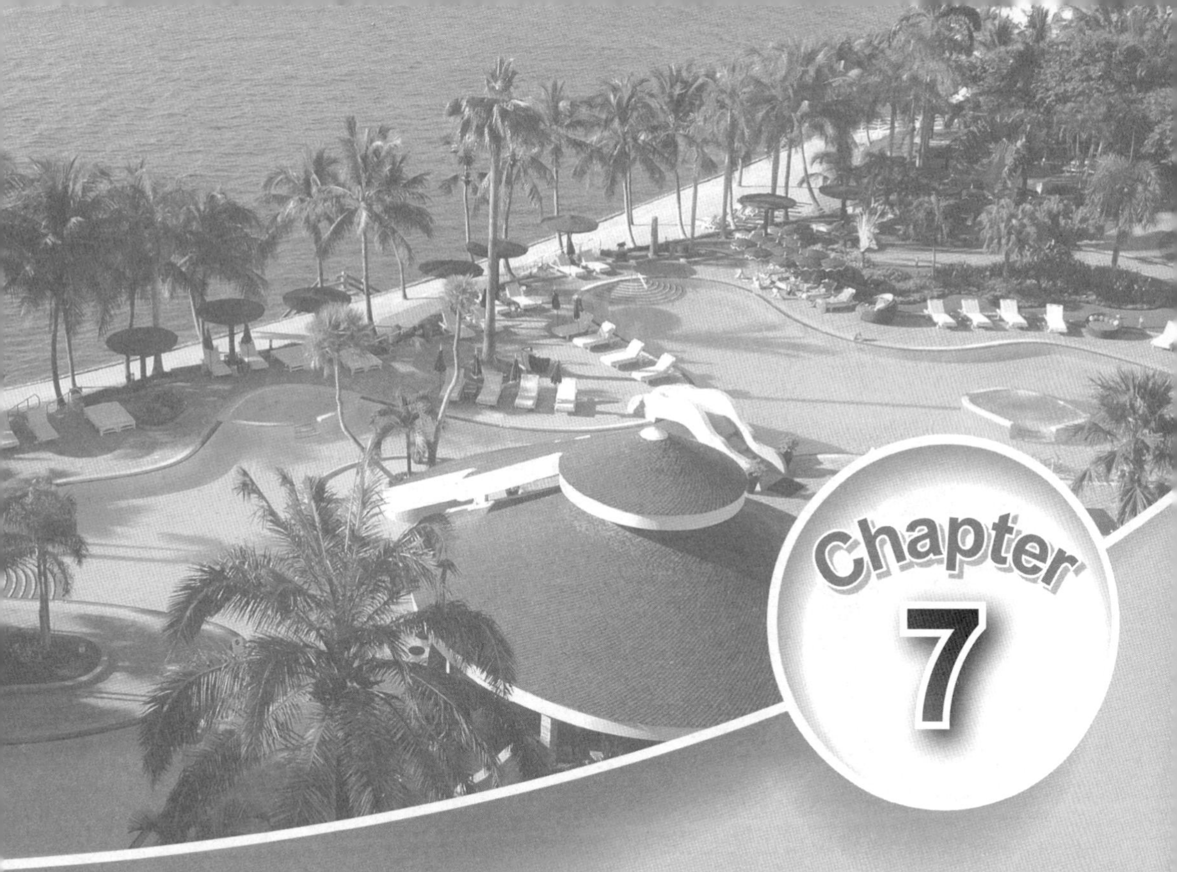

會務管理

- 會員規章
- 會員會務管理實務
- 俱樂部活動服務規劃

休閒俱樂部幾乎都採會員制，或採會員與開放式並行制，故產生的會務工作必然無法避免。本章將針對會員制所產生的各種會務相關工作實務作說明。

第一節　會員規章

會務辦法主要在制訂會員各項相關規章，制訂時需考量相關法令之合法性與適法性。

一、入會規章

入會規章主要記載的內容不外乎以下各項：

1.宗旨：乃為該俱樂部的型態定位之說明。

2.入會資格：有些俱樂部會員會有年齡限制、職業限制、健康狀況限制等，均在此記載並說明。

3.會員類別：包含正、副卡定義，公司卡記名與否等說明。

4.入會手續及應備文件：針對入會程序、方式或文件等說明。

5.相關費用：如入會費、清潔費、來賓費、年費等。

6.會務說明：舉凡與會員相關之事項說明記載，如會員卡之發給與使用、會員請假辦法、會員資格轉讓、會員會籍終止及退會等。

7.來賓：使用的資格、限制、付費方式、管制等事件。

8.附註：對於一些會員在俱樂部可能發生與管理上有關的要點，記載其處理原則與辦法。

9.免責條款：針對會員資格及在俱樂部內之行為規範及引發問題糾紛的責任歸屬記載。

10.會員簽章：規章是給會員看的，別忘了在會員看完後簽名，以示會員已瞭解，並同意規章上記載之事務。

二、使用管理規則

每個俱樂部各項設施的使用都有一些規定與限制，將其規範事項於此記載之。會員使用管理規則應在交付會員手冊或資料時一起附上，其內容包含使用時段、清潔維修公休日、消費規定狀況、免費設施項目；另外付費項目（如美容、餐飲、指壓、商品、停車、課程、活動等），消費均以現金或信用卡支付，各項收費標準、飲食相關規定、寵物／廣告宣傳品規定、失物招領辦法、各區使用規則、免責條款等。

三、各式申請書與表單

附上各種與入會相關的表單，一起提供會員入會使用，包括：

1.入會申請表。

2.會員管理規章認同書。

3.設施使用管理規則。

入會規章範例

一、宗旨：俱樂部秉持永續經營理念，堅持以「品質第一，服務至上」的精神成立此俱樂部，希望藉此俱樂部提供會員一個健康、運動、休閒、娛樂、藝術、文化的殿堂，增進身心靈的滋養與成長，並促進親子、家庭、社區、鄰里間的關係更加緊密，以建立健全的體魄與恢弘人生觀。

二、入會資格：凡年滿十八歲身心健康且有正當職業者（否則須由法定代理人辦理），並認同俱樂部宗旨，經俱樂部審核通過者，均得以申請入會，並依規定辦理入會手續，按照申請會員種類成為俱樂部正式會員。

三、會員類別：一般會員（包括正卡、副卡、兒童卡）、尊親會員、公司卡、臨時會員（來賓）。

四、入會手續及應備文件

1.填妥入會申請表、會員管理規章認同書，及俱樂部設施使用管理規則簽章與繳交應備文件，由服務人員為您辦理。

2.應備文件：加入會員須帶個人身分證或居留證或護照影本一份，一年內兩吋照片兩張。

五、入會費

1.按照申請會員之種類，並依規定繳納入會費後，成為俱樂部會員。

2.入會費：申請會員時須繳納之基本費用，應於入會時一次繳清。入會費一經繳納後，不予退還。

六、清潔費

1.繳交入會費時一併繳交，不論採月繳、季繳、半年繳皆須於繳交入會費時，繳第一期費用。

2.欠繳費用者自欠繳之日後十日起，至結算付清之日止，停止其會員權益。

七、會員卡之發給與使用

1.會員入會申請手續完成後，由俱樂部於一週內製發會員卡。

2.會員進入俱樂部時請出示會員卡，於櫃檯進行刷卡以茲識別方可進入，如未帶卡者則以單次入場費計。

3.會員卡只限會員本人使用，不得轉借他人使用。

4.會員卡如有遺失，應立即向俱樂部報失，並申請補發與繳交製卡費新台幣XX元整，如未報失者，會員應負會員卡遺失所造成之任何損害責任。

5.俱樂部會員卡不具有簽帳卡作用。

八、會員請假辦法

1.會員因故無法使用本俱樂部設施時，應於請假日前X日親洽櫃檯辦理或電洽櫃檯，並儘速補齊證明文件。

2.會員請假每年以X次為限，請假總天數不得超過X天。

3.會員如因懷孕、住院、重大疾病，經醫生證明者，可專案申請請假事宜。

4. 會員服務電話：0800000****

九、會員資格轉讓

1.會員一經入會後不得申請轉讓，但如因死亡、移民、重大疾病等特殊因素可於轉讓日前一週，以書面提出申請，並附上相關證明文件影印本及繳交轉讓手續費XX元。

2.會員辦理轉讓時，應繳回原會員卡。

3.受讓方應備文件：填妥入會申請表、一年內兩吋照片兩張、身分證正反面影本一份，及繳交製卡費新台幣XX元整。

十、會員會籍終止及退會

1.如未依俱樂部管理規章或因違法不當行為、不實言論而導致俱樂部設備財產名譽之損失，影響其他會員之安全及秩序者，俱樂部有權開除會員資格，並沒入剩餘之入會費。

2.不依俱樂部規定繳交月費，積欠達三個月以上，或依俱樂部規定應負賠償責任而延不給付，經定十日以上期限催繳而不於期限內繳納者。

3.會員卡轉借他人使用者。

4.經法院判刑確定者。

5.患有重大傳染病隱瞞告知未請假者。

6.會員提供之證明文件與事實不符，或有偽造文件之事實，而導致俱樂部造成重大損害。

十一、來賓

1.由會員陪同及攜帶證件，方能進入俱樂部付使用費使用設施，費用依現場公告為準。

2.會員應對所邀約來賓之行為及消費負責，如有違反俱樂部之規定者，本俱樂部有權拒絕該來賓再次進入俱樂部。

十二、附註

1.俱樂部如因天災等不可抗拒之因素，或經營政策改變不能繼續經營時，將依照比例退還入會費。

2.會員在使用俱樂部設施前，請先閱讀俱樂部使用管理規則並遵守之。

3.為維護會員之安全與權益，如有違反俱樂部使用管理規則，應聽從各區服務人員之勸阻。

4.設施使用管理規則，因實際需要俱樂部有權作變更，並公布於公布欄不另行通知。

5.會員卡未啓用前可要求變更或延後啓用（附註：延後期間不得超過三個月）。

6.會員如因使用俱樂部之設施而遭致意外傷害者，得因俱樂部投保之公共意外責任險予以理賠。

7.如遇物價波動或本俱樂部增加服務項目、擴充設備時，得依實際狀況調整入會費或其他費用。

8.俱樂部與會員間之所有書信往來，均按會員申請書上之地址寄發，以郵戳為憑，如有無法送達或拒收情事，概以第一次寄發日期視同已經送達。

9.會員應妥善保管私人物品，本俱樂部不負責任何遺失或損毀賠償責任，如有重要物品請交予櫃檯保管。

10.會員如有損毀本俱樂部物品時應負賠償責任。

11.俱樂部禁止十二歲以下兒童自行進入，一律須由會員成人陪同進入且須負責照顧，並請勿將其單獨留置於俱樂部內，如有違反請自行負責。

12.基於安全理由、天然災害、政治或經濟制度之更改，或是有不可抗拒之因素，俱樂部有權暫時關閉內部部分或全部設施，或修訂開放時間。

13.為保障會員權益，會員管理規章認同書一式兩份，由俱樂部和會員各執一份保存。

十三、免責條款

1.本人瞭解俱樂部管理人無從擔保俱樂部其他會員或來賓之行為，且管理人對於因俱樂部其他會員或來賓所致關於人身及財產之損失亦不負責。

2.本人已閱讀並瞭解且同意遵守俱樂部使用規則之有關規定，除因俱樂部管理人之故意或重大過失外，本人不得對俱樂部管理人因執行俱樂部規則所致之任何糾紛損害提出任何權利之要求。

3.如因會員違反上述條款，或自身健康問題而造成之損失或傷害，概由會員自行負責。

會員簽章：　　　　　　（由會員親筆簽名並詳填日期）

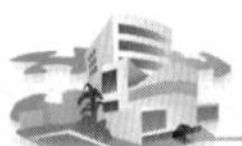

第二節　會員會務管理實務

一、會員類別

一般會員制休閒俱樂部將會員分爲個人會員、團體會員、VIP會員、住戶會員、終身會員、臨時會員等。

二、建檔辦法

1.以Excel電腦檔案作管理，配合文件資料設立會員編號（以啓用日、身分證字號、生日、姓名等），輸入會員姓名、啓用日、入會費、會員類別、性別、出生年月日、聯絡電話、地址、承辦人員、會籍請假情況、發卡狀況、應繳月費等。

2.如果沒有電腦的小型休閒俱樂部則採人工建檔方式，可將文件資料以檔案夾裝好，依會員編號歸檔備查（現在已很少俱樂部用此法）。

3.配合電腦軟體建檔或轉檔（目前資訊系統發達，市面上已有套裝軟體可用，如需更爲詳細適用的資訊系統，也可請專門軟體設計工程師量身訂做，當然此法費用較高）。

三、會員服務作業流程

包含會員抱怨及建議呈報、來賓試用申請、適用優待券使用、會員入會申請及繳費、會員請假、會籍暫停及終止處理、會員退會轉讓事宜、會員卡遺失或毀損申請補發等，均須一一作出標準作業流程（可參考第六章）。

四、電腦系統建立

因應會員數量龐大，建議善加利用電腦化管理，簡化工作內容，進而提高工作及服務品質與效率，目前坊間有採會員卡磁條感應或信用卡結合會員使用的方式，軟體設計亦根據各營業單位實際需求而做更改。

(一)系統特色

1.區域網路連線布署，館內各點會員消費資料即時傳遞。

2.減少人力管理成本。

3.可多人多工同時使用會務系統。

4.採Windows視窗作業環境發展。

5.圖示畫面，簡單易操作。

(二)支援多館多地點

1.區域性擴館擴點（例如忠孝館、台中館、高雄館）。

2.館對館會員資料刷卡連線處理，跨館使用。

3.館內銷售服務多樣化操作介面設定（**圖7-1**）

(1)商品銷售模式。

(2)中式餐廳銷售及廚房管理模式。

(3)西式餐廳銷售及廚房管理模式。

(4)美容健身服務及銷售模式。

(5)游泳池管理模式。

(三)系統可支援項目

1.支援不同型態的會員管理：月繳、年繳型會員。

2.同時支援多種發票開立方式：電子式、收銀機式、手開式。

3.同時支援不同型態的會員卡：磁條、條碼、晶片卡、感應卡。

4.多樣式的系統檔案及參數設定：興趣別、職業別、主檔維護。

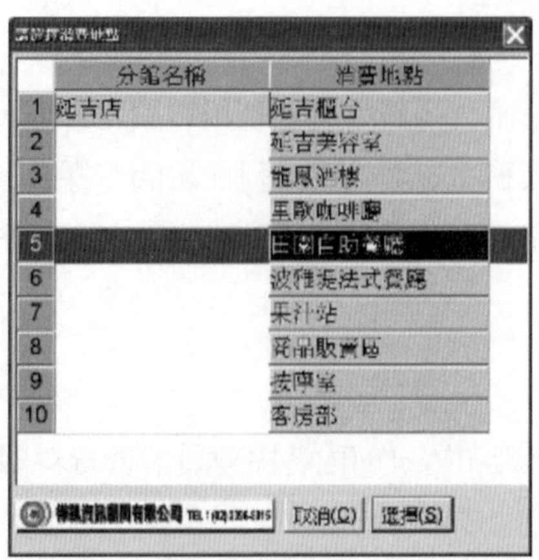

圖7-1　支援多館多地點模式（系統畫面）

資料來源：樺凱資訊顧問有限公司提供

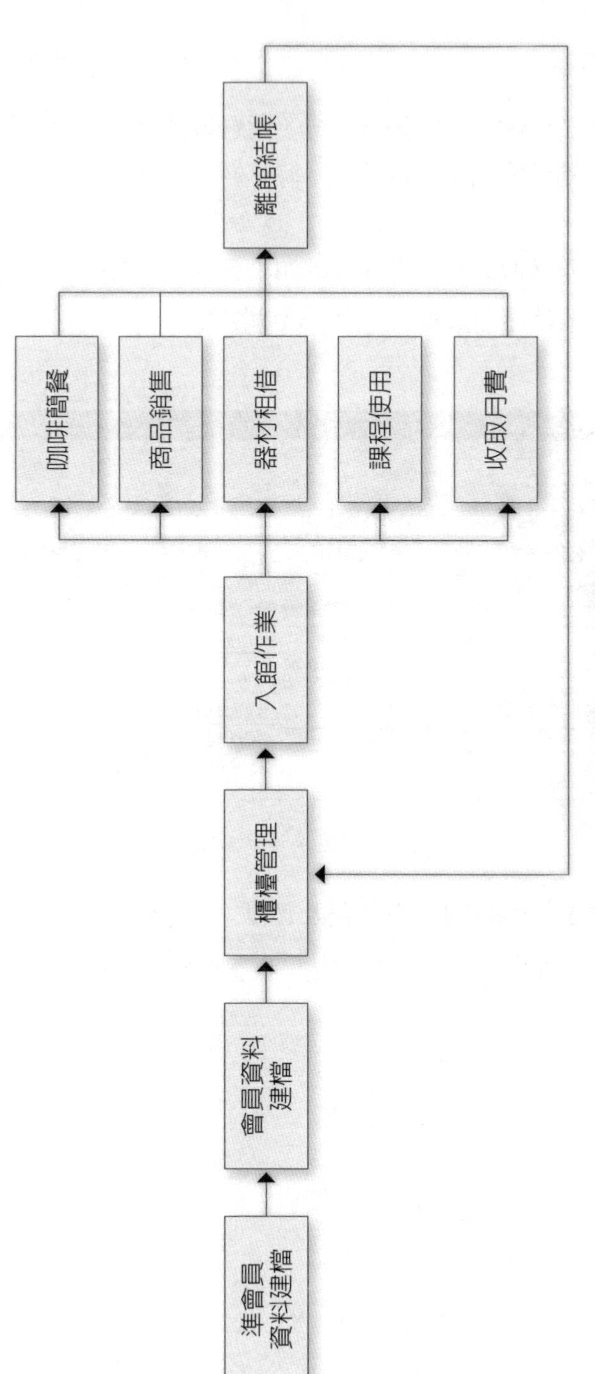

圖7-2 系統會員消費管理流程

資料來源：樺凱資訊顧問有限公司提供

(四)會員相關資料維護

1.會員基本資料建檔：如任職單位、消費習性分析、活動促銷及規劃、會籍狀態顯示（停權、請假等）、會員相片建檔、緊急聯絡人等。

2.入會費、月費收取及沖帳管理：如入會費、月費收取、應收帳款管理、收款後即入帳。（**圖7-3**至**圖7-5**）

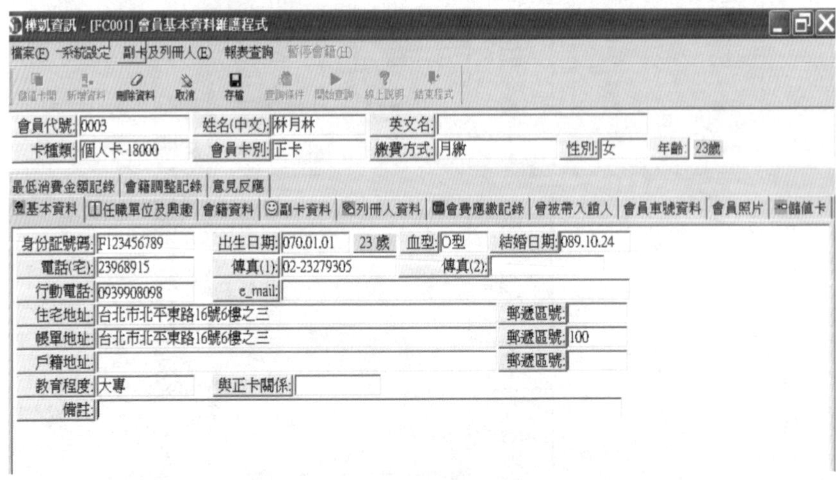

圖7-3　會員基本資料維護及管理（系統畫面）

資料來源：樺凱資訊顧問有限公司提供

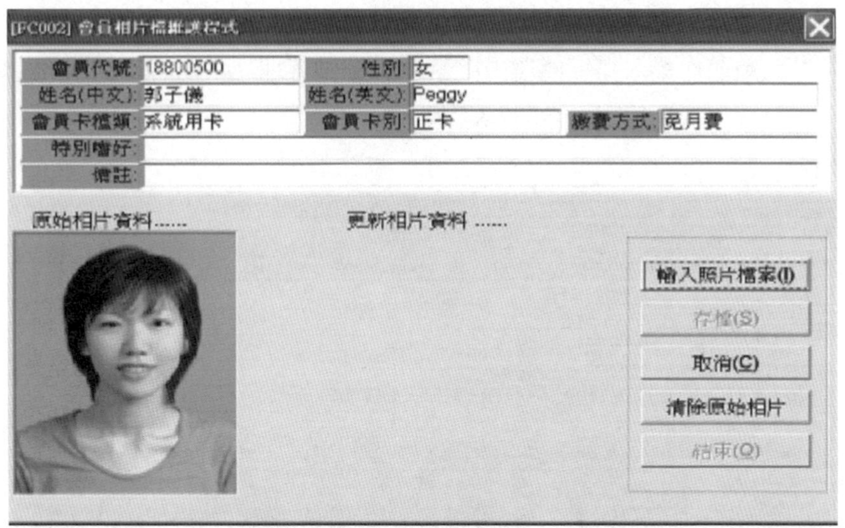

圖7-4　會員相片檔維護（系統畫面）

資料來源：樺凱資訊顧問有限公司提供

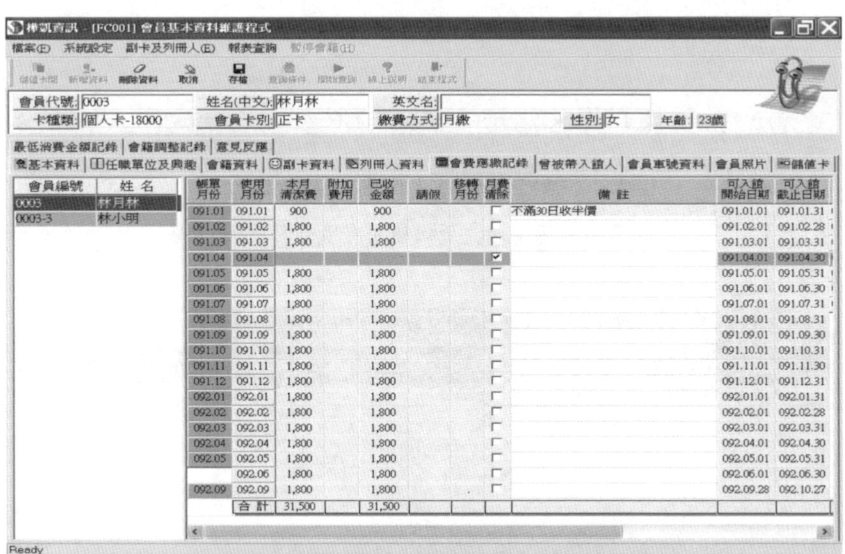

帳單月份	使用月份	本月清潔費	附加費用	已收金額	請假	移轉月份	月費清除	備註	可入館開始日期	可入館截止日期
091.01	091.01	900		900				不滿30日收半價	091.01.01	091.01.31
091.02	091.02	1,800		1,800					091.02.01	091.02.28
091.03	091.03	1,800		1,800					091.03.01	091.03.31
091.04	091.04						☑		091.04.01	091.04.30
091.05	091.05	1,800		1,800					091.05.01	091.05.31
091.06	091.06	1,800		1,800					091.06.01	091.06.30
091.07	091.07	1,800		1,800					091.07.01	091.07.31
091.08	091.08	1,800		1,800					091.08.01	091.08.31
091.09	091.09	1,800		1,800					091.09.01	091.09.30
091.10	091.10	1,800		1,800					091.10.01	091.10.31
091.11	091.11	1,800		1,800					091.11.01	091.11.30
091.12	091.12	1,800		1,800					091.12.01	091.12.31
092.01	092.01	1,800		1,800					092.01.01	092.01.31
092.02	092.02	1,800		1,800					092.02.01	092.02.28
092.03	092.03	1,800		1,800					092.03.01	092.03.31
092.04	092.04	1,800		1,800					092.04.01	092.04.30
092.05	092.05	1,800		1,800					092.05.01	092.05.31
	092.06	1,800		1,800					092.06.01	092.06.30
092.09	092.09	1,800		1,800					092.09.28	092.10.27
合計		31,500		31,500						

圖7-5　會員帳務維護及管理（系統畫面）

資料來源：樺凱資訊顧問有限公司提供

3.櫃檯入館作業：如提供會員資訊服務站、繳交月費地點、入/離館作業、搭配感應卡門禁自動控制管理、入館時異常狀態處理、課程報到。（**圖7-6**至**圖7-7**）

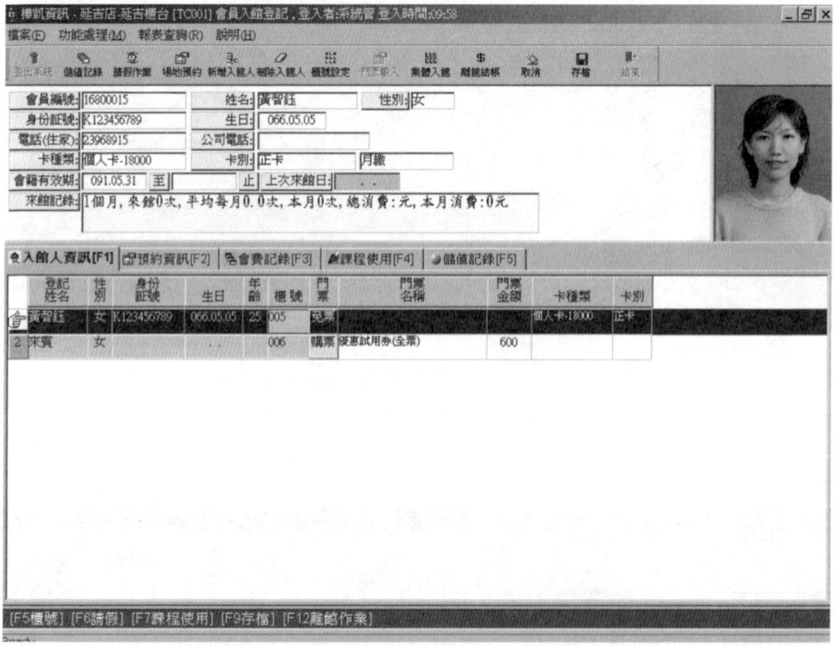

圖7-6　櫃檯入館登入作業（系統畫面）

資料來源：樺凱資訊顧問有限公司提供

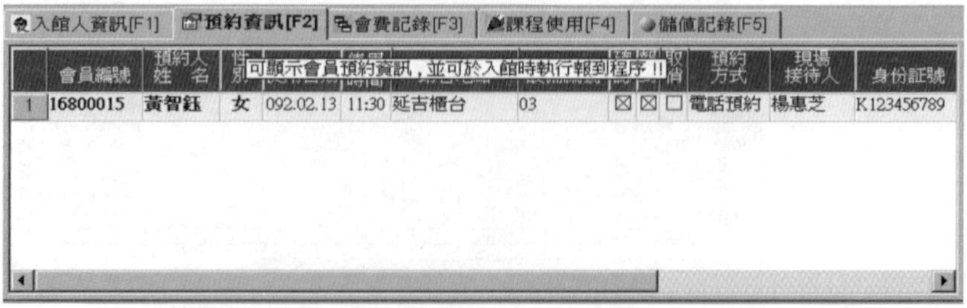

圖7-7　櫃檯入館作業預約系統（系統畫面）

資料來源：樺凱資訊顧問有限公司提供

4.商品銷售管理（會員購物消費）（**圖7-8**）

(1)商品基本資料管理：商品售價、單位、商品接受會員折扣管理、發票開立品名設定等基本商品管理。

(2)將商品做分類組織管理，能讓使用者透過類別即可直覺式的找到相關商品，或商品快速查詢直接尋找。

(3)商品販售管理，適合各種銷售管理，包含泳裝、韻律服裝及相關配件之銷售。

5.管理報表：如會員基本資料相關報表、會員年齡層分析相關報表、銷售商品統計相關報表、會員各項消費相關報表、會員人數統計、相關統計報表、月費／入會費相關報表、會員會籍相關報表、會員月費繳費記錄查詢、會員生日郵寄名條列印、入館人數／次數及消費金額分析。（**表7-1**至**表7-5**）

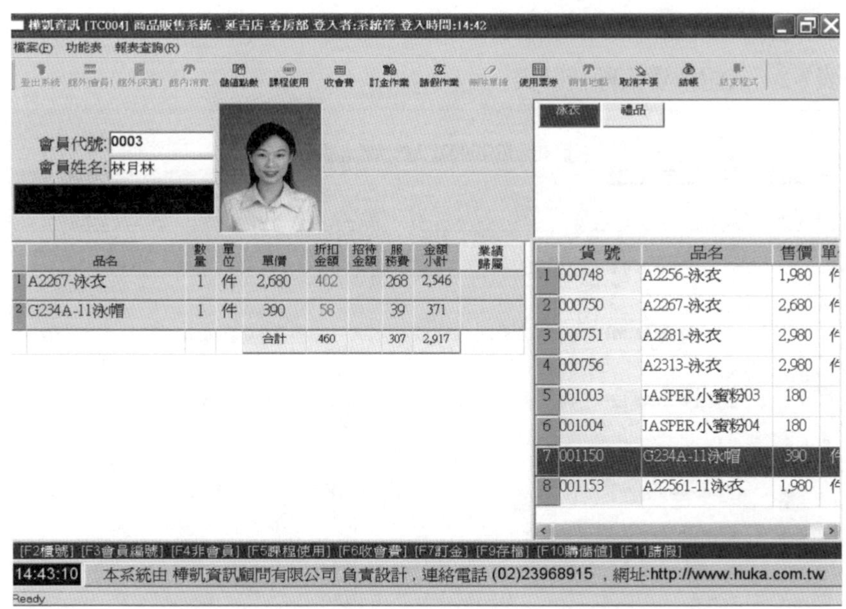

圖7-8　商品銷售Pro Shop（系統畫面）

資料來源：樺凱資訊顧問有限公司提供

表7-1　各銷售地點收款日報表

樺凱資訊 櫃台收款日報表

店別:延吉店，統計日期:[093.04.21] 時間自:[00:00 - 24:59]止　　印表日期:093.04.26，時間:15:03，系統管

付款單號	發票號碼	付款方式	消費金額	場地招待	服務費	折扣金額	折價券金額	張數	會員額度	會費應收/其他收入	櫃台招待	實收金額	付款時間
001342100001	AE00000077	UCAR	840									840	13:51
	106	......	入館時間:13:50	系統管									
001342100002	AE00000078	現金	240		24							264	15:00
	106	......	入館時間:13:50	系統管									
001342100003	AE00000079	現金	260		26							286	15:05
	106	......	入館時間:13:50	系統管									
001342100004	AE00000080	現金	209		20							229	15:07
	106	......	入館時間:13:50	系統管									
	合 計		1,549		70							1,619	

	UCARD		現金		筆數合計	金額合計
結帳人員	筆數	金 額	筆數	金 額		
系統管	1	840	3	779	4	1,619
總 計	1	840	3	779	4	1,619

資料來源：樺凱資訊顧問有限公司提供

表7-2　入館消費人數統計表

樺凱資訊 [RCS003] 入館消費人數統計表

統計日期自:[093.03.01 - 093.04.26]止　　印表日期:093.04.26，時間:14:54，系統管

結帳日期	會員卡種類	會員人數	來賓人數	兒童人數	人數小計	會員消費金額	來賓消費金額	金額小計	會員平均消費金額	來賓平均消費金額
093.03.24	系統用卡	2			2	9,093		9,093	4,547	
	093.03.24 小計	2			2	9,093		9,093	4,547	
093.03.29	系統用卡						22,500	22,500		
	093.03.29 小計						22,500	22,500		
093.04.02	系統用卡	3			3	4,614		4,614	1,538	
	093.04.02 小計	3			3	4,614		4,614	1,538	
093.04.05	個人卡-18000	1			1	165		165	165	
	系統用卡	11			11	137,193		137,193	12,472	
	093.04.05 小計	12			12	137,358		137,358	11,447	
093.04.15	個人卡-18000	2			2	15,700		15,700	7,850	
	093.04.15 小計	2			2	15,700		15,700	7,850	
093.04.17	個人卡-18000	7			7	13,800		13,800	1,971	
	系統用卡	1			1	1,940		1,940	1,940	
	093.04.17 小計	8			8	15,740		15,740	1,968	
093.04.21	系統用卡	4			4	1,619		1,619	405	
	093.04.21 小計	4			4	1,619		1,619	405	

資料來源：樺凱資訊顧問有限公司提供

表7-3　會員消費金額ABC排行榜

樺凱資訊 [RCK005] 會員消費金額 ABC 排行榜

統計日期自:[092.01.01 - 092.07.09]止，條件:會員本人＋來賓　　　　印表日期:093.07.09，時間:16:42，系統管

名次	會員代號	姓名	會員卡種類	會員卡別	消費金額	消費筆數	累計消費金額	百分比	累計百分比	最早日期	最晚日期
1	0004	楊一明	個人卡-18000	正卡	257,840	93	257,840	30.30%	30.30%	092.01.03	092.05.02
2	0000	外場消費	系統用卡	系統卡	172,387	199	430,227	20.26%	50.55%	092.03.19	092.05.08
3	0002	張小華	個人卡-18000	正卡	89,631	15	519,858	10.53%	61.08%	092.01.13	092.04.17
4	02	陳瑤姜	個人卡-18000	正卡	61,800	4	581,658	7.26%	68.35%	092.04.17	092.06.02
5	03	黃子瀞	個人卡-18000	正卡	57,610	9	639,268	6.77%	75.12%	092.04.03	092.05.21
6	0003	林月林	個人卡-18000	正卡	33,180	8	672,448	3.90%	79.01%	092.02.13	092.04.07
7	16804	羅美美	個人卡-18000	正卡	27,200	1	699,648	3.20%	82.21%	092.04.16	092.04.16
8	16802	羅美麗	個人卡-18000	正卡	26,400	1	726,048	3.10%	85.31%	092.04.16	092.04.16
9	16801	羅惠琪	個人卡-18000	正卡	26,400	1	752,448	3.10%	88.41%	092.04.16	092.04.16
10	0004-33	楊小新	個人卡-18000	正卡	22,600	3	775,048	2.66%	91.07%	092.02.21	092.05.02
11	18800300	丁怡欣	個人卡-18000	正卡	19,800	1	794,848	2.33%	93.40%	092.04.17	092.04.17
12	04	徐炳華	個人卡-18000	正卡	17,000	2	811,848	2.00%	95.39%	092.05.15	092.05.15
13	16801491	羅惠琪	個人卡-18000	正卡	15,675	1	827,523	1.84%	97.24%	092.04.15	092.04.15
14	0020	miffy	個人卡-18000	正卡	8,000	4	835,523	0.94%	98.18%	092.01.16	092.01.16
15	0019	peter	個人卡-18000	正卡	5,400	1	840,923	0.63%	98.81%	092.01.16	092.01.16
16	0005-1	陳明明	個人卡-18000	正卡	5,000	1	845,923	0.59%	99.40%	092.04.16	092.04.16
17	0005	楊嘉欣	個人卡-18000	正卡	5,000	1	850,923	0.59%	99.99%	092.04.16	092.04.16
18	0001	陳大陸	個人卡-18000	正卡	123	2	851,046	0.01%	100.00%	092.01.09	092.01.09
19	18800360	劉貞琇	個人卡-18000	正卡		1	851,046	0.00%	100.00%	092.01.09	092.01.09
20	18800370	李淙	個人卡-18000	正卡		1	851,046	0.00%	100.00%	092.01.09	092.01.09

資料來源：樺凱資訊顧問有限公司提供

表7-4　年齡層分析統計

樺凱資訊 延吉店 [RCA005] 會員卡種類卡別年齡層分析統計

統計年度:[93年]　　　　印表日期:093.04.26，時間:10:13，系統管

分館(店)	會員卡種類	卡別	性別	1~5	6~10	11~15	16~20	21~25	26~30	31~35	36~40	41~45	46~50	51~55	56~60	61~65	66~70	71up	人數小計	平均年齡
延吉店	公司卡-25000	正卡	女					1	1										2	26
		正卡 小計						1	1										2	26
	公司卡-25000 小計							1	1										2	26
延吉店	個人卡-18000	正卡	女	3				4	4	1		1		1					14	24
			男						16			22	1						39	37
		正卡 小計		3				4	20	1		23	1	1					53	34
	個人卡-18000 小計			3				4	20	1		23	1	1					53	34
延吉店 小計				3				5	21	1		23	1	1					55	33
忠孝店	公司卡-25000	正卡	女					1											1	23
		正卡 小計						1											1	23
	公司卡-25000 小計							1											1	23
忠孝店	個人卡-18000	正卡	公司						1		1		1						3	38
			女		19	34	19	24	26	77	89	120	77	65	21	16	23	18	628	41
			男		14	34	29	14	14	30	67	82	76	47	37	15	12	25	496	42
		正卡 小計			33	68	48	38	41	107	157	202	154	112	58	31	35	43	1,127	41
忠孝店	個人卡-18000	系統卡	公司							1									1	33
		系統卡 小計								1									1	33
	個人卡-18000 小計				33	68	48	38	41	108	157	202	154	112	58	31	35	43	1,128	41
忠孝店 小計					33	68	48	39	41	108	157	202	154	112	58	31	35	43	1,129	41

資料來源：樺凱資訊顧問有限公司提供

表7-5　商品銷售數量金額統計表

樺凱資訊 [RIN01] 商品銷售數量/金額統計表

統計日期自:[093.04.01 - 093.04.26]止　　　　印表日期:093.04.26，時間:14:29，系統管

消費地點	商品類別	貨號	品名	銷售數量	銷售金額	服務費	折扣金額	招待金額
里歐咖啡廳	奶昔	000562	草莓奶昔	1	132	12		
		000841	櫻桃奶昔	1	132	12		
			奶昔 小計	**2**	**264**	**24**		
里歐咖啡廳	沙拉	000004	加州式沙拉	1	220	20		
			沙拉 小計	**1**	**220**	**20**		
里歐咖啡廳	東方佳餚	000028	什錦燴鮮蔬	1	220	20		
		000027	酥炸鮮蝦盤	1	286	26		
			東方佳餚 小計	**2**	**506**	**46**		
里歐咖啡廳	湯類	000001	傳統洋蔥湯	1	143	13		
			湯類 小計	**1**	**143**	**13**		
延吉櫃台	折價券	CP006	住宿早餐券	37	2,205	105		
		CP005	泡湯附贈晚餐	1				
		CP004	泡湯附贈茶點	2				
			折價券 小計	**40**	**2,205**	**105**		
延吉櫃台	系統用商品	XX002	IC卡儲值費	2	10,000			
		XX021	泡湯費用	1	1,000			
		XX012	儲值扣點抵用金額	1	-5,700			
			系統用商品 小計	**4**	**5,300**			
延吉櫃台	櫃台用	000399	住戶平日券(全票)	2	6,060			
		000917	住戶用聯票券	1				
		000403	住戶假日券(半票)	1	240			
			櫃台用 小計	**4**	**6,300**			

資料來源：樺凱資訊顧問有限公司提供

(五)軟體效益

1.提供完整的會員資訊，利於行銷活動的規劃與執行。

2.詳細的報表分析，提供決策方向。

3.完整嚴密的使用者權限設定，達到分層負責的功能。

4.穩定的資料庫系統，確保公司運作的效益。

5.軟體架構符合公司短、中、長期的發展規劃。

6.模組化的設計，可依階段建置。

7.經過驗證的有效系統，可立即上線。

8.提供會員資訊e化帶來的客服品質。

五、收費辦法

清潔維護費收費方式如下：

(一)會務單位列印繳費通知

清潔維護費分年繳、半年繳、季繳及全部繳清；每月的X日列印次月的帳單；列印應收帳款明細轉財務部。

(二)會員繳費

會員利用櫃檯繳費、信用卡繳交清潔維護費；櫃檯填寫「清潔維護費收入明細表」，每日結帳後放入保險箱中。至櫃檯付現或刷卡，櫃檯開立發票。

(三)財務部應收帳款銷帳

財務部於收到「清潔維護費收入明細表」當天，須將收入明細表pass行政會務部，以利資料銷帳，行政會務部收到資料須於一日內銷帳。財務部於收到銀行匯款明細時，作應收帳款銷帳，並填寫收入明細表於隔日彙整給行政會務部進行銷帳。

六、會籍處理

(一)會員入會申請

1.準會員申請入會，業務部會務秘書或顧問，將會員資料及費用收執證明送至各級相關主管簽核，並到櫃檯繳納金額。

2.財務部確認費用入帳後，行政會務做會員資料登錄。

3.進行製卡、發卡工作。

(二)會籍終止處理

1.會務單位列印會籍期滿資料，並將會籍期滿之入會申請表另行歸檔。

2.由業務部、行政會務部進行催款、詢問。

3.會員可至櫃檯付現或刷卡補繳欠費或至銀行匯款，收到款項後，財務部進行應收帳款銷帳。

4.行政會務資料登錄並銷帳。

七、健身中心章程

針對體適能型的休閒俱樂部，通常會以健身中心或體適能中心為發展會員的主軸，故此類型休閒俱樂部，在會員規章上的表現方式，有些會採用章程的手法呈現。以下為典型健身中心章程的範例，提供讀者參考。

健身中心章程範例

一、會員之權利義務

1.本中心營業時間內會員有權使用本中心之設備，參與本中心舉辦之各項活動，但應遵守本中心規章及其他管理規定，並接受教練及管理人員之督導。

2.本中心之設備，其所有權不屬於會員，會員對本中心設備無管理收益權；會員對本中心之管理、人事、財務等亦無參與權。

3.會員保證其於健康記錄表內所填之資料絕無虛偽不實情事。

二、設施的提供

1.本中心提供健身房、有氧教室、蒸氣室、烤箱、休息區、更衣區等供會員使用。

2.本中心所提供之毛巾、浴袍、化妝用品等，均屬公物，供所有會員使用，不得私自攜出本中心。

三、設備之使用等

1.本中心每日營業時間為：每週星期一至星期五自上午○時至晚○時止、星期六自上午○時至晚上○時止、星期日自上午○時至晚上○

時止。如遇例假日、颱風或其他有關不可抗力情事時，本中心得暫時停業或縮短營業時間，本中心得視情況更改營業時間。

2.會員至本中心使用各項設施時，應在入口處櫃檯登記並出示會員證；參與各項活動時亦同，會員證不得出借或供他人使用。

3.會員在本中心內或參加本中心所舉辦之各項活動時，均應著適當服裝。在健身區內，不得穿著牛仔褲或隨便截短之衣褲。為免發生危險或不利健康，應穿著運動專用鞋或慢跑鞋，並不得穿著拖鞋、舞鞋或黑色膠底鞋。

4.會員請勿攜帶貴重物品至本中心內，亦不得攜帶危險物品進入中心內。

5.本中心備有櫥櫃，供會員於每次使用本中心設備時，暫時擺置隨身攜帶衣物之用，會員應於每次使用本中心設備完畢後即行攜離，否則視為廢棄物，同意由本中心任意處置。又本中心對會員所攜帶物品不負保管責任，如有遺失或被竊情事，概由會員自行負責。

6.會員在本中心內不得有賭博、喝酒、吃檳榔、口出穢言或其他不當或足以影響其他會員權益之行為。參與本中心所舉辦之各項活動時亦同。

7.會員在本健身區或其他指定地區內不得有飲用飲料、食物或吸菸、吃檳榔之行為。在電梯內或其他公共場所不得吸菸。

8.會員之親友中有未成年人同行時，會員應負責督導看管，本中心不負督導之責。會員之未成年親友不得使用本中心各項運動器材及本中心禁止未成年人使用之設備。

9.會員應妥善使用本中心各項設備，並斟酌個人健康狀況，不作不當之運動或參與其體力無法負荷之活動。

10.會員子女未經申請許可，不得使用各項健身器材及三溫暖設備。

四、損害賠償責任

會員或其親友因故意或過失不當使用本中心設備，致生損害於本中心或其他人員者，行為人及會員應負連帶賠償責任。

五、鑰匙之保管

會員應妥善保存本中心之鑰匙，如有遺失應即通知本中心，如被冒用致生損害於本中心或其他第三人時，會員應負賠償責任；申請換（補）發鑰匙時，應依本中心規定繳納工本費。

六、修正

本規章由本中心制訂，並得由本中心視情形需要，隨時修訂之。

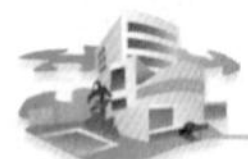

第三節　俱樂部活動服務規劃

俱樂部活動是維繫會員向心力、建立顧客關係的一種最佳手法，因此想要成功地經營管理一間俱樂部，就應該懂得如何企劃執行會員各種活動。企劃力是讓工作產生創新價值的重要能力，要在工作上有所發揮，必須結合專業知識與企劃力。同時企劃力並非「單一能力」，而是一種「整合能力」，包括了觀察力、判斷力、創造力、執行力。企劃是一種紙上思考的藝術，一個企劃的好壞，往往是由思考品質來決定，因此特別重視企劃人的「策略思考能力」，包括問題、目標、資源、執行等各層面的思考。

何謂活動，廣義的說法泛指兩個人以上的一切互動關係，狹義則是指一群人針對同一個目的而在一起做一些事情。企劃乃是對一件事物作一思考與設計。當我們對活動思考後的事物，經過繕寫，付諸書面就是一種設計，最後就是要執行，也就是根據個人的設計將它付諸實現。由於一個活動的執行是在短時間內結合了人力、財力、物力與各項的資源，並加以整合、分配與運用所得成果的展現，為了分析本身現有的資源，並根據活動的特性與特質蒐集各項活動所需的資源，對於有限的人力、物力與財力加以規劃、整合，做到人盡其才、物盡其用，因此要寫企劃書。撰寫企劃案應該瞭解企劃內容的性質，才能寫出完整且具體的企劃案內容，一般活動企劃書可分為：(1)提案企劃書：主要在活動內容的規劃與說明；(2)執行企劃書：乃是根據提案企劃書的內容，對於相關的流程提出執行的策略、方式與步驟。

一、活動提案企劃書的架構

一份活動提案企劃書的內容大致包括：

1.封面。

2.目錄。

3.活動名稱。

4.企劃的宗旨、目的：也就是辦活動的目的與期望。例如增加與顧客互動、提高知名度、形象建立、控制成本、提升銷售量、鼓勵組織成員、創造營收、教育或促進產業關係。

5.活動日期、地點。

6.主、協辦單位與贊助單位。

7.個人費用。

8.交通工具。

9.活動對象：參加對象。

10.宣傳策略與實施方式：消息傳遞方式、報名收費辦法。

11.預期困難點與解決策略。

12.相關人員或單位配合、協助事項與負責人。

13.活動流程與負責人：一般活動內容呈現主題形式有運動競賽、社交聯誼、技能指導、表演觀賞、導覽參觀、夏令營、開放節慶或旅遊活動等。在活動節目流程安排及作業上作主要內容描述。

14.安全措施：如保險、門戶管制、交通接泊及停車、飲食衛生、醫護、場所巡視及消防等。

15.人力職務分配表與聯絡方式：包含人員來源、工作分配、人員訓練。

16.預算評估表：預估損益包含：

(1)經費收入：如參加費用、企業贊助、上級補助、商品銷售或年度預算。

(2)支出：如人事、交通、伙食、場地、設備器材、保險、廣告、訓練、文宣、佣金、服裝、紀念品或其他雜項等費用。

17.效益評估：預期活動效果。

18.其他備案：如戶外活動遇到下雨時改室內的備案。

19.附錄：如物品道具表、時程進度表、活動籌備執行RUN DOWN表或活動執行清單等。

二、如何撰寫活動企劃書

要縝密詳實地規劃活動內容，活動的創意點是整個活動的賣點，也是最能夠吸引參加者的部分。因此，要掌握活動對象的年齡層與背景，發想整個活動所欲塑造的形象爲何，明白活動的內容走向規劃，才能撰寫具有特色的活動企劃案。活動企劃案撰寫是一種將思想化爲文字的過程，因此企劃案的優劣乃需根據閱讀者的不同，而提供適當且詳實的企劃案內容。一般而言，對外企劃，僅需對於活動的創意點、內容與執行的方式加以說明；而對內企劃則需要詳細羅列活動內容的各項細節與執行的步驟，使工作人員能夠依企劃書內容執行籌備或是活動流程的工作，並且依照個人習慣、創意，而發展出具有個人特色的企劃書。

三、俱樂部活動類別與特色

俱樂部活動常會規劃的活動目的主要有：

1.會員聯誼活動：爲了凝聚會員向心力，降低會員的流失，並且吸引新會員加入。

2.產品促銷活動：想接近目標客戶，吸引潛在客戶的注意力，以增加銷售量。

3.廣告宣傳活動：最重要就是打開知名度，建立良好引人認同的形象。

一個好的活動的終極目標應該是要能構成會員、公司及個人得到

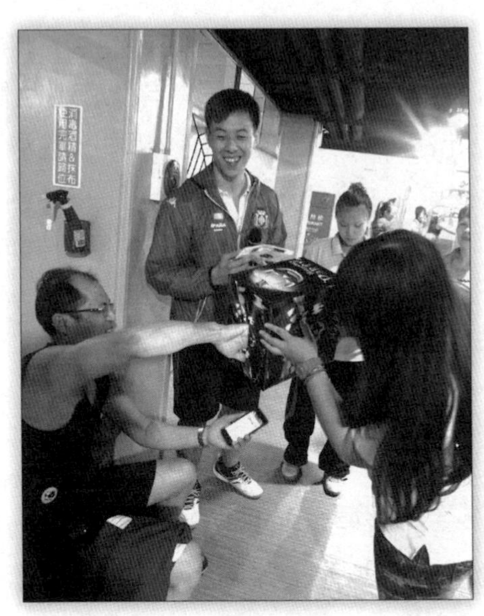

辦活動是業務會員服務的重要工作之一
資料來源：焦點健身中心提供

三贏局面。要想達成三贏首先必須瞭解會員與公司的哪些共同需求，能藉由活動來解決問題，滿足需求。通常會員想要由俱樂部得到的是健康、美麗、舒壓、休閒、娛樂、社交、尊重等。公司想要的卻是增加會員人數與收入的擴增，因此希望藉由活動增加新會員，同時降低老會員流失。所以在俱樂部執行活動爲的就是維繫會員，讓會員產生高向心力，會員才能持續繳費。

四、成功的俱樂部活動企劃

一個成功活動企劃案撰寫必須有完整計畫、明確目標、團隊合作、參與互動及預期效果，才能掌握會員維繫之活動。

(一)計畫（Plan）

可利用企劃的八個好朋友做企劃的手法（6W2H）：

1.WHY（動機、目的）：為何要辦這個活動？目的何在？
2.WHAT（內容）：有無更佳方案？有無替代方案？
3.WHO（設計者）：誰主辦這件事？哪些人協辦？
4.WHOM（對象）：誰參加？
5.WHEN（時間）：何時開始做？進度如何？完成期限？
6.WHERE（地點）：地點？空間？環境？交通？
7.HOW（手法）：方法？利弊得失？可行性？
8.HOW MUCH（經費預算）：要花多少錢？

通常在做活動計畫時，針對不同的活動種類就要有不同的重點，例如：聯誼活動，參加者要多才能使活動熱絡，並且產生認同感，因此要設法如何讓老客戶帶動新客戶；促銷活動，針對消費者撿便宜心理，如何使目標客群產生衝動性消費，才能提升銷售量；廣告活動，藉由感性的訴求大於理性的判斷，利用媒體操弄，並且適時對內部宣傳產生更大效益，甚至自己人下海宣傳。當然在計畫時也要注意到所謂不怕一萬，只怕萬一，所以要永遠記得做最壞打算，因此別忘了如主持人、場地、天氣、器材都要有備用的方案，並且要靈活應變，這是考驗一位企劃者現場反應。當然在計畫階段要模擬預演，才能掌握變數。

(二)執行（Do）

當做好周詳規劃，將活動大原則及主架構完成後，就要寫成書面計畫，與各相關人員充分溝通，每人應有一份劇本，發揮團隊精神，每人角色扮演清楚，能夠分工合作與互補。當執行活動時，要注意到規劃參與者不要輕言冒風險，同時要能夠將場子炒熱，增加人氣。此時主持者的魅力極為重要，要能夠懂得製造氣氛，帶動員工或會員的熱絡參與。

(三)執行時輔助工具運用

1.活動籌備執行RUN DOWN表（**表7-6**）：進度開始、檢核、完成時間、作業事項、地點、執行者、配合人員、音樂、設備或器材，或其他籌備時須注意事項。

2.活動執行清單（**表7-7**）：負責人檢核程序、任務、完成所需時間、期限等。

3.預算表：收入／費用／結餘，平衡原則。

(四)檢討（Check）

活動效益評估：與原訂目標比較，以金額、人數呈現，屬於量化比較，效益若以形象或效果的方式呈現，則屬於質化評估。

(五)改善（Improve）

任何活動辦完均須經過檢討後，訂出改善方案並且確實執行，並且將每次的活動建立範本，同時適當授權才能將活動有效地辦成功。

表7-6　活動籌備執行RUN DOWN表

序號	日期	時間	作業事項	地點	執行者	配合人員	音樂／設備／器材	附件

表7-7 活動執行清單範例

主要部分	任務	完成所需時間（天）	最後期限
活動設計	設計活動	2	1/15
場地選取	選擇活動地點	2	1/30
工作人員	擬職務說明	2	2/10
	宣布工作職務	1	2/15
	面談申請人	2	4/10
促銷	設計傳單	5	2/1
	送印		3/1
	散發		3/25
	發新聞稿		5/10
設備材料器材	訂購設備器材	7	3/1
	採購完成		5/1
	分配送達活動地點		6/10
報名	報名程序擬定	2	4/30
	活動報名	3	5/10
	分組或安排座位	1	6/10
工作人員訓練	員工培訓	3	6/10
活動執行	參與人員就位	7	6/20

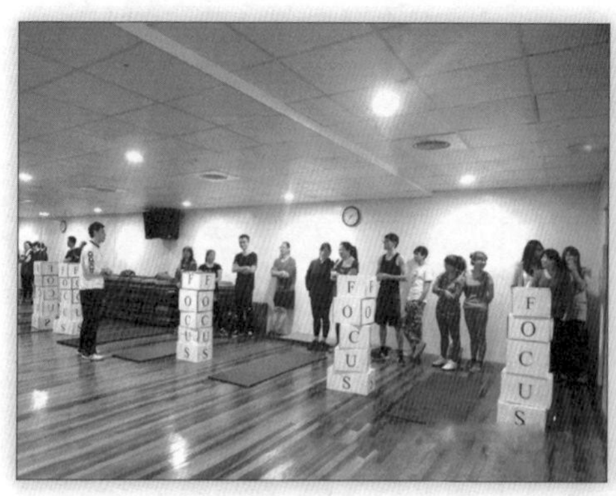

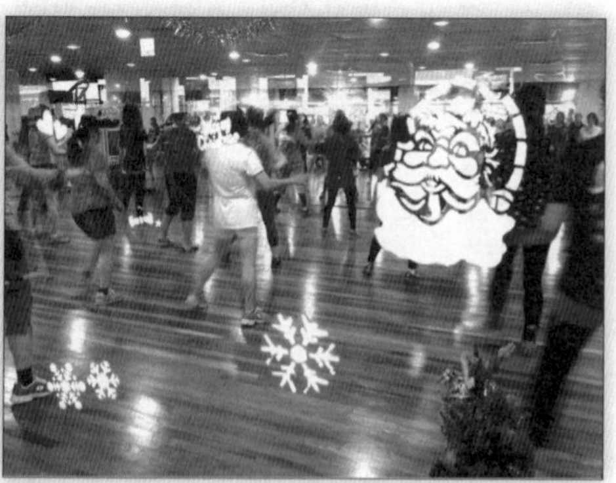

活動可帶動顧客的歸屬感，同時增進忠誠度，提高業績

資料來源：焦點健身中心提供

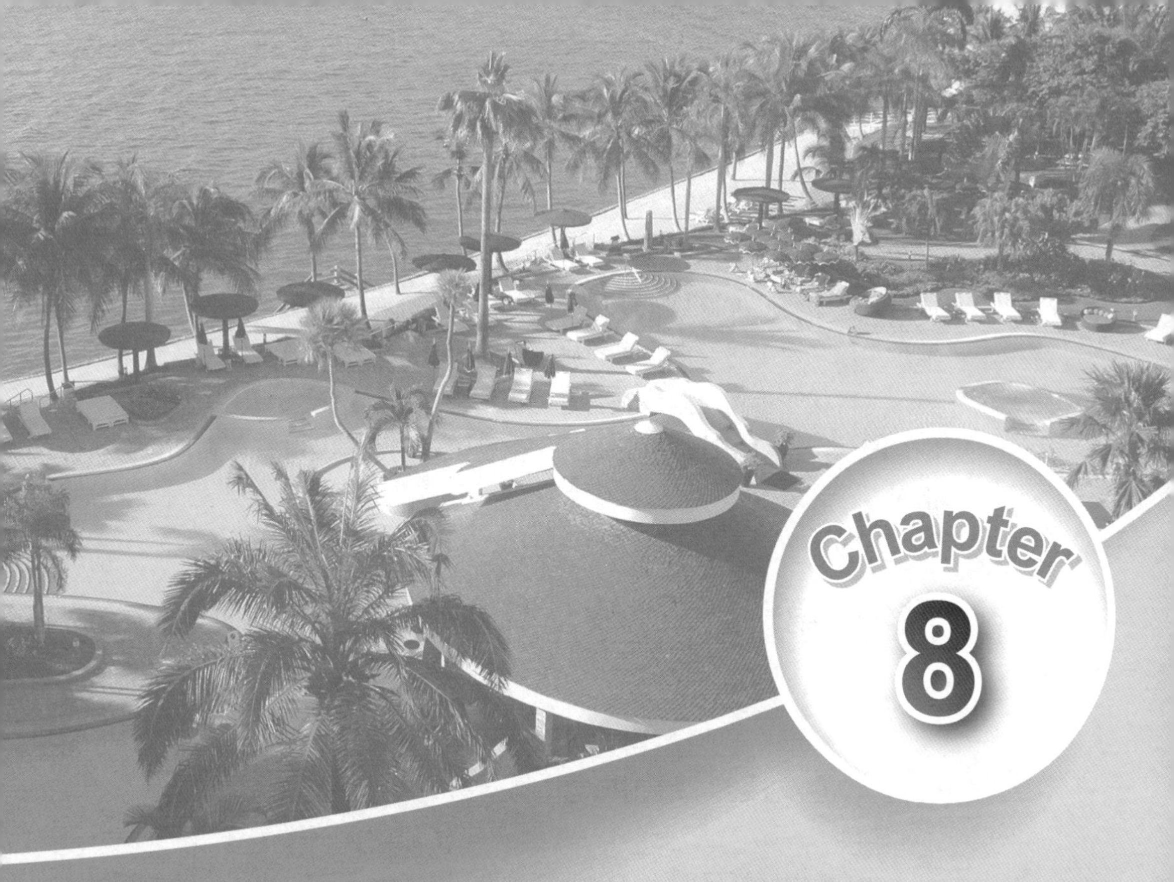

水區營運作業管理

- 水療及溫泉管理實務
- 作業管理辦法
- 水區作業流程圖示法

休閒俱樂部的經營管理除了前面章節所介紹的範圍外，現場營運還有與水有關的區域，也是現今休閒俱樂部的重頭戲，那就是游泳池、水療、溫泉、三溫暖等設施。本章將介紹水療及溫泉的一些管理實務，再進一步對這些設施的管理規則及作業程序詳加說明，讀者在做實際執行時可根據提供之範例，配合公司的規模及經營要點加以修正。

第一節　水療及溫泉管理實務

一、水療及溫泉設計概念

SPA水療已經是國人耳熟能詳的健康水療代名詞，SPA的原文為「Solus（健康）Par（經由）Aqua（水）」，意謂「健康之水」。所謂的瘦身、按摩並不等於SPA，SPA指的是一種觀念、一種生活方式。兩千多年前，水療源於羅馬時代，希臘醫師提出水療法可以預防疾病的理論，而歐洲正是SPA水療的發祥地。水療運用水的原理如下：

1.浮力：水具有浮力，浮力大小與水的深度有關，因此需考慮一定的水深，通常為1～1.2公尺之間較為合適。藉用浮力能夠使人的體重變為原體重的十分之一，因此對於運動或活動時，無法承受體重帶來的衝擊力者，在水中運動可將衝擊力帶來的傷害降到最低。
2.水壓：若水深1公尺，將會有76mmHG，即所謂約0.1個氣壓。
3.溫度：浸泡在34℃～37℃之接近體溫的水中，可抑止交感神經的運作，同時可提高副交感神經的運動。

4.熱傳導：水的熱傳導率約爲一般熱傳導的3,700倍，因此能促進血液循環和新陳代謝。

5.物理作用：當水和空氣的混合，即可產生加壓之按摩效果，可使身體得到適當的放鬆。

6.光的反射與曲折作用：利用水和日光所有光的曲折、反射，來表現鮮明的水槽和水的美感，增進視覺效果，進而令人感到心境舒暢。

二、水的流行之時代背景

(一)高齡化社會促進預防保養意識抬頭

現今各國幾乎都呈現高齡化社會，因此高齡追求健康更是主要的議題。就我國之人口老化情況來說，在1990年我國六十五歲以上的高齡人口占總人口的比率約爲6.2%，亦即每16人之中就有一位高齡者。然而到了2009年，此一高齡人口比已攀升至10.63%（每9.4人之中就有一位高齡者）。依據行政院經建會之人口推估，到了2025年我國六十五歲以上高齡人口占總人口的比率將達20.1%，亦即每五人中就有一位高齡者，而至2056年此一比率預估將達37.5%。

(二)成人病社會

由**圖8-1**可以顯示出現代人成人病社會形成的社會背景與未來積極改善的方向。

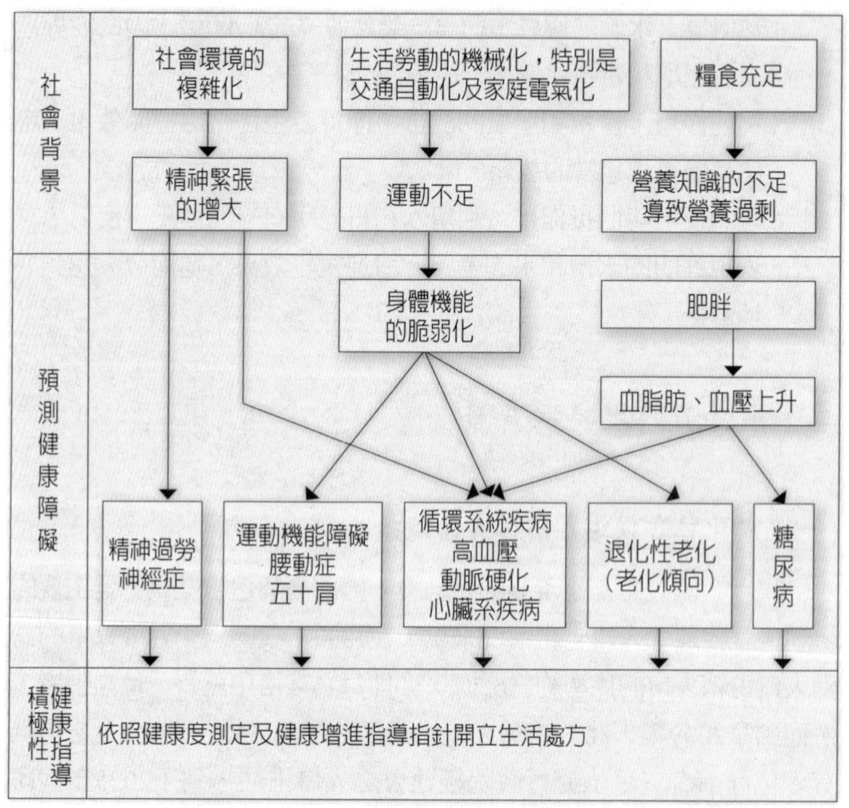

圖8-1　成人病社會形成

資料來源：台灣運動休閒產業經理人協會，張佳玄，2005。

三、國外運用方向

各類水療設施名稱之定位，德國用於醫療用途，日本則以養生結合娛樂為主，因此場地較為廣大。稱為KURHAUS的水療館通常規模較為龐大，如圖8-2。

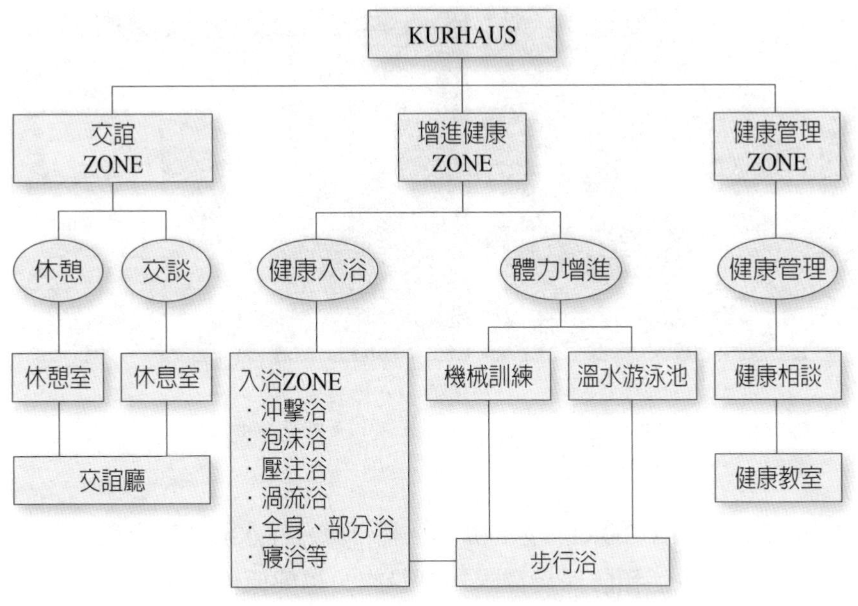

圖8-2 KURHAUS圖示

資料來源：台灣運動休閒產業經理人協會，張佳玄，2005。

四、水療及溫泉設施規劃內容

(一)水療

早期只是將水療當作一般的休閒設施，提供客人放鬆的社交場所之一，在俱樂部規劃設施時，規劃水區運動設施中，水療尚未普遍。城市或社區健身休閒俱樂部水區設施一般以按摩池爲代表，有些以冷熱池交替之三溫暖爲主。

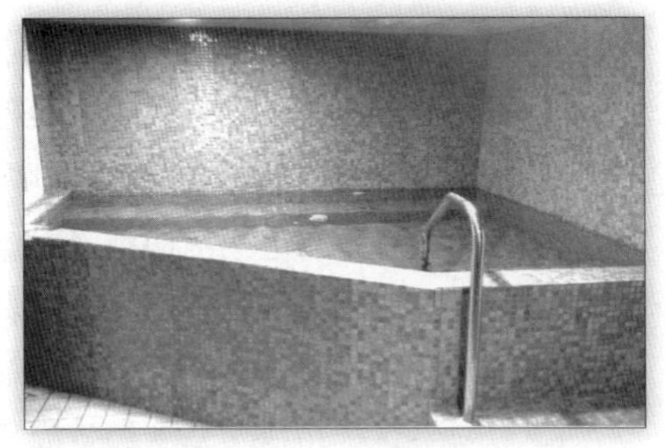

水療**SPA**池及開放式淋浴區

資料來源：焦點健身中心提供

週休二日實施之後，開始以

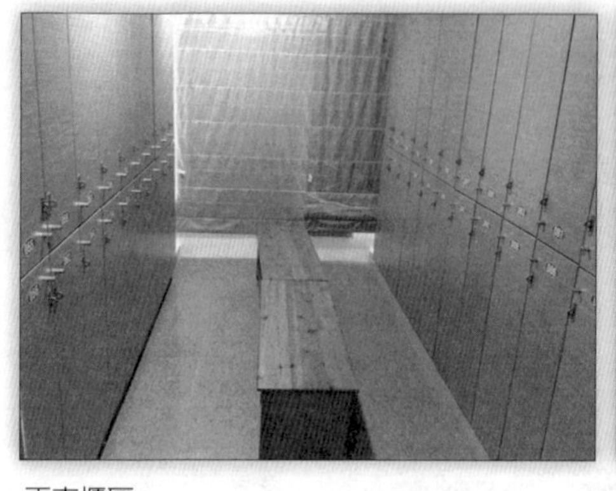

更衣櫃區
資料來源：焦點健身中心提供

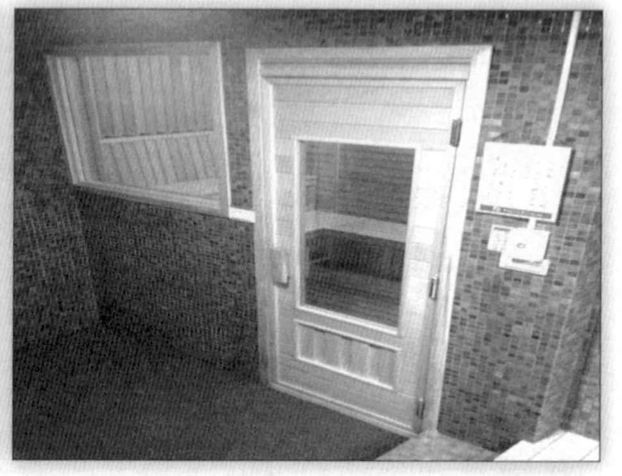

烤箱
資料來源：焦點健身中心提供

KURHAUS、KURORT、泳池加SPA整合綜合性水療型態出現，針對現代都市人生活預防保養需求規劃設施，以健康性、保養性、娛樂性、簡單性爲設施規劃重點，期望滿足人性身體、精神、物質、環境四大休閒欲望，並且本身亦爲社交活動。營造特色設施爲可提供全家共用之設施、紓解消費者事業壓力之設施、建立無年齡層限制之設施，以及滿足家庭聯誼社交需求、具健康性、保養性、娛樂性、簡單性之各項硬體設施。

(二)溫泉

早期常被當成一般浴池，純泡湯。台灣各地區有不同泉質的溫泉區，經營方式有公家經營設立，也有私人以大衆公共池或私人池經營設置。過去缺乏有效的企業經營管理概念，因此在營運後產生一些缺失，例如：無專業設計規劃與合格品質要求，任何人憑自己感覺使用；設施只有泡湯，使用過程無趣；設施無特殊性，難以持續吸引使用；設施坪效低，使用容納人數有限；無整體規劃，較髒亂，場地維護差，易損壞；無法針對設施特性，舉辦全家參與活動等。

週休二日後，業者經營模式改爲主題套餐式，開始針對現代都市人多變的想法及享受生活需求爲藍圖做規劃；以整潔衛生、私密度、主題式、具養生功能爲設施規劃重點；滿足現代人的各種欲望，隨時充滿創意與新鮮感；本身亦爲社交活動中心：有餐飲及其他娛樂設施（如KTV）；建立可全家共用之設施，兼顧親子同樂，提供餐飲、泡湯、做臉、身體SPA、健身運動及住宿等功能；增設紓解現代人壓力與滿足愛美者保養的設施；並且有無年齡層限制之設施，可滿足社交與家庭同樂需求。更延伸多功能性之設施，甚而可做會議假期或承接國外觀光團，提供套裝行程度假之需。在經營上，有大衆池也有個人湯屋，有穿泳衣也有不需穿的，露天湯更比比皆是。同時非常重視水質合格性，提供溫泉使用的流程說明（**圖8-3**），提升泡湯品質。經營溫泉者對溫泉的基本療效應該有所瞭解，有助於行銷管理上的運用，以下介紹基本溫泉分類、溫泉療效及溫泉適應症：

◆溫泉分類

1.以溫度分類：

(1)冷礦泉：溫度在25℃以下。

(2)低溫泉：溫度介於25℃～34℃。

(3)溫泉：溫度介於34℃～42℃。

(4)高溫泉：溫度在42℃以上。

2.以滲透壓分類：

(1)低張泉：滲透壓比等張液低的泉（一公升的水溶入8.8公克食鹽，與人類細胞液的比重相同，稱之爲等張液）。

(2)等張泉：滲透壓與等張液相同的泉。

(3)高張泉：滲透壓比等張液更高的泉。

3.以氫離子濃度（pH）值分類：

(1)酸性泉：pH值低於3。

(2)弱酸性泉：pH值介於3～6。

(3)中性泉：pH值介於6～7.5。

(4)弱鹼性泉：pH值介於7.5～8.5。

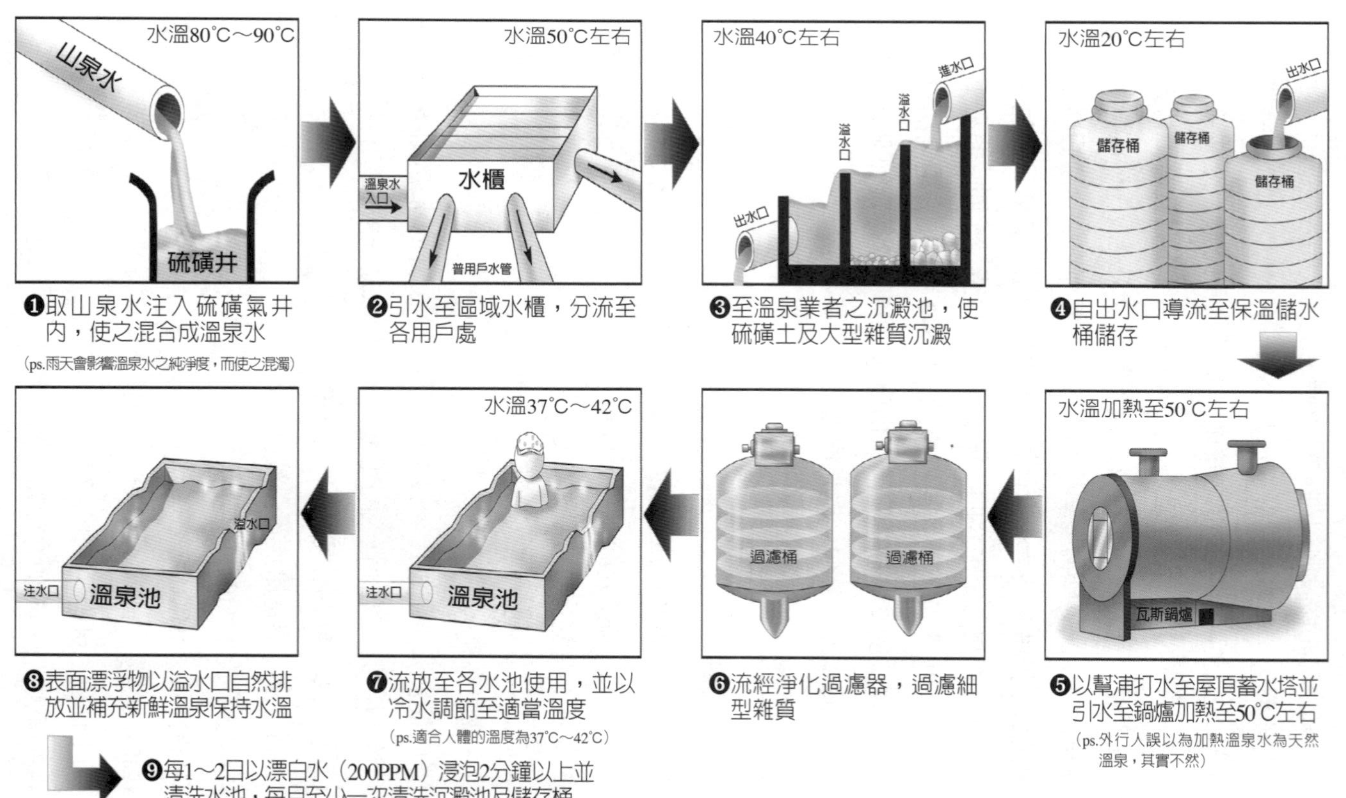

圖8-3　溫泉水使用流程圖

資料來源：水都北投溫泉會館

(5)鹼性泉：pH值8.5以上。

◆溫泉療效

溫泉受到歡迎主要因爲具有一些療效，應用的原理如下：

1.熱療效應：熱度可升高體表的溫度，促進血管擴張，增加局部血流，促進細胞的新陳代謝等，在熱水中浸泡可以產生健康愉快的感覺，並有降低焦慮不安情緒的作用。
2.機械力學效應：來自水的浮力、水壓、速度、黏滯性等物理特性，加上水流應用，則具放鬆肌肉、減輕疼痛、減低關節僵硬的效應。
3.化學物質成分效應：主要和溫泉所含的礦物質有關，台灣的溫泉較常見的都是屬於硫酸鹽泉或碳酸鹽泉，不同的成分對不同的皮膚疾病有不同的效應，而不同的礦物質還可以改變滲透壓，對痛風等風濕性疾病也可以產生不同的效應。
4.非特定性刺激效應：可刺激自律神經、內分泌及免疫系統。

五、管理實務

(一)客源層

不同的水療溫泉型態客源年齡層與性別分布，如表**8-1**所顯示。

表8-1　水療溫泉型態客源年齡層與性別分布

型態	平均年齡	男女別
KURORT綜合型	平均	—
KURHAUS溫泉型	中高	男>女
BADEHAUS活水型	中	女>男
健康樂園半溫泉型	高中	男
溫泉保養中心	高	男女

(二)設施規模

不同的水療溫泉型態最適規模，如表**8-2**所示。

表**8-2**　水療溫泉型態最適規模

型態	最適規模
KURORT	7,000平方公尺以上
KURHAUS	2,000～3,000平方公尺
BADEHAUS	2,000～5,000平方公尺
健康樂園	800～2,000平方公尺
溫泉保養中心	500～1,000平方公尺

(三)經營方式

◆會員制vs.門票制

1.會員制：設施維修費較低；適合個人制，不適合1+1卡別；最初年度會有虧損；附加定價較有彈性。

2.門票制：設施維修費較高；更衣櫃數量需求高；初期收入高；服務軟體較難推動。

◆不著衣浸泡vs.著泳衣浸泡

1.著泳裝之優點：較容易接受教練的指導；三代同堂及男女都可一起利用；可當作一般泳池來利用；對於朝向屋外方面，在視覺的、動線的開放較容易；動線的連接較容易；擴大利用空間；設備單純化、減低維修成本；受年輕人歡迎；活動自由程度較高。

2.著泳裝之缺點：身體無法完全洗淨；發汗爲主之三溫暖無法自然利用；高齡者之反感。

(四)水區設施之區分

1.浸泡式設施：溫度方面以高溫爲主，水質以溫泉爲主，比較受男性喜愛。

2.沖擊式設施：溫度方面以中溫爲主，水質以無成分水爲主，比較受女性喜愛。

(五)水療健康效果之決定

瀑布內水分子完整設計則可產生高密度的陰離子，有益人體健康。

(六)常見各類噴頭與設施

1.須具備噴頭部分：鵝頸沖擊、拍打浴、圓柱肩浴、細柱淋浴、池壁按摩、多方位按摩、個人按摩、浮浴、寢浴、氣泡浴、瀑布浴、情人洞、熱池、JET SHOWER。

2.設備設施部分：冷池、藥池、烤箱、蒸氣室、適應浴、洗眼池、淋浴、日光浴、按摩步道。

(七)經營管理上常犯之錯誤

1.不重視水療器具出水之效果，水溫、水深不適當。

2.水質、設備不要求。

3.忽略服務性空間之重要性。

4.未重視其他水區之設施。

5.忽略環境療養之重要性。

6.挑高、採光之重要（無形硬體）。

7.不需指導的入浴方式。

(八)水療溫泉設施經營趨勢變化

未來水療以沖擊按摩爲主；參與的消費者年齡層下降；水療噴頭效果提升爲專業設定；規劃個人水療健康促進處方系統（SPA PASSPORT）爲其重要性；管理軟體的重視，VIP服務提升的必要性。因此，經營者應強化管理人員應備專業知識，同時對於現場人員也要求必備專業相關證照、服務理念及應變能力等，才能做到現場品質的維護，再提升與更創新，並且導入專業流程化與管理。

第二節　作業管理辦法

目前除了都市體適能型俱樂部，有些礙於場地費用及面積大小之關係，無法提供游泳池設施外，游泳池幾乎是休閒俱樂部的基本配備設施。這幾年來SPA的風潮席捲全球，因此，休閒俱樂部在水域方面，處處可見水療設施，更甚可看到一些溫泉或游泳教室業者，爲了順應潮流也紛紛在水池旁豎立起一支支的水柱噴頭，但如果對這些大大小小的噴頭不瞭解，只是一味追隨市場流行，這樣的休閒俱樂部實際上隱藏了許多危機。

水區的設施若出現問題，修補處理是最棘手的工作。水區雖然受歡迎，但如果沒有做好適當的管理辦法，以及規劃好完善的作業程序與機制，將會爲俱樂部埋下不少不定時炸彈般的危險，因此，對水區的作業管理不得不好好規劃與確實執行。以下爲業界實務之範例，提供作爲規劃時制定相關管理辦法時之參考：

一、活水SPA區管理辦法

包含活水SPA區員工工作守則、工作管理辦法、使用規則等均須一一制訂。

(一)SPA區使用規則範例

1.請遵從現場管理員及救生員指導。

2.患有流行性及傳染性疾病（感冒或急性腸胃炎）、發燒症狀、心臟血管疾病、慢性疾病、皮膚病、先天性或後天性腦部及神經損傷者，或未經醫師診斷許可者，禁止使用桑拿間、蒸氣室、水療區。

3.十二歲以下兒童禁止使用桑拿間、蒸氣室、水療區。

4.請確實卸妝及淋浴後方可使用SPA區設施。

5.請著乾淨泳裝及泳褲並請自備浴（毛）巾擦拭。

6.請勿將浴（毛）巾攜入水中潔身擦拭，或使用其他潔身物品。

7.桑拿間、蒸氣室、水療區、淋浴間內不得運動、嬉戲或躺臥休息，以避免發生意外。

8.使用桑拿間、蒸氣室及水療區前請先補充足夠水分，並做伸展操及相關暖身動作，避免發生意外。

9.使用桑拿間、蒸氣室及水療區時，請勿使用超過三十分鐘，以免危害生命安全。

10.池水低淺，禁止跳水、游泳、閉氣潛水。

11.禁止使用潛水面鏡、蛙鞋等泳具。

12.桑拿間、蒸氣室及水療區內禁止吸菸、飲酒、閱讀書報雜誌及烘烤物品。

13.進入桑拿間、蒸氣室及水療區前請先淋浴，且不得在皮膚表面塗抹油或營養霜、乳液等，以防阻礙新陳代謝，危害健康並造成汙染。

14.桑拿室及蒸氣室內控制系統嚴禁擅自調整，以防漏電、燙傷或其他意外。

15.飽餐後一小時內及空腹時，請勿進入桑拿間、蒸氣室及水療區。

16.請勿在高壓水柱下沖洗超過五分鐘。

17.請勿在水中閉目養神及沖洗浸泡三十分鐘以上。

(二)活水SPA區員工守則範例

1.服從上級指示。

2.須著公司規定之制服。

3.須確實做好清潔工作。

4.隨時檢查耗品，隨時補充。

5.若拾獲物品，立即送交櫃檯服務人員，拾獲物品匿而不報，依公司規定議處。

6.不得與會員發生任何衝突，有事應主動報請主管處理。

7.交接班時應做好交接事宜，交班人員須提早五分鐘到現場。

8.執勤時不得聚眾聊天、吃零食、打瞌睡、滑手機或看書報。

9.隨時保持服裝儀容整潔。

(三)活水SPA區工作管理辦法(一)

◆活水SPA區工作注意事項

1.值班人員須注意及維護客人及自身現場安全，並隨時注意現場清潔。

2.注意與來賓應對時之態度、口氣及用詞，並主動與來賓寒暄問好。

3.隨時注意現場狀況並指導不熟悉規則之來賓。

4.定時測量水質及水溫並加以記錄。

5.熟記現場一切機械操作及維護方式。

◆活水區開場工作事項

1.開抽風扇、氣扇、烤箱及蒸氣室、空調開關。
2.防滑墊、地墊及濯足池防滑板就定位。
3.補水並下氯粉，測量水質、水溫並加以記錄（每個水池）。
4.分別將溫泉粉及藥草包放入芳香池、藥浴池。
5.開燈（AM 09:55），並看油錶數字並記錄之，同時開男、女更衣室之空調。
6.每週二、週五進行活水池逆洗，並清洗濾毛器（AM 11:30）；逆洗請按過濾系統操作流程操作。

◆活水區收場工作事項

1.澆花（每週二次），戶外地面沖洗、排桌椅。
2.逆洗，請按過濾系統操作流程操作。
3.放消毒劑（氯粉），劑量如下：泳池約200ml～300ml；藥浴池100ml；芳香池100ml；超音波池50ml；水療池100ml～200ml。
4.關蒸氣室及烤箱，並沖洗蒸氣室及烤箱，並將防滑墊、地墊晾乾。
5.沖刷地面（每週三、週六），平日沖地即可。
6.關抽風扇、氣窗及空調；觀查油錶數字並記錄之。
7.每週五、週六準備藥草包PM 19:00送至廚房煎熬。

(四)活水SPA區工作管理辦法(二)

◆早班工作事項

1.檢查各項水、電源是否正常運作。
2.清潔水池及周邊環境、蒸氣室、乾烤室座椅。

3.刷洗浴室內地板、瓷磚、水龍頭。

4.掃地、拖地，清除地面髒物、擦拭置物櫃。

5.刷洗廁所及擦拭馬桶周邊。

6.補充洗髮精、沐浴乳及衛生紙。

7.更衣室地面拖洗，梳妝檯檯面、鏡子擦拭。

◆中班工作事項

1.刷洗浴室內地板、瓷磚、水龍頭。

2.清除垃圾及擦拭飲水機。

3.清除浴室毛髮、垃圾，清潔水池壁。

4.清潔乾烤室、蒸氣室玻璃、座椅、瓷磚、地面及周邊環境。

5.隨時擦拭置物櫃上方灰塵。

◆晚班工作事項

1.飲水機、垃圾桶、浴室毛髮、垃圾等的清潔整理。

2.刷洗廁所及擦拭馬桶周邊、洗手台周邊及擦拭鏡子。

3.清洗排水溝、水溝蓋、浴簾、地面、水池（並做水池溢水動作）及浴室內置物架。

4.補充洗髮精、沐浴乳及衛生紙。

二、游泳池管理辦法

包含泳池使用規則、工作要項等。

(一)游泳池使用規則範例

1.請遵守救生員指導及管理。

2.身高不滿120公分者不得單獨使用游泳池。

3.患有流行性及傳染性疾病、發燒症狀、心臟血管疾病、慢性疾病、皮膚病、先天性或後天性腦部及神經損傷者，或未經醫師診斷許可者，禁止使用泳池。

4.請勿將浴（毛）巾攜入水中，並擦拭使用。

5.請著乾淨之泳衣、泳褲、泳帽、泳鏡。

6.請勿戴一般眼鏡進入泳池內。

7.使用泳池前須先行卸妝、淋浴、濯足，以免汙染水質及危害他人健康。

8.入池前請先作伸展操及相關暖身動作，避免發生意外。

9.池邊嚴禁奔跑、跳水或嬉戲。

10.請勿使用大型充氣品（如浮床、游泳圈、充氣船等）進入泳池內。

11.在游泳池範圍內，請勿使用玻璃容器及其他易碎物品。

12.池邊禁止吸菸、飲酒及食用食品。

13.請勿空腹游泳；進食後一小時內亦禁止下水。

14.使用中如感覺不適應，應立即停止活動並通知現場人員。

(二)游泳池工作要點

◆早班工作要點

1.啓動照明及音響。

2.切換小池循環馬達，檢查大小池及淋浴溫控。

3.開蒸氣機。

4.按時測量大小池及按摩池之溫度、餘氯值、酸鹼度，並維持在正常範圍。

5.清潔個人工作區域。

6.注意交接事項，並按時統計使用人次並塡寫記錄。

◆中班工作要點

1.接替早班及晚班同事用餐，並注意交接事項。
2.檢查大小池循環馬達及溫控運作情形。
3.按照天候調整照明及清潔個人工作區域。
4.按時測量大小池及按摩池之溫度、餘氯值、酸鹼度，並維持在正常範圍。
5.按時統計使用人次並填寫記錄。

◆晚班工作要點

1.接替中班同事用餐，並注意交接事項。
2.檢查大小池循環馬達及溫控運作情形。
3.清潔個人工作區域。
4.按時測量大小池及按摩池之溫度、餘氯值、酸鹼度，並維持在正常範圍。
5.按時統計使用人次並填寫記錄。
6.關閉蒸氣機、切換小池循環馬達，關閉照明。
7.添加氯粉，置入水中吸塵器，並將大小池做反洗及補水動作。
8.填寫須交接事項。

三、機房及其他管理辦法

涵蓋機房管理辦法、水區清潔維護管理辦法、機械設備維護管理辦法等項目。

(一)水區清潔維護管理辦法

◆淋浴間

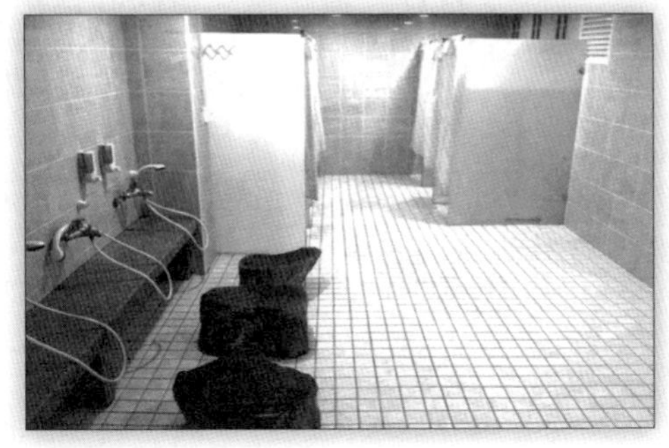

淋浴間
資料來源：焦點健身中心提供

1.淋浴間走道地面應每日刷洗，不得有水漬痕跡、青苔與滑膩情形，不得有毛髮、雜物及廢棄物品堆積或阻塞排水孔。
2.檢查布簾有無汙漬，有則更換並先加以浸泡之後清洗。
3.間隔牆面及地面應每日刷洗，不得有水漬痕跡、青苔與滑膩情形。檢查水龍頭外觀有無水漬或鬆脫，有則加以擦拭及固定。
4.排水孔不得有毛髮、雜物及廢棄物品堆積阻塞。
5.防滑手把外觀有無水漬或鬆脫，有則以不鏽鋼保養油擦拭及固定。
6.耗品（沐浴乳及洗髮乳）應隨時檢視並加以補充。
7.耗品（沐浴乳及洗髮乳）裝置盒不得有灰塵汙垢。
8.置物架及蓮蓬頭架是否鬆脫，有則立即加以固定。
9.置物架不得有雜物及廢棄物品堆置，亦不得有灰塵汙垢。

◆衛浴廁所間

1.走道地面應每日刷洗，不得有水漬痕跡、青苔與滑膩情形，不得有毛髮、雜物及廢棄物品堆積。
2.馬桶應保持通暢，馬桶外觀不得有水漬或穢物附著，馬桶墊圈及蓋不得鬆脫，否則立即加以擦拭及固定。
3.間隔牆板、門板及地面應每日刷洗，不得有水漬、穢物痕跡與滑膩情形。

4.防滑手把外觀有無水漬或鬆脫，有則以不鏽鋼保養油擦拭及固定。
5.耗品（衛生紙）應隨時檢視並加以補充，同時裝置盒不得有灰塵汙垢，並且隨時清理垃圾桶。

◆洗手台

1.洗手台應每日擦洗，不得有水漬、穢物痕跡與滑膩情形。
2.水龍頭外觀有無水漬或鬆脫，有則加以擦拭及固定。
3.排水孔不得有毛髮、雜物及廢棄物品堆積阻塞。
4.防滑手把外觀有無水漬或鬆脫，有則以不鏽鋼保養油擦拭及固定。
5.耗品（洗手乳、擦手紙巾）應隨時檢視並加以補充，裝置盒不得有灰塵汙垢。
6.地面應每日刷洗，不得有水漬痕跡、青苔與滑膩情形，不得有毛髮、雜物及廢棄物品堆積。

◆化妝鏡台

1.化妝鏡應每日擦拭，不得有水漬、穢物痕跡與滑膩情形。
2.化妝台外觀有無水漬或鬆脫，有則加以擦拭及固定，外觀不得有毛髮、雜物及廢棄物品堆積阻塞。
3.防滑手把外觀有無水漬或鬆脫，有則以不鏽鋼保養油擦拭及固定。
4.耗品（潤膚乳、擦手紙巾）應隨時檢視並加以補充，裝置盒不得有灰塵汙垢。
5.地面應每日清潔吸塵，不得有水漬痕跡、青苔與滑膩情形，不得有毛髮、雜物及廢棄物品堆積。

◆水池區

1.走道地面應每日刷洗，不得有水漬痕跡、青苔與滑膩情形，不得有毛髮、雜物及廢棄物品堆積。
2.池壁牆面及地面應每日刷洗，不得有水漬痕跡、青苔與滑膩情形。
3.水龍頭外觀有無水漬或鬆脫，有則加以擦拭及固定。
4.排水孔不得有毛髮、雜物及廢棄物品堆積阻塞。
5.防滑手把外觀有無水漬或鬆脫，有則以不鏽鋼保養油擦拭及固定。
6.出水噴頭外觀有無水漬、灰塵或鬆脫，若有以不鏽鋼保養油擦拭及固定。
7.耗品（浴鹽）應隨時檢視並加以補充，裝置盒不得有灰塵汙垢。
8.置物架及蓮蓬頭架是否鬆脫，有則加以固定，同時置物架不得有雜物及廢棄物品堆置，亦不得有灰塵汙垢。

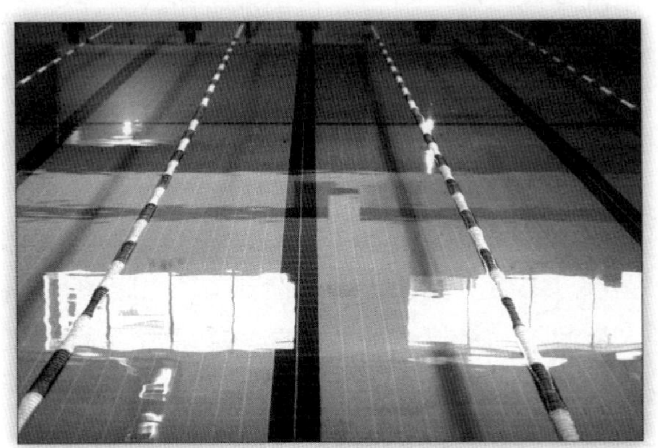

水區的管理不可忽視安全清潔的重要性

◆置物櫃

1.走道地面應每日清掃吸塵，不得有水漬痕跡、青苔與滑膩情形，不得有毛髮、雜物及廢棄物品堆積。
2.置物架上層及內部不得有雜物及廢棄物品堆置，亦不得有灰塵汙垢。
3.置物架及置物櫃門絞鏈應隨時注意是否鬆脫或故障，適時固定或更換。

(二)水質管理要點

長久以來水對人的生活是很重要的，人類是不可以缺水的，在現今的生活中更是扮演著重要的角色。尤其人們在注重休閒活動後，水上運動便日益普及起來，游泳更是一項普遍的運動。

對人們而言，游泳池不再只是單單一池水而已，更是需要確保衛生、安全與健康的場所。它需要更科學、更有效率地提供優良水質，以確保泳者的健康，泳池的衛生條件及安全是極爲重要的前提。

對游泳池而言，所包含之水並不能如海洋、河流般地隨時替換，因此水質若不經嚴格控管，日復一日由泳者所帶入之細菌滋生迅速，將會造成許多嚴重的問題及疾病。

◆水質汙染物與判斷

①各種汙染源

汙垢、塵埃、毛髮、糞便、病原性細菌、大腸菌、腺濾過性病毒均爲汙染源，最危險的是腺濾過性病毒，其可經由泳者的眼睛、痰、糞便進入泳池水中，並長時間存活在水中，通常此種病毒於36℃水中可存活七天，在22℃水中則可存活十四天。

某些時候病毒並不會對某些泳者造成感染，但是當池水中許多病毒同時存在時，會導致某些泳者嚴重之感染。一般影響水質的汙染物有來自人體皮膚的排泄物、水源、池體等。水質判斷一般簡易的記憶口訣爲望、聞、切、問；也就是可由視覺眼睛觀看水色、濁度，以嗅覺聞氯的味道，並以拍打水面觀察泡沫情形，或更進一步詢問泳客皮膚及口感反應，來得知水的品質，以便加以管理。

②泳游池水源

有來自已經處理之水，如自來水；也有的是採未經處理之水，如地下水、泉水等。自來水與地下水泉水最大不同處，在於自來水於送抵使用點前，已先於水場之淨水場內完成初步之「消毒過程」及「軟化過程」；「消毒過程」是將於水源中所含病毒細菌等清除，「軟化過程」是將水源中所含金屬離子（如鈣、鎂等）、重金屬離子（如鐵、錳、砷、鉛等）清除。當泳池之水源爲未經處理之水（地下水、泉水）時，池水中將包含各種金屬離子，這些金屬離子若經泳者呑嚥後，將對人體產生各種不良的影響（如烏腳病係由「砷」所引起），故此時應使用氯粉錠成分的消毒劑等加以調和，若有與鎂、錳等金屬結合（此時池水會成褐色）再以過濾系統加以排除，褐色將會消退，而池水一轉成清澈狀態。

③泳池池水標準

爲了保持池水的清潔且避免泳者遭受這些傳染性病原菌的感染，泳池的水應該經常保持用水標準如表**8-1**。

表8-1　游泳池用水標準

水源	需符合飲用水之標準
透明度	池底之白線應達清晰可見之標準
游離殘留餘氯	泳池對角線上任意三處之表層水及中層水取樣。游離殘留餘氯含量應為百萬分之零點四至一點零（0.4～1.0ppm）
過錳酸鉀消耗量	百萬分之十二以下（12ppm）
大腸菌數	五次取樣中，陽性反應樣本在兩支以下
一般細菌數	一毫升水中不超過兩百個

游離殘留餘氯之測定，係以泳池對角線上任意處之表層水及中層水取樣中，能夠達到0.4～1.0ppm之消毒殺菌標準而言，爲達到此標準，許多含氯消毒劑便被廣泛地用做泳池的殺菌劑（表**8-2**）。

表**8-2**　含氯消毒藥劑之種類

總類	有效氯含量
氯氣	99.4%以上
次氯酸鈉	5～13%
次氯酸鈣	70%以上
強力漂白粉	60%以上
其他漂白劑	30～35%以上

由於含氯消毒藥劑種類繁多，有必要確切瞭解其不同之特性。一般而言，當含氯消毒藥劑溶水後，其游離殘留餘氯含量愈高，其殺菌效果愈強。未加入消毒藥劑時，泳池的水溫正是適合病菌的滋生，因此投入適當且有效之消毒殺菌藥劑以確保水質之安全性是極爲必要的事（表**8-3**、表**8-4**）。

表**8-3**　含氯消毒藥劑之殺菌效果

濃度	15～30秒內可殺死之細菌種類
0.1ppm	傷寒、副傷寒、赤痢、霍亂、淋菌
0.25ppm	大腸菌群、溶血性鏈球菌

表**8-4**　游泳池池水之標準

氫離子指數（pH值）	6.5～8.0
餘氯量	0.3～0.7ppm
生菌數	生菌數在37℃中培養二十四小時後，每公撮不得超過五百個
大腸桿菌數	大腸桿菌在每一百公撮水中，以十公撮五支培養，不得有陽性反應

（續）表8-4　游泳池池水之標準

濁度	5度以下
過錳酸鉀消耗量	12ppm以下
二氧化碳含量	室內游泳池空氣中二氧化碳含量應在0.15%以下，氯氣濃度應在1ppm以下
照明設備	室內游泳池或夜間使用室外游泳池，應有100米燭光以上之照明設備
其他	無色、無臭，不得有浮沫、苔藻滋生；不得有汙水或工業廢水流入

註：以上資料按台北市營業衛生管理自治條例第39條及日本厚生省（衛生署）之相關規定訂定。

◆水質處理要點

①報表應用

游泳池日誌及水質檢測相關報表建立，並確實按時登載，以提供水質參考依據，隨時掌握水質變化狀況，以做調整及處理。

②游泳池池水變化現象

1.水池變綠現象：當水池呈現綠色時，通常表示水中已有藻類產生，此時可提高氯含量予以清除，此外亦須利用泳池換水時直接刷洗池壁，以清潔藻類青苔等。須注意有時池水呈現綠色係因為泳池本身顏色或供水之原色造成，而非由藻類滋生造成的。泳池水呈現綠色情形之原因，大致有下列五種因素：

(1)pH值（酸鹼值）過高：泳池水質產生綠變，約超過百分之八十之機率是因水質之pH過高所引起，因此當發生水質綠變時，首要之務便是檢測其中pH值。當確定pH值過高時（水質呈鹼性）時，便需添加中和藥劑，如硫酸氫鈉等，以使pH值降低，而如果pH值過低時（水質呈酸性）時，則需要添加片鹼（氫氧化鈉）或小蘇打（碳酸鈉）以增加pH值至7.2左右，如此水質將於四十八小時內轉變為清澈透明。

(2)有效餘氯含量：通常泳池水質會因驟雨、不符標準之氯藥劑、泳者人數過多等因素，使池水中有效餘氯含量不足，將會使池水轉呈現綠色，當此種情形發生時，必須對池水進行過氯化反應，亦即一次添加過量之氯藥劑，及時補足池水中之有效餘氯含量。

(3)結合殘留餘氯：通常頗難判定此種因結合殘留餘氯量過巨所產生之池水，綠變之現象在此種情形下，即使是使用檢測藥劑檢測，水質之酸鹼值及有效氯含量仍然會符合正常標準；甚至有時池水更將產生強烈之氯氣味，會以為池水中含有過量之有效餘氯含量。

(4)池水中有過多之水溶性固體雜質：對具有良好過濾系統且常實施逆洗之泳池而言較不易發生此種現象，如果泳池經年不更換池水，只進行一般之水質處理工作，池水亦將產生綠變，在此種情形下須將池水全部或部分更換，再進行一般正常之水質處理工作。

(5)過濾系統不良：當池水綠變經上述各項化學測試均無法挽救時，主要毛病恐怕出自過濾系統上，過濾系統馬力不足時，將無法有效、反覆地將池水過濾，因此除了更換較佳過濾系統外，其次的方法就是減少泳池開放時間，如果過濾系統之馬力完全符合要求，則須檢視過濾系統之其他機件，並做適當調整。

2.池水變褐色現象：水池中含有鐵及錳時，池水將會呈現褐色，發生此現象時，泳池清場後須提高餘氯量至5～7ppm，再以過濾系統將其沉澱濾出，若過濾系統為砂式過濾，則須添加凝集劑，以達充分過濾效果。

3.水質呈白色混濁情形：當池水受到有機物汙染時，必須進行過氯酸化反應，並檢查過濾系統是否正常運轉，另外當添加凝集劑後，如果pH值調整不當，亦將使池水呈現白色混濁情形，此時就必須開足過濾馬達運轉過濾，必要時還須更換池水。

③水質不佳產生的現象及處理方式

1.眼睛刺痛：當池水之pH值過低時，泳者的眼睛會感到刺痛，而池水受汙染過於嚴重後，氯將與汙染物反應而產生三氯化氮，此亦將使泳者的眼睛受到刺激而產生疼痛，在此狀況下則需要調整池中pH值。

2.池水水質發生溜滑情形：池水經由各種有機物而被汙染時，有必要添加適當的藥劑以保持池水清潔，當水質之pH值超過9.0以上時，池水便會產生使人感覺溜滑的現象，故必須確實維持池水正常之pH值，避免此現象發生。

3.餘氯量之消耗速度：氣候狀況對餘氯量之消耗速度具有很大之影響，天氣晴朗充滿紫外線時，餘氯量消耗速度將會激增，通常泳池中餘氯量將在十分鐘內降至0.2ppm。紫外線對不同深度的水，亦有不同之影響，泳池底部因受到紫外線照射較少，其餘氯量消耗量速度亦相對較慢。

④泳池水質消毒方式

每種消毒藥劑，含氯量並不一致，且pH值也不盡相同。已知紫外線及其因素皆會影響餘氯含量消耗的速度，餘氯量於泳池中也會自然分解消失，爲維護標準餘氯量，達到最佳殺菌效果，建議每隔三至四小時應補充二分之一添加量，炎熱天氣時應縮短補充間隔時間（表**8-5**、表**8-6**）。

⑤使用者舒適值

1.餘氯含量控制：一般而言，自由餘氯（free chlorine）是指可直接摧毀水中有機物，不與氨、氮分子結合的氯；而結合氯（combined chlorine）則是與氨、氮分子結合的氯，通稱爲氯胺，消毒殺菌效果功能只有自由餘氯的六十分之一。ppm係Parts Per Millon之稱，表示極微含量（百萬分率）之單位，譬如說在每1立方公尺水中餘氯量爲1公克時，始稱此水溶液中之「有效餘氯含量」爲1ppm（百萬分之一）。一般泳池餘氯量

表8-5　泳池水質消毒方式

名稱	有效氯含量	特性及注意事項
次氯酸鈉（漂白水）	10～12%	使用後水質呈鹼性，須搭配稀鹽酸或稀硫酸使用，保持水質中性，但使用時應注意氯氣外洩問題。
氯氣	100%	應考慮外洩問題，現已不使用於游泳池消毒。
溴		強氧化劑可作為水質消毒藥劑，但無檢測標準法規。
臭氧		強氧化劑可作為水質消毒藥劑，但無檢測標準法規。
次氯酸鈣	70～72%	使用後水質呈中性，pH7.2～7.6，無需添加任何藥劑。
三氯聚異氰酸	90%	使用後水質呈現酸性，須搭配弱鹼使用，保持水質中性。
二氯聚異氰酸鈉鹽	60%	使用後水質呈現酸性，須搭配弱鹼使用，保持水質中性。

表8-6　水量與消毒劑添加量表

游泳池總水量（公噸）	餘氯量目標值（ppm）	添加量（公斤）
100	1	0.16
200	1	0.32
300	1	0.48
400	1	0.64
500	1	0.80
600	1	0.96
700	1	1.12
800	1	1.28
900	1	1.44
1,000	1	1.60
1,200	1	1.92
1,400	1	2.24
1,600	1	2.56
1,800	1	2.88
2,000	1	3.20

在0.3ppm～0.7ppm是最爲舒適値，但若有腸病毒或流行性病毒危害的時期，則需提高餘氯量至1.0ppm。

2.酸鹼値（pH）含量控制：酸鹼度pH是一種水中酸度的測量模式，是用來表示水中氫離子濃度標示方式，酸鹼度pH的度量範圍在0～14之間，以7爲中性，比7越小則越代表酸度越強，稱爲酸性；比7越大鹼性度越大，稱爲鹼性。酸鹼度是以對數取值，每間隔以10倍計算，故酸鹼度pH6比pH7強10倍，而酸鹼度pH3比酸鹼値pH7強1,000倍。通常酸鹼値偏低時，人體會有牙酸，皮膚起紅疹、脫皮、龜裂，眼睛澀痛，口腔發麻等感覺；游泳池則會有腐蝕傾向的水質，造成混凝土表面有塌陷、金屬溶解、池壁有色斑等問題。酸鹹値偏高時，對人體則會有脫皮、皮膚起紅斑、身體發癢、眼睛刺痛等情形；對游泳池則會有結垢傾向的水質，使得循環率降低、水質混濁、能見度降低、阻塞過濾系統、氯的活性降低而無殺菌效率。目前國內衛生法規定的酸鹼値在6.5～8.0範圍之內，有些國外之法規規定範圍似乎比較廣，如依人體眼睛舒適度建議在7.2～7.6之間，屬於微鹼性，因爲人體最敏感的眼睛在酸鹼度pH7.3～7.5是最可以被接受的。

3.濁度：也就是水中能見度，濁度單位爲NTU，一度相當於精製水1公升中含有矽酸鋁1毫克時的濁度。通常游泳池現場以水中能見度爲要求標準，例如25公尺游泳池水中能見度可清楚看見對面牆壁，其濁度約爲0.5個濁度。以目前實務上，室內25公尺游泳池，如果水中能見度未到15公尺以上，可能就不被消費者所接受。

4.藻類控制：通常就室內而言，低餘氯値、高酸鹼値是發生藻類增多的原因；若在室外，一般因爲缺氯、酸鹼値高就容易發生。種類有綠藻（green algae）、黃藻（yellow algae）、黑藻（black algae）、粉紅藻（pseudomonas algae）等。可使用除藻劑、提高氯濃度等破壞藻類生命力與生長環境的方法來控制。

5.味道：地下水易產生鐵腥味；溢水溝則會有腐臭味發生；汗水、人體代謝物、尿液等的氯胺則易產生氯臭，一般會以超氯來消除氯臭或以澄清劑降低氯臭。

6.溫度：

(1)對人體的影響：人體體表的體溫在35℃左右，水溫和人體皮膚的溫度很相近時稱「不感溫水浴」，此種水浴對肌體的影響很小，如果是池浴，臥在其中，由於不感水溫隔絕了外界對皮膚的刺激，較長時間的控制作用，會有良好的鎮靜和催眠作用。若是在37℃左右的水溫中淋浴，因水溫略高於皮膚溫度，可刺激皮膚毛細血管擴張，可促進血液循環，增加身體機能提高免疫指數，另外尚可降低神經興奮性與痛覺傳遞，緩解肌肉痙攣，加速血管擴張，血液流量豐富，也可以達到美容美膚之效果。若水溫是在39℃～42℃時，將使血管擴張、循環加快、新陳代謝旺盛，交感神經興奮，促進發炎滲出物的吸收及有害代謝物的排泄，適用於瘀腫、肌肉拉傷、勞損或其他原因引起的發炎症狀，但若長期洗此水溫之熱水澡，會造成體質下降，對健康不利。

(2)對藻類的影響：一般藻類適應溫度18℃～30℃間，恰好也是人體從事運動所需之溫度。一般而言，泳池中的藻類幾乎不可能百分之百的去除，只能抑制其生長速度。而且若用除藻劑須要先調整氯的餘氯量，使用完畢再次調整回合格值，不小心池水就會產生水質變化。依筆者多年經驗，平常池水中餘氯量就應保持穩定，若發現藻類滋生應立即刷洗，並用水中吸塵器清潔，如此才能常保持水質的穩定狀態。

(3)對水質的影響：溫度對水質有一定的影響，但以低溫的影響最小，因水溫若升高，人體的汙染物相對會產生比較多，如油脂、汗液等，且水溫高藻類也滋生得比較快，氯的揮發速率也會跟著提高，這些都會影響水質，使水質看起來較不清澈或有點滑溜的感覺，這時候須測量水量，查看是pH值過高或過低，餘氯量夠不夠等，再做進一步的處理。

⑥傳染病控制

1.泳池場所對腸病毒的因應，首先在夏季時須提高餘氯量含量至1.0ppm，可確定百分百殺菌，要提高池水的溢流率，使漂浮水面的唾液及痰可迅速流走，減少病毒的滋生及感染，室內盡量保持乾燥，必要時須除濕，經常性地消毒，尤其不易接觸到的地方，並保持良好的通風。

2.泳池場所對登革熱的因應，最主要在於泳池四周溢水溝要保持暢通，不可以堆積淤砂泥或落葉及其他垃圾而形成積水，四周角落屬於易積水處，須時常疏通清潔。另外，排水溝亦容易被忽略而產生積水，應保持其暢通，避免病媒蚊的產生。而空調管須定期保持清潔，使空氣流通順暢，自然也就減少傳染的發生。

⑦退伍軍人症在游泳池場所的潛伏

1.嗜肺性退伍軍人桿菌血清：溫度與嗜肺性退伍軍人桿菌之關係如表**8-7**。

2.溫暖且不流動的水，如冷卻水塔、蒸氣冷凝器、冷卻器、除濕機、噴霧機、蓮蓬頭、下水道、鍋爐間、更衣室、蒸氣室、按

表8-7　溫度與嗜肺性退伍軍人桿菌之關係

溫度	菌況
20℃以下	冬眠
35℃～46℃	最理想生長溫度
50℃	可生存但不繁殖
55℃	5～6小時死亡
60℃	32分鐘死亡
66℃	2分鐘死亡
70℃～80℃	無法生存

摩池、過濾排水管等，都是此種病菌容易滋生的環境。

◆水底吸塵操作

游泳池吸塵最主要目的在於排除砂石、落葉、毛髮、髮夾、膠膜、水管的鐵鏽、游泳衣的纖維和投入的藥品等，平日的吸塵均可以將泳池中的沉澱物及固體物吸除，惟傳統手動人工吸塵可以立即處理如嘔吐物等。水底吸塵器爲現代游泳池必備設備，可減輕救生員清理水中塵埃落髮的工作，但也會因重複清潔的區域，許多死角部分則清潔不到，造成浪費許多電源，故應人工與機械同時配合。

◆水質檢測

游泳池的水質檢測是提供水質操作者對一個藥品濃度的瞭解，唯有正確的判讀及分析值，所有的動作才有意義。所有檢測的動作及步驟、方法、程序、藥劑添加量都有一定的化學反應原理作爲依據，因此在測試水質採樣時，均必須符合原廠設計量，多或不足均會造成誤判，進而影響藥品施放計算錯誤。水質以自由餘氯及酸鹼度爲測試要項。

◆水量計算

1.矩形面積：W×L；圓形面積：D×D×0.875；橢圓形面積：

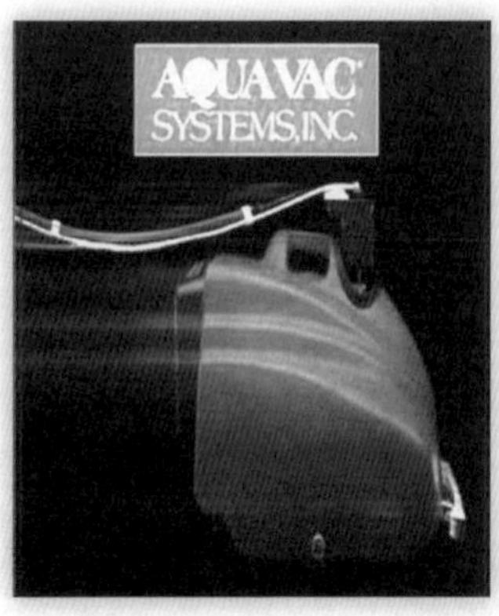

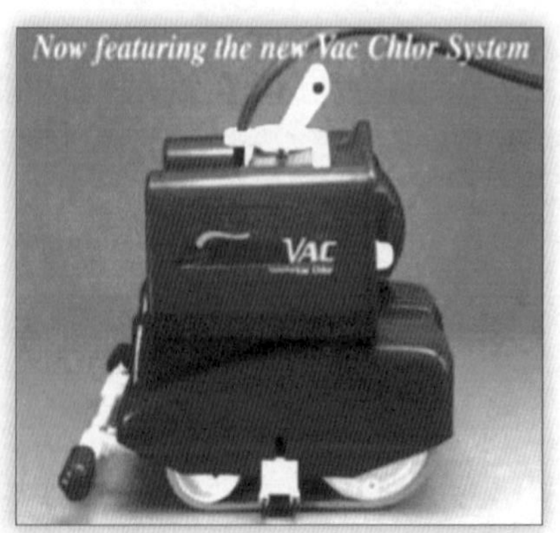

水中吸塵器俗稱水龜，可協助清理水中雜物

W×L（含橄欖球形）；不規則面積：L×（A+B）×0.45（以公尺爲單位）。

2.深度以平均値計算，面積與平均深度相乘即爲游泳池的水量噸數。

◆常用消毒方式

不外乎以氯粉（錠）、臭氧、紫外線、鹽等方式消毒。

(三)機房管理要點

◆過濾系統

①過濾設備原理

過濾是以分離泳池水中固體粒子爲目的一種裝置，屬於澄清過濾與接觸過濾的應用，使用者的使用觀念只停留在濾羽的過濾孔經過與汙染粒子的粒徑差。一般濾羽對汙染粒子的作用包含作爲粒子的沉澱作用、作爲粒子的凝聚作用、粒子間隙的阻留作用、附著於濾材之生物過濾作用，即是過濾器中的有效濾層厚度與有效面積是水質品質的關鍵。隨著過濾時間的增加與汙染粒子在濾層上的累積，使得有效濾層增加，但過濾器的壓力也增加了，這時選擇反沖洗或濾材清洗與更換的時機就顯得相當重要了。

②過濾系統類型

1.傳統石英砂壓力式：有直立式與橫式兩種，一般泳池均以直立式較多（25m）前佳姿健身俱樂部與八里地中海俱樂部均是以鋼板製造所以體積大、重量重，濾材分粗砂層、細砂層、卵石層，過濾效果好，近來有業者加裝了微電腦控制器，在操作上簡便許多。

2.改良式石英砂壓力式：是屬於石英砂壓力式的過濾器，由上往下經過石英砂濾層，進入分散歧管，回到游泳池，反沖洗則由萬向閥門控制，以相反方向流動，再經過萬向閥由排水管流

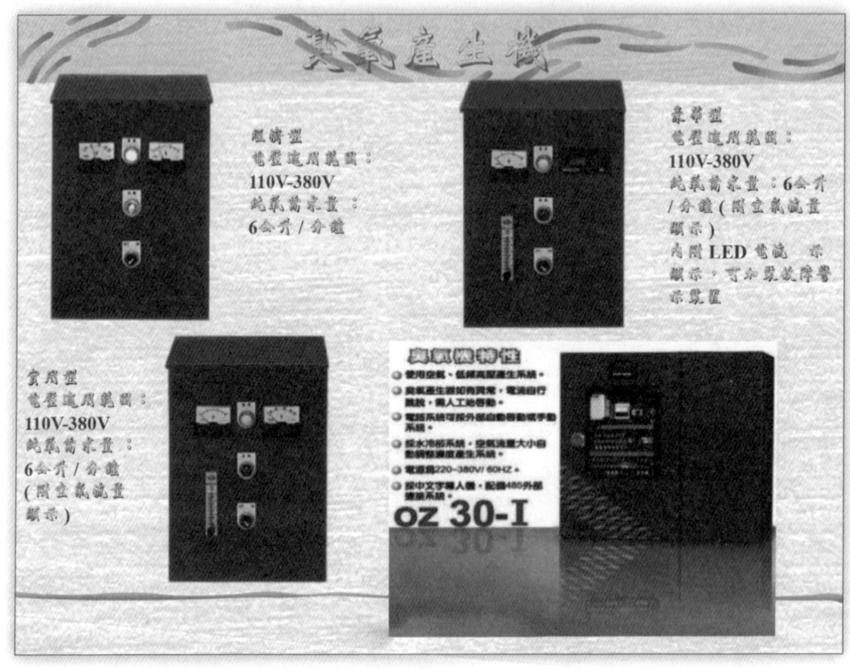

臭氧機可協助殺菌，提升水質的安全管理

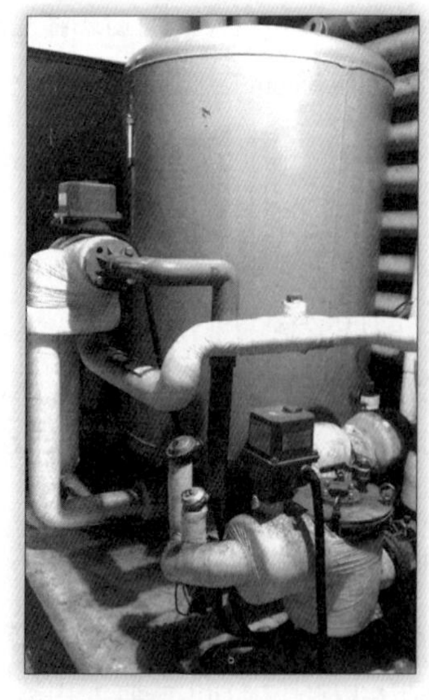

自動加藥機

出，所謂改良有下列幾項：

(1)以塑鋼或玻璃纖維取代了鋼材，重量大大減輕，施工容易。

(2)利用分散歧管代替卵石做分散水流，減少濾層高度，濾層材質簡單化，設置空間縮小。

(3)充分利用塑膠萬向閥，軟性施工，配管容易。

(4)實際運轉操作只要旋轉萬向閥即可，做完整過濾程序，操作相當容易。

石英濾材特性爲流量大，可用逆流清洗；在小面積的濾床內可以處理大量的水流，故使此類過濾器在目前泳池應用漸成主流，但要注意泥球砂垢萬向閥常會因操作不當，使操作桿彈簧墊片破裂，方向旋轉無法定位。

3.矽藻土式：是在二次世界大戰中，因野戰部隊所採用而發展出來的，是水與矽藻土混合，流入過濾器，在機內披覆網片上形式約1.5～4.0公釐矽藻土濾膜是屬於拋棄式的濾材。當開始過濾壓力增加至0.5kg/cm時，進行反沖洗，沖出被汙染之矽藻土，沖到出來的水乾淨爲止，再次用新的矽藻土作濾膜。這種過濾器裝置較小，去除水質汙染粒子效果較好，但缺點爲過濾汞浦操作費用過高，濁度大於2,000ppm以上不適合使用，須重新補矽藻土。

矽藻土是一種粒狀物質，似砂或石榴石，在顯微鏡下，這些骨架般的材質就像小海綿，矽藻土可以移出約96%以上的水中懸浮物質，大小約2.3微米。預敷厚度一般的用法是每平方公尺面積，施用約1公斤乾量矽藻土。要處理游泳池的水，最細與最粗顆粒均應避免，太細的矽藻土，效果雖然好，但使用期不長，而粗粒的矽藻土使用期雖長，但效果不好。

4.筒狀卡式：此種過濾器國內稱爲卡式，彈夾式或不織布等，是由聚酯纖維所做成，爲了增加過濾面積，而有不同的皺褶。

(1)主要功能：以汙染粒子與纖維上的孔徑差作阻留動作，在多皺摺的情況下濾心無法以反沖洗來清潔。

(2)過濾方式：過濾水由進水管進入濾桶之內外側，內之外側，向內擠壓經濾心進入中央集水管理，而後導入出水管或過濾程序，像是水中的空氣濾清器一般，在多皺摺的情況下濾心無法以反沖洗來清潔，須以化學浸泡方式除去汙染粒子。

◆加熱系統

鍋爐的型式一般有天然瓦斯、燃油、電熱管式等系統。

1.Gas瓦斯（天然氣）式加熱器：是效率比較高的一種燃料應用方式，新的電子點火系統已取代老式高壓點火，加熱器裝置位置是在接近過濾器的下游，原理與家用瓦斯熱水器類似。它的結構有恆溫控制、壓力開關、瓦斯控制閥、安全回路等。

2.燃油式加熱器：燃油的成本較天然氣貴，一般使用分為柴油及重油（黑柴油），油的品質是維修費用支出的潛在原因，純度不良的油品會導致噴油嘴堵塞，使熱交換效率降低，另一個問題是抽油汞吸入空氣，熱孔排氣程序是必要的，以上兩種又可分為線圈式與桶式。

3.熱汞式：熱汞是從周圍空氣中取出熱氣，轉移給通往泳池水的水中，像是一台冷氣機一樣，散熱器部分是用來作加熱池水用，冷氣部分是用來對室內作空調或除濕用，由於熱汞式冷熱兩季部分都可以利用到，所以效率非常高，但只適合小型池加熱或大型池保溫用，因為它的加熱速度較慢，另外由於其熱量來源是空氣，所以在太高的地區，效率就很低了，熱汞主要缺點在於室溫太低而導致泳池水溫上升速度慢，須配合其他加熱器使用。

◆泳池及機房安全須知

1.安全管理：每日上班檢查、下班巡視、記錄備查。

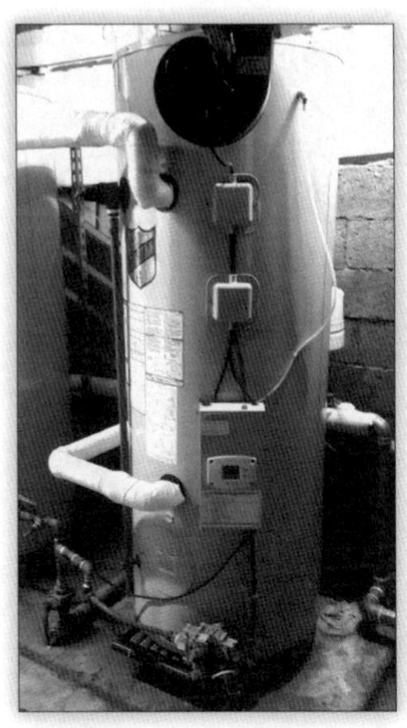

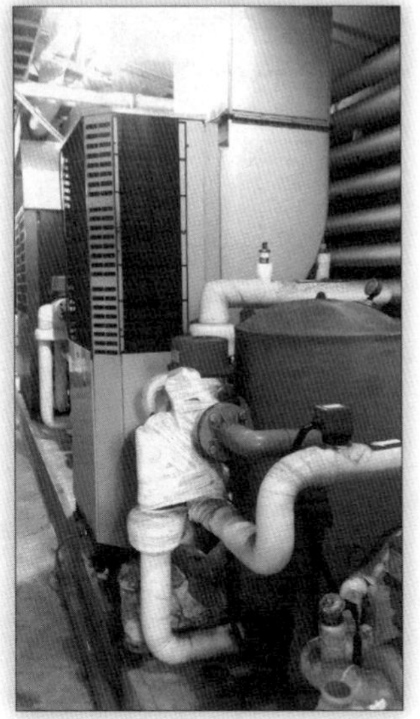

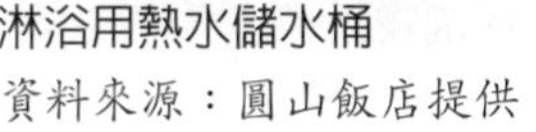

淋浴用熱水儲水桶　熱泵

資料來源：圓山飯店提供

2.安全須知：注意到電氣箱與泵浦管路；排水系統設計良好；漏電裝置與斷電系統；安全用具如雨鞋、竹竿等準備妥當；化學藥品分開儲放；安全照明設備齊全。

(1)水電分離措施：電源控制箱遠離循環管路；電源控制箱裝設於機房入口高處；加溫鍋爐不可有電線穿過；保持機房通風與粉塵的降低。

(2)排水系統：樓地板排水孔以凸型落水頭爲宜，以增加排水功能；定期檢查機房排水管路與過濾器排水管路，以免堵塞後回流機房；確保樓地板洩水坡度，以免機房積水。

(3)漏電裝置與斷電：落水頭吸陷的緊急斷電裝置；瓦斯自動偵測警報系統；消防灑水滅火系統；電源、水中燈與馬達接地線的安裝。

(4)安全用具：護目鏡；防護手套；雨鞋；防護口罩；沖眼器；絕緣長竿。

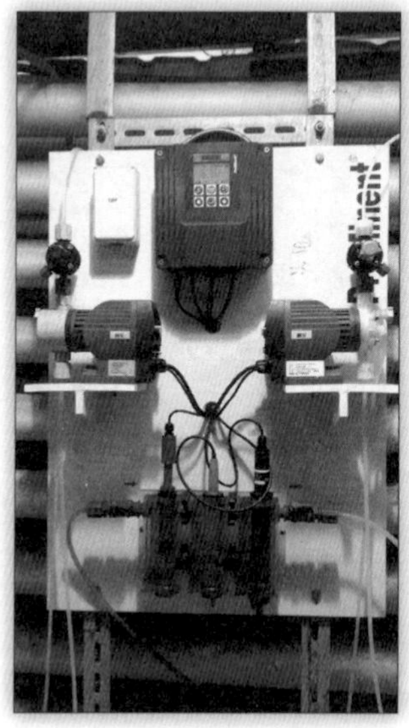
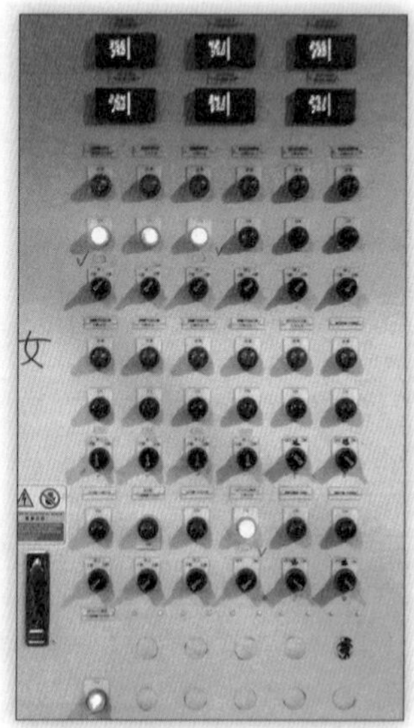

自動過濾器開關及各項設施使用狀態儀表板
資料來源：圓山飯店提供

(5)化學藥品：臭氧混合槽排氣管不可破裂；避免揮發性氣體在機房存放；嚴禁氯、酸等腐蝕性化學藥品在機房存放；嚴禁在機房做化學藥品的調配工作；永遠是化學藥品加入水中，不可水加入化學藥品中，以確保安全；化學容器在使用後須用清水洗淨後丟棄。

3.標識（禁止、警告、建議與標示）建立：

(1)泳池標識圖片張貼是爲了避免不識字或外國人士辨認，主動安全告知義務，泳者遵循方向，保障場館單位與泳者權益。

(2)品質公告：pH、餘氯、水溫、室溫、溼度、使用人數等。

(3)過濾系統：可以顏色區分進、出水管路與溫度。

(4)各項機械：如過濾系統、加藥機、空壓機、加溫鍋爐（熱水器）、水底（離岸）式吸塵器等操作步驟（使用說明）、管路配置圖等操作流程圖張貼。

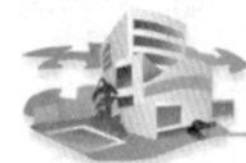

第三節　水區作業流程圖示法

一、作業流程說明

(一)活水區濾毛器清洗操作流程

1.先關加熱器按鈕，再關馬達及關進水閥門，萬向閥門轉至閥的位置。

2.拆卸螺絲（十二顆），取出過濾鐵網清洗，再放回過濾鐵網，安裝上緊螺絲（十二顆），開進水閥門，再將萬向閥轉至過濾位置。

3.開馬達，啓動加熱器按鈕（約二至三分鐘後），檢查壓力表是否正常。

(二)活水區過濾系統逆洗操作流程

1.關加熱器按鈕，再關馬達，將萬向閥轉至逆洗位置，開排水閥，啓動馬達。

2.逆洗完畢、關馬達，關排水閥，萬向閥轉至過濾位置，打開補水閥（每池須補水補至定位），開馬達。

3.啓動加熱器按鈕（過濾約三分鐘後再開啓），檢查壓力表是否正常。

(1)區位：平日與假日因人潮多寡有別，區位有所不同。

・平日：藥浴池逆洗至由上數下第二格瓷磚的位置；芳香池逆洗約一分鐘，補水至剩半格瓷磚的位置；水療池逆洗約一分鐘（每個），補水至黑色方塊下緣；超音波池逆洗約一分鐘，補水至剩一格瓷磚的位置。

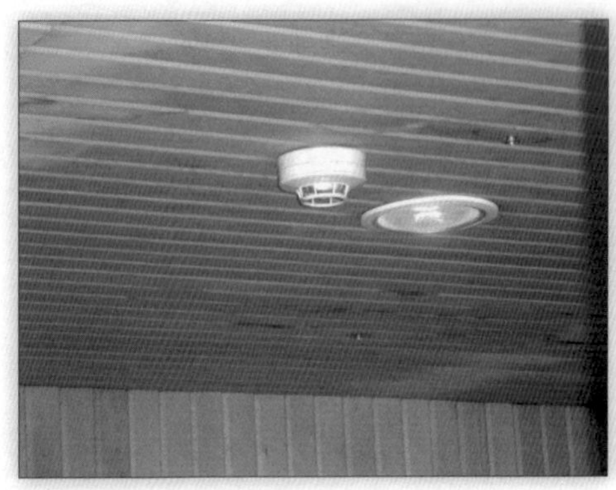

烤箱內的遠紅外線燈
資料來源：至善健康生活館

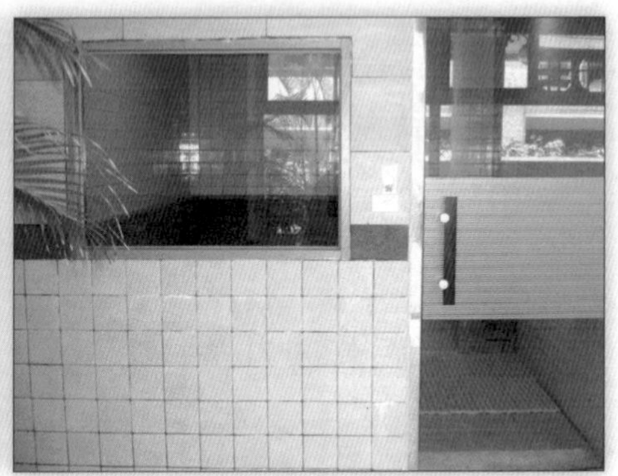

蒸氣室
資料來源：至善健康生活館

- 假日：藥浴池逆洗排水至階梯，補水至由上數下第二格瓷磚下緣；芳香池逆洗約一分鐘至一分半鐘（每個），補水至黑色方塊下緣；超音波池逆洗約一分鐘至一分半鐘，補水至剩一格瓷磚。

(2)壓力：藥浴池23kg／cm²；芳香池30kg／cm²；水療池12kg／cm²、25kg／cm²；超音波池25kg／cm²。

(3)溫度：

- 冬季時：藥浴池40℃；芳香池38℃；水療池35℃；超音波池37℃；游泳池30℃。
- 夏季時：藥浴池37℃；芳香池34℃；水療池32℃；超音波池35℃；游泳池28℃。

二、作業流程圖示法

(一)活水SPA區使用流程

俱樂部的活水區大部分是男女一起使用的區域，故需穿泳裝下水。爲了保持水質的清潔衛生，入池前會要求客人先沖水。對於如何使用活水池做水療很多顧客並不知道，因此專業體貼的俱樂部會規劃出使用的流程，並且將使用流程以圖示方式張貼於現場以方便顧客瞭解。**圖8-4**為一種SPA療程的使用流程範例圖。

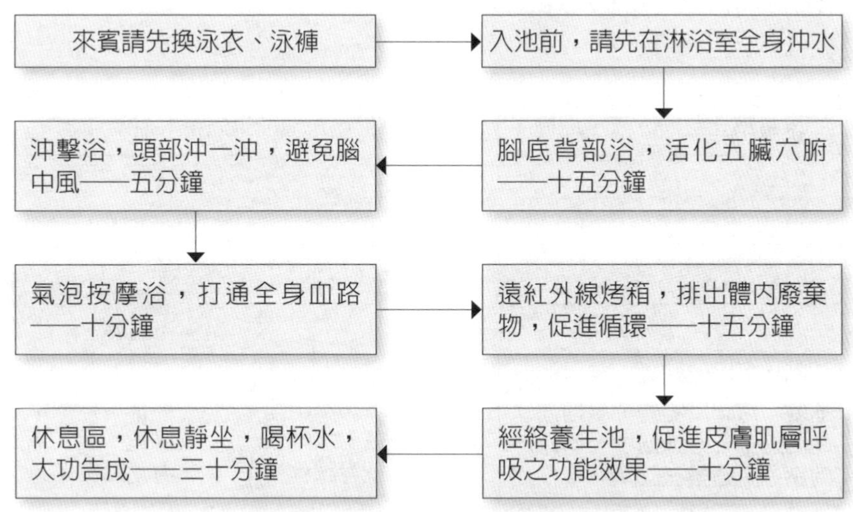

圖8-4　SPA療程的使用流程範例

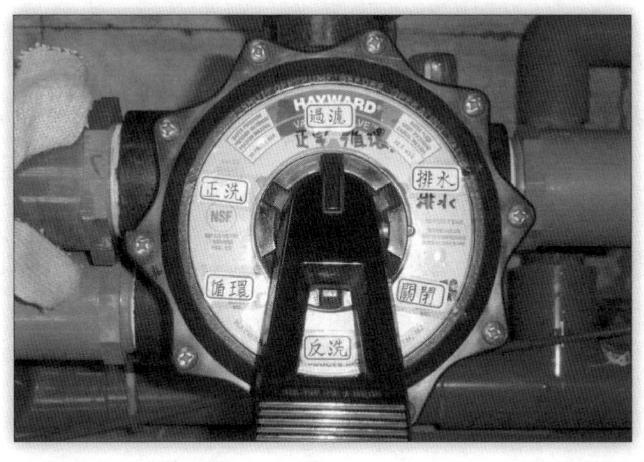

過濾循環系統操作處

資料來源：至善健康生活館

(二)溫水游泳池使用流程

溫水游泳池在俱樂部中最容易產生的問題，就是長游者與戲水者產生區域衝突，因此，也要制訂標準使用流程圖張貼於現場，作為現場管理的指標。**圖8-5**為範例之一。

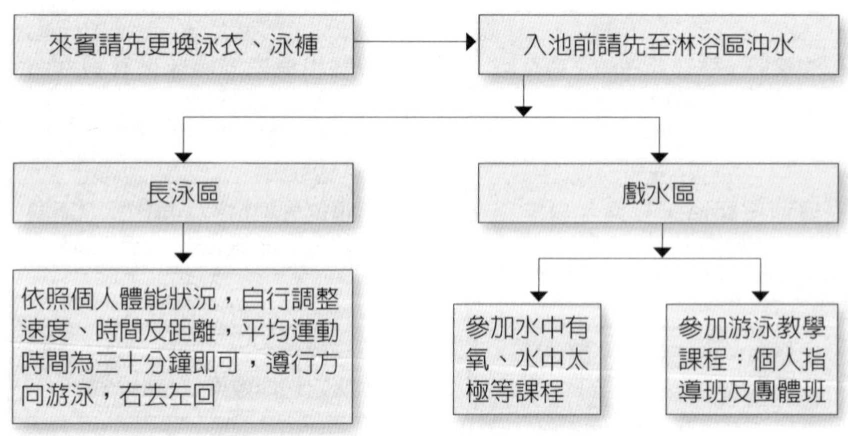

圖8-5　溫水游泳池使用流程範例

(三)機房水療池過濾器之操作流程

水區對於工作人員最重要的一項管理工作就是機房管理。機房中無論水療池或游泳池過濾系統是關係水質安全很重要的一個設施，工作人員須瞭解過濾器的操作程序，程序中任何一個步驟都關係到過濾系統的運作，因此更需要將標準作業流程做成圖示，並且張貼於機房內，以便操作人員執行操作。**圖8-6**為水療池過濾器之操作流程圖範例。

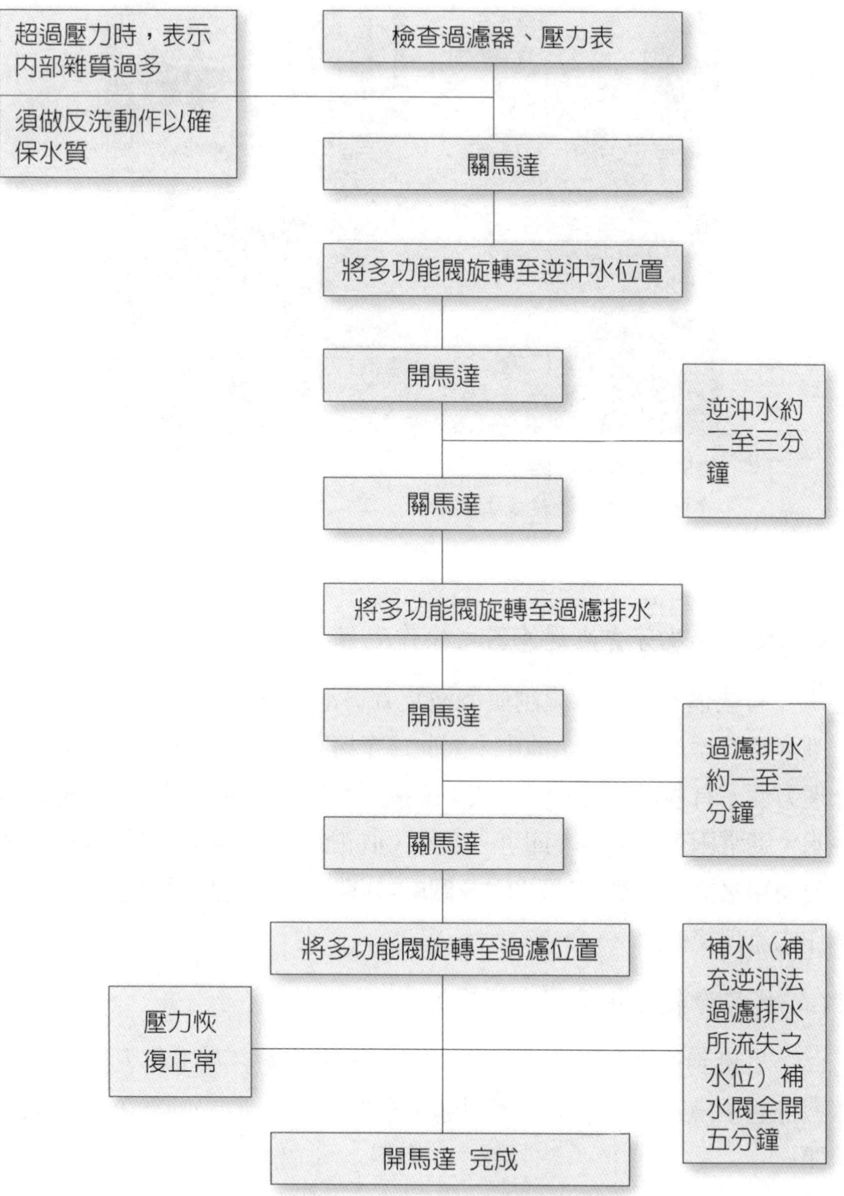

圖8-6 水療池過濾器之操作流程圖

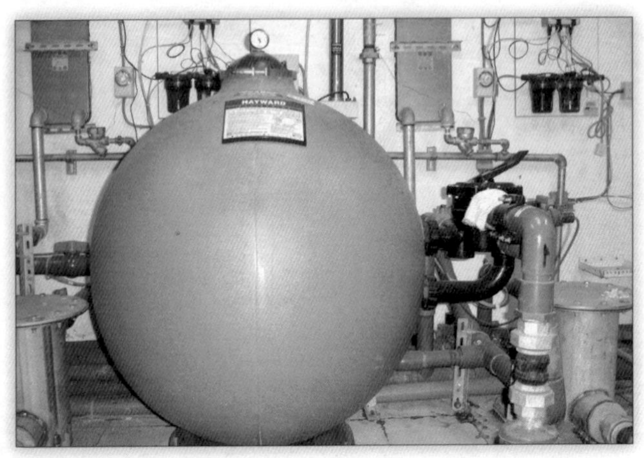

機房內過濾桶設備
資料來源：至善健康生活館

(四)藥浴池及芳香池過濾器之操作流程

有些俱樂部還會規劃藥浴池及芳香池設施，針對藥浴池及芳香池通常有添加物放入水池中，因此為了擁有好的品質水準，在水質管理方面，有些需每天反洗一次；但按摩池及超音波池因僅有一般的熱水，通常兩天反洗一次即可。當然，真正的次數仍須視設備規模型態及使用量來訂立標準。**圖8-7**及**圖8-8**分別為過濾器及循環過濾系統操作的流程範例圖。

(五)機房冷氣空調操作流程範例

早班到俱樂部就需先開啓冷氣空調，使顧客及工作人員均能處與舒適環境下活動，晚班則須關閉空調，操作流程如**圖8-9**，方能離開。

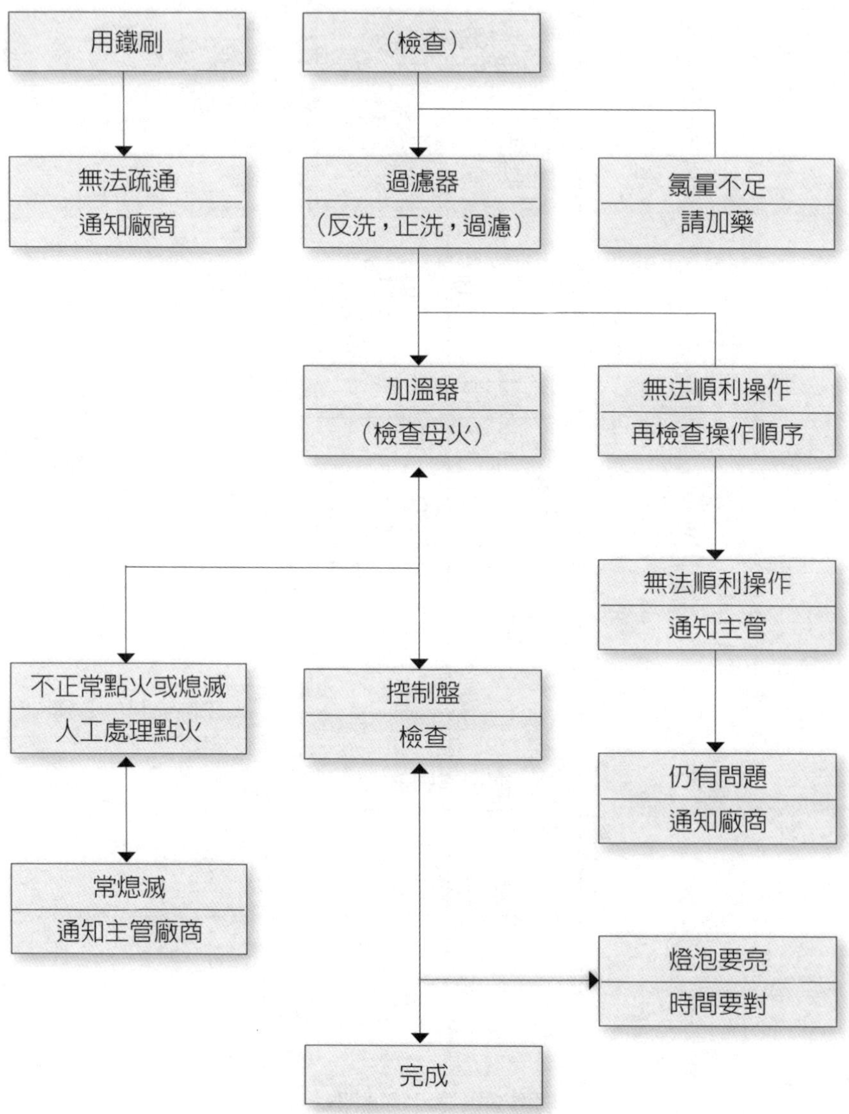

圖8-7　過濾器之操作流程圖

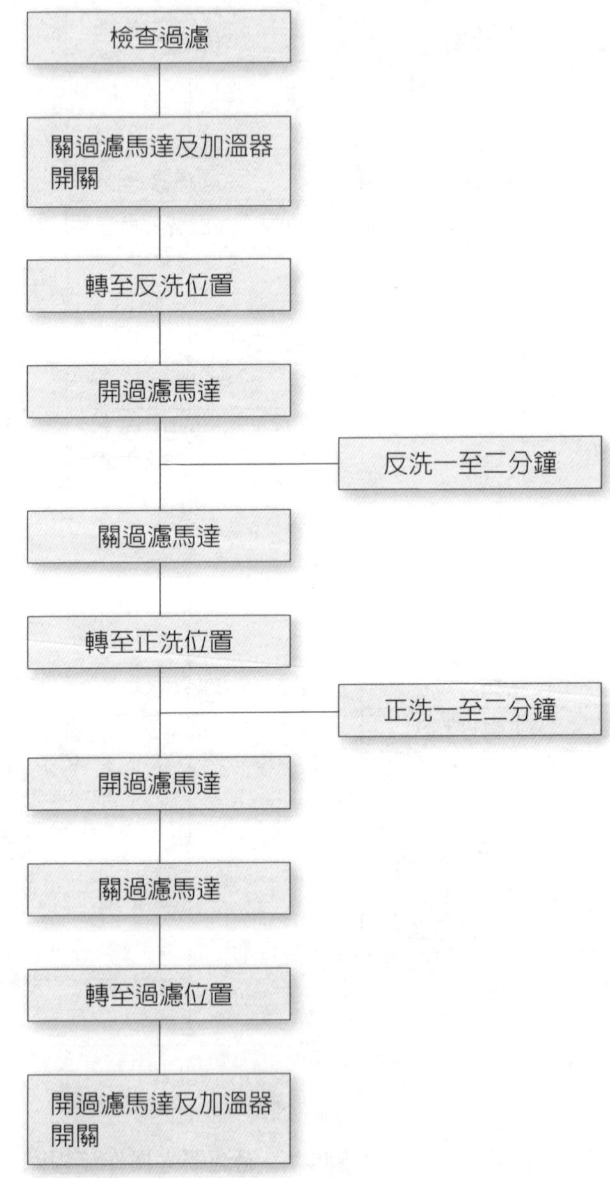

圖8-8　循環過濾系統操作的流程圖

早班開冷氣流程圖

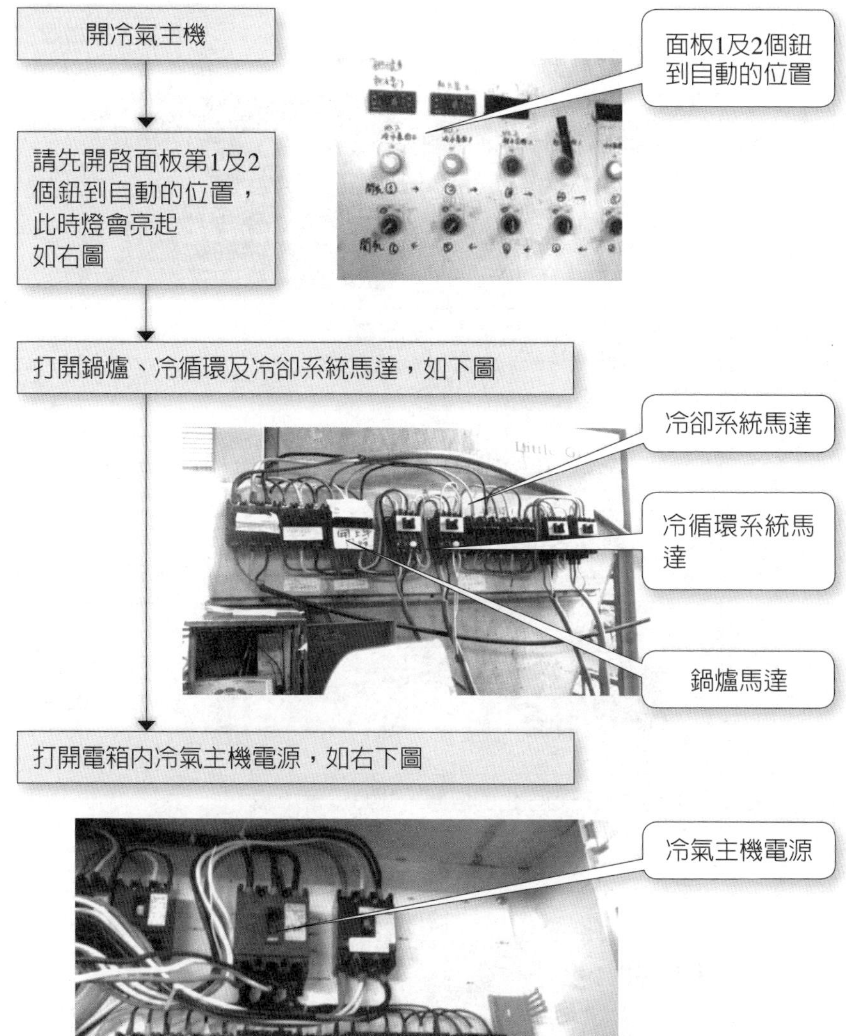

圖8-9　機房冷氣空調操作流程範例

晚班關機流程圖

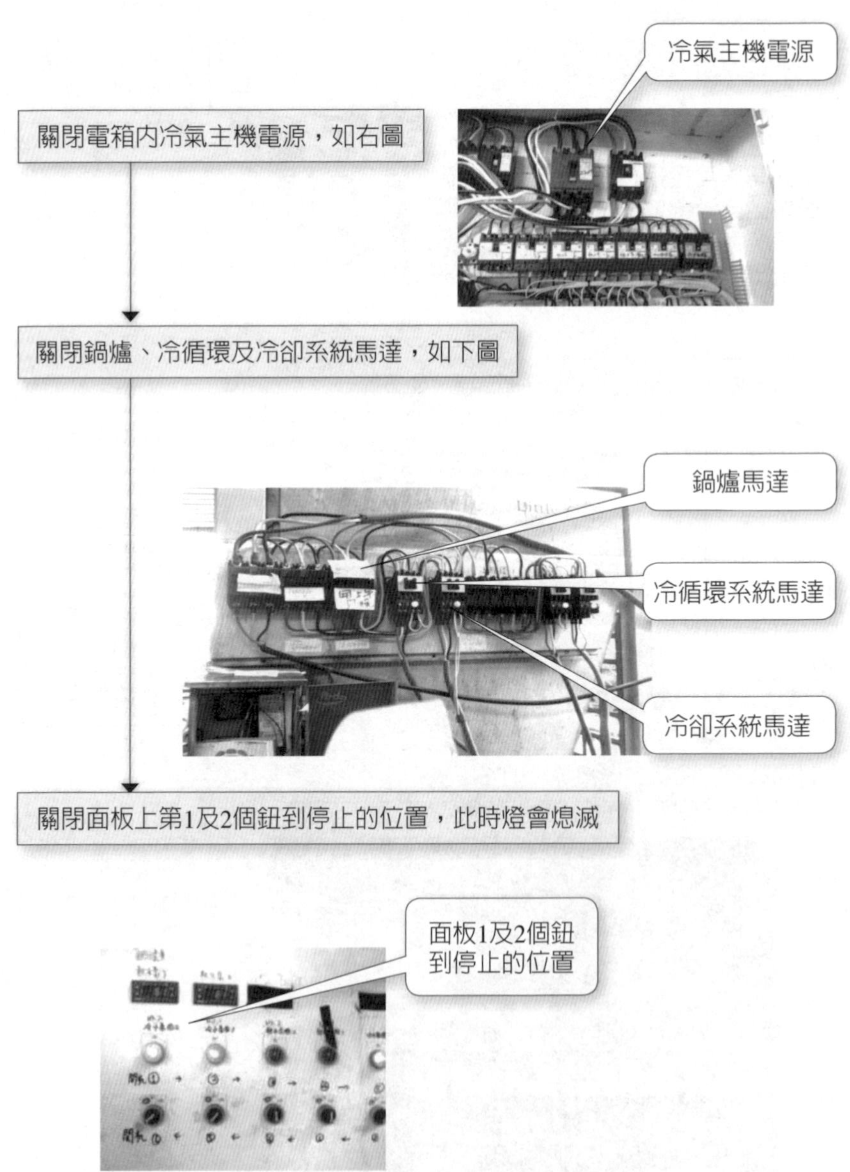

（續）圖8-9　機房冷氣空調操作流程範例

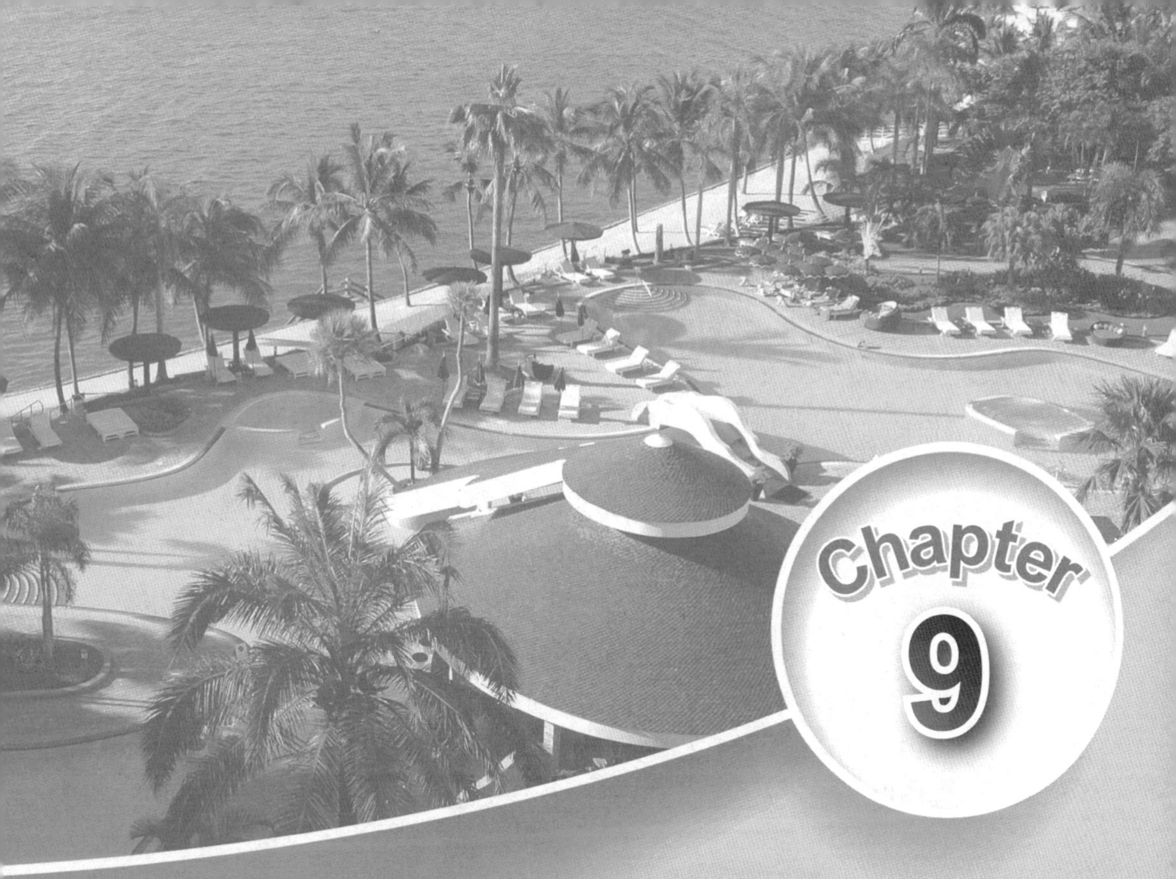

服務品質管理

- 高品質的意涵
- 服務補救
- 發展擴增服務品質

現代企業經營唯有高品質服務才能吸引顧客並創造利潤，因此無論代價爲何必須維持一定品質。然而高品質意味著企業願爲顧客付出，同時相信品質是可超越的，但須由人員表現出來。故無論第一線和後勤人員都須維持高品質服務水準，這就是俱樂部提供服務品質的基本認知。

企業以服務作爲競爭乃是服務競爭邏輯，同時是整個企業成功關鍵。一般企業的核心產品並無法確保絕對的競爭優勢，而只是發展競爭優勢的起始點。因此，如果公司以服務觀點作爲提供重新定位的策略方法，乃是由於顧客要的是更舒適、較少問題，而企業更需較低附加價值成本，較少產品與服務造成的麻煩，這就是專注服務必要性的理由。何況競爭對手已擴及到全球化，同時科技技術之發展，也使企業能提供新服務，因而管理階層必須依此競爭作爲決策及介入決策的基礎。

第一節　高品質的意涵

俱樂部服務品質管理，必須做到追求高品質的服務，主要目的在於能取悅顧客，其得到的效果最主要爲可降低顧客流失率，同時不必浪費時間、金錢對不滿意之顧客做彌補的事宜，也不必浪費時間、金錢在宣傳行銷，爲開發新的客戶而傷神，並且可減少打折吸引顧客次數，增加利潤，進而可以花較多時間在滿足最忠實顧客上，因爲最忠實顧客就是免費最佳宣傳工具。但要想做到眞正高品質服務，首先要明白其中基本關鍵要點有以下三項必須做到才能有效。

1.顧客：首先要觀察顧客的消費行爲，再由顧客意見回覆、申訴，或根據市場調查，多瞭解消費者的期望與想法。
2.經理人：一個俱樂部要成功地經營，領導人是絕對的重要關鍵。因此必須找到一位專業的經理人，再由專業的經理人依據培訓能力，訓練出優秀工作人員，加以組織經營團隊。

3.程序：為確保良好服務品質，應時時檢閱服務流程，以提高效率與準確性，更重要須有效控制預算，達到完美成果。

一、品質的涵義

品質是符合要求之規範，而不一定是要最好，也就是品質要有明確與清晰標準，以符合顧客需求。因為品質是一種適用性，即滿足使用者之需求（Juran & Gryna, 1980）。所以品質不僅是要符合顧客的期望，更要滿足顧客的期望（Deming, 1986）。然而達成品質要靠預防，而非事後的檢驗與評估，服務品質是能夠一致符合顧客期望的程度。服務品質更是顧客期望的服務，和實際感受到的服務，相互比較的結果（Crosby, 1979）。同時服務品質也是一種主觀的認知品質，由消費者主觀評定之，而不是客觀的品質（Garvin, 1988）。所以主要決定於顧客主觀的判斷，重點在合乎「需求」，而不是合乎標準與合乎規格。因為服務具有異質性的特性，即服務的好壞決定於顧客的主觀判斷。一般服務品質模型如**圖9-1**所示。

二、服務品質的特性

根據品質的涵義可歸納出服務品質具有以下之特性（Parasuaman et al., 1988）：

1.不同於實體或眞實的品質。
2.較特定產品的屬性而言，具有較高的抽象性。
3.應做整體性的評價，與態度相似。
4.顧客的判斷通常來自於內在的喚起集合。
5.顧客會以較低階的屬性為線索，來推測品質。

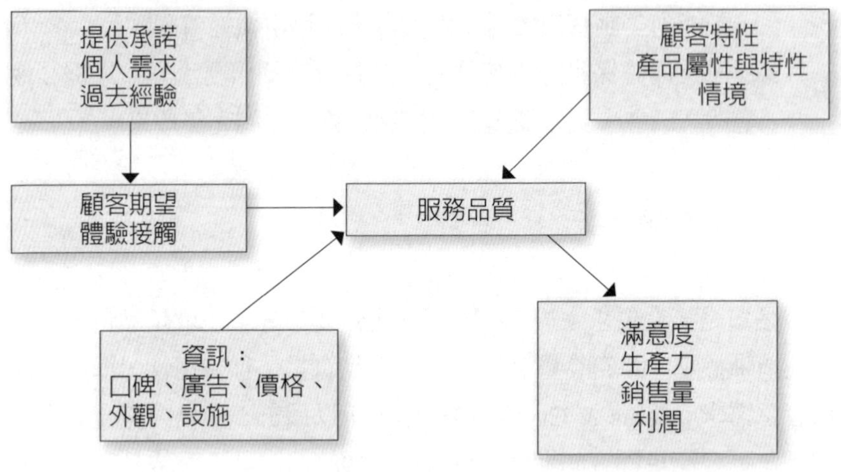

圖9-1　服務品質模型

三、何謂高品質？

品質好壞是以顧客的認定爲主，不是業主決定，在俱樂部業界不難發現，一些業主常以自己的好惡當成消費者的喜好。實際上，品質好壞須以顧客滿意度來衡量，服務品質指的是期望與實際體驗之間的差距，因此，討客戶歡喜的現實面即構成服務的要素，但是現實面並不一定就會贏得顧客滿意度保證，因爲服務要素中技術細節與非技術細節均會影響顧客滿意度。尤其非技術性心理因素，往往是自服務產生或進行階段開始，延續至消費者接受服務爲止。

(一)品質等級

優良的服務品質可分爲「好」、「很好」、「接近完美」、「太棒了」或「令人喜悅」。但消費者只有在遠超出意料之外情況下的感受，才會將滿意的情緒表現出來，以及令人會想不厭其煩地談論那些經驗。因此俱樂部的行銷策略要成功，不得不專注在提供的服務品質的等級上。當然，高品質須付出的代價乃在於人是服務履行機制中重要元素，即使生產力再好，也不見得代表品質會更高，故不應爲了計較成本而模糊了對顧客用心。

(二)品質成本

一般維持及改善服務品質須付出的成本可分以下四類：

1.預防措施：系統檢閱、測試及控制、人事訓練、從事調查、規劃等工作事項均屬於預防措施。
2.評估或檢驗：包含接近觀察及監督、測試既有服務品質機制及顧客的反應。
3.內部失誤：指的是提供的服務或產品送交顧客前出錯，因而須進行修正、重做或報廢的成本。
4.外部失誤：指的是提供的服務或產品送交顧客後出錯，故須付出彌補、擔保、罰金或賠償，甚至最嚴重的失去顧客所付出的代價。

(三)品質要素

多注意與品質相關問題乃維持高服務品質的方法，通常可由顧客滿意度、顧客反應、顧客申訴處理、控管服務品質、服務標準、檢討履行服務問題、應對固有顧客、訓練員工、團隊工作這些要素來提高服務品質。當然產品是經歷一連串製造生產程序所得來的結果，所以製造產品的程序著重於機能性與互動性，這些包括整個運作系統、技術與人員等要素。在休閒俱樂部中基本構成品質的要素至少有領導能力、策略計畫、顧客與市場焦點、資料分析、人力資源焦點、程序的管理、管理成果等七大領域。

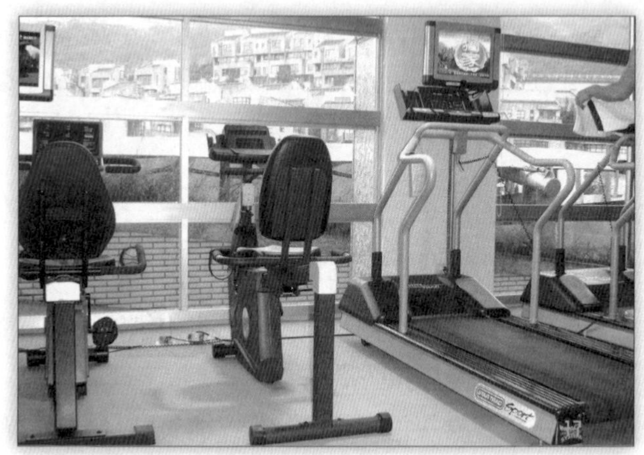

在有氧健身器材上加裝電視提供貼心的服務
資料來源：青山鎮休閒俱樂部

四、影響服務品質的因素

在休閒俱樂部經營過程中，若要真正達到企業所要求的品質規格，須事先考慮哪些因素會影響服務品質標準，無論是否每一種因素均會在每個俱樂部發生，但爲確保服務品質的水準，仍應先假設會產生，而事先謹慎地預防。

1.經理人的認知與顧客期望之間的差距：此項因素須透過消費者調查、顧客反應或申訴來作爲解決問題之道。
2.經理人的認知與產品優勢（涵蓋服務履行機制）之間的差距：經常可從服務人員介紹產品或服務時強迫推銷或由不實廣告中發現此種狀況。
3.產品優勢與產品實際優點之間的差距：此項因素可透過經理人監督、溝通、系統控制及訓練加以解除。
4.產品實際優點與宣傳服務優點之間的差距：問題最容易出現於

爲顧客履行服務時。

5.顧客對服務的實際體驗及顧客期望之間的差距：若想達到優良品質的服務口碑，則認清服務的實際體驗大於顧客期望就是好的服務品質。

五、服務品質管理計畫

既然服務品質對休閒俱樂部具有舉足輕重的地位，那就更需發展優良的服務品質管理策略。一個好的策略當然要先有好的計畫才能順利發展，以下爲計畫的項目：

1.服務概念之發展：以建立顧客導向爲服務概念之發展。

2.顧客預期管理計畫：所提出的服務品質等級也須符合有能力且願意提供之服務。

3.服務結果管理計畫：規劃出服務流程之結果，須符合服務的重點。

4.內部行銷計畫：一個完整的服務品質達成需要有內部員工的支援，因此內部行銷流程計畫是不可缺少的一環。

5.實體環境與實體資源管理計畫：除了依內部效率標準訂定的實體環境與資源之管理外，尚需適切考量此計畫對顧客是否有影響。

6.資訊科技管理計畫：資訊科技帶來服務效率的提升，但因科技投資成本不低，故須評估投資資訊科技或以軟體升級之必要性與適切性。

7.顧客參與管理計畫：有些服務的程序中規劃由顧客同時參與生產，或許有時可對服務流程產生良好影響。

六、提升服務品質執行步驟

經營俱樂部要提升服務的品質可依以下步驟來執行：

(一)決定策略性目的

目的在傳達品牌的獨特性，顧客由品牌聯想服務性質，進而選擇需要之服務，釐清目標市場，滿足市場需求與期望，方針轉換為可衡量標準，才能選定服務等級。

(二)掌握顧客需求及期望

顧客需求及期望可透過市場研究與調查、觀察顧客行為與反應、蒐集對手資料、客戶申訴、直接與顧客聯繫、成立意見小組、顧客擲回的意見表等方式加以掌握。此乃有助於業者找出消費者最在乎的部分，作為思考產品服務的特色方向與要素。

(三)衡量服務品質與顧客滿意度

評估服務品質與顧客滿意度是掌握消費者需求的基本條件。但須有一定的度量方式來衡量。如意見調查表，應讓顧客針對問題點暢所欲言，由影響滿意度關鍵因素，找出滿意度指數，讓顧客注意到改變之處，並且可反映出不經意的改變，讓顧客無意中發現。

(四)以顧客為主，重新擬定組織結構

結構乃是責任與機能的安排與劃分。而責任是為了達到目標而制訂的，權力的分配是為了確保組織能夠正常運作，如果組織結構配合相關策略，員工工作態度也將會隨之改變。加上組織結構與特定顧客需求和市場定位等如果能做到緊密結合，將有助於發展產生成果的主要活動。由於主要活動會對消費者造成最直接的影響，所以除了要提供完美無差錯的服務，更要注意到主要活動不能次於非主要活動，將

公司的人力、設備、資金、空間等做合理規劃運用，將重心放在主要活動，但也不要忽略了非主要活動。總之，無論營運規模大小，服務良好的俱樂部組織應具有旺盛進取心以及以客爲尊的精神。

(五)中階經理人尋找新定位

中階經理人在俱樂部所扮演的角色是介於高階決策單位與基層員工之間的協調者，他的職責主要是監督下屬工作情況、管理員工及解決問題，找出「好」、「很好」、「太棒了」等級的區別，以便讓整個服務程序不斷達到所謂「太棒了」之境界。同時藉由維持生產或服務程序以達管理目的，進而得到滿意結果。對於解決問題須在員工進行服務當下處理，問題解決後服務品質須持續提升。

基本上多領導、少管理是中階主管的信條，也就是當一名好教練不是一名管理員，故應與員工分享公司的資訊與決策，並且培養對顧客保持高度敏感，懂得解讀顧客表情與話語，訓練員工培養顧客至上的觀念，更重要的是以身作則，並且維護現有資料，此爲俱樂部在顧客關係中相當重要的資產。

(六)達成優良生產力

在思考及擬定策略時能一併考慮到員工是否能做好，進而分析服務運作與程序，找出與顧客接觸時間點，決定如何管理時間點及維持哪種程度的品質，想像可能發生的失誤與出錯之地方，找出避免失誤的方法，並做出彌補方式，才能有效達到優良生產力。

(七)計算收益，提供划算服務

根據部門性質、機能、產品、目標、供應商、設備及人員等因素加以分析，因爲作業常須耗費成本才能達成，如每一部門都須編列行政預算、資料處理預算及會計預算。屬於特別配置的預算，不列入投資報酬計算，以特別計算方式，衡量特別配置的成本與實際作業間關聯性，就能求出符合實際情形的價値。所謂高品質不一定代表高成本，在休閒俱樂部中開發新會員的成本，絕對比留住現有會員高許多。

(八)鞏固顧客忠誠度

在俱樂部中鞏固會員忠誠度是非常重要的一環，因此建立良好顧客關係管理是不可或缺的工作，也是品質管理的重要資產。對於俱樂部會員的服務達到會員的期望，甚至超越期望及能滿足會員滿意度，如此才能鞏固顧客忠誠度，避免會員的流失，更進一步爲俱樂部做免費宣傳，建立口碑。

七、休閒俱樂部提升服務品質方案範例

以下爲會員制休閒俱樂部爲了提升服務品質所做的提升品質計畫方案範例。

休閒俱樂部提升服務品質方案範例

大綱	程序
一、櫃檯	
1.幫會員copy資料 2.幫客人迅速有效的訂房及訂位 3.幫客人接聽手機電話 4.幫會員聯絡會員事項 5.主動提供俱樂部其他相關資訊給客人	會員需copy資料，由櫃檯人員通知領班指定一名員工拿至辦公室幫忙copy。 會員如需訂位或訂房，櫃檯人員立即打電話至餐廳訂位組或訂房組幫忙訂位，再回電給會員確認。 客人帶手機來，寄放櫃檯人員處，由櫃檯人員接聽，如需轉接客人，則請他打公司電話222xxx再轉接給客人。 會員託付資料給予另一會員，則由櫃檯人員填在客人交辦事項聯絡簿上，等看到該會員時轉達。 會員如要訂房或訂餐時，主動告知相關資訊給客人選擇。
二、健身房	
1.主動提供毛巾及開水等物品給客人 2.主動指導客人使用器材	教練看到客人進入健身房，應主動遞上毛巾給客人，運動後主動遞上開水給予客人。 任何一位客人只要沒見過，則主動詢問是否需要介紹器材使用方法。

大綱	程序
3.為會員作健身評估測驗，重新設立運動處方	會員每半年主動詢問，是否需重新作一次健身評估測驗及開立運動處方。
4.增加有氧運動錄影帶提供客人選擇	採購多樣化的有氧錄影帶供客人選擇，如階梯、肌力、伸展、瑜伽、拉丁有氧等。
三、三溫暖	
1.主動詢問客人是否需要飲料	會員一進入休息區，主動詢問是否需要任何飲料。
2.主動介紹第一次來的客人如何使用	對第一次進入三溫暖區的客人，主動介紹設施及環境，讓客人瞭解環境位置及三溫暖使用方法。
3.提供茶包、咖啡包供客人自行使用	在休息區擺設茶包、咖啡包及飲水機提供客人使用，當客人找不到服務人員或不想找人服務時，可自行使用。
4.常客及會員打招呼記得其姓氏及熟悉其習性	對長期住客及會員打招時，記得其姓氏及熟悉其習性，如冰紅茶加糖或不加糖，只喝熱茶或冰水。
5.三溫暖區提供冰毛巾	在烤箱區外放置冰毛巾供客人使用。
6.設立服務品質意見表供客人填寫	在休息區放置服務品質意見表供客人填寫。
7.至少每十五分鐘巡一次SPA區，保持地板的乾燥、環境的清潔及備品的完善	每十五分鐘巡一次三溫暖區，保持地板乾燥、收拾髒毛巾、補充備品，領班每小時至少檢查一次。
四、游泳池	
1.提供冰毛巾及冰水	在戶外池畔區，每隔三個小時由服務員提供冰毛巾給予客人使用，並詢問是否需要任何飲料或冰水。
2.主動為客人提供菸灰缸	服務人員看到客人抽菸，即主動送上菸灰缸給客人使用。
3.提供自動飲水機	在吧檯放置飲水機供客人使用。
4.主動巡迴池畔收拾、更換毛巾及詢問客人是否需要餐飲服務	至少每十五分鐘服務人員巡迴池畔一趟，收拾毛巾及詢問客人是否需要餐飲服務。

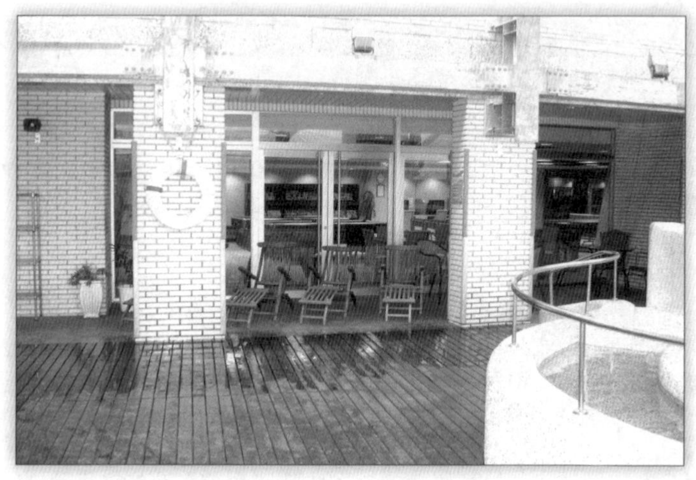

游泳池畔提供休息區
資料來源：青山鎮休閒俱樂部

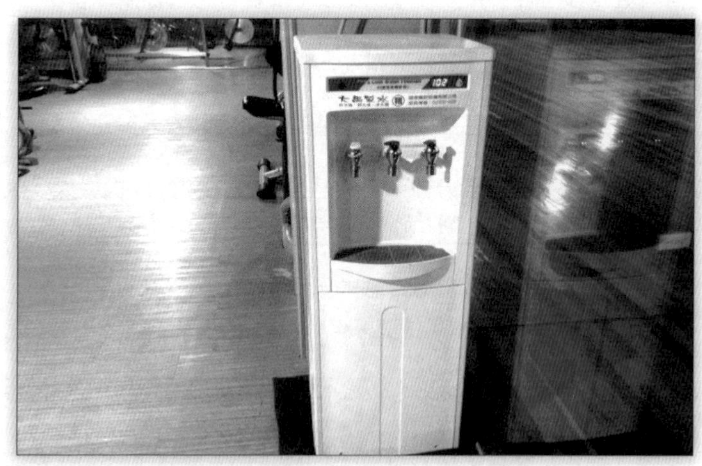

飲水機提供客人運動時飲水的需求

第二節　服務補救

所謂服務補救就是當服務失誤時之品質管控，因此無論服務失誤原因，服務提供者須處理狀況，以令顧客滿意。管控服務補救之方式，乃構成強化的或弱化的顧客關係之平台，服務補救是影響認知服務品質的一個因素，有效服務補救會讓憤怒、受挫的顧客對品質滿意度比沒問題發生時還高。

一、抱怨處理

傳統抱怨處理是顧客提出正式申訴，公司一般會以行政方式作分析、處理，此法乃非服務導向之理念。服務補救乃是當顧客對產品或服務不滿意而提出抱怨時，以行政方式針對抱怨進行處理的一種固定程序。傳統抱怨處理屬於內部效率，因此會儘量壓低成本，故結果可能會使顧客不滿意，甚至錯失生意。然而，服務補救則屬於外部效率，因此就能夠滿足顧客期望，同時盡可能維持與顧客的長期關係，最終目的當然是留住顧客以及長期獲利。

顧客不滿象徵服務仍有值得改進之處，它可以提醒業者出錯的地方，指出顧客的期待，因此，如不加以檢討改進，恐有流失顧客之虞。一般處理不滿的方法，最重要的是須讓不滿的人最終能感到滿意，同時讓整個企業體制、程序也達到改進。抱怨者滿足與否是由以下三方面的感受而言：

(一)分配上的正義

也就是最後解決的方式或結果的公平性。如果顧客感受是公平的，就會提升滿意度，對後續購買就仍有意願。

(二)程序上正義

也就是業者處理的方式、速度、彈性與否，以及抱怨的顧客在處理的程序中參與的程度等元素，是否讓顧客感到有一致性、抑制偏見、精確度夠、可修正性高、同時具代表性及道德性。

(三)互動上正義

是指顧客所得到的解釋，業者所表現出的態度、禮貌、關心度、誠意、解決問題的速度以及站在客人立場考量的程度等。

一般顧客申訴代表指控與索賠，不滿者大約只有5%會提出申訴，大部分不滿的顧客基本上就直接將業者否定了，更可能對他人傳達負面訊息。因此，雖然不滿意的原因並非都一定是企業方面的錯，但即使不滿意來自顧客自己咎由自取，仍不能將錯全歸在顧客身上。同時處理抱怨時，如果只是一味表達歉意及補償，無其他積極做法，是無法令人滿意的。設立顧客申訴單位是一種有用的做法，同時要將此申訴視爲對公司有益的寶藏，以作爲在不滿尚未惡化前加以注意的警訊。另外，提供免付費申訴電話也是一種具體有效的方式。處理時應牢記一點，處理重點是改善服務上的缺失、消除顧客不滿，而不是處罰某人，補償意義是爲了找回顧客對公司忠誠度。處理時以道歉或爲顧客著想的舉動爲主，適用於各項情形下的抱怨，但緊急補救、象徵性和解或是採取進一步行動 ，就須視情況而定。

二、服務補救準則

1.組織有責任找出服務失誤或品質問題。

2.讓顧客容易做投訴。

3.隨時告知顧客有關矯正錯誤的最新發展。

4.主動採取矯正錯誤之措施。

5.立即賠償顧客，不許延誤。即使失誤來自顧客，無法就發生問題賠償顧客，快速與服務導向之補救流程還是能讓顧客滿意，具建立正面功能品質之效應。

6.道歉同時對造成的損失做賠償。

7.發展系統化補救系統及專人發展支援補救系統。

三、服務補救流程

1.計算失誤與錯誤成本。

2.提供方便的顧客意見反映管道，辨認補救需求，快速補救。

3.加強員工訓練，並授權員工，提升做事能力。

4.隨時告知顧客處理的進度。

5.從錯誤中學習經驗，不再犯相同錯誤。

四、服務失誤發生時顧客之期待

服務失誤發生時顧客預期業者採取的行動有道歉、做出公平賠償、表現出關懷態度、得到附加價值之賠償、對補救之承諾守約。因此，業者在規劃有效服務補救系統時，焦點應放在經常檢視服務流程，辨認問題可能發生之處，對有可能產生的問題做有效解決，並且在問題中學習。

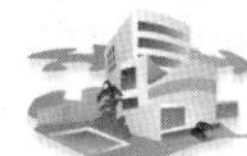

第三節　發展擴增服務品質

服務乃是與產生的結果、進行的流程相關之組合，服務最關鍵要點在顧客參與、認定與評估服務流程之實作產製，因此任何提供服務概念化之嘗試，必須以顧客觀點爲基礎，規劃完善的提供服務，至少須合併服務生產與服務流程才是良好規劃。服務模式須以顧客爲導向，確認由顧客認定之服務所有層面，因此與服務提供者之互動及得到結果之品質均須列入，此外，形象對品質認知影響也須確認與規劃，行銷及提供給顧客的是全面的服務。發展擴增服務品質管理規劃如下：

一、發展服務概念

服務概念決定組織之意圖，服務組合依此發展，服務概念也說明了使用何種核心理念，如何促成及支援服務，如何讓基本服務能取得互動，顧客該如何對流程之參與做準備。

二、發展基本的服務組合

1.核心服務：也就是公司存於市場之理由。
2.促成服務：指的是外加的服務，主要是促成核心服務之使用。
3.支援服務：增加服務價值及用來與競爭對手比較的服務差異化重點。

三、提供服務管理步驟

1.發展擴增性的服務品質要點。
2.服務之接近性：其因素包含職員人數與技能、營業時間、時間表及執行不同工作時間、辦公室、工作場、服務門市之地點及內外觀、工具、設備、文件、讓顧客接近之資訊科技、參與流程、顧客人數、經驗等。
3.與服務組織之互動，類別涵蓋有：
(1)員工與顧客間互動式溝通，有賴員工之行爲、言行、說法與作爲。

(2)與組織不同的實體與技術資源。

(3)與等候、就座、通知付款、網站與通信、配送、維修約定、索賠等系統之互動。

(4)與其他同時參與流程的其他顧客之互動。

(5)顧客參與：指顧客對其認定的服務之瞭解程度有影響。

(6)形象與溝通之管理：良好形象提升經驗，惡劣形象將導致破壞，由此可知，口語傳播影響深遠。

四、科技扮演之角色

1.資訊科技系統及網際網路發展，改良資料庫使顧客資訊檔案容易讀取。

2.更新資料較爲簡單，使員工得到較好的支援。

3.協助員工以顧客導向與顧客互動，增進顧客互動品質。

4.對服務可接近性有正面影響，可改善員工處理顧客接觸之能力。

5.促使顧客能更快取得服務方法。

6.提供顧客使用相關網站之誘因。當新技術發展出來時，仍須謹慎引進新技術，並且新技術也須對公司內部作行銷。

五、動態型擴增服務模式發展

1.評估尋找之顧客利益：發展針對提供全面品質爲主之顧客經驗的服務流程爲目標。

2.界定擴增服務之全面特色：找出具競爭力的特色，作爲差異化或專門化的策略。

3.界定導引服務發展之服務概念的認知。

4.考量的擴增方向：與服務概念、基本服務組合、服務生產過程及配送流程等各層面的機制，還有企業與形象及市場溝通均有關，應一併考量。

5.建立基本服務組合之核心服務要點，有助於促成服務與支援服務。

6.規劃擴增服務之易接近性，強化與顧客互動及顧客參與之要素。

7.規劃支援式的行銷溝通：讓顧客知道有關服務資訊，並說服其試用體驗，這對服務消費有正面影響，並提升理想形象。

8.內部行銷：指的是針對組織在服務流程中產生想要的顧客利益做準備，擴增服務模式是以顧客消費或使用服務時認定之整體服務概念性模式，此模式包含基本服務組合及組合擴增成整合的擴增服務，因此，支援式行銷溝通、正面形象以及內部行銷是必要的，以便讓組織根據擴增服務之需求而運作與執行做好準備。一項服務發展與開發流程之起始點，就是針對顧客要的利益有明確瞭解，同時表達出易懂的服務概念。

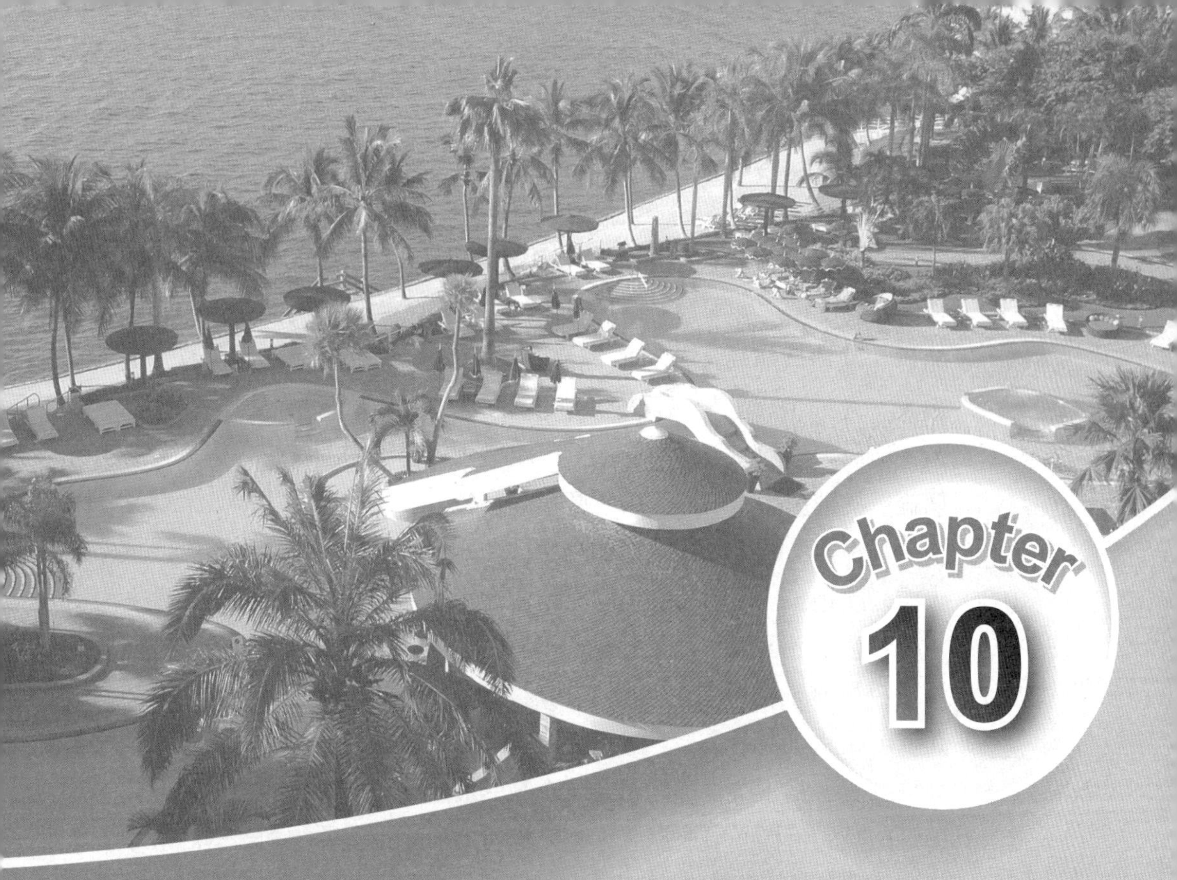

人力資源管理

- 人力資源管理之基本概念
- 休閒俱樂部人力資源規劃
- 俱樂部人事管理實務
- 教育訓練
- 薪資管理與績效考核

一個企業能在競爭的環境當中繼續地成長與發展，除了要有充裕的財務支援之外，還必須擁有一批高價值人力資源的協助，如此方能迅速地達成組織所交付的使命。俗語說：「不識貨，請人看；不識人，死一半。」招募面談是一門大學問，人人都會面談，都會找人，但員工流動率卻仍居高不下，組織內總是覺得還是少一個人，一個經千挑細選的人，最後，「鳳凰變麻雀」，上司發現找錯人。企業找到「不對」的人，如果他願意自行離職，還算不幸中的大幸，最讓人擔憂的是，「不對」的人還繼續留在組織內，想解僱他嘛，怕產生「勞資爭議」，壞了企業形象，不解僱他，怕影響組織氣氛，在組織內「搞得雞飛狗跳」，管理者爲難，也正是所謂的「請神容易送神難」，如此「燙手山芋」不知如何是好。

「人」爲事業基礎的重心，企業的發展除了財力、物力以外，要達到組織的目標必須要靠「人」來經營，所以企業要順利經營之前一定要透過各種科學的方式將「人」做經營規劃，才能達到企業組織目標。企業爲求發展也一直在尋求最有效率的管理方法，以提高績效，因此才有那麼多的管理理論和方式的出現。相對的在人力資源管理方面，也隨著管理方式而產生不同的人力資源管理的方法。人力資源管理受各管理理論和內外環境的影響非常大，而人力資源的管理又與企業的績效息息相關。所以爲了企業的永續經營，如何應付未來社會的變化，實是人力資源管理重要的課題，俱樂部事業管理是由人在主導服務，因此，做好人力資源管理，更是成敗的關鍵。

第一節　人力資源管理之基本概念

人力資源管理之定義，乃是一個組織對人力資源的獲取、維護與激勵，以及運作發展全部管理的過程與活動。遵循組織經營目標，做好人力規劃及招募、人事行政管理、績效薪資管理及人力發展，組織透過

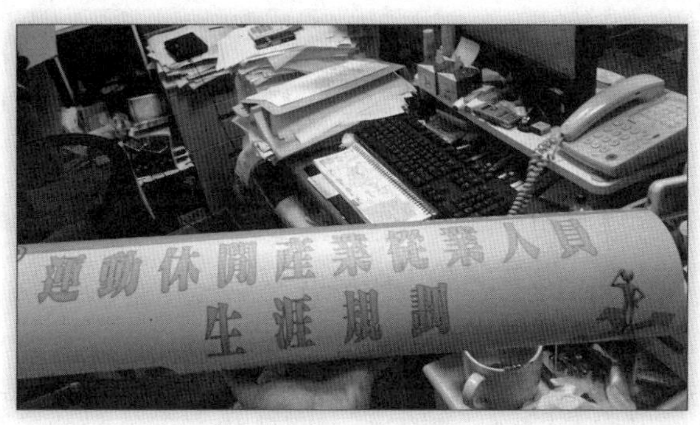

協助從業人員進行人生規劃是留住人才的好方式之一

單位間的溝通、協調，募集人才給予「塑造」，使其在適當的位置，安心工作並提供激勵及動力，讓每位員工發揮所長，提升個人績效，使組織成員均能適才適所，齊心合力爲達成組織經營目標而努力。

一、人力資源管理的目的

(一)傳統目的

主要爲了保持對應徵者具吸引力，同時能夠留住優秀員工、激勵員工，提升工作士氣及訓練員工。

(二)綜合目的

1.提高生產力：藉良好人力資源運用，使員工的生產力提高。一般生產力的計算爲產出除以投入就等於生產力。

2.降低成本：做到良好的訓練可減少員工的出錯，使員工流動率降低等，均能夠使成本降低。

3.提高員工工作生活素質：讓員工在生理、安全、社會、尊重、自我實現等各需求層級上均能滿足，增加員工對企業的滿意度。

4.適法性：針對政府法令規章的通盤瞭解與運行，使企業的各項規章制訂均能符合政府法令規章，如勞基法、公共安全法規、衛生法。

5.提升競爭優勢：員工滿意度高，效率得以提升，工作品質穩定，使顧客滿意是企業最佳的競爭優勢。

6.提升員工適應力：在工作環境、個人需求等方面，都協助加以調整與適應，以促進員工適應能力。

(三)最終目的

當然就是使企業能夠永續生存、增加競爭力、提升企業成長率、促進企業獲利力，進而擴大企業彈性。

二、人力資源管理的任務

(一)一般性任務

協助組織達成目標，有效運用組織所擁有之技術和能力，使組織員工訓練確實且保持良好的工作動機，使員工獲致最高的工作滿足感，維持理想的工作生活品質，向員工傳達組織相關人事政策，協助維護職業道德，使員工和組織有效因應各種變遷，共創雙贏的局面。

(二)具體的任務

做好人力資源規劃，組織依據內外環境及員工的事業生涯發展，對未來長短期人力資源的需求，做一有系統且持續的分析與規劃之過程。

三、組織架構

一般俱樂部組織架構方面，常用的基本模式如下：

(一)直線性組織

直線性組織架構比較常出現在規模較小、服務設施項目較少、人員編制數也較少的俱樂部，如專業體適能俱樂部。此類組織主管較能掌控整體營運現況，回報顧客執行力較快。直線性組織架構範例如**圖10-1**。

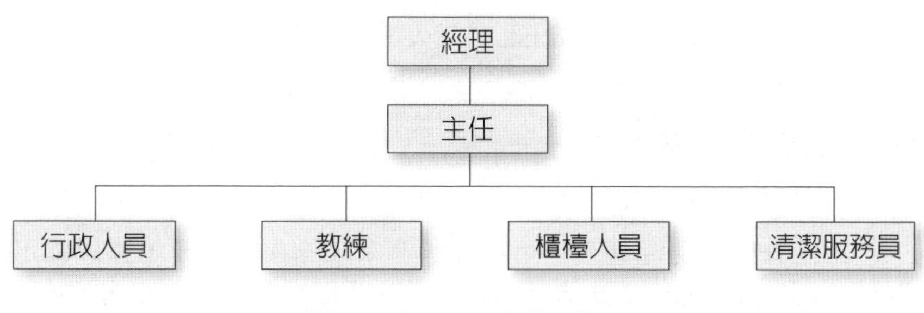

圖10-1　直線性組織架構範例

(二)部門化組織

針對設施及服務項目較多的俱樂部，會採用專業分工方式的部門化組織。此類組織優點爲讓各領域的員工專注在自己部門的工作，發揮最大效益，缺點乃是需有一位能力良好之主管加以協調各部門工作，才不至於發生互踢皮球或搶功勞之現象。**圖10-2**爲部門化組織架構範例。

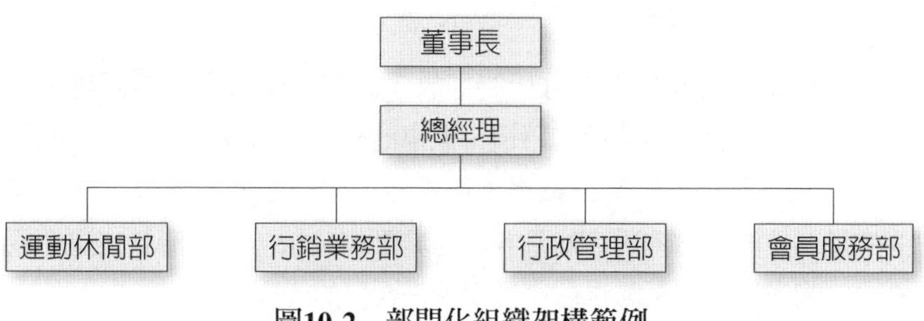

圖10-2　部門化組織架構範例

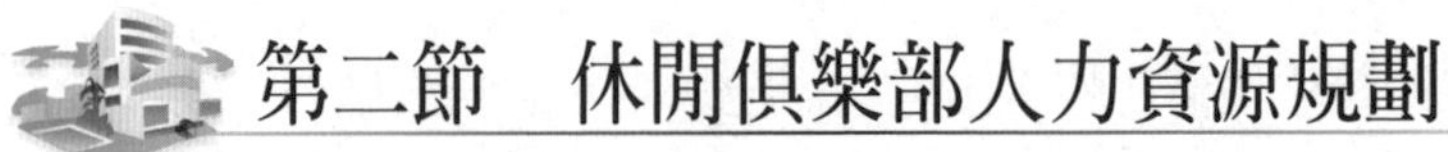

第二節　休閒俱樂部人力資源規劃

依據俱樂部之定位、營業時間、經營之理念、未來客源承載數等，做好人力需求預測、人力供給預估以及計畫之實施。俱樂部主要不可缺少人力之職務，包括教練、櫃檯接待、清潔服務員及行政管理人員。再依公司組織型態做好部門或人員之延伸。

一、工作分析及設計

工作分析的功能甚大，可用以預測未來的人力需要，據以確定增加或減少員工編制，甚至增加或減少某些職位。根據工作職務的要求和所需的知識技能，設計員工的培訓計畫，把工作說明上的需求與員工的實際表現比較，據以評定他們的工作績效。同時工作分析的結果，可用做釐定公平合理的薪酬制度，用以設計工作和企業結構，避免工作職責的重複或有些工作無人負責，並且指明工作的危險性，可使工作員工提高警惕，以減少發生意外事故，甚至工會也可利用工作說明作爲集體談判、商討工作規範及待遇的依據。其一般步驟爲擬訂工作分析計畫、愼選工作分析人員、蒐集相關背景資料、蒐集工作分析資料、分析各項工作資料、撰寫工作說明書與工作規範。

(一)規劃工作說明書

工作說明書乃是工作分析的結果。工作說明書是一書面說明，用來描述任職者眞正要做的事情、做事的程度，以及工作被執行的條件。這些資料接著可用來編寫工作規範，列出圓滿地達成工作所需的知識與技能。職務內容儘量詳細但非動作分析，敘述清楚完整並獨立，字詞簡單精確，職責依序排列、符合目的。

(二)規劃工作規範

工作規範承接工作說明書，是用來說明一個員工將特定工作順利執行，所需的最低資格，確認有效執行該工作所需的知識、技能與能力。

◆基本資格描述

1.知識（knowledge）：指員工為有效執行其工作所需，對某一特定專業的深入瞭解。

2.技能（skill）：指員工在執行工作時所展現的（亦即可觀察到的）技術、經驗或成熟度。

3.能力（ability）：指員工所具有的任何學習發展的潛力。

4.個人特性（personal characteristics）：

(1)人格（personality）：指個人價值觀、性格和態度的表現。

(2)興趣：指個人對事物的傾向及潛在學習能力。

(3)喜好：指個人對事物的偏好。

◆其他條件

教育程度、經驗 、訓練、證照、體能。

二、招募

人力短缺解決之道有招聘新人、員工加班及增加臨時員工等方式。人力資源需求供給來源，可由內部及外部招募兩方面著手。

(一)內部招募

內部招募來源可由升遷、調職、工作輪調、重新僱用或遣退召回等，其方法通常採工作告示或由人事記錄檔案尋找。

1.工作告示：目的是讓員工有發展機會，公平升遷機會與得知機會，認知權利以配合組織目標。優點爲提高士氣、提供不同機會、技能與環境配合、費用低。相對其缺點爲若不採用士氣大落，也可能引來遊說、關說等人情困擾。
2.人事檔案：由人事部評量員工技能、資歷，挑選出合適的人。

(二)外部招募

外部招募來源與方法包括員工推薦介紹、毛遂自薦、開放參觀或職業介紹所、人力公司取得、學校建教合作、外籍人士、媒體廣告、校園招募、網路、相關協會或組織求才等。

三、選用

1.制定各式表格：如人力需求表、工作申請書。
2.約定面試：面試內容包含人生目標、工作理念、經驗能力、儀表態度、個性品格、表達能力、希望待遇。
3.進行任用：通知錄取上任時間地點、報到攜帶文件、準備發放之員工手冊、安排新進員工訓練等。

四、考核

考核乃是主管對部屬工作進行有系統的評價，主要目的在於作爲工作改善的基礎、員工薪資調整的標準、員工調遷的依據以及可作爲員工訓練的參考。一般俱樂部常做的基本考核爲試用期間之考核、年終考核、升遷／請調之考核、管理階層人員考核。基層員工考核方法最廣泛使用的是圖表評等尺度法。

五、待遇給付

薪資是勞動者的工作所得，是勞動者依據勞動契約，行使義務而獲得來自資方之代價，勞基法第二條之解釋，薪資為「勞工因工作而獲得的報酬」。俱樂部員工薪資待遇給付因每一職務不同，依據學歷、經驗、證照、專業能力、市場行情及第二種以上之工作能力，設定薪資範圍及標準。

六、訓練與發展

(一)訓練之功用

教育訓練對俱樂部而言是一項非常重要的工作，主要可增進員工工作知識與技能、提高組織生產力、提升員工工作生活品質、幫助個人事業生涯發展以及作為企業發掘人才的途徑。

(二)訓練之項目

一般訓練包含新進員工之訓練、員工在職訓練、管理階層能力訓練、語文溝通能力訓練及職務交叉訓練。

七、管理者所面臨的問題

由於現代人口出生率下降，老年人口遽增，社會結構起了相當大的變化，加上勞力已走入國際多元化，因此管理者在人力資源方面面臨以下的眾多挑戰：

(一)市場競爭的問題

現代E世代的就業人口，不像過去的員工具虛心學習的態度，更缺乏職場倫理的基本概念，因此俱樂部的產業要擁有良好工作態度及具專業知識的員工並不容易，也就是組織不容易找到合適的員工。

(二)工作態度的問題

員工敬業心太低、員工做事錯誤百出、員工上班時間泰半在聊天、員工常鬧派系鬥爭或糾紛、公司對工作安全不關心。

(三)升遷發展的問題

許多公司薪資制度欠公平，加上新法令制度影響成本考量，因而員工權益不受重視，導致勞資關係不佳。

(四)在職進修的問題

員工訓練不足，工作技能及績效不高。

(五)員工流動的問題

員工忠誠度似乎愈來愈薄弱，不再以終身服務爲理想，故離職率顯得太高。

八、成功的人力資源管理之道

(一)激勵

人們爲追求某種目標，或受某些因素驅策，努力不懈。故在健康休閒俱樂部事業中，員工也常常爲了得到加薪、升級或受肯定，儘量力求更好的表現。因此，透過恰當之激勵策略，讓員工發揮最大潛能，以達到公司組織的目標，更是俱樂部成功人力資源管理過程中必備要件。要運用適當激勵，須先明白因果關係及過程，才能針對不同需求個體，作適當激勵策略，如**圖10-3**所示。

圖10-3 激勵的因果關係及過程

(二)領導

◆**管理者應具備的領導能力**

身爲一名管理者如果沒有具備基本領導能力，在工作團隊中將難以使屬下信服。一般管理者至少要具備以下的管理能力：

1.主持會議：涵蓋每天例行工作簡短會議、每週與上級會議、部門會議、特殊會議等。

2.計畫運作：需懂得如何針對營運方向作出目標計畫、瞭解客人需求進行課程設計以及提升參與活動氣氛計畫。

3.控制成本：從人員編制計算、消耗品預算與控制到開源節流推動，都是與成本控制有關的基本能力。

4.支援工作：對於員工提出需要的資料適時有效的供給、協助人員在工作上互補組合、激勵員工。

5.培訓技能：一位管理者同時也必須是一位培訓員，因此對員工做專業常識訓練、訓練計畫編制都要能勝任，並且善用指導技巧。

6.用人面試：面試時對應徵者的儀表態度、品德操守、專業知識、近期目標、溝通能力加以考量。

7.處理抱怨：不要一味排斥抱怨，應對抱怨利益多加瞭解，並熟悉處理方式。

8.人力運用：服務業管理者對於排班方式與技能是絕對必要的能力，對排班制度應懂得有效彈性應用。

9.行銷企劃：關於市場區隔定位、本身特色的瞭解以及公關運用，均是行銷企劃過程中不可或缺的能力。

10.溝通社交：

(1)溝通之三層面：傳達訊息者須正確進行溝通、接收訊息者須瞭解收到之訊息、接收訊息者須正確採取行動。

(2)社交要點：注意聽、說、表情，同感作用，仔細傾聽，語言簡化，回饋，情緒管控，追蹤回應，建立檔案。

◆情境領導風格之運用

由員工工作能力，包括工作所需特殊知識與技能、過去背景可轉移之技能，以及工作意願，包括動機、信心判斷、員工發展層次，再根據員工在工作的要項中的層次，依指導性行為及支持性領導行為之多寡，選擇適當領導風格。以下為四種不同的領導風格：

1.指揮式：指導性高，支持性低。
2.督導式：指導性高，支持性高。
3.協助式：指導性低，支持性高。
4.授權式：指導性低，支持性低。

◆領導技巧

1.彈性：對於不同事件、不同人員，以不同方式進行領導。
2.診斷：事先對不同事件診斷出員工個案的層次。
3.約定：再依員工層次作出目標設定與約定。
4.追蹤：並且事後要持續追蹤是否達到約定之目標。

第三節　俱樂部人事管理實務

一、組織架構與人事編制

以目前台灣休閒俱樂部而言，在組織架構上針對現場營運的偏向採直線與部門中和的組織型態，也就是將現場營運分為兩大部分，一為運動休閒相關的人員，由一名單位主管負責，行政管理等相關事務再由另一名單位主管負責，如此搭配一位現場部門主管，做到共同搭配處理營業時間內任何事物，以節省人力同時又能有效分工，如**圖10-4**所示。

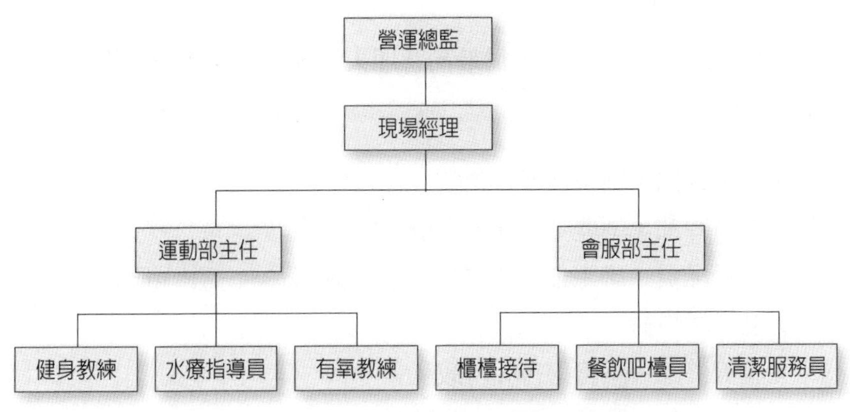

圖10-4　俱樂部組織架構與人事編制範例

二、職等區分

規模較大的休閒俱樂部，有很多是企業集團投資之子公司，因此可能在組織編制上較為複雜與龐大，所以有總公司與營運處等區別。

(一)總公司

區分為：

1.一級幹部：總經理、經理人、副總經理、總監、經理。
2.二級幹部：副理（專案）、襄理、主任。
3.一般職員：副主任、高級專員、專員、辦事員。
4.幕僚幹部：特別顧問、總經理室特別助理、業務秘書、行政秘書。

(二)營業處分行

營業處分行則以經理人為最高管理人，編制為總經理，經理人以下職等如下：

1.一級幹部：副總經理、總監、經理。
2.二級幹部：副理、襄理、大廚、主任。
3.一般職員：副主任、組長、二廚、副組長、三廚、服務員、廚師、辦事員。
4.幕僚幹部：業務秘書、行政秘書。
5.約聘人員：顧問、講師、兼時講師、工讀生。

三、人事指派

1.總經理：由董事長提名，交董事會決定。
2.副總經理：由總經理提名，交董事長決定。

3.各級幹部：副總經理決定，會報總經理。

4.一般職員：各部門主管報副總經理室核准。

四、部門職責

(一)董事長

以年度預算核定；年度目標核定及財務管理爲主要職責。

(二)營業館

◆總經理

業務執行最高負責階層、營業點對外最高代表人，職責爲部門主管任免升遷、經理人任免升遷建議、新據點業務拓展之研究。

◆副總經理

爲營業點業務最高執行階層，職責爲年度經營收支目標制訂及執行；營業處人事任免升遷權，部門主管任免升遷建議權；薪資制度範圍內，薪資核定權；零用金使用權；預算內設備採購核定權；制度內業務獎金決定權；備品、生鮮原料採購決定權；消費優待決定權；廣告行銷業務之執行；預算內行銷費、廣告費核定權；制度內銷售獎金決定權。

◆行銷部

1.行銷部經理：需做到銷售目標營業額制訂以及業務人員管理。

2.企劃組：工作內容爲廣告及行銷預算業務執行、媒體與政府以及貴賓服務。

◆財務部

1.財務部經理：爲該部業務執行最高負責階層。主要職責乃是年度預算審議、公司年度總經營收支目標制訂、季預算執行審議，以及人事（一般職員、二級幹部）任免權、薪資制度範圍內薪資核定權、零用金使用權、現金調度負責。

2.會計組：針對公司帳務作業；各處財務報表作業；分析報表製作（營業日、月報表、成本變動表、現金變動表等）；每月薪資獎金發放作業；廠商請款票據用印作業。

3.出納組：負責櫃檯每日現金收入收存作業；櫃檯每日現金營收日報表製作；銀行往來作業；廠商領款作業；零用金管理。

◆運動休閒部總監或經理

運動休閒部總監或經理乃屬副總經理之職位第二代理人。

1.教練組：負責來賓使用設施指導；設施使用管理；救生醫務執行；球具借用管理；活動策劃舉辦；表演舞台活動執行。

2.救生組：以水區救生、水區設施使用指導爲要點。

◆餐飲部經理

餐飲部經理常駐現場管理。

1.西餐廳組：西餐廳、宴會廳餐飲服務、廚房。

2.吧檯組： KTV酒吧、咖啡廳下午茶特殊飲料調理，點心製作。

3.中餐廳組：中餐廳餐飲服務、廚房。

◆管理部

1.管理部經理：營業服務人員督導稽核；副總經理之職位第一代理人；各部門人員招募儲備。

2.清潔組：清潔服務；房務清潔管理；布巾管理發收作業。

3.事務組：採購／總務；備品採購執行；電腦、書籍管理；全館家具類設備管理；其他總務事宜。

4.人事、倉管：排班、加班、調班作業安排；出缺勤作業；人事資料後援庫建立；驗收作業；入出庫管理；盤點；新進人員報到、階段教育訓練作業；人員各類保險加退保作業；保險理賠申請作業（客戶、人員、產物）；各營業處設施、備品、家具月盤點督導、年盤點執行；公司章借用管理執行。

5.工程組：家具裝潢類保養維修；設備營運數據記錄；設備基本保養；保固廠商管理。

6.警衛組（外包）：門禁管制；泊車服務。

◆會務部

1.會務部經理：副總經理之職位第三代理人。

2.櫃檯組：櫃檯服務；門票銷售作業。

3.秘書組：會務服務；客戶抱怨處理；餐飲促銷推廣；宴會廳租用推廣；活動參與。

4.美工組：會訊製作；海報、宣傳品製作；場地、活動布置。

五、工作職掌及職務說明書

工作職掌及職務說明書的表格樣式，各家休閒運動俱樂部不盡相同，但基本涵蓋的重點項目大致上是一樣的，以下介紹各種不同類型的範例供讀者參考。

(一)類型一：主要職責＋基本職能＋主要工作

以主要職責、基本職能以及主要的工作三部分作為呈現要點。以下為一般休閒運動俱樂部以此類型所呈現最常見的工作職位的職掌書寫範例。

◆總教練範例

職稱：總教練
主要職責： 對整個健身中心的運動課程訓練及對未來發展計畫，包含整體管理計畫、組織控制和協調整個部門，推廣健身中心的健身活動及領導整體教練團隊活動，以使本部門發揮最大效益。
基本職能： 1.體育科系畢業或具優秀運動員資歷。 2.具有氧教學或游泳教學經驗與能力。 3.具救生、急救常識。 4.身體狀況及體能良好。 5.良好溝通能力。 6.具部門人事行政、訓練活動、課程安排能力。
主要工作： 1.為客人作運動諮詢、身體狀況評估、體能測驗及設立運動處方。 2.指導客人使用運動設施及器材。 3.接受會員抱怨與建議，並作適當之處理。 4.負責場地、器材的報修、維護、清潔工作督導。 5.規劃會員各種運動課程。 6.主動提出任何可提高會員服務品質方案。 7.會員運動課程指導及教學，每星期基本課二堂。 8.三溫暖區內環境整潔的督導及管理。 9.游泳池的清潔、安全管理及督導。 10.會員健身資料的建檔。 11.提出每月客人使用設施及課程的出席率及建議報告。 12.部門各種表格、器材、備品庫存量及使用量的需求及盤存的督導與管理。 13.執行每位教練相關的健身、游泳、有氧各方面的最新知識等在職訓練。 14.配合公司營運狀況排定員工輪班表。 15.對員工出勤狀況及工作態度的督導。 16.員工服裝儀容的管理。 17.確定員工均能遵照公司服務之品質標準工作。 18.為員工工作績效評估並呈協理參考。 19.與其他部門間之溝通協調。 20.與員工及上司保持良好的溝通。 21.負責員工權利與義務的遵守。 22.協助及督導櫃檯員處理事情。 23.接受主管分派之工作並確實完成。

◆教練範例

職稱：教練
主要職責： 負責健身房、游泳池、有氧教室等區域運動指導服務工作，維護各區的整潔及安全，以達公司的服務品質標準。
基本職能： 1.體育科系畢或具游泳、有氧舞蹈、健身活動專長者。 2.身體狀況及體能良好者。 3.具救生、急救常識。 4.能夠勝任運動課程教學。 5.具親和力。 6.能配合公司營業時間輪班。
主要工作： 1.確實負責場地安全運作與環境的清潔。 2.為客人做運動諮詢、身體評估、體能測驗及設立運動處方，指導客人正確使用器材。 3.協助三溫暖區內環境的整潔及管理。 4.會員資料的建檔。 5.游泳活動的訓練及教學的配合與協調。 6.游泳池的安全及環境衛生清潔的維護。 7.毛巾的補充及送洗、盤點。 8.健身器材的清潔與保養。 9.各類報表的整理統計。 10.執行課程教學，每星期基本課二堂。 11.保持良好的身材及服裝儀容的整潔。 12.與會員保持良好關係。 13.完全瞭解公司的規章、服務品質標準並確實遵守。 14.隨時學習最新的運動健身常識。 15.準時上班，任何請假均需先向總教練報備。 16.協助並配合總教練的課程規劃及教學。 17.與上司及同事保持良好的溝通。 18.和同事配合與協調，保持良好團隊精神。 19.對三溫暖管理員及櫃檯員具督導之責。 20.游泳池過濾系統的管理及加藥水。 21.接受主管分派之工作並確實完成。

◆櫃檯接待範例

職稱：櫃檯接待
主要職責： 對整個健身部客人的過濾、解說介紹招待及管制；並對產品、課程的介紹與促銷。
基本職能： 1.具親和力、有耐性及責任感。 2.能配合公司營運輪班。 3.活潑、外向。
主要工作： 1.接聽健身俱樂部的電話及轉接。 2.接受客人的抱怨及建議，向上司反映。 3.對會員或訪客，給予正確的資料訊息及解說。 4.商品的販賣及盤點。 5.確定客人的身分，正確的收費。 6.發給客人更衣室（櫃）之鑰匙。 7.代三溫暖區、休息區的客人聯絡餐飲部點餐。 8.維持接待區的整潔。 9.準時上班，任何請假均需向主管報備。 10.完全瞭解並遵守公司的規定。 11.保持個人的服裝儀容及個人的衛生整潔。 12.與同事保持良好的團隊精神，互相幫忙完成工作。 13.接受主管及教練交待之工作並確實完成。

◆指壓、按摩、美容師範例

職稱：按摩師
主要職責： 提供客人指壓、按摩服務，增加公司的利潤及服務品質的提升。
基本職能： 1.專業的指壓、油壓等技能。 2.有責任感、有禮貌。 3.能配合公司營運時間輪班。

主要工作： 1.提供客人或會員約定的按摩服務項目。 2.保持按摩室的整潔及衛生安全。 3.按摩用備品、毛巾盤點及存量的控制管理。 4.協助三溫暖管理員負責三溫暖區的管理。 5.和同事及客人保持良好的關係。 6.準時上班，任何請假均需事前向主管報備。 7.保持個人服裝儀容及個人衛生整潔。 8.完全瞭解並遵守公司的規定。 9.保持專業的形象。

◆三溫暖管理員範例

職稱：三溫暖管理員
基本職責： 確定三溫暖休息區、更衣室等整區的安全、清潔維護及提供優良的服務品質。
主要職能： 1.親和力、有責任感。 2.身體狀況良好。 3.能配合營運需要輪班。
主要工作： 1.營業時間內每半小時巡視三溫暖乙次，以維護區域完全、衛生及清潔。 2.補充各設施所提供的備品、毛巾、浴袍及浴褲；整理送洗毛巾及盤點。 3.注意客人的安全。 4.協助餐飲部遞送餐點及餐具回收。 5.向客人介紹三溫暖設施及使用方式。 6.每日（月）做備品盤點報告。 7.對各種設備的報修、維護。 8.每天做好三溫暖水池、蒸氣室、烤箱的溫度控制及測量。 9.為客人在休息區點餐。 11.記錄客人的抱怨交由主管處理。 12.髒毛巾及浴袍、浴褲之送洗。 13.清洗美容按摩用之髒毛巾，並將乾淨毛巾放入蒸箱。 14.遞送毛巾給客人。 15.接受主管及教練所分派之工作並確實完成。

(二)類型二：工作職掌＋職務說明書

此類型乃是將工作職掌暨職務說明書，以結合在一起的表達方式呈現。以下則是休閒俱樂部中業務部的一般職位，以這種類型表現的範例。

◆客服組主任

<table>
<tr><td>所屬部門：客服組</td><td>職務名稱：客服組主任</td></tr>
<tr><td>報告層級：經理</td><td>下屬人員：6人</td></tr>
<tr><td>編制人數：1人</td><td>工作時數：8小時／天</td></tr>
<tr><td colspan="2">休假方式：採排輪休（月休6日）</td></tr>
<tr><td colspan="2">工作職掌：
1.主導客服組所有工作與管理。
2.負責客服組織運作與管理。
3.負責維護所有客戶資料檔案及管理。
4.協助業務與銷售相關之工作。
5.加強客服組成員在職教育訓練專業技能、提供相關客戶服務課程項目，建立完美的服務團隊。
6.落實執行公司之政策。
7.控制內部各項成本、營業管銷費用。
8.維持上司與下屬及各部門之良好互動關係，達成客服組各項服務工作之績效，提供客戶最高之服務品質。
9.落實執行客服組各項相關行政事務、服務作業流程與管理。
10.完成上級交付之各項任務。
11.年度預算編列及提報。
12.規劃客戶服務年度計畫。
13.督促單位人員出勤狀況、工作跟催及稽核。</td></tr>
<tr><td colspan="2">職務目標：貼心的客戶服務
1.以客服服務人員提升會員滿意度90%。
2.以客服服務人員促進推動會員關心（依每月致電會員，主動關心提供各項最新活動資訊及活動邀約、特別紀念日、養生餐飲、養生水療與美容相關優惠健康療程）。
3.以二十四小時處理訴願做好會員關懷。
4.以貼心與創新活動促進會員關係。
5.以會員忠誠創造會館營收。</td></tr>
</table>

職責： ＊每日例行： 1.負責部門人員管理與協調事宜、負責協助部門人員客戶服務疑難處理。 2.簽認相關各式申請單及簽呈初閱、客服組各SOP檢核。 ＊每週例行： 1.每週例行主管會議。 2.每週內部例行工作檢討會議。 3.每週經理與內部工作檢討會議。 ＊每月例行： 1.彙整月份新入會服務件及退會件報表、彙整月份客訴案件報表。 2.每月定期盤點所有客服組的資產。
資格條件： 1.熟悉國內休閒產業動態。 2.休閒產業服務三年以上經驗。 3.大專以上畢業，擅溝通協調，對休閒產業具熱忱者。

◆業務副主任

所屬部門：客服組	職務名稱：業務副主任
報告層級：主任	下屬人員：2人
編制人數：1人	工作時數：8小時／天
休假方式：採排班輪休（月休6日）	
工作職掌： 1.負責與客戶、潛在客戶間建立良好的互動關係，並保持客服組相關資料與紀錄之完整。 2.負責行銷策略，善用行銷資源，迅速達成一千卡目標（含正附卡量）。 3.協助教導客服組同仁們所有相關業務之教育訓練課程。 4.負責規劃並執行業務企劃之所有年度業務銷售卡計畫。 5.負責所有業務檔案管理、資料維護更新等相關事宜。	
職務目標： 1.協助上司與下屬間維繫良好關係、達到公司之相關作業流程與規範。 2.與平行單位之間有效協調與溝通。 3.完成單位主管交付之各項交辦任務，並回報予單位主管。 4.儘速達成每個階段業務銷售卡目標及業務重要相關事項。	
職責： ＊客戶關係維護： 1.協助並支援同仁處理客戶詢問、訴願之問題，並在職權內提供適當解答或回報予單位主管。	

2.負責並協助同仁建立潛力客戶的資料檔案及輸入完整，並指導同仁如何電訪銷售及銷售技巧相關業務事宜。 3.聯繫並協助推廣所舉辦各項客戶、潛力客戶之活動。 ＊業務與銷售相關服務： 1.負責製作銷售資料手冊、銷售統一話術及銷售相關作業事宜。 2.協助支援同仁製作並呈報主管每日銷售日報表。 3.負責協助並投入業務電訪、邀約與潛力客戶安排會館參觀導覽工作。 ＊協助單位主管組織運作與管理： 1.協助單位主管所有交付客服組之交辦事宜。 2.負責所有客服組業務的檔案管理、資料維護與更新等相關事宜。 3.協助主管對客服組業務成員進行工作績效評估。 4.協助同仁做好防火、防竊及其他安全事項之工作。 ＊潛力客戶活動： 1.負責與同仁進行行銷活動之衍生性方向思考。 2.搜尋行銷資源相關通路，並依行銷活動計畫所需規劃與執行。 3.促進業務銷售卡之目標。
資格條件： 1.大專以上程度、一年以上銷售會員卡之業務經驗。 2.能接受新觀念、重視團隊、誠實有禮貌並具有服務熱忱、熱愛工作。 3.順應與配合度高、積極謹慎、對各活動具有高度興趣、能獨立作業。

◆客服組長

所屬部門：客戶服務組	職務名稱：客服組長
報告層級：客服組主任	下屬人員：客服人員
編制人數：客服組全體人員	工作時數：8小時／天
休假方式：採排班輪休（月休6日）	
工作職掌： 1.協助客服組主任維繫公司與客戶間良好的互動關係，並保持客服組相關資料與紀錄之完整。 2.舉辦大小活動增加客戶入會之附加價值。 3.執行主管交代之工作及協助督導訓練部門人員。	
職務目標： 1.協助維持上司與下屬間之良好關係，達到公司相關標準流程與作業規範。 2.協助所有客服組的檔案管理、資料維護更新等相關事宜。 3.完成主管交付之各項交辦任務，並回報予主管。	

職責： ＊客戶關係維護： 1.協助並支援下屬處理客戶詢問、訴願的問題，並在職權內提供適當解答或回報部門主管。 2.協助與推廣所舉辦之各項會員活動。 3.協助並支援下屬建立新客戶的檔案及入會登記。 4.協助並支援下屬寄發所有客戶相關資料。 ＊客服組織運作與管理： 1.負責並協助管理所有交付客服組的交辦事項。 2.負責所有客服組的檔案管理、資料維護與更新等相關事宜。 3.協助並支援下屬定期與不定期盤點所有客服組的相關資產。 4.檢查物品消耗與補充，做好設備檢查及保養。 5.協助主管對客服組裡的員工進行工作績效評估。 6.協助並督導下屬做好防火、防竊盜及其他安全事項的工作。 ＊業務與銷售相關服務： 1.協助並支援下屬製作並呈報每日相關銷售日報表。 2.協助主管對於簽帳、折讓、折扣的相關客帳做審慎的決定。 3.協助、支援並投入業務電訪、邀約與潛在客戶來館之參觀導覽工作。 ＊會員活動： 1.負責客服組活動企劃各項活動及規劃相關事宜。 2.規劃並參與完整之活動。 3.定期或不定期計畫搜尋企劃相關資訊，並依活動計畫所需及活動情報來源進行必要之場地會勘與動線規劃。 4.支援下屬進行各活動之衍生性方向思考。
資格條件： 1.大專以上程度，諳英文。 2.具有舉辦活動相關經驗及危機處理能力。 3.能接受新觀念，誠實有禮貌，並具有服務熱忱與良好的溝通技巧。 4.具有良好的領導特質，創造性及啓發性，能獨立作業。

(三)類型三：工作內容＋重點工作規則

以簡單的工作內容及部分重點工作規則爲主，適合規模較小的休閒俱樂部中較簡單的基層工作職位使用。以三溫暖管理員爲範例，其書寫方式如下：

職稱：三溫暖管理員
開門前準備工作： 1.打開所有燈光及開關。 2.準備齊全的化妝品及報章雜誌整理。 3.將區域內之椅子排列整齊，桌面擦拭乾淨；補足盥洗室內之紙巾。 4.淋浴間之備品補足（洗髮精、沐浴乳等）。 5.清洗梳子；擦拭化妝台、化妝品架、消毒箱及水槽。 6.補充毛巾、浴袍、浴褲及浴帽。 7.整理睡眠區，摺好毛毯並打開電視（男生區）。
平時工作： 1.檢查衣櫃內衣架是否足夠。 2.擦拭飲水機、清洗儲水盒、查看水量、紙杯是否足夠。 3.檢視地毯清潔度並清理乾淨，查看垃圾筒是否清潔。 5.擦拭櫃子，收拾髒毛巾，清洗按摩用毛巾。 6.整理三溫暖區之環境衛生。 7.打開烤箱、蒸氣室的燈光及開關（10:30 AM）。 8.髒毛巾、浴袍、浴褲之送洗；領取乾淨的毛巾等備品。 9.摺疊毛巾；領取並排列整理乾淨的毛巾、浴袍及浴褲。 10.打開三溫暖水池之開關（10:00 AM）。 11.領取備品。 12.幫客人點餐或預約按摩。 13.巡視各區之環境整潔。 14.清洗淋浴間。 15.巡視三溫暖區。 16.檢查盥洗室內衛生紙是否足夠並補充。 17.為客人轉接電話；打開電視。
關門前準備工作： 1.關妥烤箱、蒸氣室、水池之電源。 2.分開收拾髒毛巾、浴袍。 3.垃圾清理。 4.關妥所有電視及燈光。 5.摺好睡眠區毛毯（男生區）。 6.檢視所有櫃子是否有遺漏之物品。 7.清洗淋浴室。 8.檢查並確定全區之開關均已關妥後，將門鎖上。

六、招募與排班制度

招募工作是人事管理最基本的一項工作，也是最常需要執行的工作，因此必須有良好的招募程序與管理辦法的制訂，才能讓人事管理部之人員工作時有所依循。

通常在俱樂部排班制度歸由人事部詳加規定出基本出缺勤原則，但由於現場營運單位常因不可預測因素，常會機動彈性調整員工工作班表，同時俱樂部屬於服務業，故現場人員無法採一般工時班表，爲了公平起見，現場排班均授權由部門主管管控排定，但仍須以人事管理辦法規範基本遵行原則。**圖10-5**爲招募流程範例，流程起於人力需求之提出，迄於人員任用報到。

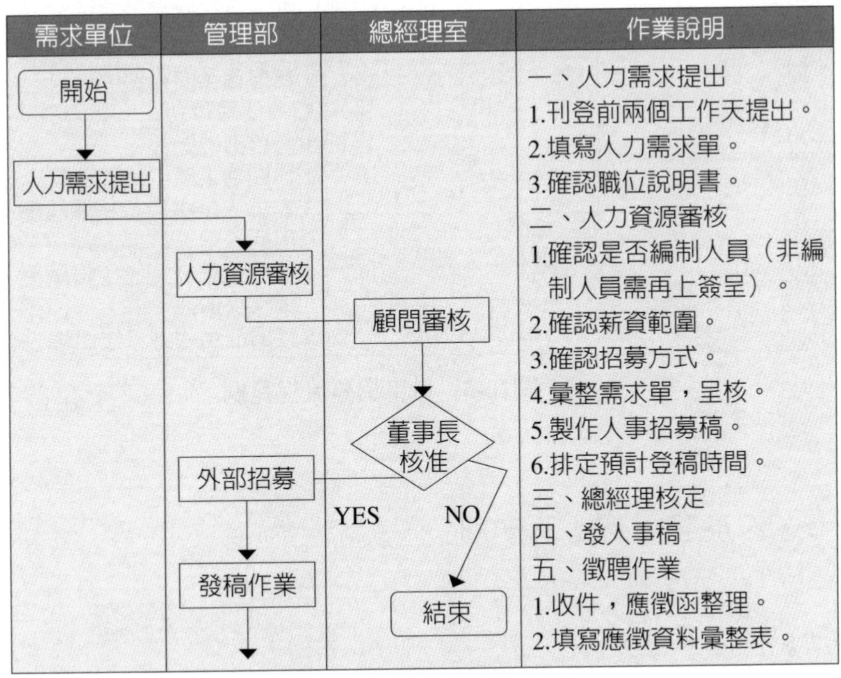

圖10-5　員工招募流程範例

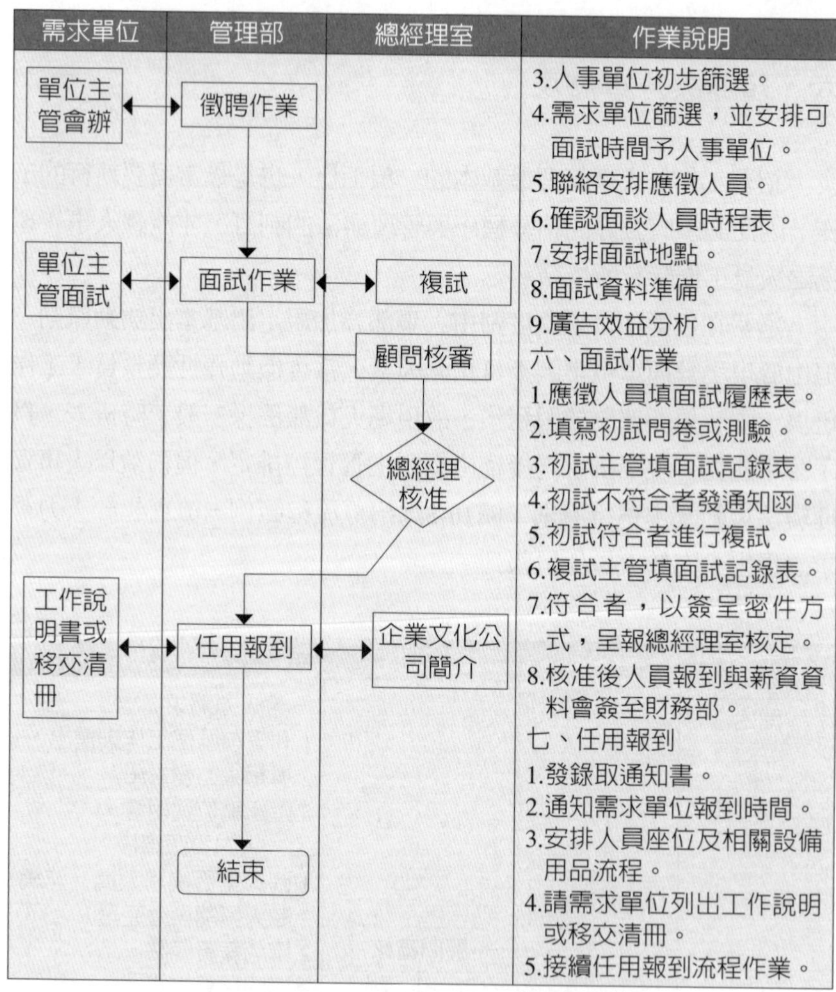

（續）圖10-5　員工招募流程範例

七、人事管理辦法及守則

(一)工作規範

針對各部門工作人員職場性質及作業需求，制訂每一部門工作規範，也有些公司會將工作規範與工作執掌擺在一起，有些公司則將全體員工共同規範放在員工手冊內。

工作規範範例如下：

1.上班時間及工作場所內不得有打哈欠、駝背、伸懶腰、打瞌睡、滑手機等不良儀態，並隨時保持微笑。
2.員工應注意保持本身服裝儀容，制服或皮膚不應有汙垢，身體不得有異味或惡臭；頭髮不得有油膩感，髮長及領者得束髮，不得披頭散髮，亦不得染髮。
3.堅定而婉婉地勸阻服裝不整的會員禁止使用設施。
4.現場人員應熱心告知並指導會員各項設施之使用方法。
5.主動關心會員健康，將健康之專業知識傳達給會員。
6.值班時嚴禁吃食或閱讀與運動無關書籍及資訊。
7.禁止使用公司電話聯繫私人事宜，或盜撥收費電話。
8.同事之間應給予協助。
9.不得因私人情緒或事務影響到工作。
10.同事之間以及同事與會員之間，不得有任何肢體及言語衝突。
11.工作時不得有驕傲心態，怠慢顧客。
12.隨時注意會員安全，並隨時做好緊急應變處理。
13.人員與會員相處應公私分明，不得與會員談論公司結構、財務、政策、政治及社會事務、其他會員或員工隱私。
14.不得與會員有金錢往來或任何金錢、財物私相收受。
15.接受會員餽贈應向主管報備。

(二)制服管理作業

爲有效管理公司制服之訂製、領用及保管，需制訂作業細則，其基本原則如下：

◆制服管理作業基本原則

1.凡現場員工需著公司規定之服裝。

2.員工到職未滿三個月之試用期人員，以領用舊有員工所留下之衣服為優先考慮。若公司無合適衣物提供時，由公司統一訂製。

3.領有舊制服者，每個人衣服修改以一次為原則。每件衣服之修改次數則以衣服本身狀況為考量，基本上以修改二次為限，以符合衣服本身之經濟效益，西裝外套除外。

4.凡主任級（含）以上主管到職滿三個月，經考核通過為正式員工者，予以訂製制服二套。

5.制服分冬、夏二季，公司統一訂製時間為每年四月及十月，由管理部負責，衣服訂製以每人每年應共有二套（含新、舊）可替換為原則，其相關作業以簽呈方式呈核，管理部並於每年三月及九月作定期盤點。

6.領用方式：新進人員於報到當日填寫制服領用申請單，向外場主管領用相關制服及名牌。需訂製制服者，於報到後一星期向管理部提出申請，此申請單會同報到資料轉回總公司建檔。

7.制服之一般管理委由外場主管統一調配、督導及保管。

8.制服之清洗由管理部接洽廠商處理。

◆訂製新制服之相關規定範例

1.新進人員：

(1)試用期間（含延長試用）離職，應負擔衣服製作費用之全額，離職制服不須繳回。

(2)衣服訂製費用先由薪資中扣除，屆期發還。

(3)人員非正常離職（如資遣）及遇有升遷、調職等，無需負擔衣服製作費用，免職除外。

2.正式人員（試用期滿；以衣服訂製當月為基準點）：

(1)工作未滿三個月（含）者，應負擔衣服製作費用之全額，離職制服不繳回。

(2)工作滿三個月但未滿半年者，應負擔一半之衣服製作費用，離職制服繳回。

(3)工作滿半年以上者，不需負擔衣服製作費用，離職制服需繳回。

(4)衣服訂製費用於離職時按規定扣除。

(5)人員非正常離職（如資遣），及遇有升遷、調職等，無需負擔衣服製作費用，免職除外。

(三)員工手冊

目的乃爲樹立制度，建全組織系統，及明確規定勞資雙方之權利義務，特依據勞動基準法及相關法令規定訂定規則，適用範圍爲公司所屬員工，基本內容如下：

1.總則：記載適用範圍、權利義務、服務守則、其他注意事項。

2.招募、甄選：說明人力需求申請程序、審核及作業項目、招募及甄選作業、任用報到。

3.任用：記載任用原則、限制、報到手續、勞動契約、試用期間規定。

4.退職：針對定義、退休、離職、停職、資遣、免職、發放資遣費規定、調職、移交等事項記載說明。

5.工資：將核敘、內容、計算、標準、積欠工資清償清楚寫出。

6.考勤：針對員工出勤、加班、請假、特休、休假日之規定明文記載。

7.福利：說明福利措施、勞健團保、訓練、工作服、獎金。

8.獎懲：制訂相關獎懲之種類。

9.考績：分別就考核對象、考核期間、項目、評分及計算說明。

10.附則：解釋修定之原則、公告實施時間。

第四節　教育訓練

服務的品質要達到一定的水準，員工的教育訓練是不可缺少的，在休閒俱樂部的工作同仁，不論內場或外場均須接受最基本服務理念的課程，目的在透過內在思想的轉換，以眞正達到企業所要求的服務的品質。訓練內容如下：

一、服務的理念與服務養成

空服員在飛機上為顧客提供的服務和他們的專業舉動、微笑、表情、態度都有關，直接影響顧客對航空公司服務的評價。購買東西時，店員親切的笑容、提供專業諮詢並且讓顧客買到產品的同時也擁有好心情，這些都是服務業裡重要的理念，而這些最動人的元素都是來自於「人」。然而他們和我們一樣，會生氣、高興、緊張、生病、疲倦。他們的工作是和各式各樣的人群接觸並提供服務，他們關係著服務的效率和效果，同時也影響著顧客的心情。因此服務業要做好服務管理，就須先建立員工的服務理念，進而達到服務的養成。

(一)服務的特性與貨物差異

◆無形性

貨物是製造，可提供樣品，服務是表現，無法提供樣品，也無法申請專利權，消費者會產生不確定感、不易信賴服務業者。因此要將服務具體化、有形化，以便建立消費者信賴感。

◆無法囤積

服務不能回收、退還，因此供需若不平衡時，將會帶來顧客的抱怨或企業資源浪費的現象。

◆難以保存

服務首重提供服務能力，而不是像製造產品以產量多寡衡量，服務是需求與供給一致發生。

◆不可分割

貨物是工廠生產，消費者消費，而服務是消費者參與生產，而且服務無法先在某處製造出來，然後在其他時間運送他處供消費者消費，故服務業者須協助消費者參與，讓消費者瞭解正確的服務流程與恰當的行爲。

◆異質性

服務業提供服務必須因應各個消費者不同的需求，因此標準化較爲困難。

◆易變性

服務時也因人的變數產生結果多樣化、品質不易穩定，其主要原因來自三方面：

1.服務環境：包含外在環境聲響、溫濕度、衛生條件。
2.服務人員：包括服務人員的心情、專業訓練、工作態度、服務理念等。
3.顧客：不同的顧客產生多元需求，顧客的態度、言行、相關知識認知，都是會影響服務的變數。

(二)服務的觀念

員工是服務企業成功的關鍵，無論要提供差別化的服務、高附加價值服務或高品味的服務，都須仰賴員工有良好的服務觀念開始，俱樂部員工至少須具有以下觀念：

◆成功服務業基本觀念

1.值得票價：要創造顧客的期待值，瞭解顧客期望什麼、想要什麼，也就是要定價值，而不是定價格，因為顧客支付的是金錢，需要得到的是價值，也就是品質或利益。
2.零缺點：在顧客心中留下第一印象只能抓住一次機會，因此會好要更好，也就是做到高品質。
3.多元化服務：尤其是俱樂部產業，儘量做到提供滿足吃喝玩樂、食衣住行、醫療身心靈的服務多樣化。
4.個人化：顧客需求是因人而異，因此記得客人習性，讓客人有被重視的感覺。
5.賓至如歸：顧客是我們的衣食父母，顧客有了賓至如歸的享受，將會是我們最佳的廣告宣傳。
6.關懷顧客，建立關係：瞭解顧客、滿足顧客的需求，做好顧客關係管理，為顧客創造一個美好而有獨特價值的消費體驗。跟顧客博感情，跟他們建立關係，當然會為我們帶來利益。
7.最佳聽眾：瞭解顧客，意味著要多方面傾聽，同時是「積極傾聽」，也就是有目的，而且專注地聽，因為傾聽是瞭解的開始。
8.專業性經營、表達明確：一視同仁，對顧客均須提供相同服務品質。

◆俱樂部服務的內容

包含訓練員工如何做到人對人的服務、物對人的服務、有形對無形的服務，以及硬體對軟體的服務。

(三)服務的養成

根據調查統計，前十名客人最不喜歡的感覺來自員工部分有：員工態度粗魯、服務速度太慢、 員工不愛理睬客人、沒有笑容、服務品質無法合乎費用、員工不重視客人、將客人分為不同階級對待、沒有被歡迎的感覺、員工看起來邋遢、員工說話聊天吵雜。相對的前十名最喜歡的是：服務速度快又有效率、服務態度親切並很有幫助、員工態度說話文雅、有禮貌、總是面帶微笑、員工很有專業精神、服務態度積極、員工很關心客人、員工外表看起來很乾淨整齊、員工的工作品質很好。由此可知，員工服務養成的重要性。針對俱樂部員工，我們可以先從以下各項做起：

1.確定客人的需求，熱情的迎接：表現出以客爲尊之信念。
2.讓客人得到信賴：服務隨時隨地都要展現誠意去面對客人。
3.記得客人姓名、職務頭銜與喜好：表示對客人的細心與體貼。
4.工作不忘微笑：不要把私人不佳的情緒帶到工作場所，客人抱怨不要排斥。
5.儀態表現專業性：將制服穿戴整齊清潔，儀表淡妝髮型梳整合宜。
6.音量大小合宜：無論是電話對談或面對面交談，注意電話禮節及運用聲音特色，專業表現。一般聲音特色有：音頻（速度）、音量（大小）、音調（高低）、音質（音質粗細），會加強或抵觸傳達的意思。另外還要注意談話時口語干擾，也就是在談話過程中介入或阻斷的語音。
7.身體語言：身體會說話，一舉一動整體形象之表徵。一般肢體動作的功能爲象徵、說解、情緒表達、調節、調和。而肢體動作類型會來自眼神接觸、臉部表情、手勢、姿勢、姿態等。
8.溝通能力：是社會溝通的勝任能力，重要的是溝通者能否設身處地考慮對方的情境及特性，做適當表達，讓傳遞的訊息容易爲對方所瞭解跟接納。而語言能力是語言的勝任能力，是個人在語言運用上所能發揮的最高程度。
9.關心客人：要做到主動提供服務就須觀察入微，並且提供近人情味之服務，同時任何事情皆需要明確表達。

(四)服務的條件

確實做到以下要項：

1.人員的養成：員工的教育訓練可以塑造出專業的員工。
2.會員的共同參與：俱樂部服務業提供的產品，會員是在參與的過程中才能感受，因此服務流程設計及顧客應對，均須讓會員能夠共同參與享受。
3.會員心理探討：可採問卷或由意見表及投訴等方式瞭解會員期望與需求。
4.天時、地利、人和的應變與應用：在萬變環境中找出有利的機會。

二、自我管理要點

俱樂部屬於服務業的一環，在以人爲主的行業中，所面臨的狀況是隨時都無法預估的，如果所有大大小小的事情都須經管理者無時無刻的叮嚀才能做好，如此的服務品質與效率必定無法提升。因此，訓練員工凡事都能做到自我管理的要求，才能眞正提供高品質的服務。其自我管理的要點如下：

1.招呼客人時，無論個人心情如何，切勿將私人情緒加諸於客人身上。
2.個人儀表爲第一印象，必須隨時注意保持清潔、謹愼、整齊且一致性的最佳形象。
3.展現健康又充滿活力的精神：休閒俱樂部是讓客人舒活的場所，工作人員如果無精打采將會使客人卻步。
4.有自信又具上進心、誠實又有親切力、具積極又謙虛態度，如此才能讓客人有溫暖的感受，增加顧客忠誠度。

5.具有冷靜思考又開朗個性、富責任感又勤勉、對任何活動熱情參與又有耐性的基本理念。

6.培養良好記憶，記住常來的客人的姓氏與職位抬頭，讓客人感受被尊重。

7.甜言蜜語親切問候，善用問候語給人良好、有禮貌的印象。

8.注意電話接聽基本態度，以及撥接電話時基本回應語詞要點。

三、專業訓練

無論俱樂部提供服務的定位爲何，休閒俱樂部對於特定職務均須根據各俱樂部工作標準作業流程，做以下的訓練，這些都是不可或缺的專業教育訓練。

(一)櫃檯接待員

訓練內容包括以下各細部流程訓練：

1.如何check in / check out客人？

2.如何向客人打招呼？

3.如何接聽 / 轉接電話？

4.如何做商品盤點？

5.如何寫商品銷貨報告？

6.如何給客人結帳？

7.如何爲客人點餐飲？

8.如何維護接待區的整潔？

9.如何爲客人作環境介紹？

10.如何處理客人抱怨？

11.如何爲客人做各種預約（包含美容按摩、健身評估、課程活動）？

12.如何補充商品？

(二)三溫暖管理員

訓練內容包括：

1.如何向客人打招呼？
2.如何爲客人開鎖？
3.如何保持環境的整潔？
4.如何整理家具用品？
5.如何補充備品及維持標準？
6.如何幫客人點餐飲？
7.如何整理、補充毛巾、浴袍？
8.如何盤點？
9.如何補貨？
10.如何處理客人抱怨？

(三)教練

訓練內容包括：

1.如何指導會員使用器材？
2.如何設定運動處方？
3.如何做體能測驗？
4.如何做好健康諮詢？
5.如何指導運動課程？
(1)游泳課：如團體班、個人班。
(2)有氧課：如高低衝擊有氧（High-Low Impact）、階梯有氧（Step Aerobic）、伸展及美化身材課程（Stretch & Tone）。
(3)循環訓練。
(4)有氧挑戰綜合。
6.如何舉辦提高會員運動興趣的活動？

7.如何規劃會員健身資料？
8.健身房每日的基本工作流程？
9.如何補充毛巾及保養清潔機器？
10.如何使用電腦？
11.如何管理游泳池？

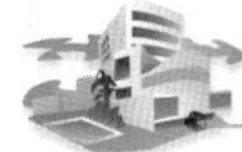

第五節　薪資管理與績效考核

一、薪資管理

薪資系統主要由本薪、加給、津貼及獎金組成。

(一)薪資：基本給（底薪）

◆年供給

依據個人的學歷、年資或經驗等人爲條件決定薪資的等級，此制度在亞洲國家廣被採用。

◆工作給（職務給）

依照工作分析與評價的過程，計算各職務的相對價值，然後依據「同工同酬」的原則來決定薪資，此制度在歐美國家較流行。

◆技能給（職能給）

依據員工個人工作表現之能力或對某一職務之貢獻度來決定薪資。對工作表現的能力包括潛在能力與外顯能力。潛在能力指基本能力（知識、技能、體力）、意志力（規律性、協調性、積極性）與精神能力（理解、判斷、企劃力）。外顯能力是指業績貢獻度。

(二)津貼

一般公司除了本薪之外，有些會發給其他補助款，此補貼的項目可分與工作有關及與生活有關的津貼兩大類。

◆與工作有關的津貼

有專業津貼、危險津貼、夜班津貼、職務加給、地域加給、超時加給。

◆與生活有關的津貼

包括物價津貼、眷屬津貼、交通津貼、房租津貼、誤餐費等。

(三)獎金

獎金和津貼不同，獎金大多具激勵的作用，乃爲刺激同仁的努力所規劃的誘因，可分爲績效獎金、工作獎金、全勤獎金、資深獎金、提案獎金、考績獎金。

二、績效考核

(一)主旨

爲激勵員工達成公司年度目標，對於員工平日之工作表現，定期辦理績效評估，適時瞭解同仁工作狀況，以作爲獎勵、升遷、調任、調薪及年終獎金等之依據及作爲訓練發展之參考，以督促工作改進爲宗旨，特訂立績效考核辦法。

(二)考核類別

可分爲年度考核、試用考核、升遷考核。

◆考核系統

區分爲考核面談、初核及複核：

1.初核者：受考核者之直接主管負責進行第一階段的績效考核作業。

2.複核者：受考核者之間接主管（部門一級主管）負責進行第二階段的績效考核作業。

3.除了初、複核之外，各級主管應與部門人員作「考核面談」，以評定工作績效，此部分成績不列入整體考核成績計算。

◆考核作業應注意事項

考核作業應秉持公正客觀精神，考績內容列屬機密文件。

1.各級主管及經辦人員應確實遵守不洩漏整體考核成績及內容，凡洩漏者依公司規定懲處。

2.所有考績資料由總管理處列入個人資料建檔保管，除了所屬部門主管外，任何人均不得向有關之經辦人員查詢或抄錄考績內容資料。

3.同仁向部門主管查詢個人考績部分，主管應與討論並提出建議。

(三)考核對象

◆公司全體員工

依不同對象區分爲主管級人員、行政（事務）人員及現場技術人員三種。

◆資格

1.考核年度年資滿一年（含）以上者：需做年度考核，並依當時公告標準發績效獎金。

2.考核年度年資滿半年（含）以上、未滿一年者：需做年度考核，按比例發給績效獎金。

3.年資滿三個月（含）以上、未滿半年者：需做年度考核，按比例發給績效獎金。

4.年資未滿三個月者，或考核作業期間留職停薪未復職者：不需做考核，以個案處理。

5.臨時工、契約工、約僱人員：不需做考核，以個案處理。

6.到職未滿三個月（含試用期間人員）者，不須參加考核。

◆年資

1.當年度請產假及留職停薪者，其考核年資應以實際工作日數（扣除請假及停職時間）計算。

2.當年度跨部門調職員工之處理原則：

(1)至考核當年度止，在新單位服務滿三個月以上者，由新主管考核。

(2)至考核當年度止，在新單位服務三個月以下者，由原部門主管考核。

(3)以上人員，其前後工作年資應滿三個月（含）以上，方具考核資格。

◆年度跨公司調職員工之考核處理原則

年度跨公司調職員工之考核處理原則，依其所屬公司規定辦理。

◆破月年資之計算

1.到職日爲每月一至十日，當月以一個月年資計算。

2.到職日爲每月十一至二十日，當月以半個月年資計算。

3.到職日爲每月二十一至三十一日，當月年資不計。

(四)考核單位職責

◆總管理處

1.負責每年度考核相關作業。
2.將考核表發出、彙整、統計及建檔。
3.由員工考核表中，彙整統計相關訓練發展計畫。
4.統計分析員工考績，作爲人事作業（如年終獎金、薪資調整、晉升……）之參考。

◆各部門主管

1.在考績年度開始前，主管應與員工清楚設定未來一年中應達成之工作目標與標準。
2.考績年度結束時，應與員工作考績面談，使其瞭解主管對其之工作表現之評語與期望。
3.考績面談，主要爲討論員工工作態度、達成度、如何提高績效及次年度發展計畫等。
4.工作績效由各部級主管依權限執行初評、複評及核定。
5.各級員工之考核人員：
  (1)行政（事務）人員：由部門二級主管初評，再由部門一級主管複評，最後由董事長評定。
  (2)技術人員：由部門二級主管初評，再由部門一級主管複評，最後由董事長評定。
  (3)部門二級主管：由部門一級主管初評，再由董事長評定。
  (4)部門一級主管：先做自我考評，再由董事長評定。
6.試用期間之主管人員，仍被授權進行部門內之考核作業。

(五)考核原則

以年度計畫的達成、預算控制及工作績效爲重點，再依職能別作整體評估。

(六)考核期間

1.年度考核期間：每年一月一日至十二月三十一日。
2.考核作業期間：每年一月一日至一月二十日止。

(七)考核項目

◆工作績效

由各級主管負責考核。

1.品質：工作依其品質觀點加以衡量，品質包含正確性、創新性、可行性。
2.數量：如產量、工作量。
3.成本：預算控制，衡量員工於達成目標時，所耗費成本是否在預算之內。
4.時間：工作效率，時間掌控。
5.態度：服務精神、人際關係及個人品德。
6.考勤：由總管理處依員工於當年度考核期間之出缺勤狀況，按下列標準加減。標準分數爲10分，最高13分，最低以0分爲限。

項目	遲到	早退	忘打卡	事假	病假	曠職	八個月以上全勤	全年全勤
加減分	-0.1／次	-0.1／次	-0.1／次	-0.4／天	-0.2／天	-3／天	+2／年	+3／年

◆獎懲

由總管理處於當年度考核期間依管理規章曾受獎懲者，除了功過相抵外，並按下列標準增減分數。

項目	大功	小功	嘉獎	大過	小過	申誡
加減分	+9／次	+3／次	+1／次	-9／次	-3／次	-1／次

(八)考核評分及計算（範例）

1.滿分成績爲100分。

2.面談部分僅列入參考，不列入考核總分計算。

3.如初核者與複核者之考核總分差距至10分以上者，由總管理處請初、複核者重新討論決定之。

4.考核成績計算方式（小數點以下四捨五入）如下：

{[（初評分數＋複評分數）÷2] ± 考勤分數±獎懲分數}＝考核總分

5.年度薪資調幅計算（每家公司有不同的公式）：

(1)年度薪資調整，依每年度公告考績之等級所訂調幅上下限作業。

(2)每年調幅上下限，由董事長核定後公告。

(3)年度薪資調幅計算（小數點以下四捨五入）：

（初評調幅＋複評調幅）÷2＝本年度建議之薪資調幅

6.年度調薪計算基準：

考核年度年資滿一年者：全薪×評定之薪資調幅%＝調整薪資

(九)列等原則

分爲五等：「優等」表示整體表現非常優異；「A等」表示整體表現突出；「B等」表示整體表現符合要求；「C等」表示整體表現差強人意；「D等」表示整體表現低於工作要求。

等級	優等	A等	B等	C等	D等
分數	90分以上	80~90分	70~80分	60~70分	60分以下

1.各單位核等人數之分配，以常態分配爲原則。

2.各單位考核A等（含）以上人數，不得超過該單位受考核人數之四分之一。

3.評核等級之原則，因個人案例特殊者將不在此限內，應由主管以專案方式辦理。

4.年度有以下情形者，考核不得列入A等（含）以上：

(1)當年度有重大過失或記過之記錄者。

(2)請公傷假或病假逾公司規定者。

(3)當年度遲到、早退及忘打卡之合計次數超過十二次者。

(十)備註

1.考績連續三年列爲D等者，予以免職。

2.考績成績進步者，記嘉獎乙次。

3.連續三年考績A等（含）以上者，記大功乙次。

4.考核及獎金作業以當年度公告爲準，績效獎金與年終獎金合併發給。

(十一)試用期考核表

一般員工進入公司大部分會給予四十五天至三個月不等的試用期，試用期滿進行考核，通過者可成爲正式員工，考核成績不理想會有兩種狀況發生，一爲延長試用期，最不理想的就是解僱。**表10-1**爲一般試用期滿考核的表格範例。

(十二)一般考核表

一般考核可用在年度考核、晉升或調職等考核時用。但針對不同職位有不同的考核內容，通常可分爲主管職人員考核、行政事務人員考核、現場技術人員考核等。除此之外，考核評分後，應給員工對自己工作有所期許與檢討，並由主管給予明確的工作目標，如此對員工績效才有助益，故需規劃面談考核表供面談時用。各式考核表及面談表範例如表**10-2**至表**10-4**。

表10-1　試用期考核表

<table>
<tr><td colspan="12">試用期考核表</td></tr>
<tr><td colspan="2">姓名</td><td colspan="2"></td><td colspan="2">部門</td><td colspan="2"></td><td colspan="2">職稱</td><td colspan="2"></td></tr>
<tr><td colspan="2">到職日</td><td colspan="2"></td><td colspan="2">試用期滿日</td><td colspan="2"></td><td colspan="2">考核日</td><td colspan="2"></td></tr>
<tr><td colspan="12">考核項目：</td></tr>
<tr><td colspan="6">一、出勤狀況（試用期間）
□全勤
□病假　　天
□事假　　天
□曠職　　天
三、工作品質
□超出預期之水準
□符合預期之水準
□尚可，可加強
□不佳
五、人際關係
□與人相處極為融洽
□與人相處和睦
□與人無法打成一片
□尚可
□不佳
七、總體評語：</td><td colspan="6">二、工作能力表現
□職務勝任愉快，效率高
□表現稱職，交辦工作準時完成
□略有失誤，尚可勝任
□表現不佳，無法勝任
四、學習能力
□超出預期之水準
□符合預期之水準
□尚可，可加強
□不佳
六、總體表現
□工作努力認真迅速確實
□工作表現穩定，如期完成
□工作需督促，需加以訓練
□工作遲延，且學習意願差
□不佳</td></tr>
<tr><td colspan="6">自　年　月　日起正式任用</td><td colspan="6">自　年　月　日起停止試用</td></tr>
<tr><td colspan="4">目前薪資：　元</td><td colspan="8">建議調薪：　元　自　年　月　日起生效</td></tr>
<tr><td colspan="3">董事長</td><td colspan="3">複核</td><td colspan="3">初核</td><td colspan="3">考核人</td></tr>
</table>

表10-2　主管職人員考核表

姓名				員工編號				年資					年
公司				部門				職稱					
	考勤成績							獎懲成績					
項目	遲到	早退	忘打卡	事假	病假	曠職	備註	大功	小功	嘉獎	大過	小過	申誡
標準	-0.1	-0.1	-0.1	-0.4	-0.2	-3	（公傷／產／留職停薪）	+9	+3	+1	-9	-3	-1
記錄（次／日）													
分數小計													
總分	(A)							(B)					

※以下欄位由各部門主管，依各項目所列分數範圍填寫

項次	項目	百分比	評分說明					自我考評	複評
1	工作績效	20%	18-20	16-17	14-15	10-13	0-9		
	政策規劃，行政管理，整體表現		工作效率高，表現非常優異	工作成果效率好，表現佳	符合預期標準	表現平平	表現不佳		
2	目標達成	20%	18-20	16-17	14-15	10-13	0-9		
	年度或專案計畫執行績效		進度提前，表現優異	於進度內確實執行完成	偶能依計畫進度完成	表現平平，工作待加強	表現不佳，需隨時提醒		
3	領導管理	10%	9-10	8	7	5-6	0-4		
	部門人員及工作狀況之督導管理		部門整體效率高，有計畫提升素質	部門工作表現佳，具團隊共識	督導管理合於標準	部門整體工作表現尚可	甚少互動，部門散漫士氣低		
4	專業知識及判斷力	10%	9-10	8	7	5-6	0-4		
	個人專業素養		學習力強，知識技能及判斷力極佳	學習力、知識技能及判斷力佳	具所需知識技能和判斷力	整體專業知識及判斷力尚可	學習力及判斷執行力差		

（續）表10-2　主管職人員考核表

5	創新改進	10%	9-10	8	7	5-6	0-4		
	工作系統改進調整及效率提升		積極謀求革新，有顯著績效	自動提出工作改善成效佳	適時建議，偶有佳作	維持現狀，少有改善	被動性高，欠積極		
6	成本控制	10%	9-10	8	7	5-6	0-4		
	預算編列及執行		管控能力強	管控能力佳	管控能力可	無特殊表現	無成本觀念		
7	溝通協調	10%	9-10	8	7	5-6	0-4		
	部門間協調執行及部屬間溝通協調		協調執行能力強，配合度高	配合度高及執行能力佳	配合度佳，可完成工作	配合度及工作執行尚可	獨立作業，少溝通協調		
總分								C	D

※以下欄位由總管理處填寫

{[（初核分數C＋複核分數D）÷2]±考勤分數A±獎懲分數B＋8個月以上或全年全勤加分（2~3分）}＝考核總分

{[（______＋______）÷2]±______±______＋______}＝______。

年度成績估算	分等	前一年度考績	分等	個人年度成績比較	□進步　□維持原狀 □退步

類別	對員工整體之評核意見及建議事項 （員工之長處及應加強改進之處及對現職之合適性）	員工未來發展（含教育訓練） （請表示被評估員工所需之主要訓練及前程發展計畫）	建議調幅	簽名
初評				
複評				

※下欄由總管理處填寫

建議調幅	（初評調幅＋複評調幅）÷2＝本年度建議之薪資調幅（小數點以下四捨五入）（______＋______）÷2＝______（小數點以下四捨五入）	
董事長評定	考績等級：　　等	調薪幅度：　　%
	核示：	

優等：90分以上	A等：80~90分	B等：70~80分	C等：60~70分	D等：60分以下

董事長	總管理處	複核	單位主管

表10-3　行政事務人員考核表

姓名			員工編號					年資					年
公司			部門					職稱					
			考勤成績					獎懲成績					
項目	遲到	早退	忘打卡	事假	病假	曠職	備註	大功	小功	嘉獎	大過	小過	申誡
標準	-0.1	-0.1	-0.1	-0.4	-0.2	-3	（公傷／產／留職停薪）	+9	+3	+1	-9	-3	-1
記錄（次／日）													
分數小計													
總分	(A)							(B)					

※以下欄位由各部門主管，依各項目所列分數範圍填寫

項次	項目	百分比	評分說明					自我考評	複評
1	工作績效	20%	18-20	16-17	14-15	10-13	0-9		
	工作品質及整體表現		工作效率高，表現非常優異	工作成果效率好，表現佳	符合預期標準	表現平平	表現不佳		
2	目標達成	20%	18-20	16-17	14-15	10-13	0-9		
	年度或專案計畫執行績效		進度提前，表現優異	於進度內確實執行完成	偶能於計畫進度內完成	表現平平，工作待加強	表現不佳，需隨時提醒		
3	創新改進	10%	9-10	8	7	5-6	0-4		
	工作系統改進調整及效率提升		積極謀求革新，有顯著績效	自動提出，工作改善成效佳	適時建議，偶有佳作	維持現狀，少有改善	被動性高，欠積極性		
4	專業技能	10%	9-10	8	7	5-6	0-4		
	個人專業素養、學習力是否勝任工作		學習力強，知識技能及判斷力極佳	學習力、知識技能及判斷力佳	具所需知識技能和判斷力	整體專業知識及判斷尚可	學習力及判斷執行力差		

（續）表10-3　行政事務人員考核表

5	服務精神	10%	9-10	8	7	5-6	0-4		
	對工作觀念及接受工作意願的程度		充滿工作熱誠，樂於協助他人	主動積極，關心本身工作	堅守崗位	偶有不願接受工作指派	經常對工作表現不滿		
6	品德操守	10%	9-10	8	7	5-6	0-4		
	個人態度及對公司之觀念		潔身自愛，公私分明，堪為表率	為人公正，操守良好，受人歡迎	品行良好，無不良嗜好	生活欠規律，操守欠佳	生活散漫，言行不一		
7	協調合作	10%	9-10	8	7	5-6	0-4		
	能否與他人協調合作以共同達成工作目標		能積極協調，樂於助人，人緣佳	協調能力佳，合群，人緣佳	配合度佳，可完成工作	協調性差不願配合他人	缺乏團隊精神，易生磨擦		
總分								C	D

※以下欄位由總管理處填寫

{[（初核分數C＋複核分數D）÷2]±考勤分數A±獎懲分數B＋8個月以上或全年全勤加分（2~3分）}＝考核總分

{[（_____＋_____）÷2]±_____±_____＋_____}＝_____。

年度成績估算	分等	前一年度考績	分等	個人年度成績比較	□進步　□維持原狀 □退步

表10-4　考核面談表

<table>
<tr><td>姓名</td><td></td><td>部門</td><td></td><td>職稱</td><td></td></tr>
<tr><td colspan="6">一、年度工作檢討（員工本人填寫）</td></tr>
<tr><td></td><td colspan="2">工作內容</td><td colspan="3">評估檢討（處理／完成情形）</td></tr>
<tr><td>1</td><td colspan="2"></td><td colspan="3"></td></tr>
<tr><td>2</td><td colspan="2"></td><td colspan="3"></td></tr>
<tr><td>3</td><td colspan="2"></td><td colspan="3"></td></tr>
<tr><td>4</td><td colspan="2"></td><td colspan="3"></td></tr>
<tr><td colspan="6">二、個人建議與訓練需求之提出（員工個人填寫）</td></tr>
<tr><td colspan="6"></td></tr>
<tr><td colspan="6"></td></tr>
<tr><td colspan="6">三、年度目標訂定及工作績效改善方式（應調整之工作狀況如考勤、態度、學習狀況、人際關係）</td></tr>
<tr><td></td><td>工作職責</td><td colspan="2">目標（以條列方式說明）</td><td colspan="2">目標修正</td></tr>
<tr><td>1</td><td></td><td colspan="2"></td><td colspan="2"></td></tr>
<tr><td>2</td><td></td><td colspan="2"></td><td colspan="2"></td></tr>
<tr><td>3</td><td></td><td colspan="2"></td><td colspan="2"></td></tr>
<tr><td>4</td><td></td><td colspan="2"></td><td colspan="2"></td></tr>
<tr><td colspan="2">面談主管簽名</td><td></td><td>員工本人簽名</td><td colspan="2"></td></tr>
<tr><td colspan="6">【註】以上資料由員工填寫，目標修正由面談主管建議調整。</td></tr>
</table>

行銷管理

- 行銷策略
- 商品規劃
- 行銷計畫擬定

行銷是企業的命脈，一個俱樂部是否能夠永續經營，首先要有正確的行銷策略。業務人員根據行銷策略推動業務，現場員工根據行銷方針配合運作，如此才能延續俱樂部的營業曙光，可見行銷管理對一個企業的影響力。

第一節　行銷策略

茲依休閒俱樂部之經營定位與營運規劃的特質，分述其行銷策略如下：

一、專業體適能健身俱樂部

(一)市場特質

專業體適能及有氧舞蹈運動的俱樂部標榜「健美活力爲訴求，運動爲主流，便利性爲方向」；提供設施有健身房、有氧舞蹈教室、蒸

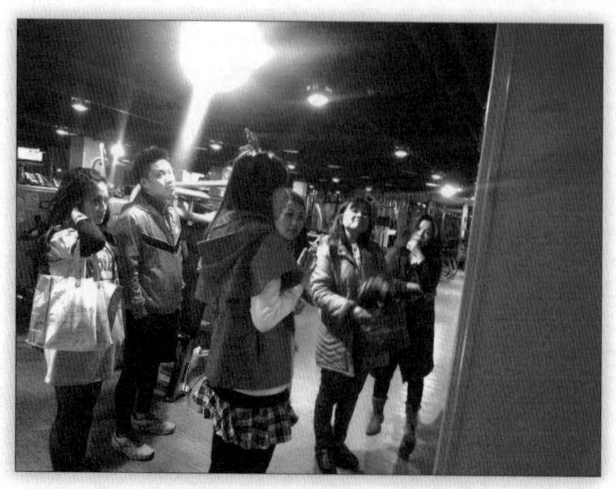

業務如何帶領顧客參觀，解說能力很重要

氣室、烤箱、淋浴及更衣室；場所通常集中於都會區、交通方便處；營運成本方面以租金較高，運動器材為主要投資經費，營運費用較易控制，總體投資與其他型態俱樂部比較下呈現較低成本投資。目標市場以都會上班族、學生、趕時髦年輕人為主要市場區隔對象；在經營的行銷上，標榜的是專業體適能及有氧舞蹈運動為主題，以健康為訴求、運動為主流、便利性為方向。

一般採用平價入會費，為吸引入會，但因地點大都在都會區，故租金較貴，坪數的運用更是重點，營運費用以租金為最大比例。由於不提供太多休閒場地，在每月固定營運上負擔較輕，因此每月清潔費及私人教練課程費為主要收入。但以專業體適能為標榜，運動設備上投資就無法少了。因此，經營此類型俱樂部在投資花費上，以固定設備為主要費用，若作好適當攤提，而且能夠廣招會員達一定數量時，每月的管銷就能很容易平衡，進而得到利潤。

(二)行銷組合策略

以行銷導向，顧客需求是行銷焦點，賣運動也賣氣氛。

◆產品

以體適能運動場所，足夠運動器材，專業教練私人運動指導服務，各時段運動有氧課程為核心產品，另以運動服裝、鞋、襪、配件等用品，健康飲料餐點，美容、指壓、按摩服務為附屬產品。

◆價格

一般採彈性訂價策略。入會費通常以市場導向，採低價格費用，並隨消費水準及市場競爭配合促銷，調整入會價格；月清潔費基本以成本導向，此成本計算大部分以租金、人事、水電及營運消耗品為成本之預估計算，產量以預估最大承載量訂出會員目標數，以此推定月清潔費用。

◆**通路**

小型運動俱樂部以自營場所工作人員直接銷售及透過會員介紹；大型運動俱樂部則僱用專門之業務人員進行銷售。

◆**推廣促銷**

工作人員說明介紹；贈品或折扣說服購買、簽約、收款；也會搭配試用券、配合活動優惠、月費抵用方式做促銷；在廣告方面則以書報雜誌、DM、夾報爲主要方式；也常配合廣播電台、電視節目進行宣傳或配合政府政策進行宣傳。

二、商務聯誼休閒俱樂部

(一)市場特質

以高品質服務、商務聯誼爲目的，注重氣派豪華裝潢，服務項目繁多，會員是身分表徵，規劃目標是以健身設施爲入會動機，餐飲作爲營運主流。健身房、有氧舞蹈教室、蒸氣室、烤箱、淋浴更衣室、各類型餐廳、會議廳、休息室、交誼廳、美容美體按摩室等均是常見的設施；場所通常設立於飯店內、辦公商務區大樓；人事、租金、裝潢投資均較高；市場目標設在高價位策略、五星級服務需求者；此類型俱樂部在經營投資的成本上比起專業體適能俱樂部則高出很多，標榜商務聯誼爲目的，在外觀上注重氣派裝潢，因爲代表會員的身分，餐飲爲十分重要的營收。

由於經營多樣化的餐飲，故場地需求也不小，租金也是一項重要支出。如附屬在飯店內較能得到便利性，節省經營成本。由於提供的服務項目繁多，標榜高品質服務，人事費又是一項主要支出了。常以高價的入會費作爲以價制量、提高身價的方式來招募會員，在每月固定的開支上更以較高的月費或設定最低消費額抵扣之方式來維持管銷。在台灣此類型俱樂部均能得到商務人士的青睞，故高價位策略、五星級服務則成為此類型俱樂部特色。

(二)行銷組合策略

銷售導向，目標行銷鎖定金字塔上層之市場，賣健康也賣身分。

◆產品

核心產品為運動區、會議聯誼場所、精緻餐飲、美容指壓按摩服務、休閒三溫暖設施、高品質服務等，運動商品、健康飲料點心、運動指導服務、運動課程、美髮服務為附屬產品。

◆價格

以成本導向，以場所面積估計銷售會員數為產量。入會費一般以投資成本核定價格，採高價格提高層次，建立品牌。月清潔費則以營運費用為導向計算價格。也會採最低月消費額，以此協助實際營運的開支，同時刺激二度消費。

◆通路

以業務人員直接推廣銷售，為自營商方式經營，或委託代銷會員卡代理商銷售。

◆推廣促銷

利用人員銷售為主要的推廣方式，一般以電訪或親訪客戶，進行邀約參觀或試用，說明介紹，說服其購買、簽約收款；在銷售推廣上搭配現金抵用券、配合活動優惠抽獎、贈品折扣、分期付款活動促銷；並在書報、DM、電視、廣播、車廂、看板等做廣告宣傳；也會利用公共報導如贊助公益活動或展示發表說明會建立品牌形象，加以宣傳。

三、社區型健康休閒俱樂部

(一)市場特質

經營模式上大致可區分爲兩大類：(1)業主擁有之產權，採開放式經營，對外招募會員。注重節目活動的安排，以及適合全家共同參與的休閒活動；(2)社區共有設施，產權爲住戶擁有，採封閉式經營，社區住戶爲基本會員，以公共管理費來支付管銷，不以經營俱樂部利潤爲目的。爲滿足全家的需求，各種運動休閒設施均須設立；場所以近郊社區爲主；管銷費用較高，但租金較少；社區俱樂部行銷對象均以附近社區居民爲主軸。管銷上比起體適能中心爲高，但收費方面入會費通常以中、低價位爲主，月清潔費較專業體適能俱樂部低，因房租上節省不少。在經營上，需非常注重節目活動以及全家共同休閒活動的安排，如老人的養生休閒、年輕人的熱力活現、兒童的趣味體能，均爲經營此類型俱樂部的重點，因市場對象集中，故行銷廣告費則較輕。

另一則爲建商爲了促銷房地產，將俱樂部規劃爲公共設施，採封閉式經營，社區住戶爲基本會員，以公共管理費來支付管銷，不以經營俱樂部利潤爲目的。這類因無太多的收入可支付其管銷費用，故通常由建商承諾撥款管理，有些承包給代管公司，有些則自營，無論自營或代管，由於收入無法平衡，故在節流方面下功夫，一般人事均非常精簡，也較無提供額外的活動節目及服務軟體，大都以基本人員如救生員或教練管理現場，提供一處活動的空間給予居民做休閒運動。

(二)行銷組合策略

生產導向，市場目標行銷鎖定全家庭總動員之市場，賣健康休閒也賣溫馨快樂。

◆產品

核心產品爲運動區、兒童活動場所、便利餐飲服務、多元化活動、休閒三溫暖、水療設施、親切服務；運動商品、運動課程、美容指壓按摩服務成爲附屬產品。

◆價格

以市場導向，入會費以市場競爭，採多樣行銷，制訂各種不同種類會員價格。月清潔費根據國人消費習慣及地區性所得水準核定價格。

◆通路

以業務人員直接推廣銷售及會員推薦爲主，爲自營商方式，也有採代理商形式如代銷會員卡；更進一步發展以各據點共同推售的連鎖經營通路。

◆推廣促銷

人員銷售以電訪進行邀約參觀或試用，說明介紹，說服購買簽約爲主；推廣促銷採試用券、配合活動優惠、贈品折扣、分期付款、呼朋喚友爲常見手法；廣告則以書報、DM、看板、夾報爲主；公共報導手法大都採社區公益活動、通過ISO認證、學校教學合作方式進行。

四、鄉村休閒俱樂部

(一)市場特質

因占地廣大，地點較偏遠，故提供完整附屬設施，以家庭爲對象，收費也都較高，採全方面經營手段，現場消費爲主要營收，所以也大都訂有每月最低消費抵扣額，以刺激消費。通常人事的分配也較彈性化，如週末假日爲高峰期，人手需求較多，平日則關閉部分設施節省開支。但由於此類型市場對象較無地緣性限制，故廣告也是一項重大支出費用。因此較需結合外界活動以提升知名度及口碑。

(二)行銷組合策略

產品導向，賣健康，也賣休閒娛樂活動。

◆產品

核心產品有住宿、室內及戶外運動區、交誼廳、多樣化餐飲、休閒娛樂設施、三溫暖、水療泳池場所、活動節目；另附屬產品爲運動商品、紀念品、美容、指壓按摩服務、各種運動課程等。

◆價格

市場競爭爲導向；入會費以投資成本核定價格，採高價格凸顯特色及未來價值，建立品牌。年費以需求導向定價格；單次價也採高價位，以誘發入會動機；至於月消費抵扣額設定，主要也是以此協助實際營運的開支，同時刺激二度消費。

◆通路

自營商方式乃以業務人員直接推廣銷售，也會透過代理商代銷會員卡，更會運用策略聯盟方式與旅行社、交通公司、公關公司合作；爲平衡平日與假日的人數，也會針對公司行號、團體組織作批發銷售。

◆推廣促銷

以電訪或親訪客戶，進行邀約參觀或說明介紹，說服購買、簽約的銷售方式最常見；也會利用折扣券、配合活動優惠、抽獎、贈品、分期付款銷售推廣；廣告大部分在書報、DM、電視、廣播、車廂、看板、信函、海報方面運用；也常舉行公益活動、展示發表說明會、研討會、大型競賽等活動達公共報導之效果。

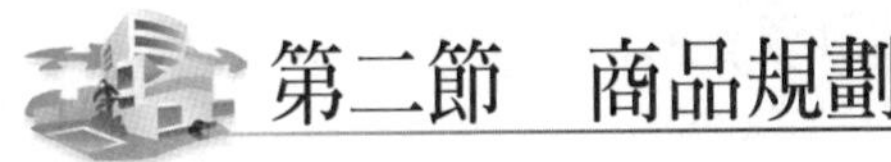

第二節　商品規劃

一、商品企劃思考方向

可從產品是什麼、銷售對象爲何、誰來賣、客戶群多寡、成本需多少、售價爲何、是否達損益平衡等方向來企劃思考。

二、考量因素

1.本身條件：

(1)企業資源：評估企業內現具有的有形及無形資源有哪些。

(2)產權歸屬：產權屬於業主擁有，還是公共產權或租賃而來。

(3)地理位置：俱樂部現場的區位、地點對吸引消費者而言是重要關鍵，因此在場所方面要愼重。

(4)規模面積：經營屬於連鎖性、地區性、國際性，還是專屬性。

(5)設施設備：哪些設施、設備可滿足市場定位，配合何種機制及消費對象爲何。

(6)發展性及遠景：依現有資源規劃各階段發展方向、策略及遠景。

2.商品條件：評估地緣性關鍵、選擇的制度形式、會員權益、附加價值、售後服務、會員數、繳費方式、延伸利益、年限。

3.經營成本：財務估計、攤提年限、經營效益。

4.目標客群：市場定位、消費者行爲。

5.服務內容：機能性服務項目、經營服務理念、服務作業標準。
6.行銷策略：通路推廣、促銷策略。
7.合法性與適法性。

三、俱樂部商品

(一)會員證相關商品

1.入會費：正卡、附卡、家庭卡、尊親卡、兒童卡；短期、一年期、二年期、五年期、長期卡；離峰會員卡、暑期卡、學生卡。
2.保證金：有簽帳功能商品較有此規劃。
3.月清潔費：運動休閒俱樂部以此爲主要營運管銷來源。
4.最低消費：以餐飲爲主要營運收入之俱樂部較會有此規定。
5.手續費：目前以月繳的運動俱樂部常以規劃此費用帶入會費收入；或是轉換會籍之用。

(二)住宿休閒俱樂部商品

1.會員制：
(1)會員總人數預估：通常可以客房數×30來計算。
(2)提供免費或優待住宿：
假日：120天×客房數÷會員總人數
平日：245天×客房數÷會員總人數
(3)未提供住宿之俱樂部：以每人約一坪或半坪來計算，也可以用在前面章節所提到的承載量計算來預估會員總人數。
2.所有權制：客房數×15（或×16，或×12），作爲銷售單位預估。
3.分時使用制：客房數×50，作爲銷售單位預估，再依假日或平日不同時段定商品價格。

4.使用權制：以套裝組合方式包裝不同商品。

(三)其他商品開發規劃

1.特殊收費課程：例如增設國標舞、氣功、幼兒體能、私人教練等課程以增加營收。

2.相關附屬商品販售：由周邊商品做考量，如販售運動衣物、鞋襪、球具、游泳相關用具。

3.餐飲商品：民以食爲天，依據俱樂部的定位及消費者的習性，並考慮俱樂部本身的規模，提供飲料、餐食、點心、食品等商品。

4.活動商品：活動不但可增加會員的忠誠度，同時也是會員之間聯誼產生團體歸屬感最佳方式，如規劃得當不但對俱樂部的服務產生重大加分效果，更能增加營業額，如旅遊、競賽活動、節慶等活動的企劃。

5.特殊設備收費商品：俱樂部由於具有飽和度的特性，因此除了從設備提供的服務方面表現出差異化外，同時更需開發出增加營運利潤的補強方式，如體能檢測、按摩椅提供。

6.收費設施商品：如寄物櫃、保險箱。

7.會議組合商品：會議、教育訓練、餐飲套裝組合包裝。

8.其他組合商品：如寄宿、休閒套裝組合、一日遊休閒餐飲健康組合。

(四)個人服務商品規劃

此乃由軟體服務的方向作考量：

1.私人教練、運動處方、伴遊服務、身心靈調養。

2.美容、美體、按摩、美髮、SPA療程。

3.健康營養諮詢：各式菜單、健診諮詢。

4.生活機能服務：托兒服務、洗衣服務、管家服務。

(五)策略聯盟商品

休閒事業是資本密集度大的產業，故在現今日新月異的科技時代，消費者的欲望及喜好不斷改變，要想滿足消費者的需求，不得不投入新潮流的話題及噱頭，在不想增加過度的資本下，唯有採策略聯盟以期達到三贏才是最佳利器。

1.異業結合套裝組合：結合旅行社、飯店、球場、馬場、農場、餐飲、溫泉，將不同的設施組合成一日遊或將特殊旅遊規劃行程。
2.異業互惠商品：與便利商店、商圈串聯結盟，例如：與附近商店作購物優惠聯盟，憑會員卡購物享折扣。
3.同業互惠連鎖商品：可與不同區域、不同特性主題同業合作。例如：北部的俱樂部與中、南部俱樂部互惠使用俱樂部設施。例如：商務型俱樂部若無游泳設施，可和游泳俱樂部互惠，該俱樂部會員憑會員卡至該游泳俱樂部以八折優惠購票使用，游泳池俱樂部會員憑會員卡可至該商務俱樂部用餐。

第三節　行銷計畫擬定

一、行銷組合策略

營運費用成本預估出來，及市場評估結果後，做出俱樂部行銷策略。其行銷包含：

(一)價格策略

依定位、設備、成本、利潤、環境特性及特色而訂定出入會費、月費、來賓費等。

(二)商品策略

會員種類如短期會員、長期會員、榮譽會員等。依開辦成本、設定回收年限及場地大小，做出合理預設會員數預估。

(三)通路策略

休閒俱樂部在行銷通路上不外乎僱用業務專員自營，或找會員卡代銷公司作代理商；也有以關係企業、策略聯盟等爲通路。

(四)推廣策略

推廣的方式包括投入各種的廣告，以及藉由會務推廣人員推動、宣傳，同時也會以公共關係運用以及搭配促銷設計等方式來進行。

二、年度行銷計畫書編定基本內容

(一)環境與競爭力分析

由經濟狀況、人口、社會文化、法規、科技環境、供應商、自然資源分析，並針對消費者購買行爲變動因素研究探討，以分析競爭者的動態，進一步做出市場總需求分析，同時將前期業績及策略作檢討分析。

(二)SWOT分析彙總

由前一項分析總彙出該休閒俱樂部的長處、缺點、威脅及機會點。

(三)Executive Summary

再將前面所做出的客觀分析，做出重點式分析總結，以利決策者思考。

(四)計畫的假定與前提

根據總結訂立行銷計畫的假定與基本前提限制，因爲實際如何是未知，計畫乃是預測性，故須有所假設與限制。

(五)設立市場目標與標的（marketing goals & objectives）

考量公司明確的事業領域、可擴及市場範圍、可運用資源、市場目前及未來需求量、SWOT分析出的彙總，並且同時考量有哪些限制因素，才能訂出可能的行銷目標，並且決定優先順序方法，進一步選擇各項策略目標，包括策略領域、競爭地位與策略、策略性行銷觀點。

(六)設立年度銷售目標

休閒俱樂部是屬於長期性、回收較慢的事業，如果正好遇到經濟不景氣，其銷售目標不要訂得太樂觀，儘量保守估計。

(七)設定基本行銷策略

作爲業務執行的主要方針。

(八)行銷組合策略

包含基本產品、價格、促銷及通路都須一一列出說明。

(九)行銷活動方案及進度

任何一項計畫一定要有進度（schedule），以作爲績效評估及追蹤的基礎。

(十)編列年度行銷預算

行銷計畫推動需要費用，因此需編列任何執行時可能發生的費用之預算，才能使財務單位能夠有效地作財務控制及風險管理。

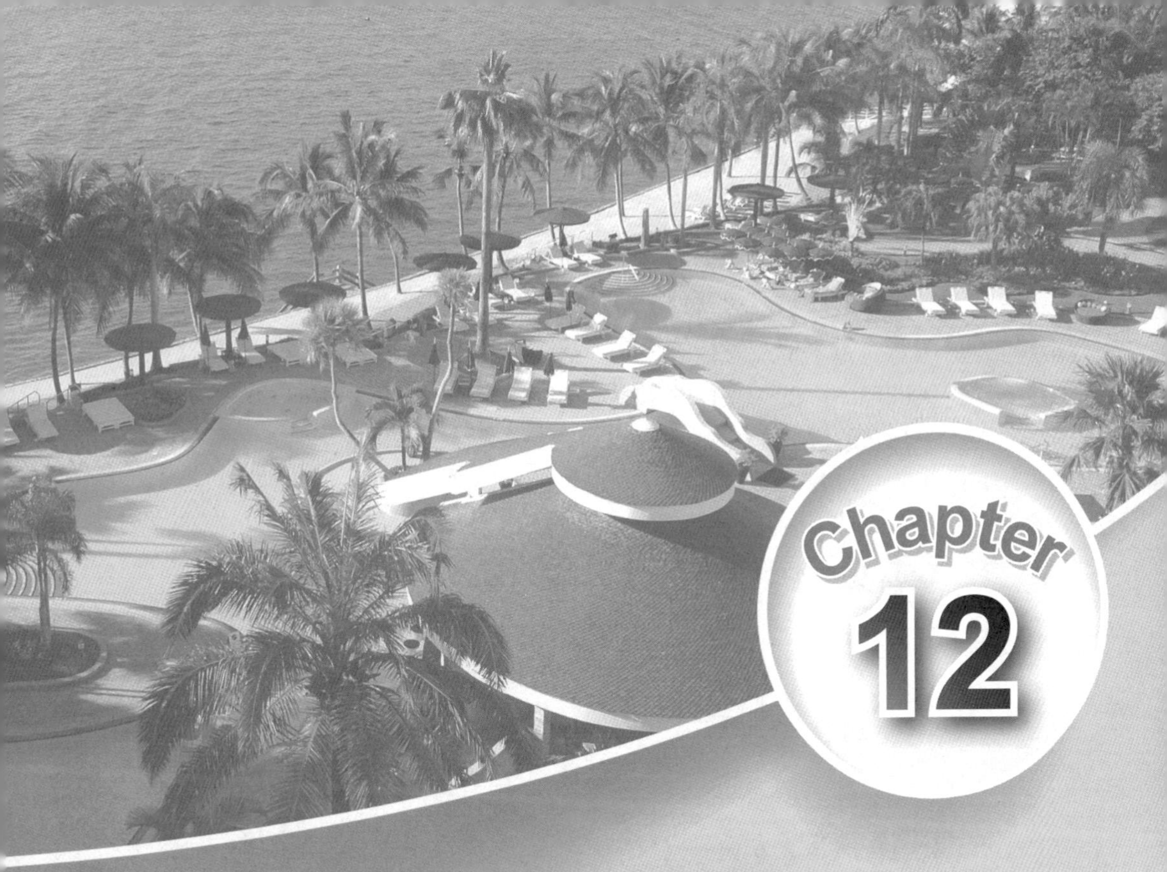

財務與危機風險管理

- 俱樂部資金與財務管理計畫
- 損益平衡點應用
- 危機風險管理
- 俱樂部意外事件預防與處理

「天有不測風雲，人有旦夕禍福」。近年來有數家休閒俱樂部因爲公司財務資金及管理出現問題，突然關門大吉，不但對會員或一般消費者帶來權益受損的衝擊，甚至連員工也領不到工資，帶來社會極大問題。因此一家休閒俱樂部要好好經營，不得不在財務與危機風險上加以好好管理。

第一節　俱樂部資金與財務管理計畫

一、財務分析

(一)籌備集資方面

成立一間休閒俱樂部，在針對土地與建築物、設備、設施、器材、軟硬體及各種服務進行規劃時，應先就經營宗旨與型態加以確立，才能針對其資金進行預估分析。基本上休閒俱樂部開發，資金需要較龐大，尤其土地及建築物如果屬於自行擁有產權者，需準備較多的投資經費。經營型態對於資金多寡具有影響力，因爲休閒俱樂部不同的經營型態，規劃重點就不相同，所需的投資經費差距就很大。在籌備時期，需採購各種硬體器材設備或軟體系統等，耗用資金占所需資金比例高，約是總投資需求70～80%左右。

(二)市場價值方面

休閒俱樂部在市場的價值也就是存在的理由。因此須瞭解市場上影響休閒俱樂部產業的相關因素，才能做好經濟而且可行的投資計畫。

(三)財務可行性分析

規劃者須就公司的財務狀況，評估是否可永續經營，休閒俱樂部事業屬於長期投資型企業，如果沒有良好財務結構組織就無法永續經營。因此，財務管理者之主要決策爲募集資金、投資與資金運用、財務規劃、風險預防等。在募集資金時，若考慮融資，其考量因素與選擇就非常重要，若不仔細預估，將來很容易因利息支出過高而導致周轉不靈。台灣近幾年來，就有好幾家不錯的休閒俱樂部因爲這個原因而關門大吉。

二、投資經費之評估

(一)投資經費之預估

包括土地批租費用、建築結構、基礎水電費用、裝潢、池體、設備、空調、水電、家具、設計費、會員行銷成本、開辦試營運費、顧問費、前三個月周轉金等都是要事先評估預計的。

(二)投資經費之籌措方式

銀行融資可採信用或抵押，設定短期或中長期，作爲周轉金或設備經費之用；也可租賃公司以售後租回或純粹租借方式；或以募集發行股份、內部資金、政府融資貸款、員工入股等方式。

三、休閒俱樂部生命週期與財務管理策略

(一)創始期

會計制度建立，好好運用會計資訊；珍惜有限資源的運用與分配，並且要量力而爲；政府對產業之各項策略性貸款加以善用；有效

運用資金收現循環，以減少資金積壓情形發生。

(二)成長時期

透過組織本身營運盈餘或由資本市場中取得資金，以改進財務結構；企業財務管理制度建立，以期對資金有效配置與管理；即時（just in time）會計系統建立；尋求長期而穩定的往來銀行關係，以配合組織營運成長所需。

(三)成熟期

中期資金募集及來源管道建立；尋求有利的策略聯盟，可降低經營風險；對國際資本市場及金融工具運用的可行性做評估；建立精確的財務預警系統。

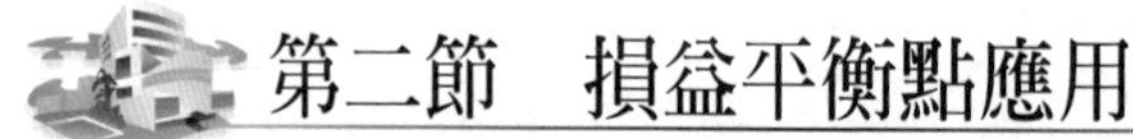

第二節　損益平衡點應用

一、損益平衡點的應用

計算損益平衡點必須具備的資料，包括銷售毛利以及固定成本。銷售毛利的計算方法，是每一單位銷售的售價減去每一單位銷售的變動成本。變動成本的意思是每增加一單位銷貨時會增加的成本數。固定成本指的是爲了維持組織持續存在必須支付的那些基本費用，但是這些費用幾乎不會因爲營業額的增減而有明顯的增減，例如基本人事費用、水電、瓦斯、房租、貸款利息、保險等。

(一)損益平衡點的基本公式

1.銷售量的損益平衡點：

固定成本÷（銷售價格－變動成本／銷售數量）

2.銷貨收入的損益平衡點：

固定成本÷（1－變動成本／銷貨收入）

(二)固定成本變動時損益平衡點計算方式

1.銷售量的損益平衡點：

（固定成本±變動額）÷（銷售價格－變動成本／銷售數量）

2.銷貨收入（銷售額）的損益平衡點：

（固定成本±變動額）÷（1－變動成本／銷貨收入）

(三)變動成本比率升降時的損益平衡點計算公式

1.銷售量的損益平衡點：

固定成本÷〔銷售價格－變動成本／銷售數量（1＋升高%或－降低%）〕

2.銷貨收入（銷售額）的損益平衡點：

固定成本÷〔1－變動成本／銷貨收入（1＋升高%－降低%）〕

(四)售價調整時的損益平衡點計算公式

1.銷售量的損益平衡點：

固定成本÷〔銷售價格（1＋加價%或－減價%）－變動成本／銷售數量〕

2.銷貨收入（銷售額）的損益平衡點：

固定成本÷〔1－變動成本／銷貨收入（1＋加價%或－減價%）〕

(五)爲達到某盈利目標的營業量或營業額計算公式

1.銷售量：

（固定成本＋盈利目標金額）÷（銷售價格－變動成本／銷售數量）

2.銷貨收入（銷售額）：

（固定成本＋盈利目標金額）÷（1－變動成本／銷售收入）

二、休閒俱樂部損益平衡點管理

1.作爲最低營業額控制。

2.當售價或固定成本或變動成本變動時，公司損益關係爲：固定成本愈高，則損益平衡點就會愈高；銷售毛利愈高，則損益平衡點就會愈低；損益平衡點愈低，則經營風險就愈低。基本關係應用如下：

(1)若售價上升，固定成本下降，變動成本下降時，獲利率上升。

(2)若售價下降，固定成本上升，變動成本上升時，獲利率下降。

(3)若銷售金額（數量）上升，售價、固定成本與變動成本均不變動時，獲利金額上升。

(4)若銷售金額上升，售價上升，固定成本下降，變動成本下降時，獲利金額上升，獲利率上升。

第三節　危機風險管理

一般休閒俱樂部如果能事先做好風險危機管理，將可協助俱樂部組織藉由成本和效益分析，得到各種可能面對的風險危機訊息，做客觀而科學的決策，以降低組織因風險帶來的成本耗損，節省營運的費用，俱樂部得以獲得更多保障。

一、危機的本質

不同的組織團體、不同的事業、不同的國家可能面臨的危機不同。休閒俱樂部危機的本質，可由三個方面來看：

(一)危險因素

危險因素一般可分為：

1.有形的實質因素：可能直接影響事物的物理功能者，如三溫暖鍋爐控制溫度系統。

2.道德因素：人的品格與認知的無形因素，如欺騙、行為偏差等。

3.心理因素：與心理因素有關的無形因子，如仰賴設有自動監視系統而疏於巡視，忽略安全檢查。

(二)危險事故

在事故發生後產生的損失危機，如小朋友從遊戲式的攀爬梯摔下來骨折或傷害。

(三)損失

因無法預期的事件造成的價值減少，如因腸病毒流行造成泳客及會員流失，減少收益的損失。

二、危機之形成與管理

(一)危機的發生原因

1.自然危機：屬於天災的部分，如水災、火災、地震、海嘯、土石流等。

2.社會危機：屬於人為方面，如罷工、暴動、竊盜、職業災害、勞資雙方衝突、組織再造等。

3.政治危機：如戰爭、信仰衝突、選舉衝突等。

4.經濟危機：如股市崩盤、物價飆高、金融風暴、石油危機等。

(二)危機的管理目標

根據宋明哲（1980）的歸納，危機管理的目標分別在於發生損失之前與之後：

1. 損失發生前：平時節省經營成本，做好應對處理方案，減少憂懼心理，滿足內部與外部利益關係人之要求，達成企業公民與社會責任。
2. 損失發生後：可達成企業之繼續生存，讓企業能夠繼續經營，使企業的收入穩定，並且繼續成長，達成企業的社會責任與企業公民之要求。

(三)休閒俱樂部對危機處理的應有做法

◆建立危機處理作業程序

成立危機預防管理委員會，蒐集國內外危機管理處理案例加以研究，教育員工如何應變；擬訂危機應變完整計畫，定期作模擬演練；務必規定遵守標準作業流程，減低人爲疏失；建立發言人制度，負責對外發言，保持與外界良好溝通。

◆發生危機時運作原則

通報網路要靈活運用，掌握實際狀況，做出正確決策；危機小組成立，研討處理對策，運用資源最早掌握現場狀況做出回應；全體相關員工分工合作，以過去模擬演練的經驗共同處理狀況；妥善面對媒體，對外說法一致，並準備好書面資料，不要迴避媒體；溝通談判技巧掌握，避免發生衝突，以便轉危爲安。

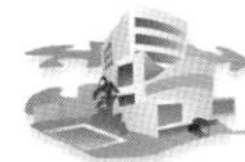

第四節 俱樂部意外事件預防與處理

天有不測風雲，人有旦夕禍福，經營管理者多用心考量及管理，才能減少或降低意外狀況的發生。無論意外事件發生的原因為何，不但對顧客生命財產、業者或整體產業經營成敗均會產生重大影響，事件只要發生就會受到媒體的關注，同時引來熱烈話題，因此對經營者而言，意外事件預防是最為重要的課題。做好意外事件預防措施由以下幾點先著手：

一、現場設計的安全性

1.標示清楚：如使用者年齡或疾病限制等。

2.考量材質安全性：

(1)裝潢地毯等須為防火材質，此項在消防法規內也有明文規定。

(2)整體邊邊角角以圓弧設計處理，尤其兒童使用或常經過的區域更是需要特別留意的地方。

(3)水區設施皆須有防滑處理，入水池階梯側邊應有扶手，且須派員固定巡視。

3.落實執行品質管控：

(1)溫度控制：勿過度高溫，以免發生暈眩或過熱症狀。

(2)水的pH質及藥劑控制適當，以免造成過敏與氯中毒等現象。

(3)保持清潔，以免發生摔傷等意外。

4.備有急救箱等用品於各使用區域。

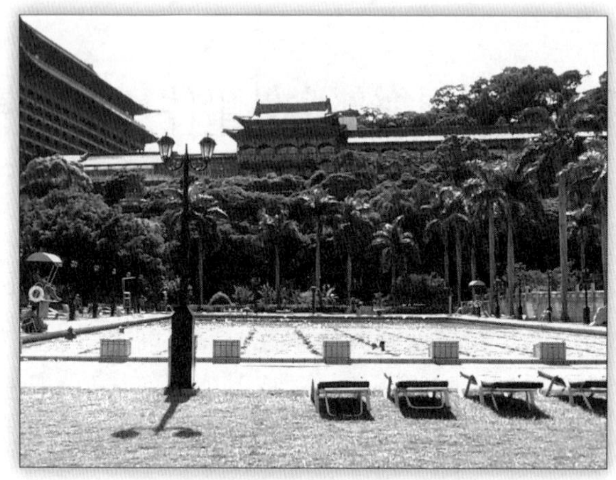

水區需特別注意防滑及器材的擺設安全性
資料來源：圓山飯店提供

二、傷害及災害處理的演練及檢討

包括制訂各種事件處理辦法及作業流程，並且固定演練檢討，如送醫處理作業流程及管理辦法、火災逃生疏散作業流程及救災編組、防火計畫書編列、地震疏散作業流程、防颱處理辦法、急救辦法等。

三、加強現場管理者的職責

(一)相關證照

1.CPR心肺復甦術急救證：此證為休閒俱樂部員工最基本的證照，每個人皆應具備。紅十字會、醫院、高血壓協會等均有開班授證，也可由俱樂部洽請各單位講師前來俱樂部講習授證。

2.救生員證：水區管理者必備，紅十字會或水上救難協會等單位每年均會有此課程相關訓練，會有游泳技能之要求，因此要考取此證須具備游泳基本技能。目前若是屬體育署委託培訓的民間單位培訓後，需再參加體育署的救生員證考試方能取得職業使用。

3.防火管理人：各單位主管輪值，熟悉防火動線，可洽消防單位或詢問民間委託的研習單位有關舉辦此課程之時間。

4.衛生管理人：凡有水區設施或提供沐浴、水池之營業場所，均須有具此證照之管理者方能開業，可向管轄所在地衛生所洽詢開課時間。

5.其他證照：尚有相關其他的證照可協助管理者對俱樂部整體營運的瞭解，進而預防或降低意外事件發生，及採取正確處理方式，如運動休閒產業經理人證照、健身教練證、體適能檢測員證照等，均應鼓勵從業人員參加。

(二)管理者的職責

1.注意現場正確使用規則：是否依年齡規定使用，如兒童勿進入成人泳池或浸泡高溫池等；禁止嬉戲、奔跑或危險行為；單一設施勿使用過久，如過度運動、熱池浸泡過久、烤箱蒸氣室使用太長等；是否有不當塗抹保養品或佩戴耳環等配件；浸泡方式指導：由足部浸泡→下半身→浸泡至胸下→全身至頸部以下；有疾病或特殊族群者須注意部分設施不可使用；各區使用規定，如水道分道使用及靠右通行等。

2.注意死角。

3.發生事故的第一現場處理及聯繫。

4.注意來賓身體狀況及異常行為（如酒醉狀況）。

5.初次使用者須說明介紹與指導。

6.使用人數的控制，尤其是水區。

7.水質管理：

(1)氯濃度：0.3～0.7ppm。

(2)pH質：6.5～8.0（7.2～7.6最舒適）。

(3)水溫：泳池28℃～30℃；熱池38℃～42℃；水療池34℃～37℃。

(4)室溫：活動區24℃～28℃；水區30℃～32℃。

8.管理日誌記錄及登記。

9.注意環境清潔，以免危險發生，如積水打滑。

四、意外事件及處理方法

(一)傷害處理

◆送醫處理流程

現場無法處理之傷害皆須送醫。

1.須先建立醫療院所資料庫：依遠近及專長科別分類，並詳載記錄電話於各區服務處張貼。

2.建立公司可派送車輛資料（限意識清醒、可移動之傷患使用）。

3.現場人員先行急救處理（若現場有危險須先離開），同時請第三人撥打已建立之醫療院所或直撥119或110求救，若有昏迷、休克、大出血、骨折或重症患者請通知持有急救證人員處理。

4.疏散現場以便運送患者，並通知主管。

5.等待救護時，須不斷注意患者生命跡象並記錄時間，以便告知救護人員進行後續醫療。

6.通知家屬，並陪同上救護車瞭解後續狀況，與向家屬說明。

7.上救護車後，交由醫護人員處理。

8.請示主管並於醫療院所陪同，確認家屬同意後離開（須與家屬留下聯絡方式等，並與家屬達成基本共識）。

9.回公司報備，填寫記錄報告。

10.待公司決議處理後續作業。

◆休閒俱樂部常見傷害

抽筋、暈眩、中暑、熱衰竭、燙傷、擦傷、裂傷、穿刺傷、割傷、撞挫傷（瘀血及血腫）、扭傷及拉傷、脫位及骨折、牙齒斷裂、燒傷或化學物品灼傷、延遲性肌肉酸痛、流鼻血、側腹痛、昆蟲咬傷等都是最常見的傷害。大多運動傷害是可以藉由事先的暖身、伸展運動避免發生的。其中抽筋發生機率頗大，因此特別加以說明：

1.症狀：肌肉不自主收縮，劇烈疼痛，僵硬，失去收縮放鬆功能。

2.原因：局部循環不良，過度疲勞，局部缺氧，乳酸堆積，流汗過多，電解質不平衡，肌肉肌腱裂傷，局部溫差過大，情緒緊張以致肌肉不協調。

3.處理：停止運動，坐下或躺下休息，捉住痙攣肌肉，局部施以均勻壓力，然後緩慢且持續地拉長它，使它放鬆，如抽筋時間過長可用熱敷方式。

4.預防方法：勿過度疲勞，隨時補充水分電解質，熱身足夠，避免穿太緊衣物，心情放鬆。

◆常見疾病急救心肺復甦術

黃金時刻四至六分鐘，是指口對口人工呼吸和心臟按摩合併使用，簡稱CPR（Cardio-pulmonary Resuscitation）。適用於心臟病、糖尿病、高血壓（中風）、休克等病狀發生時，一般要先瞭解何謂心肺停止現象、心肺復甦術的正確做法、在何種情況之下方能終止心肺復甦等基本常識。

(二)災害處理

以下狀況可請相關所屬單位協助指導演練：

◆火災逃生

造成原因大多爲菸蒂亂丟、化學物品混合擺放或接近高溫、機房異常產生火花等，發生時處理要點：

1.撥119電話：將發生地點（如街、路、巷、弄、號、樓層）、明顯標誌及人員數量、傷害情況一併報出。
2.一面報警一面撲救：各部門人員就疏散定位，並廣播全員配合總指揮官（平時應派任），勿驚慌失措而錯過搶救黃金時間，等待救援。
3.逃生時應注意是否有室內受困者（室內受困者應就最近陽台或窗戶求救）或行動不便者。
4.總指揮官逃生後，應注意逃出人員狀況，是否有人員短少或受傷，若有傷者須通知救護單位或現場急救。
5.一般火災可用水或被子、毛巾等浸濕後覆蓋撲滅。
6.油類及化學物品火災，可用乾粉、海龍、二氧化碳等滅火器撲救。
7.切勿在火災現場圍觀，以免妨礙消防人員搶救。
8.火災發生時勿搭乘電梯或慌張跳樓。
9.以濕毛巾或手帕掩口鼻，採低姿勢爬行（離地面30公分以下有殘存空氣），可用透明塑膠袋（約長100公分，寬60公分）逃生，裝滿空氣罩頭逃生。

◆地震逃生

此爲天災，若發生須注意後續新聞消息。

1.發生強烈地震請立刻關閉身旁火源及瓦斯，並將門打開，以免門變形卡住無法進出。
2.尋找堅固樑柱附近或家具旁躲避，並加強保護頭部，注意遠離窗戶。

3.一面逃生，一面協助救難：各部門人員就疏散定位，廣播全員配合總指揮官（平時應派任），勿驚慌失措，勿冒失奔跑，以免被落物擊傷。
4.勿搭乘電梯。
5.導引至空曠處或安全防護處。
6.若不幸受困，可敲打發出聲響引起注意。
7.總指揮官逃生後，應注意逃出人員狀況，是否有人員短少或受傷，若有傷者須通知救護單位或現場急救。

◆防颱處理

注意氣象報告、颱風警報。

1.若達人事行政局發布停止上班上課命令，即應停止營業。
2.颱風來臨，防災人員（預先編制）做好預防淹水措施：檢查門窗是否牢靠，關閉非必要門窗，必要時加釘木板；或於可能淹水處堆沙包。
3.平時於各區域準備手電筒以備停電用。
4.疏散動線上須安裝指示燈（有儲電功能），停電自動開啓。
5.若於營業中不得不疏散來賓，提醒客戶注意外出行車安全。

五、事後處理實務

爲維持良好聲譽及給予會員長久的信任感，請依下列步驟處理：

(一)公司內部相關單位檢討，決定後續處理方式

首先瞭解是否有人員傷亡，是否有損害賠償責任問題，如何面對顧客或媒體，是否須獎懲相關員工，或是使用規章是否有瑕疵需修改，內部設備是否須重新修正，動線是否須重新調整等。

(二)對外說明

事件發生後，採主動拜訪慰問方式，務必儘速由相關主管（或公關單位）主動聯繫顧客，並作最佳危機處理，如需對媒體發表聲明，儘早發出新聞稿或舉行記者會說明事情眞相及提出具體方案，表現出最大誠意。

(三)對內行動

很多意外是可以預防的，大多的意外也與人的疏忽有關，因此業主及管理者應認眞思考，在未來應更重視下列各點：

1.教育訓練：員工確實熟識管理環境後，才能提供最好、最安全的服務，不可讓新進員工單獨作業。

2.員工相關證照的建立：人員任用相關科系，持證照者爲第一優先。

3.相關演習落實定期操練：平時做好逃生動線演練及標示，並全員學會正確使用滅火器（須注意期限與擺放位置）、消防水柱等，窗戶裝設防竊鐵柵或廣告招牌須開設活動門，樓梯間須清空；高樓層須架設緩降梯、繩索、軟梯等逃生工具，現場員工須人人會指導使用；現場人員務必做好疏散及聯繫工作方可完全離開。

4.每次意外事件後，確實記錄與檢討，然後落實改進，配合記錄表，追蹤後續處理進度。

餐飲管理

- 餐飲管理的意義與特性
- 餐飲市場與消費
- 俱樂部附設之餐廳經營與管理
- 餐飲服務

俱樂部的經營管理活動中餐飲管理占有一席之地，尤其是商務型及鄉村型俱樂部，餐飲管理更是重要。因爲餐飲在生產上具有個別訂製生產、生產時間短、生產量預測困難、餐飲產品易變質腐壞的特點；在銷售上也具場地大小限制、時間限制、設備要求較高、資金周轉快等特點；在服務上更是具有對客人的心理影響大及銷售寓於服務之中等特性。因此，俱樂部經營管理人須對餐飲管理有所認識。

第一節　餐飲管理的意義與特性

雖然在俱樂部中餐飲屬於其中的一個部門，但在俱樂部經營上卻是主要營收來源之一，故經營理念上必須符合俱樂部的形象與目標，包含：

1.同等級的品質（quality）：滿足整體感官需求，強調健康。
2.服務（service）：熱誠親切的服務態度與專業知識的具備。
3.衛生（cleaning）：產品與處理人員、環境和設備的衛生安全均符合標準。
4.價值感（value）：附加價值的創造。

一、餐飲管理的意義

所謂餐飲管理就是運用組織、招募、領導、控制、預算、發展、行銷、規劃、溝通、決定等基本活動，以期有效運用餐飲業內所有人員、菜單、生產、服務等要素，促進彼此間密切配合，發揮最高效率，以達成餐飲業特定任務，實現預定目標（陳堯帝，2004）。

二、餐飲管理的特性

無論是單獨經營的餐廳或附屬於俱樂部內的餐廳，餐飲管理無論在生產、銷售、服務以及經營上，都具有其特點，茲說明如下：

(一)生產特點

每一個人每一次要點的菜色產品及數量均無一定性，所以餐飲生產乃屬個別訂製生產，生產量預測困難，同時餐飲產品如果擱置過久，就會變質腐壞；加上顧客從點菜到廚房出菜的時間是有限的，消費者無法等待過久，因此也具有生產時間短的特性。

(二)銷售特點

餐廳銷售量受場地大小限制，無法無止境地銷售；而且用餐時間也分布早、午、晚餐等特定時間限制，翻桌次數有限；爲了提供不同的烹調方式及菜色，故具設備要求高的特點；由於餐廳收入很快需轉換支付食材費用等，因而也有資金周轉快的特點。

(三)服務特點

服務人員的促銷介紹及服務態度，對客人的心理影響大，因此有銷售寓於服務之中的特點。

(四)經營特點

餐飲也是服務業，在經營管理上具有潛在營收、複雜成本、特殊市場、多元品質要求、產銷同步、勞力密集、地點時間限制、公共安全等特性（詹益政，2002）：

1.營收潛在性：可依俱樂部不同的型態、種類，規劃繁多營業範圍，收入具有潛在性。

2.成本複雜性：餐飲成本結構複雜，一般占營業總收入40%以上。

3.市場特殊性：會員及會員的來賓為主要客人，自行來的外來客少，屬封閉性之餐飲業，同時座位是產品的一部分。
4.品質多元化：無法事先預知產品與服務品質，除了與俱樂部具相同全面品質管理外，餐飲更具有融合食物、飲料、服務等全方位的品質要求。
5.產銷同步性：生產與消費必須同時出現與進行，採購原料、製作、銷售均需標準作業。
6.勞力密集性：前場、後場均需投入大量員工參與運作。
7.地點方便性：交通便利性、會員人數密集度均會影響營運。
8.公共安全性：公共場所特別重視安全與衛生。

三、餐廳基本要求

餐廳無論附屬在俱樂部中、飯店或單獨營業，均須符合環境、衛生、服務、經濟效益、可口佳餚等要求（陳堯帝，2004）：

(一)優雅舒適的用餐環境

提供的裝潢應精緻得體，同時具有獨家特色；燈光、溫度都會影響用餐情緒，故應選擇柔和燈光，協調配合情境主題；陳列布置也要秉持整齊美觀，令人心曠神怡；餐廳各區及使用之用具、餐具，均保持清潔衛生；服務人員服裝儀表端莊、表情自然，創造和諧親切氣氛。

(二)嚴格管控餐飲衛生標準

衛生安全是餐飲管理最基本也是最重要的要求，外表需達乾淨、無汙染、無水漬的視覺和嗅覺標準，內在則達到無毒、無菌，符合一般衛生防疫標準的內在衛生。

(三)高品質的親切服務

要做到以下的水準：

1.美感：服務人員服裝儀表、肢體語言、言詞行爲表現，都要給人美的感受。

2.情境：服務要有人情味，營造和諧的情境。

3.靈活：服務要靈活應變，凡事以客爲尊的服務理念。

4.快速：出菜要迅速合宜，服務要即時提供，一般十分鐘內呈現出冷菜，二十至三十分鐘內熱菜也必須端出。

(四)經濟效益符合經營者的要求

經濟效益可由直接與間接效益來做評估：

1.直接效益：餐飲部門經濟效益就是餐飲部本身創造出的營利水準。

2.間接效益：爲俱樂部及其他設施銷售創造的條件，和提高俱樂部整體之知名度及競爭力的影響力。

(五)精緻可口的菜餚

涵蓋五特性與七要素：

◆五特性

1.特色性：在傳統美食基礎上，發揚俱樂部主題特色，結合餐廳風格。

2.時間性：有時令性特點和潮流氣息，符合俱樂部消費者口味。

3.針對性：針對不同對象與包裝，安排不同主題菜餚。

4.營養性：配合俱樂部健康形象，安排合理營養成分。

5.藝術性：各項刀工、色澤、造型有美的享受，加以包裝吸引消費者。

◆七要素

1.色：配色恰當，吸引消費者目光。
2.香：香氣撲鼻、引發嗅覺，刺激食慾。
3.味：味道符合需求、口味純正，引導味覺。
4.形：在食物造型、餐盤裝飾方面，別緻考究，創立獨特風格。
5.廣：食材選料講究新鮮，刀工精細，強化食材特色。
6.器：使用的餐具、器皿精緻大方。
7.名：菜名取得耐人尋味，引起點選動機。

第二節　餐飲市場與消費

市場上處處可見餐飲業林立，可見有市場的需求，但想要能夠永續成功地經營，應根據對餐飲市場和消費者的循環系統（**圖13-1**）做進一步瞭解。

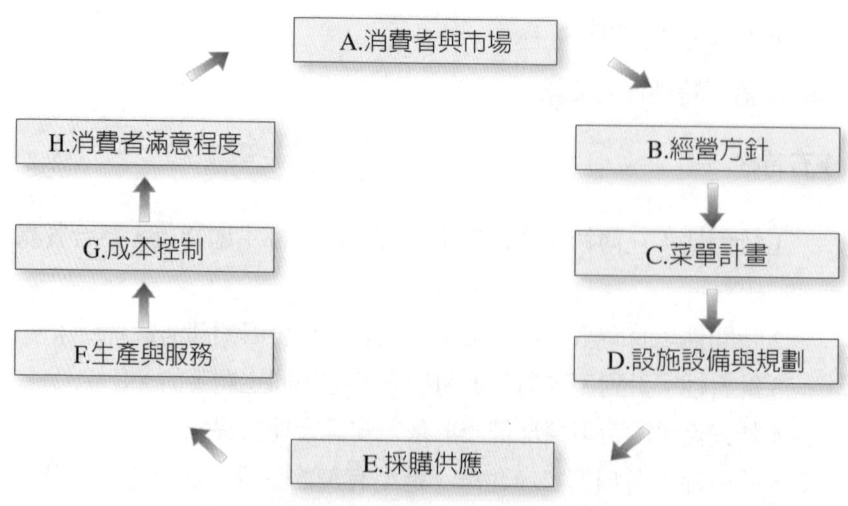

圖13-1　餐飲市場和消費者的循環系統

一、餐飲消費者的需求

(一)生理需求

餐飲提供消費者在營養及風味需求方面的滿足，更需瞭解消費者同時對味覺、嗅覺、觸覺、溫度、餐飲安全考量及餐飲環境衛生的需求。

(二)心理需求

心理層次上消費者要的是受歡迎的餐飲、餐飲物有所值、餐飲可顯示氣派、餐飲方便、享受餐飲被尊重的各項需求。

二、餐廳行銷目的與原則

(一)行銷目的

讓消費者知道、喜愛、信服你的餐廳，最終也是最主要的目的就是讓消費者光顧你的餐廳。

(二)行銷原則

行銷上要使顧客願意持續光顧你的餐廳，首先必須滿足顧客需求與欲望，因此需要市場調查研究分析消費者的需求與欲望何在，同時行銷是連續性的步驟，要對行銷研究的關鍵角色加以瞭解，並且餐飲與俱樂部其他部門是相互依賴的，因此須靠全體組織與各部門間的共同努力。

(三)行銷任務

主要完成計畫、研究、執行、控制、評估的工作。

(四)促銷活動

常見的促銷活動有在店內與店外的不同手法。

◆店内促銷活動

1.原則：包括針對主要話題、現代新潮、新奇創意性、即興性和非日常性、單純性、參與性等方向加以規劃設計。
2.方法：組織俱樂部促銷、節日推銷、內部宣傳品推銷。

◆店外促銷活動

1.外賣促銷活動：考量組織的可行性、消費者的對象、採取的方法加以規劃。
2.針對兒童推銷活動：兒童是現代家庭組織中最爲重要的角色，一般行銷手法上常以兒童爲主要促銷對象，以帶動銷售契機。因此對兒童菜單與分量、服務設施提供、小禮物、娛樂活動、生日推銷、抽獎與贈品等方面均要詳加企劃，也可以贊助兒童事業來建立企業的形象。

第三節　俱樂部附設之餐廳經營與管理

一、俱樂部中餐飲的分量與任務

餐飲收入是商務型及鄉村型休閒俱樂部收入主要來源，餐飲是休閒俱樂部產品中不可或缺的組成部分之一，餐飲也是招徠顧客重要競爭力來源。餐飲部門在俱樂部之任務包含：提供能滿足客人需要的優質菜餚和飲料，提供親切而高品質的服務，增加營業收入提高利潤水

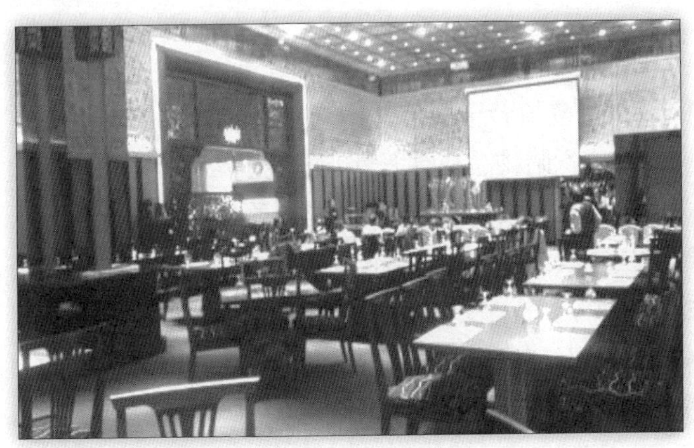

餐飲是休閒俱樂部產品中不可或缺的組成部分之一

準，爲建立俱樂部高品質形象努力。

二、餐飲管理目的、程序與標準

(一)管理目的

餐飲管理主要在各種相關制度及作業做有效控管、減少浪費，保持食物最低成本，以提供最佳質量、擬定最受歡迎菜單、改進菜品品質、得到相當利潤等爲目的。

(二)管理程序

1.計畫：預計提供的菜品項目。

2.比較：與其他餐廳交換資料。

3.改進：不斷檢討改進，並衡量效果好壞。

(三)管理標準

◆採購菜餚標準

管理者需制訂採購、驗收、儲存、發貨及加工各方面的統一標準作業，以利管理。

1.採購：可邀請若干菜商報價，以利加以比價，找出最合理菜商；抽查採購物品在質與量方面是否全都合乎要求；幾家餐廳之間互相詢價做比較；分析價格是否值得現階段採購。
2.驗收：由廚師及驗收員共同檢驗價格與品質、數量是否合乎標準。
3.儲存：爲保存足夠食物，減少損壞，控制好成本，故須採先進先出方式作爲倉儲管理原則。
4.發貨：制訂標準，並且要有標準食譜。
5.加工烹調：制訂廚房生產計畫，對於切割及烹飪實行試算，以確保每一菜式分量標準。

◆菜品配量標準

由主廚將每一項配菜，做標準化分量制訂，以作爲依據。

◆烹調標準菜譜

每一道菜的烹調標準，也需制訂標準食譜，以維持食物品質一致性。

三、餐飲管理對象

生產的實質乃是加工轉型處理過程，餐飲可視爲餐館管理者投入人員、資金、原材料、設施設備、技術，加工轉型處理，產出最後顧客滿意的服務與產品，其過程如下：

投入：事物→加工轉型處理過程→結果

餐館經營管理就是處理好內部人、財、物事務規劃，協調企業與外部市場要素關係，而管理對象包含人員、資金、原材料、設施設備、技術技能、市場、訊息。

四、餐飲設施規劃

(一)確定各部門位置、生產服務設施和設備分布

1.前檯區：因為與顧客直接接觸，故偏重美觀，符合顧客消費習慣，同時兼顧服務員工作需要。

2.後檯區：是工作者最重要的操作場所，因此，必須滿足生產需要，著重功能性設計。

(二)具體標準

1.考量因素：設施布局安全性，服務路線長度，服務路線清晰度，員工舒適度，管理合作，可進入性，空間利用，符合顧客消費習慣，長期發展所應有的靈活性。

2.出菜太慢時改善方向：廚房動線不良是造成出菜慢的常見因素，所以常會以改造廚房動線作為提高生產效率的方式。

3.點菜餐廳廚房（非自助式餐廳）動線配置：需按廚房作業流程方式，加以安排動線配置。

4.依作業流程規劃動線配置方式，主要目標是盡可能降低各生產單位之間的人員、物品流動的成本，及減少在設施之間移動的距離。

(三)流程規劃布局基本步驟

1.先蒐集有關工作設施和餐廳人流或物流之間的訊息。

2.畫出呈現訊息的示意圖，將人流或物流發生最多的工作中心放在一起。

3.考慮各工作中心面積要求，修改示意圖。

4.根據示意圖畫出設施規劃設計圖。

5.檢查最後完成設計是否達設計目的。

五、菜單管理

菜單是餐廳為客人提供菜餚的種類、說明和價格的一覽表和清單，是餐廳的關鍵及中心。對於菜單的綜合籌劃，最好由餐飲部主要負責人與主廚共同承擔，需考量市場定位、生產特點等因素，菜餚安排種類合宜，營養均衡，呈現餐廳特色，更需以符合目標客源市場需求為導向。做出的菜單應具競爭力，毛利率適中，定價合理，呈現市場供需關係。同時，菜名準確標明原料、烹調方式。菜單內容眞實無誤，並且外觀設計、文字圖片、編排等都合理、美觀、清晰。菜單形成的流程如**圖13-2**所示。

(一)菜單功能

可以反映餐廳經營方針，同時標示餐廳商品特色和水準，作為溝通消費者與接待者之間橋樑，呈現菜餚研究資料，可作為藝術品又是宣傳品。

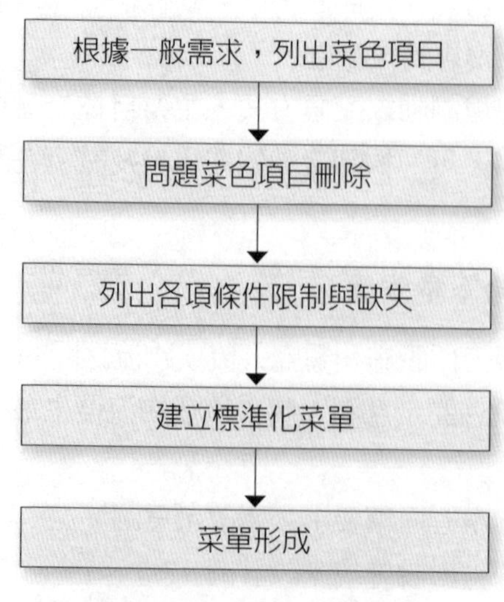

圖13-2　菜單形成的流程

(二)菜單設計基本概念

以客人需求爲導向，呈現餐廳特色，具競爭力，要符合飲食的流行趨勢，同時表現藝術美感。

(三)菜單的製作

◆製作菜單的原則

1.簡單化：乾淨俐落、一目瞭然。
2.標準化：菜色內容和分量維持一定的標準。
3.特殊化：菜色配置和菜單外型的設計皆需風格獨具、引人入勝。

◆製作菜單前考慮的因素

1.服務的方式：不同方式影響菜色選擇及菜單結構。
2.菜色的種類：不同烹調風格呈現差異。
3.顧客需求：市場需求研究或熟讀鄰近餐館菜單。
4.員工的能力及廚房的設備：設備最能評量餐館在食物製作上潛力，因此，先設計菜單再添購設備，創造高效用與利潤，同時訓練能力強的員工確保食物品質，並且根據市場的需求與市場行銷決定利潤。

六、飲料管理

(一)飲料的分類

飲料大致可分爲兩大類：

1.含酒精飲料：一般包括葡萄酒、啤酒、烈酒、雞尾酒飲料等。

2.非酒精飲料：咖啡、茶、碳酸飲料、蔬果汁、飲用水（如礦泉水、氣泡水、加味水等）。

(二)飲料庫存管理系統目的

主要在保護公司資產、詳實完整記錄方便盤點稽核、增進工作效率、切實遵守管理規章。

(三)飲料管理要點

1.制訂良好標準作業流程及良好酒料管理方法。
2.設定獲利標準，以利推算銷售收入，做好稽核工作。
3.做好良好教育訓練，使吧檯服務人員能夠具豐富酒類知識、調製雞尾酒純熟技術，以及以誠信處事。

第四節　餐飲服務

加強服務品質管理是餐館管理首要工作，餐飲服務的範圍，應非僅限於提供餐飲的純熟技巧，綜觀用餐場所的內外，各項設施皆應包括在服務的範圍內。一個俱樂部要提供高品質餐飲服務，服務程序必須符合穩定的服務流程、適時迅速、滿足要求、未卜先知、人際溝通、顧客回應、管理監督等原則。同時在服務態度上更需對積極態度、身體語言、聲調音色、機智老練、善用名稱、慇勤周到、提供建議、推銷有方、解決問題各方面加以規範。提高餐飲服務品質要點可由以下過程加強：

1.服務前：先建立客人檔案、掌握營業前各工作的上班前簡短會議、強化培訓與練兵。
2.服務中：隨時給客人親切感、仔細觀察顧客需求、加強環節溝通、對各項服務層級和種類提供周到服務。

3.團隊表現：以專業分工達成最佳效果，但分工之中同時注意合作的默契，以達全面化高品質服務。

一、經理強化管理工作要點

一位好的餐飲管理者需做好教育員工、指導分配工作、檢查品質、解決困難、爲員工樹立榜樣，以及進行工作檢查、張貼行爲標準、檢查工作準備情況、制訂工作安排表。同時可對於員工工作安排上，採用交叉培訓，以增加排班調度空間，使員工自由度擴大，如此能使運作更具彈性，亦能使員工瞭解別人的困難點。除此之外，經理人要懂得人力資源分配，可運用兼職員工，靈活安排上下班時間，滿足服務需求，節省勞力。還需注意清潔衛生工作，因爲牽涉餐館形象與食品安全，所以必須瞭解，衛生管理基本特點具有重複性大、細小、繁瑣，管理者須具極強意識和細緻耐心工作態度。一般衛生管理方法重點如下：

1.規範管理日程表和工作清單，儘量使工作標準化。
2.主管檢查衛生工作時間表。
3.設計衛生管理時間表，以掌握重要區域衛生工作。
4.利用衛生檢查項目清單，實施全面細緻檢查。
5.使用標準化統一表單，對統一品質標準控制幫助大。

二、餐廳接待要領與服務技術

(一)接待要領

面帶微笑，鞠躬迎接招呼；引導客人至座位，先拉椅子請其坐下；談話口齒清晰；千萬不要竊竊私語批評客人，更不要介入客人談話；學習忍耐，有無法解決的問題或難題，隨時報告上司；點菜時站客人左側，並記得要複誦客人點的菜單一次；訂菜要記錄下來，並清楚明瞭，在允許的範圍內，盡可能給客人方便；供應開水前，別忘了先推銷飲料。

(二)餐廳服務技術

1.食物由客人左側供應，飲料則由客人右側供應，收拾餐具時，由右側退出爲原則。

2.送菜餚時，左腳踏進一步，身體轉向客人。

3.使用盤子以左手平衡搬運，較重東西放中央。

4.倒水時不可拿起杯子。

5.記憶顧客姓名及嗜好（尤其是會員或常客）。

6.餐桌器具、調味料常留意是否用完需補充。

7.帶位時注意事項：

(1)肥胖者、年老客人坐靠近入口處；有小孩客人儘量帶到角落座位。

(2)穿著服飾華麗時髦客人，坐在顯而易見地方；年輕伴侶則選擇較隱密處。

(3)單獨客儘量靠窗邊座位；警察稅務人員安排靠入口處之座位，且不使人注意的地方。

(4)如果遇到客滿須與人同桌，必須先徵求雙方同意。

8.餐廳工作人員舉止與儀態：

(1)頭腦：反應要快，記憶力強，具豐富專業常識。

(2)眼睛：隨時注意客人表情及動作，以便隨機應付。

(3)手腳：適當舉止，配合輔助要求。

(4)心情：沉著冷靜，保持愉快心情。

(5)語言：有禮貌，聲音清晰，音量大小適中，並使用標準語言。

(6)態度：誠懇親切，自然大方不做作。

(7)服務前勤洗手，指甲要修剪清潔，指甲油應以無色或淡色爲主。

(8)頭髮梳理整潔，不可披頭散髮，長髮者最好以髮髻梳理，化妝以淡妝爲主，至少需擦口紅。

(9)不宜使用香水，注意身體體味，口腔保持清新，預防口臭，牙齒刷乾淨。

(10)襪子天天換洗，皮鞋要擦亮，制服整潔合宜，襯衫領帶要平整，時髦手飾、髮飾則不宜使用。

三、餐廳服務作業流程

當客人進入餐廳，從領檯帶位至用完餐結帳後離開，都有一定的作業程序要規劃，才能提供一致性的服務。**圖13-3**爲一般餐廳客人用餐的服務作業流程範例。

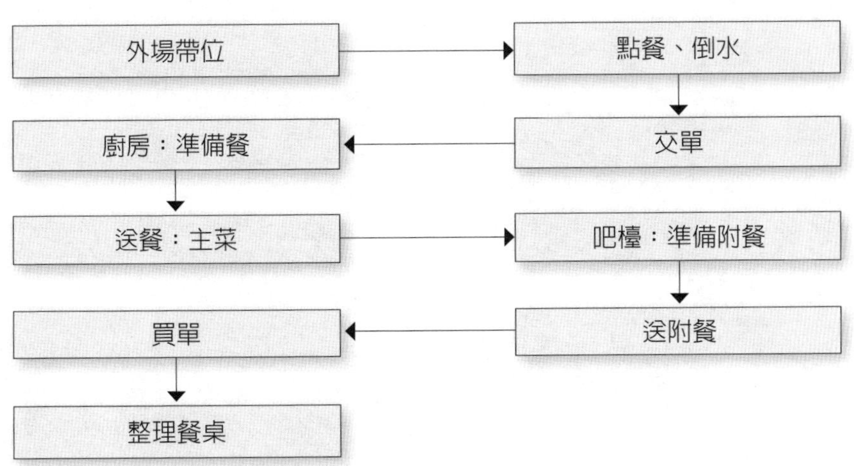

圖13-3　餐廳服務作業流程範例

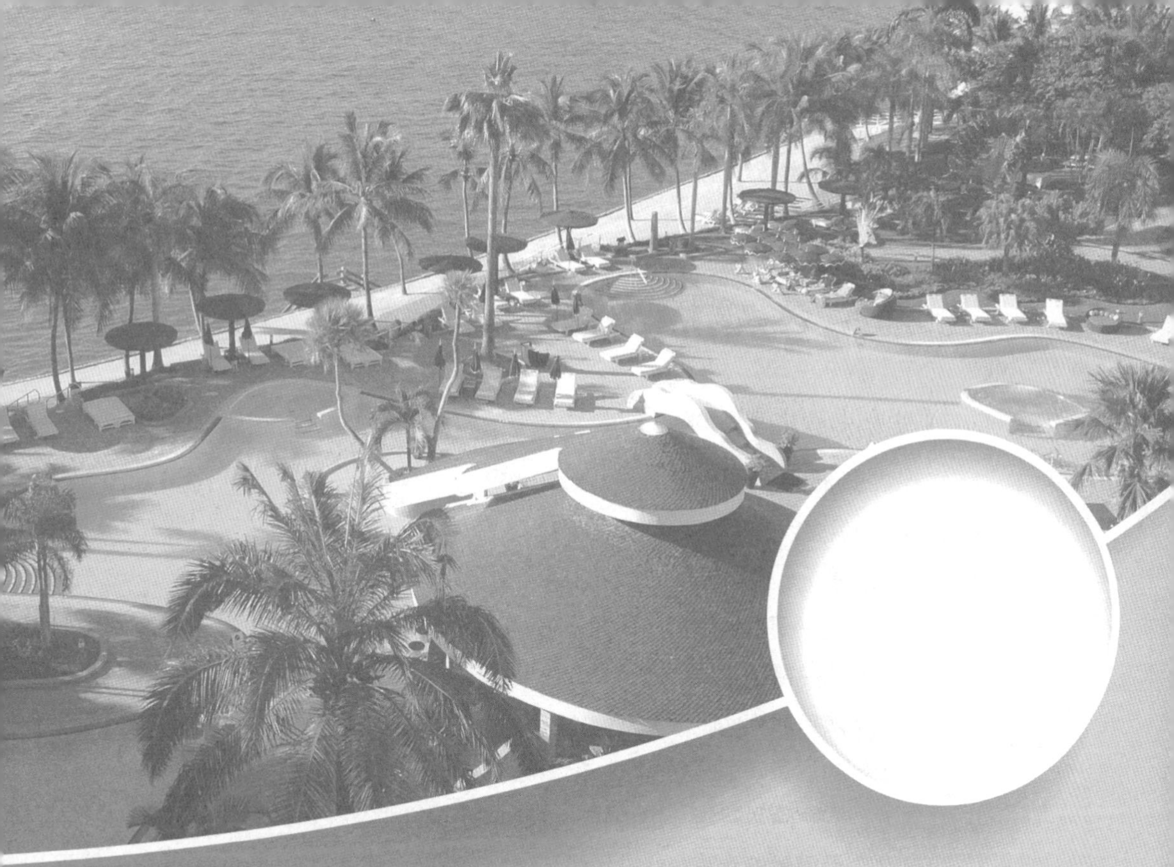

附　錄

- 附錄一　契約書範例
- 附錄二　緊急事件標準作業流程範例
- 附錄三　員工手冊範例
- 附錄四　俱樂部經營管理顧問提案範例
- 附錄五　各式表單

附錄一　契約書範例

【健身中心定型化契約範本】

(一)審閱期間：至少3日。

(二)契約重要內容

1.當事人

2.契約主要給付項目及期間（第2條、第4條）

3.契約金額（第6條）

4.保險或履約保證（第7條）

5.解約退費（第9條）

6.契約解除及終止（第10條、11條、第16條）

7.會員權暫停（第14條）

本契約於中華民國　年　月　日至　年　月　日

經甲方攜回審閱（審閱期間至少3日）

甲方簽名

乙方簽名

（會員）　　　　（以下簡稱甲方）

立契約書人

（業者）　　　　（以下簡稱乙方）

________（會員）（以下簡稱甲方）爲使用________健身中心（以下稱乙方）提供之健身設備並接受服務，加入爲會員之目的，訂立本契約以資信守。

第一條　（健身中心基本資料、設備及簽約地點）

乙方名稱：________________。代表人：________________。電話：

________________。電子郵件：______________。網址：__________
______。營業所在地：______________。營業登記證字號：________
______。本場所預計招收會員數：____人。本場所現有會員數：____人。本場所實際可供甲方使用之總面積：____平方公尺。本場所最大容留人數：____人。

簽約地點：__________________。

乙方提供下列運動器材設備及活動空間供健身運動。乙方依健身產業之實際發展情形及會員使用狀況調整所提供設備或設施時，不得低於原有服務品質。

於本契約有效期間內，乙方另有維修需要而造成營業期間暫停者，應予展延及其他配套措施。但每月2日以內例行維修，並於一個月前事先通知消費者或公告者，不在此限。

第二條　（乙方應提供服務及說明內容）

於營業時間內，乙方應提供下列服務內容：

一、合格可供正常使用之運動器材設備。

二、各種設備使用方法之說明。

三、各種設備於明顯處所張貼不當使用可能產生危險之警告標示及緊急處理危險方法之說明。

四、具有合法證照或專業資歷之教練或指導員，及其提供指導之課程。

第三條　（入會條件）

甲方申請入會，應完成下列手續：

一、__________________。

二、__________________，並繳交下列文件：

(一)__________________。

(二)__________________。

第四條　（會員種類及使用時段）

甲方加入乙方會員種類如下：

□長期會員：自核准入會後，期間_____年（期限不得逾10年）。

□單年會員：自核准入會後，期間1年。

□單季會員：自核准入會後，期間3個月。

□單月會員：自核准入會後，期間1個月。

□單週會員：自核准入會後，期間1週。

□其他會員種類：____________。

甲方使用時段如下：

□限於_____：_____時段使用。

□無使用時段限制。

第五條 （會員卡核發）

乙方受理甲方入會申請後，而認爲不適當者，得拒絕入會之申請；其同意甲方入會者，應即核發會員卡。

未成年人申請入會，應得其法定代理人之允許或承認，本契約始生效力。

第六條 （相關費用之約定及繳納）

契約起訖期間1個月以上者，乙方應載明同等級服務契約之單月會籍費用額度，並明確告知甲方。

前項單月會籍費用額度，不得逾乙方所訂會員契約月平均價格2倍。

甲方應繳納費用新臺幣_______元，明細如下：

□一、入會費新臺幣_____元。

□二、使用費：

　　□年費新臺幣_____元。

　　□季費新臺幣_____元。

　　□月費新臺幣_____元。

　　□週費新臺幣_____元。

□三、其他費用（如_____）新臺幣_____元。

前項費用付款方式如下：

□一、現金。

□二、信用卡。

□三、即期支票。

□四、其他方式（如：______）。

□五、特別約定或強調契約內容如下：______________。

乙方業務人員口頭承諾事項

第七條　（乙方履約保證）

乙方應就收取金額（含會籍費用、預收之使用費及其他一切收取之費用）50%額度，提供履約保證。但乙方於契約期間內按月收款者，不適用之。

乙方提供履約保證應就下列方式擇之一爲之，所爲履約保證內容，載於契約正面明顯處：

□一、依信託法規規定交付○○○銀行（信託業者）開立信託專戶管理，乙方爲委託人，且得自爲受益人，並依實際交付信託額度，按比例按期（年、季、月）自專戶領取。乙方發生解散、歇業、破產宣告、遭撤銷設立登記、假扣押或其他原因，致無法履行服務契約義務者，視爲乙方同意其受益權歸屬甲方或其受讓人。

□二、其他經中央主管機關許可之履約保證方式。

第八條　（會費調整）

乙方除經甲方同意外，不得調高第六條約定費用。

第九條　（入會後使用設施或個人教練課程前之解約）

甲方於繳納費用後而有下列情形之一者，得解除契約並請求全額退還已繳費用：

一、所簽契約始期尚未屆至。

二、契約生效後7日內未使用業者設施或個人教練課程。

甲乙雙方係以訪問買賣或郵購買賣訂約者，甲方雖已使用乙方設施或個人教練課程，7日內仍可適用《消費者保護法》第19條及第19條之1規定解除契約。

甲方與乙方簽訂個人教練課程契約者，如本契約或個人教練課程契約終止或解除時，另一契約亦同時終止或解除，但甲方得保留本契約。

第十條　（未繳費用之處理）

甲方未繳費用時，乙方應依契約約定方式通知甲方定______日（不得少於10日）完成繳納。

前項催告期限屆滿翌日起計20（含）日，乙方得停止甲方使用乙方設備，待繳清費用後，恢復權利。逾20日仍未繳清，契約自動終止，並依第十一條規定退費。

乙方未能證明前項催繳通知，致甲方會員權利受損，乙方無條件賠償，不收取任何費用。

第十一條　（甲方終止契約之退費計算基準）

甲方得於契約期限屆滿前，隨時終止契約。

甲方依前項約定終止契約時，乙方應就甲方已繳全部費用依下列方式之一退還其餘額：

□一、扣除依簽約時單月使用費新臺幣______元乘以實際經過月數（不滿15日者，以半個月計；逾15日者，以1個月計）之費用。

□二、無法認定簽約時單月使用費者，按契約存續期間比例退還甲方已繳之費用，作爲退費金額。乙方並得另外請求依退費金額百分之______（不得逾退費金額之20%）計算之違約金，以賠償乙方所受損失。

□三、個人教練課程：因不可歸責於甲方事由（例如：乙方解聘或教練辭職）而終止契約者，依簽約時單堂課程費用新臺幣______

元乘以實際使用堂數。無法認定簽約時單堂課程費用者，以總費用除以總堂數計算（小數點無條件去除）。甲方並得另外請求以全部費用百分之______計算之違約金。

甲方因傷害或疾病等產生不可回復之健康問題，致不適宜運動須終止契約者，乙方應依前項規定辦理退費，且不得向甲方收取任何費用或賠償。

乙方提供之服務或器材設備有缺失，經主管機關限期改善或經甲方催告改善，仍未改善，甲方因此終止契約時，乙方應按契約存續期間比例退還甲方已繳之費用，且不得收取任何手續費。甲方並得另外請求以全部費用百分之______計算之違約金。

雙方未為前三項約定時，以最有利甲方權益之計算方式為之。

第十二條　（贈與約款及其效果）

乙方以贈與商品或服務為內容所為之贈與，於契約終止或解除時，乙方不得向甲方請求返還該贈與，亦不得向甲方主張自應返還之費用金額當中，扣除該贈與之價額。

乙方以贈送會員會籍期限為內容而簽訂契約者，應將該期限合併納入契約範圍。

第十三條　（會員權利義務）

會員權利義務如下：

一、甲方自雙方所約定費用悉數完納之日起得行使其會員權利。但當事人另有約定者，不在此限。

二、乙方營業時間內，甲方有權使用乙方設備及接受服務，參與乙方舉辦免費運動指導課程或各種場地設備講習說明。

三、甲方應遵守本契約及乙方管理規範，並應遵守乙方指導。

四、甲方應依第六條約定繳交各種費用或其他有關繳費課程及活動費用。

五、甲方應配合乙方確認其於乙方設施內，是否適於進行各該相關類型活動。

第十四條　（會員權暫停）

有下列情形之一者，甲方得事先以書面向乙方辦理暫停會員權之行使，於停權期間，免繳月費，會員權有效期間順延：

一、因出國逾2個月。其會員權益暫停期間以______個月為限（不得超過6個月）。但甲方同意得於我國境外使用乙方所提供健身設施者，不在此限。

二、因傷害、疾病或身體不適致不宜運動者。

三、因懷孕或有育養出生未逾6個月嬰兒之需要者。

四、因服兵役致難以行使會員權者。

五、因職務異動或遷居致難以行使會員權者。

六、其他雖不符合前列各款事由，但不可歸責於甲方事由致無法使用健身設備者。

前項情形，甲方應檢附各款事由相關證明或釋明文件。

第十五條　（會籍、個人教練課程轉讓）

一、甲方會籍：經通知乙方後，得讓與第三人，讓與時：

□(一)乙方不收取費用。

□(二)向甲方酌收費用（含會員證製作及鑰匙提供）新臺幣____元整（不得超過新臺幣300元）。

二、個人教練課程：經通知乙方後，得讓與第三人，讓與時，乙方不收取費用。

第十六條　（乙方事由變更會員權行使、服務內容）

乙方有下列情形之一者，應於1個月前依契約所載方式通知甲方，及於營業場所明顯處公告，甲方得變更會員權之行使：

一、乙方營業場所搬遷者，搬遷日起至回復營業期間，甲方免繳月費，會員權有效期間順延。

二、乙方營業場所總面積縮減或搬遷者，甲方得自乙方公告日起30（含）日內終止契約，並依第十一條規定退費，乙方不收取任何費用。

三、乙方提供之運動器材設備、課程、教練或指導員等少於契約約定內容時，甲方得：

□(一)免繳1個月費用。無法認定簽約時單月會籍使用費用時，依所繳費用總額除以契約時間。

□(二)30（含）日內終止契約，並依第十一條規定退費，乙方不收取任何費用。

乙方未能證明前項通知及公告，致甲方會員權利受損，乙方無條件補償，不收取任何費用。

第十七條　（轉點約定）

甲方於契約存續期間均可轉換使用乙方其他營業場所（下稱轉點），轉點時，乙方：

□一、不收取任何費用。

□二、收取轉點費新臺幣______元整。

□三、其他約定方式：___________。

第十八條　（健身中心相關義務）

乙方於其各該營業場所內，應遵守下列各款規定：

一、提供第一條約定所列運動器材設備及定期維護或更新。

二、配置第二條約定具有合法證照或專業資歷之教練或指導員。

三、配置適當救生器材。

四、配置具有急救訓練資格之員工。

五、乙方因甲方簽訂本契約，或參加課程、活動，或申請會員權暫停，而知悉或持有甲方個人資料，應予保密及依「個人資料保護法」相關規定處理。

乙方違反前項規定者，甲方得請求損害賠償。

六、乙方不得向甲方強行推銷商品、課程或收取本契約未約定之費用。

七、乙方對於依第三條約定未能成爲會員者所提供之資料，仍應予以保密，並不得爲不當之使用。

第十九條　（營業時間）

乙方營業時間。因天災、地變、政府法令或其他不可歸責於乙方事由致無法營業者，乙方得暫時停業或縮短營業時間。

第二十條　（設備使用）

甲方使用乙方設備，應遵守下列規範：

一、應於接待櫃檯登記並出示會員證。其有參與乙方各種活動者，亦同。

二、使用乙方設備或參加乙方舉辦各種活動者，應著適當合宜服裝。

三、不得攜帶違禁品或危險物品進入乙方營業場所（含健身中心），及勿攜帶貴重物品至乙方營業場所（含健身中心）。

四、甲方於每次使用乙方設備時，乙方應配合備置櫥櫃而提供甲方暫時擺置隨身攜帶物品（不含易腐敗物品）使用，甲方應於每次使用乙方設備完畢後即行攜離。其有甲方未攜離物品經乙方定____個月（不得低於6個月）以上期間公告招領而仍未取回者，依《民法》第607條等相關規定處理。

五、甲方攜帶金錢、有價證券、珠寶或其他貴重物品，應報明其物品性質、數量及價値交付乙方保管。但乙方得依甲方報明價値百分之______收取保管費；其未經報明其物品性質及數量交付保管而有毀損或喪失情事者，乙方不負責任。

六、乙方營業場所（含健身中心）內不得有賭博、喝酒、吸菸、吃檳榔、喧譁、口出穢言或其他不當或足以影響其他會員權益等行爲；於乙方指定區域內並不得飲食。參與乙方所舉辦各種活動者，亦同。

七、甲方應適當使用乙方各種設備，並自行斟酌個人健康狀況，遵守乙方指導，不作不當運動或參與其體力所無法負荷之活動。

八、甲方會員證不得出借或提供其他第三人使用。

第二十一條　（業者管理規範訂頒及修正）

乙方爲便利甲方充分有效使用乙方運動器材設備，得爲各種管理規範之訂頒及其修正。

第二十二條　（損害賠償責任）

因甲方同行親友不當使用設備而導致乙方或其人員受有損害者，甲方應負連帶損害賠償責任。

乙方對於客人所攜帶通常物品之毀損或喪失，負其責任。但其屬不可抗力或因物品性質或因甲方本身或其伴侶、隨從或來賓等故意或過失所致者，不在此限。

當事人一方違反本契約而導致他方受損害者，應負損害賠償責任。

第二十三條　（會員證或鑰匙之管理）

甲方應妥善保存會員證及所持有乙方之鑰匙。其有遺失者，應即通知乙方。

甲方申請補發會員證或鑰匙時，應繳納工本費新臺幣______元（合計不得超過新臺幣300元）。

第二十四條　（通知）

乙方應依本契約所載資料，將有關事項通知甲方。

契約期間屆滿1個月前，乙方依前項方式通知甲方。乙方未能證明前項通知致甲方於契約期間屆滿後仍繼續使用乙方服務設備者，乙方不得視爲續約行爲及收取任何費用。

乙方對甲方書面通知者，應向甲方入會申請書上所載地址寄發。

甲方地址有變更者，應通知乙方配合變更。乙方寄發通知，應向變更後地址寄發。

第二十五條　（消費資訊及廣告）

乙方披露之廣告均爲契約內容。

乙方應確保其廣告內容眞實，其對甲方應負義務不得低於其原已披露之廣告內容。

第二十六條　（準據法）

本契約以中華民國法律爲準據法。

第二十七條　（合意管轄）

因本契約涉訟者，甲乙雙方同意以○○○○地方法院爲第1審管轄法院。但不得排除《消費者保護法》第47條或《民事訴訟法》第436條之9有關小額訴訟管轄法院之適用。

第二十八條　（疑義解釋）

本契約條款有疑義者，應以作有利於甲方之解釋。

第二十九條　（未盡事宜之處理）

本契約有未盡事宜者，依相關法令、習慣及誠信原則公平解決之。

第三十條　（契約書之分執保管）

本契約一式二份，由甲乙雙方各執一份爲憑。

簽約注意事項

一、契約簽訂前，甲方應有3日以上之審閱期。於繳納入會費後7日內，且其未使用設施或個人教練課程者，或所簽契約始期尚未屆至者，得解除契約並請求退還已繳費用。

二、甲方不同意本契約約定者，甲方得提請乙方另行議約增刪。

三、乙方所聘用現場服務之教練或指導員，均應具備合法證照或專業資歷。

四、簽訂本契約前，乙方應對甲方是否適合作相關體能活動，作必要體能檢測及運動處方建議。甲方得於簽訂本契約前，自行諮詢專業醫師意見，衡酌本身狀況是否適於乙方提供之各種類型運動及其相關活動。

五、乙方應確保廣告內容眞實，其對甲方所負義務不得低於廣告之內容。雙方口頭約定及前項廣告內容，均屬契約之一部分（口頭約定以書面方式確認爲宜，可免事後舉證之困難或爭議）。

六、乙方有義務告知本契約一切有關之權利義務事項。

七、乙方對於甲方所爲消費及個人資料，均應負有保密義務。但乙方事前得到甲方書面同意者，不在此限。

八、備註：

(一)教練：指有各該專項運動技術之訓練人員。

(二)指導員：指具有《國民體能指導員授證辦法》第2條規定之體能活動指導能力且通過國民體能指導員檢定及格者。

◆員工聘用工作認同書範例◆

XXX俱樂部員工聘用工作認同書

立同意書人：

甲方：＿＿＿＿＿＿＿＿股份有限公司

乙方：＿＿＿＿＿＿＿＿先生／小姐

茲因甲方俱樂部經營管理需要，聘請乙方為甲方工作，經雙方同意訂定條件如後，以資共同遵守。

第一條　聘用期間

自民國＿＿年＿＿月＿＿日起至＿＿年＿＿月＿＿日止。

第二條　工作說明

一、依照公司人事管理規章、主管指派及甲方作業規定，從事現場作業。

二、詳細工作內容依職務不同，詳列於「工作手冊」中。

第三條　工作時間、地點

甲方因業務上之需要，得隨時遷調其職務、服務地點與工作時間。

第四條　工作報酬

一年十二個月薪資，每月薪資依面談結果核薪，甲方每月另發伙食津貼＿＿＿元，並依人事管理規章規定每月核發全勤獎金＿＿＿元。

第五條　聘用期間薪資＿＿＿元。

第六條　聘用關係

一、雙方同意試用期間為＿＿＿個月。試用期間，如乙方自認不適職務或志趣不合者，得隨時自請離職；如甲方認為乙方不符工作要求時，亦得隨時通知停止試用，甲方停止試用時不發給乙方資遣費。（依照勞基法第十八條規定）

二、試用期滿後，乙方若因故需離職，須於十五日以前提出辭呈。

三、乙方不得以甲方名義或職務上名義為他人做債務上之契約或保證。

四、乙方切結保證未有下列之情形：

(一)被褫奪公權未復權者；現受禁治產之宣告者。

(二)患有精神病、傳染病者。

(三)曾受懲戒免職處分者。

(四)有不良嗜好者。

(五)因贓私處罰有案者：曾犯刑事案件，受拘役以上處分者。

五、採短期合約一年一聘制，於甲乙雙方聘用關係合約到期後，或合約期內有不適任者情況，甲方不續聘或延長聘用期間時，甲方應於十五日前要求乙方無條件離職（不含試用期之情況），不得要求甲方給付遣散費或離職金。

六、甲方如欲續聘或延長聘用期間，應於聘用期滿前十五日以書面為之，並另訂新約。

七、公司於年終時考量營運營收狀況，酌予發給所有從業人員適當金額之獎金，員工不得要求甲方必須發放年終獎金。

第七條　假期規定

一、休假天數：依照人事管理規章規定每月公休____日，當月遇有國定假日再另加假。

二、病假、事假、婚喪假、加班、補休等依人事管理規章規定辦理。

三、當月假限當月排完，除現場主管因應營運需求而調整休假日之排休，得將當月休假併入下月排定（限三個月內排完）。

四、延長工時及加班計算方式：員工得因應營運需求，接受現場主管要求加班或取消休假，其加班時數得以補休方式處理。

五、自____年____月____日起，每三個月結算無法補休之時數，折算薪資併入當月薪資發放。

第八條　本約如有未盡事宜，悉依相關法令規定處理。如涉訟，雙方同意以臺北地方法院為第一審管轄法院。

第九條　本認同書一式二份，由甲、乙雙方各執一份為憑。

立同意書人：

甲　方：　　　　　　　　　股份有限公司

負責人：

地　址：　　　　　　　　　　　　　　　　電　話：

乙　方：

身分證字號：

地　址：　　　　　　　　　　　　　　　　電　話：

保證人：

身分證字號：

簽約日期：　　年　　月　　日

◆廠商合約書範例◆

美容合作廠商合約書

立合約書人 ________________（甲方）________________（乙方）

茲因甲方與乙方合作經營美容事業，雙方同意訂立本合約書，合約內容如下：

一、營業場所：__________________________________

二、機器設備：

所有營業所需之儀器設備由乙方購置提供，並附保管及維修保養之責，其項目及數量明細。

三、服務人員：

由乙方負責招募、訓練並排定輪值班表，人員的行爲出勤規範均需依照甲方員工管理辦法中之規定；甲方同意以員工價提供當班者之員工伙食。

四、布巾及制服：

凡營業所需之毛巾或制服等均由乙方提出，乙方自行負責清洗。

五、營業項目：

由乙方統籌擬訂各服務項目，訂定收費標準，經由甲方核定後實施。

六、場地：

甲方提供一間美容室，供乙方營業使用，房間擺設、裝飾如需變更，需經甲方同意。

七、薪資及各項費用：

營業場所使用之水、電、瓦斯之費用，由甲方負擔，乙方負責人事薪資。

八、產品：

由乙方提供屬美容療程中所需之產品及銷售產品，惟以上各項產品均需符合政府法律許可。

九、營業利潤：

1.銷售的產品：採寄售抽成制，由甲方抽取產品出售總營業額之百分之三十。

2.其他營業項目：採營業額銷售制，甲方抽取每月含稅營業額之比例如下：

每月營業額	抽成比例

十、廣告、宣傳：

甲方在會訊上協助乙方進行產品推廣宣傳及各項促銷活動，乙方需配合甲方會員活動之推廣與贊助。

十一、結帳：

客人結帳由乙方提出銷售單，由甲方櫃檯統一負責結帳。

十二、請款方式：

乙方於每月底與甲方核對銷貨金額，開立發票給予甲方，於次月十日向甲方領款。

十三、法律責任：

乙方派駐於生活館之從業人員均需經過專業培訓並領有法令認可之合格證書；乙方需全權負責美容療程中任何因不當診療、疏失或產品瑕疵而引起之法律責任。

十四、合作期間：

本合約有效期間自____年____月____日至____年____月____日止，雙方得於合約期滿前二個月研擬新合約內容。

十五、本合約之內容如需修訂或提前終止需獲雙方同意。

十六、本合約一式二份，甲乙雙方各執正本乙份及副本乙份。

立合約人

甲方：

負責人：

地址：

乙方：

負責人

地址：

中華民國　　　　年　　　　月　　　　日

◆員工保證書範例◆

保證書

茲保證______係______省______縣（市）人，現年______歲，今後服務______公司擔任______工作，在任職期內絕對遵守規矩，誠實服務，如有品行不端或盜竊公款、公物等非法行為，保證人願負完全責任，絕無異議，並聲明放棄優先抗辯權，如或認為該員有何不適處得隨時通知保證人領回。為鄭重起見，特立此保證書為憑。

此　致

存　照

保證人（一）　保證商號：（蓋章）
營業地址：
負責人／保證人：（蓋章）
戶籍地址／電話：
身分證字號：
與保人關係：
會保簽名蓋章：

保證人（二）　保證商號：（蓋章）
營業地址：
負責人／保證人：（蓋章）
戶籍地址／電話：
身分證字號：
與保人關係：
會保簽名蓋章：

被保人　　　　　　　　　　　姓　　名：　　　　　　　　　　　（蓋章）

身分證字號：

年　　齡：　　　　籍貫：

戶籍地址：

學　　歷：

被保人貼相片處 （請貼二吋照片）

中華民國　　　　年　　　　月　　　　日

附註：

1.保證人中途退保需以書面通知本公司聲明退保，經被保人另行覓妥保證人後，始得解除保證責任。

2.依規定換保時，對於換保以前之責任仍由原保證人負責。

3.被保人如違背本保證書所載之事項，願意自動離職，並按規定不得向本公司請求任何費用。

4.本保證事項於被保人在職期間及離職後均屬有效。

5.此保證書於離職時仍需保留於原單位。

6.按公司規定被保人離職六個月後，經查明無未了事務時，其保證書始發（寄）還之。

◆委託經營管理合約書範例◆

（以下簡稱甲方）

立合約書人：

（以下簡稱乙方）

雙方就＿＿＿＿＿委託經營管理事宜，同意訂定條款如下：

1.委託經營管理地點：＿＿＿＿＿＿＿＿＿＿＿＿

2.委託年限：自起訖日期起＿＿年，約滿乙方若有續約意願時，得於告知甲方後，自動續約＿＿年。＿＿年期滿甲方若需繼續委外管理，乙方具優先承包管理。

3.委託管理費：

＊甲方於合約＿＿年，每月支付乙方＿＿元整，作爲管理維護及回饋住戶優惠票價之費用。

＊乙方於每月＿＿日前開立請款單及發票向甲方請款，甲方應於每月＿＿日前依合約約定以現金或即期支票交付乙方。

4.優待辦法：乙方管理期間均提供相對回饋優待給貴住戶員工。住戶員工及家屬需出示證件始能享有優惠，若無證件則視爲一般客戶。

＊住戶及員工本人，每次使用收＿＿元。

＊住戶及員工每次進場使用得攜帶＿＿名家屬同行進場，享有員工價。

＊住戶及員工，報名收費課程享＿＿折優待。

＊住戶及員工加會員享定價＿＿折優待。

5.甲方提供乙方之空間及所有設備（空間平面圖、設備清單及配線圖說明書、保固證明及廠商名單），乙方應做善良管理使用及清潔維護，如使用毀損，應負責修復更換費用。否則如經由甲方修復，其費用得逕自乙方提供之保證金中扣抵。若因天災等不可抗力因素不在此規範內。

6.乙方營業時間應維持每日至少＿＿小時以上。

7.現場工作人員由乙方自行僱用具證照或經驗之員工，於營業開放時間內隨時管理健身房及游泳池，以維護顧客之安全。乙方僱用之工作人員及往來供應商應遵守大樓各項管理規定，否則甲方得要求改善或汰換工作人員或供應商。

8.乙方經營期間應爲顧客投保公共意外事件責任險。

9.營利事業正式登記：乙方將在可行登記的範圍辦理登記，申請登記資料由甲方協助提供。但若因地目法規上的原因造成被取締，而會產生罰金之問題，若乙方評估無法繼續運作，則得提早解約。

10.若因非本俱樂部負責管理之範圍產生災害，造成影響本公司營運之損失，而無法營運得爲解約，並給予本公司補償。

11.俱樂部若需增加硬體設施，屬無法移動之設施，由甲方同意得以負擔，若屬移動式之器材則由乙方自行負責。

12.依據俱樂部之經營管理辦法，員工薪資、任聘、勞健保、行銷策略活動、稅捐及經營期間之水電費用均由乙方自行負責，並且得以對外開放營運。甲方不具經營管理權，不得直接干涉經營管理運作。

13.乙方負該俱樂部正常運作管理之義務。並且每月定期清潔保養設備，以維護設備正常運作。若發生事故，甲方得終止委託，乙方需付負其責任。

14.本約期滿前未經雙方同意，任一方不得逕行要求解約，但若因該俱樂部建物法規問題或不可抗拒之因素，造成無法對外開放營運，則乙方得暫停營業或提早解約。

15.乙方交付甲方____萬元（得以不具日期票據____張，每張票面____萬元及現金____萬元），作爲營業及設備保證金，該款項及支票於合約期滿時無息退還（期票據暫不兌現，兌現前應先知會乙方）。

16.乙方若欲售會員證或票券等，不得超過本約期限，乙方於終止本約前一個月應善盡告知義務。

17.住戶員工或家屬使用俱樂部，須遵守營業場所之規定辦法。否則乙方有權拒絕進場使用。

18.乙方於委託期限屆滿或終止時，應會同甲方進行點交事宜，原甲方交付之設備及固定物須依原狀交還甲方。

19.有關本約或因本約所引起之疑義和糾紛，雙方同意依誠信原則解決，如有訴訟必要雙方同意以台北地方法院為第一審法院。

20.本約一式三份，簽訂後由甲乙雙方及乙方保證人各執一份為憑。

立合約人

甲方：

負責人：

地址：

乙方：

負責人

地址：

中華民國　　　　　年　　　　　月　　　　　日

◆社區型休閒俱樂部住户會員會員規章範例◆

XXX社區型健康俱樂部住户會員會員規章

1.使用對象

1-1 擁有____社區地上房屋產權所有人。

1-2 住戶之配偶、直系親屬且設籍於本社區者。

1-3 承租____社區房屋並設籍於社區內之承租人。

2.入會規定

2-1 凡欲加入俱樂部之人士，須依規定辦理入會手續並繳交款項後，便完成入會手續。

2-2 申請程序如下：

A.塡寫「住戶會員入會申請書」並送交本俱樂部存查。

B.繳交最近三個月內一吋脫帽半身相片三張。

C.繳交房屋所有權狀影本、戶口名簿影本、親屬證明文件等證件。

D.繳交辦卡工本費每張____元整。

E.簽訂完成本會員規章及各項守則手續。

2-3 發卡數計算：每一單獨門牌為單戶，每單戶依所有權狀之大小不同，發給不同張數之住戶會員卡。

2-4 以上經本俱樂部審查通過後，核發會員卡。

3.會員卡使用規定

3-1 住戶會員進入俱樂部使用時，需提示住戶會員卡，購買或繳交適用進入俱樂部門票之身分證明，憑證進入俱樂部。

3-2 住戶會員卡有效期限為自會員卡啓用日起二年（依會員卡註明之有效期限），滿二年後需重新提出申請。

3-3 住戶會員卡於有效期限內，有產權移轉之情事發生時，則原會員卡隨產權移轉自動失效，新產權所人需提出申請。

3-4 住戶會員若遺失會員卡，得向本俱樂部申請補發，但需支付補發所需之手續費。

3-5 住戶會員於申請入會至核發卡期間，得以臨時證作爲會員購物或適用進入俱樂部門票之身分憑證。

3-6 住戶會員於會籍屆滿一個月前可依本俱樂部之相關規定提出續卡申請程序，其規定與費用依住戶會員續卡辦法辦理。

3-7 住戶會員可自由轉讓會員資格給符合住戶會員辦卡資格之人士，每次移轉酌收轉讓費____元整，每次移轉後至少需持有____年，始可再辦理轉讓該卡。

4.優惠辦法

4-1 住戶會員本人可享購買住戶券____折優惠。

4-2 住戶券僅供持有產權之住戶會員本人進入俱樂部時使用，未申請住戶會員卡之住戶或他人，均不得使用本券，需由住戶會員帶進入俱樂部，並購買一般門票始得進入俱樂部。

4-3 住戶會員於俱樂部內消費，除購買一般來賓門票及超時收費外，其餘消費可享____折優惠。

4-4 住戶會員購買俱樂部一般門票券可享____折優惠。

4-5 住戶除辦理住戶會員卡之工本費、轉讓住戶會員卡之手續費及俱樂部收費設施消費費用外，尙未成爲俱樂部一般會員前不需繳交入會費及其他相關俱樂部一般會員之費用。

4-6 產權所有之住戶會員如因進入俱樂部次數頻繁，需轉爲一般會員時，可提出申請，其優惠辦法以當時之入會費____折優惠計算，而承租人不得享有此優惠方案。

5.權利義務

5-1 本俱樂部將不定期辦理贈品及會員活動，其贈送方式以戶寄送。

5-2 住戶會員可依意願辦理退會，但須至本俱樂部辦理書面退會申請，並繳清應繳費用及會員卡，如未辦理退會手續，本俱樂部保有相關費用之法律求償權。

5-3 住戶會員若有資料變更事項，應儘速向俱樂部提出書面變更申請，以免影響住戶會員應享有之資訊提供及其他之福利服務。

5-4 住戶會員應遵守本俱樂部之經營規則、設施管理辦法相關規定，如有違反，依相關規定辦理。

5-5 會員若有下列任一情況，本俱樂部得以暫時停止或取消其會員資格。

A.會員如發生退會（年限資格屆滿）、除名、受到禁治產、準禁治產、宣告破產者、產權移轉、死亡者。

B.逾期未繳納各項應繳費用，且不補繳者。

C.會員證任意轉借他人使用者。

D.會員資格之轉讓未依本俱樂部之規定申請辦理，而私自轉讓者。

E.破壞、損毀本俱樂部之設施或其原有之功能者。

F.故意妨害本俱樂部之營運者。

G.違反本契約守則之相關規定者。

H.傷害本俱樂部之商譽及信用，或是擾亂其秩序者。

I.不符合會員資格及明顯申報不實者。

J.犯重大刑案，違反社會善良風氣者。

6.變動原則

6-1 本會員規章內容，因營運需求或管理有所變更時，本俱樂部得以修改之。

6-2 本辦法係配合承租社區共同持分產權租約所制訂，如因租約有所變動，本住戶會員規章得配合修正。

6-3 有關修改後之條款，將依俱樂部之規定公告，不另行通知。

6-4 以上俱樂部相關章程內文，皆以中文版爲主，英文版爲輔，供參閱使用。

附錄二　緊急事件標準作業流程範例

◆防颱標準作業流程範例◆

XXX俱樂部防颱標準作業流程

●處理要點

一、每年至少舉行一次防颱演習。

二、每年五至十一月，定期檢查防颱設備，查看設備放置位置，各項物品是否有缺少或損壞情形，發現有異立即補充。

●作業程序

一、本作業程序所稱颱風標準，係以中央氣象局預報發布之海上陸上颱風警報爲依據。

二、倘遇海上颱風警報發布後，由警衛值班人員負責定時收聽廣播，並將颱風發展動態詳細記載登錄，報告警衛組長彙報俱樂部輪值主管，以供研判動員參考，做萬全之準備。

三、凡陸上颱風警報發布時，應立即成立防颱中心委員會，其成員編組及職責如後：

(一)編組：主席一人，由各組召集人輪流擔任之。

(二)職責：

1.爲使防颱或防水作業有組織、有效率，由單位主管輪流主持防災委員會，並由輪值主管統籌防災作業，其他單位應做有效之支援。

2.隨時注意颱風或豪雨動態，以作萬全之準備。

3.有效控制充裕之工作人員，並督導執行防範（防水）之工作。

4.隨時向最高管理當局報告風情（豪雨）及各項作業之執行結果。

5.確保工作人員、公司員工與住戶安全，必須供應充裕之雨具與安全裝備，供工作人員使用。

6.確保公司與客人之財物安全，以防杜趁火打劫。

7.調派工作人員之工作與時間，確保俱樂部之正常營運。

8.緊急情況時，隨時與外界保持聯繫，必要時請求警方適時支援。

9.聽從俱樂部現場輪值主管的決策，並執行其命令。

10.處理災後之工作，並儘速恢復營運作業。

11.颱風（豪雨）期間，將其發展經過及加班費審核與發放、處理方式詳錄於記事本中，並呈報層峰審閱，供事後之研討。

12.檢討整個防災作業之得失，並提出改進辦法執行之。

四、防颱中心委員會之處理標準業程序：

(一)第一階段：颱風登陸前十二四小時至十八小時（登陸前緣抵____計算之）。

1.成立防颱指揮中心於警衛值班處管制室內，以便掌握。

2.管制室值班警衛人員注意收聽廣播，將颱風動態詳記於記事簿內，並隨時向警衛組長提出報告。

3.警衛室組長將所得消息，經分析後視現況決定是否召開防災會議。

(二)第二階段：颱風登陸前十八小時至十二小時（登陸前緣抵____計算）。

1.由防颱委員召開防災會議，並邀請各部門之代表，共同商討準備事宜，其商討事項如後：

(1)主席應將所得之消息，包括風速、風向、位置、暴風半徑、雨量，連同應變之處置記載於防颱記事本中，並於會議中提出報告。

(2)人事部門與委員會視颱風現況，商討員工上下班時間之調整事宜，並呈報經理核准。

(3)採購人員協助防颱委員會採購必須之工具、雨具與設備材料等。

(4)餐飲單位提供必須之人力與食物供應（倘須過夜防災時）。

2.防災會議後，由輪值主管率領各委員，自俱樂部內外做澈底之巡視，以便分派工作任務。

3.委員會應設立颱風動態告示板於大廳，並隨時提供最新消息。

(三)第三階段：於颱風登陸前十二小時至六小時（登陸前緣抵____計算）。

1.工程單位（由運動休閒部門人員支援）：負責排水孔之暢通、各項豎立物之固定、準備抽水幫浦並於必要時操作、檢查並準備各入口處之防水板、檢查各防風板是否堪用及有無變形、試發電機及柴油存量、檢查水源、將過濾設備電源關閉、檢查鍋爐之油存量、將戶外可移動物加強固定。

2.櫃檯及業務人員（警衛人員支援）：負責告知客人最新之颱風動態；派員不斷巡視俱樂部，並隨時反映狀況；隨時注意收聽颱風動態，以供應變處置參考。

3.清潔組（餐飲部人員支援）：負責巡視全館之防風、防水措施，以防滲水；保持排水孔之暢通；必要時支援工程單位。

4.假日或深夜由經理通知輪值主管回店輪值：分配留守員工過夜之住處，並將聯絡電話告知總機；值班順序爲各單位之主管，於颱風登陸前十二小時進駐俱樂部，以利坐鎮指揮。

(四)第四階段：於颱風登陸前六小時至零小時

1.工程單位：負責安裝防颱板（於俱樂部下班前完成）；視雨量情況準備各入口處之防水板；蓄水池開始蓄水，並告知所有員工節約用水；繼續完成各準備事項。

2.櫃檯及業務人員（警衛人員支援）：負責繼續告知俱樂部客人最新之颱風動態；繼續派員不斷巡視俱樂部，並隨時反映狀況；繼續注意收聽颱風動態，以供應變處置之參考。

3.清潔組（餐飲人員支援）：負責繼續完成第二階段各項準備事

宜並加強之。

(五)颱風登陸時指揮中心與各部門應迅速採取之處置如後：

1.指揮中心：

(1)視颱風登陸時間、風力、雨勢，決定俱樂部休館的時段。

(2)若颱風登陸時間爲夜間十一點以後，且會影響隔日員工之上班時，應要求各部門留守必要之人員，以便執行防災工作，且不影響隔日正常營運。

(3)確保公司財物安全，供應充裕之雨具及安全裝備，供工作人員使用。

(4)決定員工於此間之工作時間或決定是否出勤。

(5)緊急狀況時，隨時與警方保持聯繫，並請求支援。

(6)隨時向總公司層峰報告颱風豪雨動態以及各項作業之執行結果。

2.工程單位：

(1)維持正常之水電供應。

(2)風雨中各項漏水或損害之搶修。

3.櫃檯：

(1)維護電腦之安全（遇供電不正常時關機）。

(2)觀測水勢並報告指揮中心，採取必要措施。

4.清潔組：

(1)倘有積水或漏水之現象，立即報告指揮中心請工程單位設法搶修。

(2)盡力供應乾燥清潔之制服，以供工作人員換用。

5.警衛人員：

(1)負責俱樂部之安全，防止歹徒趁火打劫。

(2)維持停電時之秩序。

(3)支援救災工作。

(4)緊急時負責與警方保持聯繫。

(六)災後應迅速採取之處置事項：

1.水電之檢查，有無漏電、水源汙染等情事。

2.各項裝備之拆除及復原工作。

3.環境之清潔與消毒。

4.檢討整個防災作業之缺失，並提出改進辦法執行之。

5.由委員會主席負責填寫颱風報告。

6.防災委員會由輪值主管負責辦理防颱期間留守人員之慰問工作。

◆緊急疏散負責區域分布範例◆

XXX俱樂部緊急疏散負責區域分布

緊急狀況如遇地震、火災、水災、匪徒攻擊，而必須臨時關閉俱樂部及疏散人員所劃分的安全區域；各區負責人於確認人員疏散完畢後至櫃檯集合。指揮中心於櫃檯區，指揮中心負責人由當時輪值主管擔任。負責區域劃分如下：

一、大廳櫃檯至咖啡廳：

1.由櫃檯主管或當班主管負責（或其職務代理人）櫃檯附近及咖啡廳內所有人員的指揮疏散。

2.切換緊急播音系統，指示各樓層緊急逃生指導員疏散人員。疏散方向由主出入口樓梯上樓逃生或咖啡廳後方出入口逃生。

3.檢查負責區域是否尚有人員未疏散。

4.關閉電源、水源、瓦斯及所有電器用品並準備好手電筒。

5.關閉出入口。電話通知指揮中心負責人及初步提報損失情形。

二、游泳池及水療池：

1.由救生指導員負責疏散所有人員由空調室後方的安生梯逃生。

2.檢查所有封閉區域是否尚有人員逗留，關閉所有區域開關。

3.準備好手電筒，電話通知直屬主管及初步提報損失情形。

三、健身、美容區：

1.由健診指導員負責疏散此區域的會員往一旁的安全梯上樓逃生。

2.關閉區域內所有器材的電源（含燈光、音響），並準備好手電筒，檢查區域內是否有會員逗留及關閉所有出入口。

3.電話通知直屬主管及初步提報損失情形，報告傷亡人數及疏散狀況。

四、休閒娛樂區：

1.由教練指導員負責疏散此區域人員由後方安全梯逃生，輔助兒童遊樂室內兒童先行疏散。

2.關閉區域內所有電源（含燈光、音響），並準備好手電筒，檢查男女廁所及休息室內等空間是否有會員逗留，最後再次檢查區內是否有迷失的顧客。

五、餐廳區：由餐廳主管（或其職務代理人）負責疏散餐廳之顧客由大門離去。

六、男女更衣室及養生池：由管理部清潔人員負責疏散顧客由逃生門離開。

◆消防編組、任務及火災處置要點範例◆

XXX俱樂部員工消防編組、任務及火災處置要點

一、編組：共編5組，分別爲：1.通訊組；2.消防組；3.拆卸組；4.救護組；5.警戒組。

指揮官：俱樂部經理人　　　副指揮官：輪值主管

二、任務內容：

1.通訊組（總機）——執行報警、廣播、通訊、聯絡、命令傳達等工作。

2.消防組（各部門組員）——執行消防滅火、施救等工作。

3.拆卸組（工程單位）——執行公共電源、瓦斯、空調、工程截斷、搶修及火場隔絕、拆卸搬運等工作。

4.救護組（休閒部指導員、人事、財務人員）——擔任傷患急救、避難疏散引導及重要財物搬離、保管等工作。

5.警戒組（安全警衛人員或會務人員）——執行俱樂部財物警戒、人員進出監視與交通指揮管制等工作。

三、火災發生時處置要點：

1.員工：

(1)發現時應立即以滅火器滅火，並呼叫同事共同搶救。

(2)通報單位主管及安全警衛人員暨俱樂部內其他單位。

2.值班主管：

(1)接報後應立即帶領單位員工馳赴現場，實施搶救工作並疏散客人。

(2)負責現場指揮，待火場消防隊人員到場時，報告搶救情形並移轉指揮權。

(3)詳實記錄以備查考。

3.警衛單位任務：

(1)警衛單位主管接報後，應即趕赴現場協助，指揮搶救任務。

(2)警衛人員應迅速馳赴現場，參與搶救並執行災區周邊警戒任務，

防止宵小趁機行竊。

(3)通知警衛人員加強警戒，防止不法份子乘機潛入偷竊或破壞行為。

(4)查明如係人爲縱火，報請警方依法查辦。

4.工程單位任務：

(1)應立即帶防救器材趕赴現場協助搶救工作。

(2)應立即切斷電源、瓦斯開關，以利搶救工作。

5.醫務室任務：

(1)立即設立臨時救護站，準備救護工作。

(2)負責傷患之救援及視狀況通知醫院救護車作緊急醫護等任務。

6.休閒部任務：

(1)引導客人迅速疏散至安全處所。

(2)疏散命令應分層負責決定，以免混亂影響逃生。

7.人事單位任務：

(1)協助引導疏散人員或支援救火行動。

(2)事後協調有關單位辦理慰問工作。

8.財務單位任務：

(1)負責行政支援任務。

(2)支援人事單位執行員工撤離工作。

(3)財務應指派專人負責疏散並作好保管工作。

9.其他單位任務：負責臨時派遣與支援防救任務。

10.各部門單位之電腦資料、貴重物品、重要文件等應由各單位主管指派專人攜帶至指定地點。

四、引導疏散要領（配合緊急疏散流程使用）：

1.負責各區客人疏散，切忌慌亂，以鎮靜語調向客人說明火災地點，聲明火災已在控制中，引導客人向火災地點之反方向疏散，維持鎮靜，避免跌撞，以避免意外傷害。

2.各擔任疏散之責任單位，須備有手提擴音器（喊話筒）及手電筒。

3.疏散引導人員位置之配置：

(1)引導人員配置地點，以火災所在樓層爲優先。

(2)通道走廊轉彎直角處，樓梯前。

(3)疏散中如遇有不同方向的兩個集體交接時，必須防止混亂和分散，應以危險性較高之一處優先疏散。

(4)在小集團的前面及後面，均須配置疏散引導人員，以安定客人心理，避免因驚慌滋生意外，這是最有效的疏散方法。

4.一般員工疏散原則：

(1)無疏散任務員工迅速疏散至俱樂部外馬路旁待命，但不得逕行離去。

(2)員工撤退以女性優先。

(3)各區負責人於指揮疏散任務完成後，及將各單位人員疏散狀況報告指揮官後，在指揮中心（大廳櫃檯）待命，不得擅自離開；待指揮官下令解散後，則全員解散，並待意外解除後再由管理部通知各部門主管調節人力上下班。

附錄三　員工手冊範例

第一章　總則

一、目的

本公司為樹立制度，建全組織系統，及明確規定勞資雙方之權利義務，特依據勞動基準法及相關法令規定訂定本規則。

二、適用範圍

凡本公司所屬員工，均應遵守本規則之規定。

所稱員工之定義：係指本公司正式錄取及試用之人員。因業務需要延聘之特約人員、定期契約人員、臨時人員除依合約或約聘另有規定者外，皆視為本公司員工。

三、權利義務

本公司有妥善照顧員工之義務，也有要求員工提供勞務之權利，各同仁應遵照本公司規則之規定，善盡勤慎敬信的義務，方能獲得應享之權利。

四、服務守則

本公司員工於服務期間應遵守下列各項守則：

1.本公司為造福人群、增進社會福祉及維護公司信譽與聲望，願公司之員工同心協力，以工作之高效率、高品質為目標，並以重視職業道德為信條。

2.凡公司之員工應恪遵公司一切規章公告規定，並接受上級主管合理之指揮與監督，不得無故違背，並注意工作安全。

3.凡公司之員工應極力維護公司信譽，如有個人意見涉及公司者，非經公司經理級以上主管許可，不得對外發表，更不得擅用公司之名義在外違反或侵害公司利益及毀謗公司之名譽。

4.凡公司之員工，未經許可不得經營或投資與本公司類似或有關之事業，亦不得兼任公司以外之任何職務。

5.凡公司之員工應盡忠職守，並確保公司業務上及其本身職務上之一切機密。

6.執行勤務時，應力求切實，不得畏難規避、互相推諉。遇臨時緊急事件發生，雖非工作時間內，經主管通知應即到場處理。

7.經手公司財務必須清楚，不得挪用。另若受命遷調職務者，應於規定期限內辦妥交接手續後赴調，不得藉故拖延，但上項之調動以不減少原有薪資爲原則。

8.愛惜公司一切公物。公司之生財器具等一切公物應視同己物，妥爲保管使用愛護，不得任意浪費、破壞或據爲己有，如係人爲損壞或遺失者，應照價賠償。

9.對外接洽事務時，應態度謙和，不得驕侮傲慢，損及公司形象。

五、其他注意事項

1.同仁間應彼此通力合作，互敬互重，不得有謾罵、詆譭、動粗，或對公司主管有不禮貌之行爲。

2.員工不得藉職務上之便利，圖利自己或他人。

3.上班時間內必須力求盡善盡美之工作精神，不得假公濟私。

4.上班之衣著裝扮應整齊清潔。

5.上班時間內不得嬉戲喧譁。

6.未經他人同意，勿私自動用他人物品。

7.員工不得任意翻閱非職掌內之職件、函電、帳簿、表冊，並不得以之示人。

8.對於職務及公事，均應循級而上，不得越級報告，但緊急或特殊情況者不在此限。

9.員工於工作時間內，未經核准不得擅離工作崗位。

10.員工嚴禁於工作現場吸菸，以維護所有員工之工作安全。

第二章　招募、甄選

一、人力需求申請程序

1.由需求單位部門主管提出申請，並填寫「人力需求申請單」向管理部人事單位登記。

2.經管理部人事單位作初步人力資源審核，若非編制之人員，需以簽呈專案辦理。

3.申請時間：應於刊登報紙前二個工作天前提出。

二、人力資源審核及作業項目

1.審核單位：總經理室。

2.審核項目：

(1)確認是否爲該部門編制之人員。

※依據公司人力資源規劃以及公司實際人力資源狀況，決定是否對外招募。公司內部有空缺或有新職而產生人力需求時，以內部晉升或調遷爲原則。

(2)確認薪資是否合於薪資範圍。

(3)確認招募方式。

3.管理部作業項目：

(1)彙整需求單並呈核辦理。

(2)製作人事招募廣告稿。

(3)排定預計登稿時間。

三、招募作業

1.對外招募之條件：

(1)公司內部無適當人選時。

(2)需求量大，內部人力不足時。

(3)需特殊技術或專業知識須對外招募人才時。

(4)期望藉對外招募方式招收不同組織文化背景之人力，以改變公司的組織氣氛時。

2.對外招募方式：

(1)登報紙廣告。

(2)向就業輔導中心求才。

(3)向學校求才。

(4)張貼求才布告。

(5)經人介紹。

3.招募作業程序：

(1)管理部人事單位負責收件及應徵信函整理，並填寫「應徵資料彙整表」。

(2)由人事單位將「應徵資料彙整表」及信函交與需求單位主管作初步篩選，並確認可安排面試時間。

(3)由人事單位負責聯絡安排應徵人員面試時間及地點，並確認面試人員時程，填寫「面試人員時程表」。

(4)安排確認後，於面試前一日將面試人員之資料交與面試人員，並請櫃檯人員準備「面試履歷表」及「面試記錄表」。

四、甄選作業

1.應徵人員報到時，應先填寫「面試履歷表」。

2.再由需求單位主管進行初試甄選作業。

3.對於初試甄選作業，可由需求單位自行決定是否進行各項測驗。其測驗項目可包括：

(1)專業技能及專業科目之測驗。

(2)性向測驗。

(3)智力測驗。

(4)其他。

4.需求單位主管進行面試時，應透過各種面談技巧以進一步瞭解應徵者各方面之綜合表現。

5.初試完畢後，面試單位主管應填寫「面試記錄表」。

6.不符合條件者，由管理部人事單位發「通知函」告知。

7.符合條件者，由管理部人事單位以密件方式提報簽呈，呈總經理室核決。

※除主管級或有需要者，方進行複試，否則均由需求單位主管負責人員甄選作業。

8.核准後，簽呈副本應會財務部以爲薪資計算依據。

五、任用報到

管理部人事單位應辦理事項：

1.發「錄取通知書」。

2.負責通知錄取人員報到時間及地點。

3.負責通知需求單位主管人員報到時間。

4.安排新進人員座位及相關設備資料。

5.負責報到當日公司規章、環境、各項規定及作業介紹。

※有關企業文化及公司簡介，由總經理室負責。

六、其他

1.所有有關招募及甄選作業相關表單，如「人力需求申請單」、「應徵資料彙整表」、「面談人員時程表」、「面試履歷表」、「面試記錄表」、「通知函」、「錄取通知書」，一律由總經理室負責存檔管理。

2.管理部人事單位應於招募、甄選作業完畢後，進行廣告效益分析，並作成報告，以爲將來招募作業績效之評估。

第三章　任用

一、任用原則

受僱於本公司之員工，均須經審核或甄試合格，方得依規定僱用之。本公司僱用員工，不因種族、階級、語言、思想、宗教、黨派、籍貫、性別、容貌、五官、殘障或以往工會會員身分而予歧視。

二、任用限制

具有下列情形之一者不予任用：

1.犯內亂、外患罪經叛決確定尚未執行完畢者。

2.受禁治產之宣告尚未撤銷者。

3.罹患法定傳染病者。

4.通緝在案或吸食毒品者。

三、任用報到手續

1.凡經錄取之人員應於規定之到職日至本公司辦理報到手續，逾期視為自動放棄，並攜帶下列證件以完成報到手續。

(1)國民身分證影本乙份及半身照片二張。

(2)最高學歷證書影印本乙份。

(3)填寫扶養親屬表。

(4)保證書乙份，須於報到後七日內辦妥。

(5)退伍令影本。

(6)辦理薪資轉帳開戶手續。

(7)健保轉出證明。

2.繳交證件期限：應於報到三日繳交上述證件予人事單位。證件遺失者須事先告知報備並於一個月內補齊。

四、勞動契約

本公司得依業務需要與員工簽訂定期契約或不定期契約，契約內容得以口頭或書面契約為之。

前項定期契約與不定期契約依勞動基準法有關規定認定之。

五、試用期間規定

1.凡本公司新進人員，不論內外勤一律試用三個月。期滿表現優良者即晉升為正式職員。

2.試用期間屆滿經正式任用，其試用期間年資併入工作年資計算。

3.試用期間其主管認為不合適者，即時停止試用。其薪資核發至停止試用之日止。

4.試用期間之考核成績列入年終考績之參考。

5.免予試用之例外情形：

(1)留職停薪復職者。

(2)特約之顧問。

6.試用期間有下列情事之一者，即予解僱：

(1)受記過以上處分者。

(2)曾有曠職（工）之記錄者。

(3)事假合計超過五日者。

(4)應繳交之證件於一個月內仍未補齊者。

(5)考核成績不合格者。

符合上述各款情形之解僱人員仍應辦理離職手續，並請領試用期間之薪資。

7.試用期滿之七日前，應由管理部人事單位將其基本資料、考勤、獎懲記錄，塡發「試用期滿考核表」，送其單位主管進行考核，並逐級呈報總經理室審核後交付人事單位歸檔。

8.經審核後，管理部人事單位應發「試用期滿通知書」告知新進人員，及副本一份轉財務部存檔，以爲調薪及投保用印之依據。

六、保證書規定

1.凡本公司與財務有關新進職員，於試用報到時，應覓適當保證人二位保證之。

2.會計及業務人員至少應有一位店保。

3.保證人之資格：

店保：經合法登記領有營業執照之殷實商店或經認可之公務人員，並須檢附其公司執照、營利事業登記證或工作證明文件等相關資料影本。

保人：具有正當職業之中華民國國民，應檢附保人之身分證影本及工作證明文件。

4.保證人之責任：

保證書之各項記載，被保人應詳盡告知保證人，保證人一旦保證後就得負擔一切之相關責任。

5.保證書之歸還：

職員離職六個月後，經查明無未了事務時，其保證書始發寄還之。

6.保證書核保：

管理部人事單位於收受員工保證書後，進行核保作業以驗證資料正確性。另每年七月定期辦理核保覆查作業。

第四章　退職

一、退職之定義

除死亡為當然退職外，可分為退休、辭職、停職、資遣及免職五種。

二、退休

1.合乎自請退休之條件：

(1)任職滿二十五年以上。

(2)任職滿十五年以上、年滿五十五歲者。

2.命令退休之條件：

(1)各職階人員年齡已滿六十五歲、服務年資滿十五年者。

※註：但身心健全仍堪勝任現職，經董事長特准者，不在此限。

(2)心神喪失或身體殘障不堪勝任職務者。

(3)其他因特殊原因者。

前項第一款所規定之年齡，對於擔任具有危險、堅強體力等特殊性質工作者，本公司得報請中央主管機關核准調整。但不得少於五十五歲。

3.申請退休之規定及程序：

(1)員工合乎自請退休者，應於申請退休一個月前以「退休申請單」申請告知雇主，並經董事長核准。

(2)命令退休者，應以簽呈方式，經董事長核准後辦理。

(3)員工應於退休日前辦妥職務移交手續，經主管查核無誤後，始發給退休金。

4.退休金之計算標準及給付：

(1)按其工作年資，服務每滿一年給與兩個基數。但服務超過十五年之工作年資，每滿一年給與一個基數，最高總數以四十五個基數爲限。未滿半年者以半年計；滿半年者以一年計。

(2)依命令退休第二款規定之勞工，其心神喪失或身體殘障係因執行職務所致者，依前款規定加給百分之二十。

(3)退休金基數之標準，係指核准退休時一個月平均工資。

(4)退休金之給付，除依政府相關規定代爲申請各種給付外，另依員工退休準備金之規定，於退休日起三十日內給付。惟當公司依法提撥之退休準備金不敷支付或事業之經營、財務確有困難時，得報經主管機關核定分期給付。

5.服務年資併計：

勞工之工作年資以服務本公司者爲限。惟受本公司調動之工作年資和現在本公司僱用接替時即予留任之勞工，其年資由本公司續予承認，並應予合併計算。

三、離職

1.申請程序：員工因病或因事不能繼續服務者，得提出書面辭呈「離職申請書」，經部門主管及人事單位會簽，呈請總經理室核准。

※主管人員應視情況約談離職人員，並視工作績效予以慰留。

2.申請時間：

(1)服務未滿三個月，須於離職三日前提出。

(2)服務滿三個月以上未滿一年者，一般員工須於七日前提出，主任級以上員工須於十五日前提出。

(3)服務滿一年以上未滿三年者，一般員工須於十五日前提出，主任級以上員工須於一個月前提出。

(4)服務滿三年以上，須於一個月前提出，並待公司覓妥職務接替者。

3.服務證明書：

(1)員工經辦妥移交手續離職者，得請求公司發給服務證明書。

(2)人事單位依「離職申請單」發給「服務證明書」，並通知本人辦理移交及其他應辦事項，辦理完畢並審核無訛後，會財務部核發當月薪資。

4.離職之員工，應辦妥移交手續，填寫「職務移交清單」，並繳還證件、託管事物等，始得離職；如未辦妥者，不予核發薪資。

5.正式生效期限：員工申請離職核准後，須經三十日內之交接期後始正式生效。此期間公司須覓妥接替人員，逾期仍未辦妥職務交接者，由其部門主管負責。

四、停職

1.停職之種類：可分爲自願及因案停職二種。

自願停職：員工因病或因請事假已逾規定期限者，得自請停職或由公司命令行之。

因案停職：員工有違反公司規章或國家法律之嫌疑，認案情重大者，得以命令停止其職務。

2.復職規定：

(1)停職之員工在一年內得呈准復職，逾一年者視同辭職。

(2)例外情形：

A.應召入伍服役、出國進修或因公借調者。

B.因案停職之職工，應俟停職原因消滅後始得報請。

3.薪資核算：因長期入伍受訓或自行出國進修期間，除總經理核准外，各項薪資停發，俟復職後重行計算。

4.年資計算：受停職員工於核准復職後，其年資扣除停職期間前後繼續接算，但因公借調關係企業者，年資照算。

五、資遣

1.終止僱用情形：

(1)因整飭人事、組織精簡或單位裁併、撤銷而無適當工作可資派任務者。

(2)因業務更新或管理變革致原任職人員裁減者。

(3)傷病痊癒銷假後，對原派任工作不能勝任者。

(4)延長病假逾限或因病停職逾一年未能獲准復職者。

但員工在產假期間或職業災害醫療期間，本公司不得終止契約，若本公司遭受天災、事變或其他不可抗力致事業不能繼續，得報經主管機關核定後資遣之。

2.預告時間：

(1)服務未滿三個月者，須於三日前預告。

(2)服務滿三個月以上未滿一年者，須於十日前預告。

(3)服務滿一年以上未滿三年者，須於二十日前預告。

(4)服務滿三年以上者，須於一個月前預告。

3.經公司預告終止僱用關係之員工，於預告至正式離職期間每星期給與不超過二天面試假，此假爲有薪假且不計入當月出勤記錄。

4.資遣員工程序，以簽呈方式辦理。

5.本公司未依第二項規定期間預告而終止契約時，應發給預告期間之工資。

六、免職

1.免職之條件（不需經預告終止契約者）：

(1)連續一年考績列D等者。

(2)無正當理由曠職三日，或一個月內曠職達六日或出勤不正常者。

(3)侵占同仁或公有財物或營私舞弊者。

(4)年度內積滿二次大過者。

(5)對外洩漏公司技術上、營業上之秘密，致公司蒙受損害者。

(6)利用公司名義在外招搖撞騙，致公司名義蒙受重大損害者。

(7)依法調動工作，無故拒絕接受者。

(8)其他重大過失或不當行爲，致公司蒙受重大損害者。

(9)在職期間就任他職者。

(10)違反政府法令，經判刑確定者，或犯有本公司各項規則所規定之重大處分情節，予以免職。

2.有上述情事者，公司認為不堪繼續任用者，得於知悉其情形之日起，三十日內予以免職。

3.被免職之員工之薪資發給至發令日止，並不得享有退職之各項待遇。

七、發放資遣費規定

凡依第五條規定終止勞動契約之員工，除依規定予以預告或未及預告，照規定發給預告期間之工資外，並依下列規定發給資遣費：

1.在本公司服務，每滿一年發給相當於一個月平均工資之資遣費。

2.依前款計算之剩餘月數，或工作未滿一年者，依比例計給之。未滿一個月者以一個月計。

八、調職

1.本公司因經營需要，不違背勞動契約，且對員工薪資及其他勞動條件不作不利之變更，得依員工之體能及技術，調整其職務。

2.年資得合併計算。

3.接到調任之「職務異動通知單」，應於十五日內辦妥移交手續後（經另行指定移交日期者除外），逕就新職，並得依規定報支旅費。

九、移交

1.凡經管下列各項業務之員工，於調職或離職時應就職務範圍內之業務及經營財物詳列清冊一式三份辦理移交手續：

(1)現款、有價證券、帳表憑證。

(2)資材、成品、財產設備、器具。

(3)印信戳記。

(4)圖書、規章、文書、設計圖表、技術資料。

(5)檔案資料。

(6)重要經營資料。

2.移交清冊經核對無誤，由移、接交人及監交人（該職務之直接主管或其指定人）簽章後，一份存管理部人事單位、一份交接交人、一份交移交人。

3.員工因傷病亡故或有失蹤、潛逃等情事時，其直接主管應於十日內指定人員代辦移交手續，惟所有責任，仍應由原經辦人負責。

4.移交時，接任員工對於移交事項查有遺漏或手續欠妥者，應即會同前任人員、監交人核對（如移交事項中包含有財務事項時，應會同財務人員核對），於核決後三日內補辦清楚，前任人員如有應行補交事項，應依限補交不得拖延。

第五章　工資

一、工資核敘

本公司員工之工資由本公司負責人或代理人與員工議定之，但不得低於當時中央主管機關所核定之基本工資。

二、基本工資之定義

前條所稱基本工資係指本公司員工在正常工作時間內所得之報酬。延長工作時間之工資及休假日、例假日工作加給之工資均不計入。

三、工資內容

本公司員工工資包括本薪、津貼、獎金及其他任何名義之經常性給與均屬之。

四、工資計算

1.工資計算方法為計月制。

2.工資之給付，除法令另有規定或與當事人另有約定外，全額直接給付。

3.給付工資，經員工同意於每月五日定期發給。若逢假日則經員工同意順延一日發給。

五、延長工時及假日工作工資標準

本公司因季節關係或因換班、準備或補充性工作需要，經員工同意於正常工作日延長員工工作時間者，其延長工作時間之工資依下列標準加給之：

1.延長工作時間在二小時以內者，按平日每小時工資額加給三分之一以上。

2.延長工作時間在二小時以上者，按平日每小時工資額加給三分之二以上。

3.因業務需要，雇主經員工同意於休假日工作者，工資加倍發給。

4.因天災、事變或突發事件，本公司認有繼續工作之必要者，得停止例假、休假日，但停止假期之工資應加倍發給，或延長工作時間者，按平日每小時工資額加倍發給之。

六、積欠工資清償

本公司因歇業、清算或宣告破產，勞工本於勞動契約所積欠之工資未滿六個月部分，有最優先受償之權。

第六章　考勤

一、出勤

1.工作時間：

正常工時：

(1)每星期一至星期五爲上午八點三十分至十二點，下午一點三十分至五點三十分。

(2)星期六，星期日休假。

調整工時：

(1)前項正常工作時間，經員工半數以上同意，得將其週內一日之正常工作時數，分配於其他工作日。分配於其他工作日之時數，每日不得超過二小時。每週工作總時數仍以四十八小時爲度。

(2)經員工半數以上同意，其工作時間得依下列原則變更：

A.四週內正常工作時數分配於其他工作日之時數，每日不超過二小時，不受勞基法第三十條第二項之限制。

B.當日正常工時達十小時者，其延長工作時間不得超過二小時。

C.二週內至少應有三日之休息，作爲例假，不受勞基法第三十六條之限制每七日至少應有一日之休息。

延長工時：

本公司因季節關係或因換班、準備或補充性工作，有在正常工作時間以外工作之必要者，經員工同意，並報經主管機關核備後，得將正常工時延長之。延長之工作時間，男工一日不得超過三小時，一個月加班工作總時數不得超過四十六小時；女工一日不得超過二小時，一個月加班工作總時數不得超過三十二小時。

外場輪值工時：

(1)每天工作時數八小時（不含吃飯時間）。

(2)每月公休八日。

(3)須配合工作需要輪班。

2.出勤方式：員工上下班皆以打卡方式爲之（經理級以上人員例外）。

3.打卡規定：

(1)員工每日上下班應親自打卡，不得委託他人代爲打卡。違反者，其委託人及受託人均以革職論。

(2)員工應打卡而忘打卡者，經所屬單位主管證明其上下班時間，並於卡片上簽章，視爲正常出勤，但每月以三次爲限。超過三次（含）以上列計事假0.25天。

4.遲到、早退、曠職規定：

(1)遲到：凡除因公出差或請假者外，逾時到班者屬之。

A.每月二次內（含）者，依考績規定辦理，第三次以上（含）者，每逾一次列計事假0.25日。

B.遲到逾三十分鐘者列計事假0.5日。

C.員工上班遲到後，不得以請假抵銷，如因公出差致未能按時打卡者，依其奉准之出差記錄考勤。

D.員工中午用餐後，下午一點三十分應準時繼續辦公，無故逾時未到經查獲者，十五分鐘以內返回以遲到論，列計事假0.25天，逾十五分鐘以上列計事假0.5天。

E.員工因特殊情況（不可抗力因素）而遲到者，可提出證明經所屬單位主管簽認後，不列入出勤記錄。

(2)早退：凡除因公出差或請假者外，未達下班時間提早離開者，均屬之。

A.辦公時間內臨時請假者，應按准假時間於離開辦公室時簽退。

B.早退逾三十分鐘者列計事假0.5日，其餘依考績規定辦理。

(3)曠（工）職：凡未經辦理請假手續或假滿未經續假，而無故擅不出勤者，或在工作時間內未經核准及辦理請假手續，無故擅離工作場所或外出者，及辦公時間內非因公事私自外出，經查明屬實者，當日以曠職論且扣發當日二倍薪資。

5.全勤之獎勵：

(1)應打卡員工每月全勤者，發給全勤獎金一千元。

(2)應打卡員工服務滿一年者且全年內全勤者，於年終加發獎金六千元。服務滿一年者，年內八個月以上全勤、請事假及病假累計四天以內無曠職者，年終加發三千元。服務滿三個月以上未滿一年者，比照前項規定辦理，依在職比例核發獎金。

6.員工因遲到、早退扣薪之部分薪資撥爲員工福利金。

7.分發至工地之人員依照規定時間上下班，由專案負責人確實管制，並應每日將出勤記錄傳眞至總公司管理部人事單位，以爲出勤之統計。

二、加班

1.各單位因工作需要，其直屬主管得經徵所屬員工同意於正常工時間外指派其加班完成任務者。

2.如因上述職務上特殊需要，同仁應主動配合，隨時接受調派加班執行任務。

3.加班時數規定：

每日總工作時數不得超過十二小時，全月加班總時數不得超過四十六小時，爲顧及員工健康，除特殊情形外，晚間加班不得逾四小時。

4.加班時間區分：

(1)延長加班：週一至週五自下班後半小時起算。

(2)休假日加班：休假日按實際打卡時間核算。

5.加班之申請：員工加班應事先報備，事後塡寫「加班申請單」，經單位主管簽核後實施，並於每月底將本月份「加班申請單」送至管理部人事單位核對後，轉財務部核發加班費。

6.加班時數計算方式：

(1)加班滿一小時以上，按實際加班時數支給，不滿一小時者不予核計。

(2)滿一小時以上後，得以每半小時爲計算單位，不足半小時者，不予列計。

7.加班誤餐費申請規定（誤餐費爲新台幣一百五十元）：

(1)晚間加班滿二小時以上。

(2)例假日下午一點以前開始加班且滿二小時以上者。

(3)誤餐費之核發由各單位主管於「加班申請單」上簽認。

8.加班費支給核算標準：

(1)在二小時內者，依每小時薪資之1.3倍計算。

(2)在二小時至四小時間，依每小時薪資之1.7倍計算。

(3)超過四小時以上及休假日加班之時數，依每小時薪資2倍計算。

※每小時薪資計算方式爲：

每月薪資／每月天數／8小時所得之。

9.單位主管對所屬員工經常性工作，應負責督導盡可能於辦公時間內完成，對必須於下班時間趕辦之工作，始得指定所屬有關員工加班。

10.員工如有故意積壓經常性工作而導致需要加班，或工作已完成而拖延加班時間者，經查明屬實，除不予支給加班費外，另按情節議處。

三、請假

1.請假之種類及規定：

事假：必須本人親自處理者。

(1)每年累計不得超過十四天。

(2)事假按日計扣薪。

(3)事假連續七天以上或一年內累計滿十五日者免職。

(4)事假半日者，不得以特休假抵銷，須按規定辦理。

(5)請事假時間得以半日爲一單位，不足半日者以半日計算，超過半日以一日計。

(6)因故必須請假者，應事先塡寫請假單，並檢附相關證明文件，經核定後方可離開工作崗位，如遇急病或臨時重大事故，得先以電話報告單位主管，委託他人代辦請假手續，並由代理人於當日將請假單送交管理部人事單位。

普通傷病假：因普通傷害、疾病或生理原因必須治療或休養者。

(1)未住院者，一年累計不得超過三十天。

(2)住院者，二年累計不得超過一年。

(3)未住院傷病假與住院傷病假二年內合計不得超過一年。

(4)一次請假連續三日（含）以上者，應檢附公立醫院或勞健保指定醫院診斷證明書。

(5)普通傷病假一年內未超過三十天部分，按日計工資折半發給。其領有勞工保險普通傷病給付未達工資半數者，由公司依勞基法規定補足之。

(6)一年內累計滿六十天者免職，但患重大疾病，經公立醫院或勞健保指定醫院證明必須長期療養者，得經董事長核准後，得延長病假六個月（含例假日），如延至次年度，應合併計算。

(7)延長病假期間，前三個月薪資全數照發，後三個月薪資減半發給。

(8)員工因重大疾病長期請病假者，於核計年終考績時，經董事長核准者，請假部分不予核計。

(9)請病假已屆延長六個月之期限，仍不能銷假者，應予命令停職。停職俟病癒取具公立醫院或勞健保指定醫院之痊癒證明，並報請董事長核准後復職。

(10)前項停職、停薪期間以一年爲限，逾限仍未能獲准復職者，應依有關規定資遣或命令退休。

(11)請病假時間得以半日爲一單位，不足半日者以半日計算，超過半日以一日計。

(12)請病假得先以電話報告單位主管，委託他人代辦請假手續，並由代理人於當日將請假單送交管理部人事單位。如需補述理由或提供證明時，當事人應於三天內補齊。

喪假：A.父母、養父母、繼父母或配偶喪亡者得請喪假八天。

B.祖父母、外祖父母、子女、配偶之父母（養父母、繼父母）或祖父母喪亡者得請喪假六天。

C.兄弟姐妹喪亡者得請喪假三天。以上不含例假日。

(1)請假時，須檢附死亡證明書或訃文，於三個月內申請完畢。

(2)請假期間不列入出勤記錄。

(3)請假期間工資照給。

(4)請假時間得以半日爲一單位，不足半日者以半日計算，超過半日以一日計。

婚假：員工本人結婚得請婚假八天（不含例假日）。

(1)婚假以一次給足爲原則。

(2)請假時，須檢附喜帖等相關證件。

(3)請假期間不列入出勤記錄。

(4)請假期間工資照給。

娩假：A.女性員工懷孕六個月以上者，不論死產或活產均可請娩假五十六天（含例假日）。

B.懷孕三個月（含）以上流產者給假二十八天（含例假日）。

C.懷孕不足三個月者給假十天（含例假日）。

(1)請假應提出證明文件，一次申請。

(2)正常分娩者應檢附出生證明書。

(3)流產者應檢附公立醫院或勞健保指定醫院診斷證明書。

(4)男性員工配偶分娩前後，得請陪產假二天，並須檢附出生證明書或相關證件。

(5)陪產假爲無薪假，不列入當月出勤記錄。

(6)員工請產假，因業務需要提早銷假上班者，未休完之產假依實際上班天數，以補休或折發薪資辦理。

(7)前項女受僱員工工作在六個月以上者，停止工作期間工資照給；未滿六個月者減半發給。

公假：依法接受軍政機關之兵役召集或參加會議，或奉准參加國內有關單位舉辦之各種業務講習或活動，或奉派出差考察者，或政府規定給假之公職人員選舉投票日及其他法令規定應給公假等，得請公假。

(1)期限依實際需要核定之。

(2)請假時應檢附有關證明文件影本。

(3)請假期間工資照給。

(4)員工請公假時，因路途遙遠者，依下列規定酌增給假。

A.新竹以北者，不另給假。

B.新竹以南至彰化以北，及宜蘭者，給予半天假。

C.彰化以南及花蓮、台東及台灣離島地區，給予一天假。

D.特殊情況經董事長核准者，不受上述限制。

公傷假：因執行職務而致殘廢、傷害或疾病者，經公立醫院或勞健保指定醫院診斷證明須休養或治療者，得請公傷假。

(1)請公傷假者，由公司代為請領各項給付並由公司負擔勞健保及團體綜合保險醫療給付不足之醫療費用。

(2)公傷假期間，公司按月給付全額薪資，最高以二年為限。

(3)銷假時，應檢附公立醫院或勞健保指定醫院出具之傷癒證明。

(4)員工因公受傷逾期未痊癒者，應依下列規定辦理：

A.經公立醫院或勞健保指定醫院開立診斷證明書能於半年內痊癒者，可先辦理留職停薪，俟痊癒後辦理復職。其診療期間由公司全額負擔各項保險費用。

B.經診斷須療養半年以上者，依規定辦理資遣或命令退休。

C.因公傷造成肢體殘廢無法繼續工作者，由公司依其薪資給付四十個月薪資，免除此項事件責任。

D.員工因公殉職時，依勞基法規定申請勞保之各項給付，尚有不足之部分由公司依勞基法規定補足。

2.請假申請程序及規定：

(1)應事先填具「員工請假報告單」，並敘明事由檢附有關證件，呈請核准後方可離開工作崗位。

(2)核准權限規定：

A.理級（含）以上主管請假，不論假別天數，均應呈請董事長核准。

B.各部門及分支單位主管請假，不論假別天數，均應呈請董事長核准。

C.其餘副科（課）長（含）以上人員請事、病假二日以內及以下員工請事、病假二日以內者，均授權由所屬部門主管核准，三天（含）以上則應呈請董事長核准。

D.婚假、喪假、娩假、公假及公傷假，不論其請假天數，均應呈請董事長核准。

E.請假除事、病假得先以電話委託他人代辦外，其餘請假均應事先申請，非經核准者不得擅離職守，否則以曠職論。

F.當日未事先請假或電話委託他人代辦請假者，以曠職論。

G.員工凡非因公出差或未按規定程序請假，而無故不上班者為曠職。

H.員工請假理由不充分或有妨礙工作顧慮時，得視當時狀況不予准假或縮短假期或令延期請假。

I.員工請假應覓適當職務代理人，並將假期內應辦事項作必要之交代，如屬重要職務假期較久者，並應報請核派專人代理。

J.計算全年可請假天數，均自每年一月一日起至十二月三十一日止，中途到職者依比例計算。

3.請假日數計算：

員工請事假及普通傷病假全年總日數的計算，均自每年一月一日起至同年十二月三十一日止。

四、特休假

1.凡在公司服務滿一年之正式員工（含試用期間）。

2.特休假給假之目的，在使員工盡力工作之餘，有適當休閒與活動，以維護其身心健康，提高工作效率。

3.給予特休假規定：

(1)服務滿一年以上，未滿三年者，給予七天。

(2)服務滿三年以上，未滿五年者，給予十天。

(3)服務滿五年以上，未滿十年者，給予十四天。

(4)服務滿十年以上者，每一年加給一天，但其總數不得超過三十天。

(5)特休假之實際休假天及起訖日期，唯以年度之一月一日開始起算至十二月三十一日止，不含例假日或放假日在內。

(6)應給予之天數，由管理部人事單位於每年十二月底前按員工到職日期計算，所列之休假天數經董事長核准後公告之。

4.有關服務年資之計算：以在公司服務者為限，並自初次任職生效日起算。凡有留職停薪或停職等情事，其停職、停薪之非實際在職期間之年資均不予計算。

5.員工服務滿一定期間後，即享有一定日數之特休假，不因年度中終止勞動契約而影響其權益。

6.關係企業間調動之人員，包括外調及借調，其在關係企業服務年資得予合併計算。

7.請特休假之規定：

(1)應於前一天申請，但三天（含）以上者，須於七天（含例假日）前提出申請，經主管核准方得休假，若因業務需要必要時，主管得不准其休假。

(2)特休假之申請以半日爲最小單位，不足半日者，以半日計算；超過半日不足一日者以一日計。

(3)當年度應休之假期，限於每年十二月底前休完，逾期未休之天數，不得以任何理由申請跨年度補休。

(4)當年度應休未休或剩餘之未休假天數，得依其薪資額，按日計發「超時工作報酬」，由管理部人事單位以該年度十二月份薪資標準，於十二月底造具未休假人員名冊，於翌年元月份月薪一併發放。

(5)員工休假中，倘臨時因業務需要，得令其暫停或延後（不超過十二月底），其休假已核准而未休假之天數，由其所屬單位通知管理部人事單位提前銷假，不列入已休假之天數計算。

(6)員工休假應覓職務代理人，將職務或所經辦工作交代清楚，不得因休假而影響業務之正常運作。

五、例假及休假日之規定

例假日：本公司員工每七日中至少應有一日之休息，每二週有三天，作爲例假，工資照給。

休假日：本公司員工於紀念日、勞動節日及其他中央主管機關規定應放假之日，均予休假，工資照給。

1.紀念日如下：

(1)中華民國開國紀念日（元月一日）。

(2)和平紀念日（二月二十八日）。

(3)國慶日（十月十日）。

2.勞動節日指五月一日勞動節。

3.中央主管機關規定應放假之日如下：

(1)春節（農曆正月初一、初二、初三）。

(2)民族掃墓節（農曆清明節爲準）。

(3)端午節（農曆五月五日）。

(4)中秋節（農曆八月十五日）。

(5)農曆除夕。

(6)其他經中央主管機關指定者。

六、公告事項

本公司若有調整工作時間或延長工作時間，經員工同意後，本公司應即由管理部人事單位公告周知。

七、不受勞基法規定之例外工作

經中央主管機關核定公告之下列工作者，得由勞雇雙方另行書面約定工作時間、例假、休假、女性夜間工作，並報請當地主管機關核備，不受勞基法第三十條、第三十二條、第三十六條、第三十七條、第四十九條規定之限制，惟該約定不得損及員工之健康及福祉。

1.監督、管理人員或責任制專業人員。

2.監視性或間歇性之工作。

3.其他性質特殊之工作。

八、提前銷假上班規定

凡經請假核准後，因故欲取銷假期提前上班者，均應依規定辦理。

第七章　員工福利

一、福利措施

1.凡本公司員工於報到時，由公司依法令規定為其辦理勞工保險及全民健康保險，保險費依相關規定於當月薪資中扣除。

2.經公司試用期滿經正式錄取者，由人事單位辦理投保團體意外險壹佰萬元暨意外醫療險參萬元，保險費由公司全額負擔。

3.員工在職訓練。

4.工作服。

5.年節獎金。

6.依職工福利金條例設置職工福利委員會，提撥職工福利金辦理福利事項，職工福利金之保管動用由本公司職工福利委員會辦理。

二、勞健保及團體保險費用申請

1.對於同仁生育、傷病、殘廢、老年、死亡等之給付，由公司管理部依「勞工保險條例」及「全民健康保險法」辦理，轉請勞保局及健保局給付。

2.本公司員工到職後如尚未辦妥勞工保險及全民健康保險手續前，發生意外事故，致受傷害者，公司應照「勞工保險條例」及「全民健康保險法」規定辦理之。

3.本公司員工發生意外事故致受傷害者，由公司管理部向團保公司申請給付後，轉辦理之。

三、員工在職訓練

凡本公司員工因公司業務發展或個人職務上需要，得申請在職訓練，參加專業訓練。

1.申請條件：由公司主管指派或個人申請經主管核准者。

2.個人提出申請之條件：

(1)新進人員須服務滿一年經正式錄取之員工（未滿一年由主管指派）。

(2)服務滿一年，在工作表現積極進取且前年度工作考績B等（含）以上者。

(3)申請之課程內容須與其工作項目有關。

3.申請程序：

由員工提出申請單，將參與課程報名表及所需費用，經單位主管同意後簽核，呈董事長核准。

4.費用之規定：

依參與課程內容視實際情況，由董事長決核補助方式。

5.請假規定：

其上課時間於白天者，依公假辦理；於夜間或例假日上課者，不列入加班計且亦不補休假。

6.員工參加專業訓練後，須將訓練課程中分發之講義及相關資料，留存壹份列爲公司書籍存查。

四、工作服

1.本公司工地人員經正式錄取後，由管理部通知於三天內至指定地點量身製作制服。

2.制服包括：長褲三件、短袖上衣二件、長袖上衣二件、外套一件（含可拆式內襯）及工作安全鞋一雙。

3.工地人員於現場作業時，須穿著公司服裝，包括制服及安全鞋，以建立整齊形象。

4.工作服經發現破損需重新製作時，經單位主管確認後，會同管理部向廠商訂製。

5.領用工作服規定：

(1)經正式錄用未滿一年者，其工作服之價款依實際服務月數之比例計算，由公司負擔，其餘費用由個人負擔。此款項由當月薪資中扣除，該工作服則由個人攜回。

(2)服務滿一年以上者，其服裝費用由公司全額負擔。

五、年節獎金

1.端節獎金核發工資百分之十。

2.秋節獎金核發工資百分之十。

3.年終獎金依年資核發。

(1)服務滿三個月，依試用期間工作績效由董事長核決發放。

(2)服務滿三個月未滿一年者，依服務期間比例加發工資一個月。

(3)服務滿一年者，加發工資一個月。

(4)服務滿二年者，加發工資一個半月。

(5)服務滿三年（含）以上者，加發工資二個月。

六、其他福利

依法成立職工福利委員會，提撥職工福利金辦理福利事項。其福利事項依有關條例規定辦理。

第八章　獎懲

一、本公司員工之獎懲作業除年終考核外，並對員工平時表現作考核，以爲年終考核之參考。

二、員工凡有下列符合記功（過）之各項情形者，應由其直屬主管以「簽呈」方式提出，敬呈董事長核准。經核准後之獎懲由管理部續辦公告，副本轉財務部以爲作業之依據。

三、凡因記功（過）之獎金或罰款，皆於當月核發薪資時一併辦理。

四、員工在同年度之功過得以相抵，如嘉獎乙次抵申誡乙次，依此類推。

五、獎懲之種類區分爲：

項目	嘉獎乙次	小功乙次	大功乙次	申誡乙次	小過乙次	大過乙次
獎（罰）金	2,000	6,000	18,000	1,000	3,000	9,000
相當於		嘉獎三次	小功三次		申誡三次	小過三次

六、獎勵：

1.員工有下列情事者，予以記嘉獎：

(1)品性端正、工作勤奮、認眞負責，能適時完成任務者。

(2)熱心服務有具體事實，表現可嘉者。

(3)提高工作效率，增加生產者。

(4)考績成績進步者。

(5)有其他功績者。

2.員工有下列情事者，予以記小功：

(1)工作表現優異有具體事實者。

(2)對非常事件能適當處理將損害降至最低者。

(3)對主辦之業務有良好改革，績效顯著者。

(4)對於危害公司權益等情事，能事先舉發或防止使公司免於損失者。

(5)連續三年考績A等（含）以上者。

(6)當選模範或者有其他較大功績者。

3.員工有下列情事者，予以計大功：

(1)遇有意外事件奮勇果斷，使公司得免重大損失者。

(2)對公司經營有特殊功績或提供有利計畫，經採納施行有顯著成效者。

(3)維護公司重大利益，避免重大損失或有其他功績者。

(4)領導有方使公司業務發展有相當成長者。

(5)其他重大功績，足以為員工表率者。

七、懲處：

1.員工有下列情事者，予以記申誡：

(1)工作怠惰或擅離工作崗位，屢經糾正仍不改者。

(2)因承辦業務疏忽致影響公司作業或公司聲譽，情節輕微者。

(3)妨礙公司秩序或公共安全衛生，情節輕者。

(4)經由主管認定浪費公物，情節輕者。

(5)遺失考勤卡者。

(6)於工作場合服裝不整或不符規定，經勸告仍不改者。

(7)不接受上級主管指揮監督者。

(8)其他違反管理規章規定，應予記申誡者。

2.員工有下列情事者，予以記小過：

(1)無故曠職不到者，以次計。

(2)遺失公司重要文件資料或工具等，致使公司蒙受重大損失者。

(3)散布不利公司之謠言或公司機密，使公司蒙受影響者。

(4)違背公司命令未於期限內完成應完成之工作，且未申報正當理由，致公司受損者。

(5)因個人疏忽致公司設備、物品、材料等遭受損失或傷及他人者。

(6)投機取巧，隱瞞蒙蔽謀取非份利益者，情節輕者。

(7)工作怠惰或擅離工作崗位，影響公司整體作業者。

(8)因承辦業務疏忽或洩漏屬於業務機密，致影響公司整體作業者。

(9)妨礙公司秩序或公共安全衛生，情節重大者。

(10)經由主管認定浪費公物者。

(11)不接受上級主管指揮監督者且態度惡劣者。

(12)其他違反管理規章規定，應予記小過處分者。

3.員工有下列情事者，予以記大過：

(1)有故意或重大過失致使公司業務有嚴重影響者。

(2)發現有危害公司情事，不即時轉呈上級，任其發生者。

(3)因疏忽或監督不周，致發生災害者。

(4)攜帶危險物品進入公司及工作場所者。

(5)投機取巧隱瞞蒙蔽謀取非份利益，情節重大者。

(6)承辦業務疏忽致影響公司作業或公司聲譽，情節重大者。

(7)妨礙公司秩序（含酗酒鬧事）或公共安全衛生，情節重大者。

(8)故意浪費或毀損公司設施（備），情節重大者。

(9)擅自塗改文件，偽造虛假記錄者。

(10)其他違反管理規章規定，應予記大過處分者。

4.特別規定：工地若有施工不當，而遭政府相關單位罰款之懲處時，公司將予以下之懲處：

(1)罰款新台幣18,000元以下者，現場主管記申誡乙次。

(2)罰款新台幣18,000元（含）以上者，現場主管記申誡二次。

(3)工地停工者，現場主管記小過乙次。

(4)未改善連續受罰者，依公司規定加重處罰。

第九章　考績

一、主旨

為激勵員工達成公司年度目標，對於員工平日之工作表現，定期辦理績效評估。適時瞭解同仁工作狀況以作為獎勵、升遷、調任、調薪及年終獎金等之依據及作為訓練發展之參考，以督促工作改進為宗旨，特訂立本辦法。

二、考核類別：年度考核。

三、架構及基本精神

1.考核系統：區分為考核面談、初核及複核。

(1)初核者：受考核者之直接主管，負責進行第一階段的績效考核作業。

(2)複核者：受考核者之間接主管（部門一級主管）。負責進行第二階段的績效考核作業。

(3)除了初、複核之外，各級主管應與部門人員作「考核面談」，以評定工作績效，此部分成績不列入整體考核成績計算。

2.考核作業應秉持公正客觀精神。

3.考績內容列屬機密文件。

(1)各級主管及經辦人員應確實遵守不洩漏整體考核成績及內容，凡洩漏者依公司規定懲處。

(2)所有考績成績資料由總管理處列入個人資料建檔保管，除所屬之部門主管外，任何人均不得向有關之經辦人員查詢或抄錄考績內容資料。

(3)同仁可向部門主管查詢個人考績部分，部門主管應與之討論並提出建議。

四、考核對象

1.公司全體員工：依不同對象區分爲主管級人員、行政（事務）人員及現場技術人員三種。

2.資格：

序	對象資格	需考核	績效獎金
1	考核年度年資滿一年（含）以上者	○	按公告標準
2	考核年度年資滿半年（含）以上，未滿一年者	○	比例發給
3	年資滿三個月（含）以上，未滿半年者	○	比例發給
4	年資未滿三個月者，或考核作業期間正值留職停薪未復職者	×	另案處理
5	臨時工、契約工，約僱人員	×	另案處理

3.到職未滿三個月（含試用期間人員）者，不須參加考核。

4.當年度請產假及留職停薪者，其考核年資應以實際工作日數（扣除請假及停職時間）計算。

5.當年度跨部門調職員工之處理原則：

(1)至考核當年度止，在新單位服務滿三個月（含）以上者，由新主管考核。

(2)至考核當年度止，在新單位服務三個月以下者，由原部門主管考核。

(3)以上人員，其前後工作年資應滿三個月（含）以上，方具考核資格。

6.當年度跨公司別調職員工之考核處理原則，依其所屬公司之規定辦理。

7.破月年資之計算：

到職日	每月1~10日	每月11~20日	每月21~31日
年資計算	以一個月計算	以0.5個月計算	當月年資不計

五、考核單位職責

1.總管理處：

(1)負責每年度考核相關作業。

(2)將考核表發出、彙整、統計及建檔。

(3)由員工考核表中彙整統計相關訓練發展計畫。

(4)統計分析員工考績，作爲人事作業（如年終獎金、薪資調整、晉升）之參考。

2.各部門主管：

(1)在考績年度開始前，主管應與員工清楚設定未來一年中應達成之工作目標與標準。

(2)考績年度結束時，應與員工作考績面談，使其瞭解主管對其之工作表現之評語與期望。

(3)考績面談主要爲討論員工工作態度、達成度、如何提高績效及次年度發展計畫等。

(4)工作績效由各部級主管依權限執行初評、複評及核定。

(5)各級員工之考核人員：

類別	行政（事務）人員	技術人員	部門二級主管	部門一級主管
部門二級主管（工地主任）	初評	初評		
部門一級主管	複評	複評	初評	自我考評
董事長	評定		評定	

(6)試用期間之主管人員，仍被授權進行部門內之考核作業。

六、考核原則

以年度計畫的達成、預算控制及工作績效爲重點，再依職能別作整體評估。

七、考核期間

1.年度考核期間：每年一月一日至十二月三十一日。

2.考核作業期間：每年一月一日至一月二十日止。

八、考核項目

1.工作績效：由各級主管負責考核。

(1)品質：工作依其品質觀點加以衡量，品質包含正確性、創新性、可行性。

(2)數量：如產量、工作量……。

(3)成本：預算控制。衡量員工於達成目標時所耗費之成本是否在預算之內。

(4)時間：工作效率，時間掌控。

(5)態度：服務精神、人際關係及個人品德。

2.考勤：由總管理處依員工於當年度考核期間之出缺勤狀況按下列標準加減。本項標準分數為10分，最高13分，最低以0分為限。

項目	遲到	早退	忘打卡	事假	病假	曠職	8個月以上全勤	全年全勤
加減分	-0.1／次	-0.1／次	-0.1／次	-0.4／天	-0.2／天	-3／天	+2／年	+3／年

3.獎懲：由總管理處於當年度考核期間依管理規章曾受獎懲者，除功過相抵外，並按下列標準增減分數。

項目	大功	小功	嘉獎	大過	小過	申誡
加減分	+9／次	+3／次	+1／次	-9／次	-3／次	-1／次

九、考核評分及計算

1.滿分成績為100分。

2.面談部分僅列入參考，不列入考核總分計算。

3.如初核者與複核者之考核總分差距至10分以上者，需由總管理處請初、複核者重新討論決定之。

4.考核成績計算方式（小數點以下四捨五入）：

{[（初評分數＋複評分數）÷2]±考勤分數±獎懲分數}＝考核總分

5.年度薪資調幅計算：

(1)年度薪資調整，依每年度公告考績之等級所訂之調幅上下限作業。

(2)每年調幅上下限，由董事長核定後公告。

(3)年度薪資調幅計算（小數點以下四捨五入）：

（初評調幅＋複評調幅）÷2＝本年度建議之薪資調幅

6.年度調薪計算基準：

考核年度年資滿一年者：全薪×評定之薪資調幅%＝調整薪資

十、列等原則

1.共分五等：

(1)優等：表示整體表現非常優異。

(2)A等：表示整體表現突出。

(3)B等：表示整體表現符合要求。

(4)C等：整體表現差強人意。

(5)D等：整體表現低於工作要求。

等級	優等	A等	B等	C等	D等
分數	90分以上	80~90分	70~80分	60~70分	60分以下

2.各單位核等人數之分配，以常態分配爲原則。

3.各單位考核A等（含）以上人數，不得超過該單位受考核人數之1/4（未足三人單位以一人計）。

4.評核等級之原則，因個人案例特殊者，將不在此限內，應由主管以專案方式辦理。

5.年度有以下情形者，考核不得列入A等（含）以上。

(1)當年度有重大過失或記過之記錄者。

(2)請公傷假或病假逾公司規定者。

(3)當年度凡遲到、早退及忘打卡之合計次數超過十二次者。

十一、考核表格

1.A表：主管職人員適用。

2.B表：行政（事務）人員適用。

3.C表：現場技術人員適用。

十二、備註

1.考績連續一年列爲D等者，予以免職。

2.考績成績進步者，記嘉獎乙次。

3.連續三年考績A等（含）以上者，記大功乙次。

4.考核及獎金作業以當年度公告爲準，績效獎金與年終獎金合併發給。

十三、考核流程

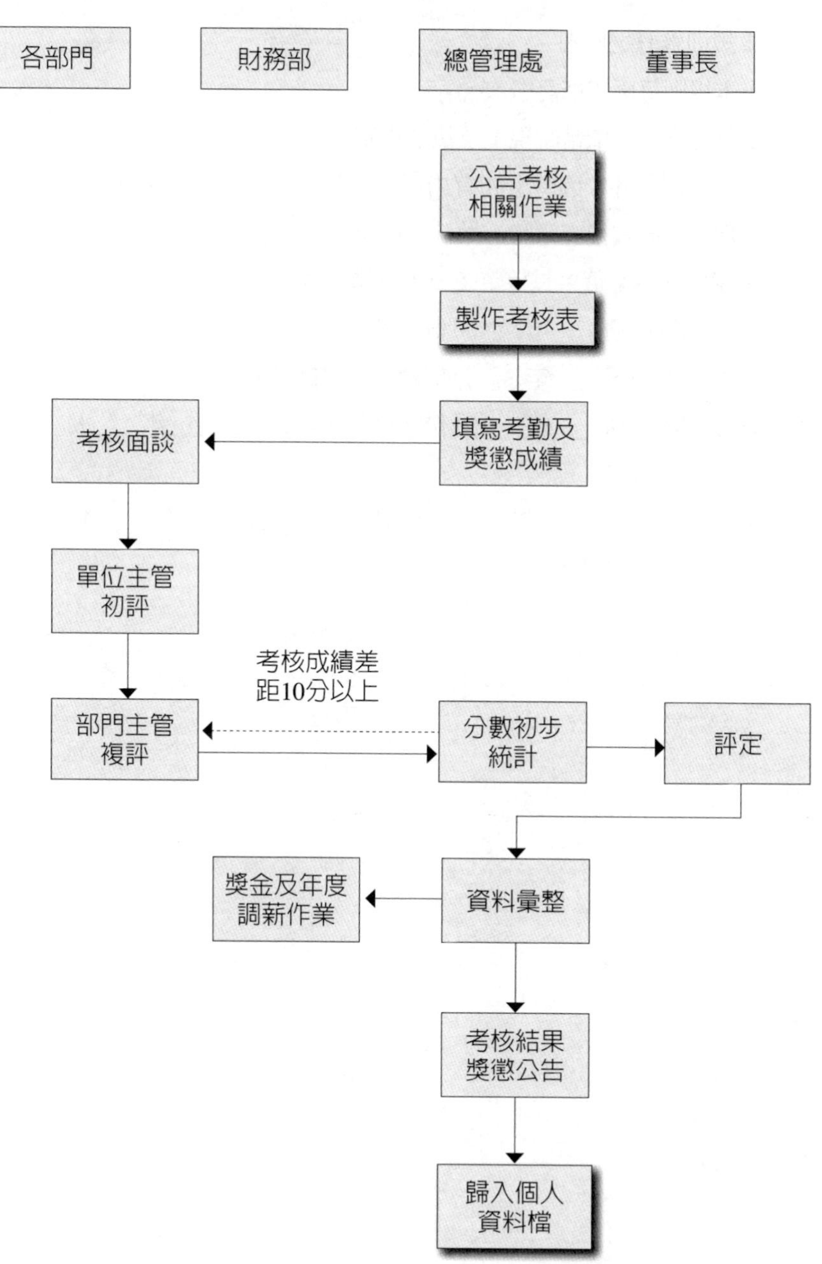

各部門
財務部
總管理處
董事長
公告考核相關作業
製作考核表
填寫考勤及獎懲成績
考核面談
單位主管初評
考核成績差距10分以上
部門主管複評
分數初步統計
評定
資料彙整
獎金及年度調薪作業
考核結果獎懲公告
歸入個人資料檔

第十章　附則

一、本規則修訂之原則

1.本規則每兩年修訂一次。

2.修訂之內容依當時現況及法令規定辦理。

3.修訂期間外，因時令如有局部之變動，依實際需要採發布公告方式爲之，於其後修章時，做統一修正。

二、本規則經奉呈董事長核定後公告實施，修訂時亦同。

本規則於民國____年____月份做第一次修訂。

本規則於民國____年____月份做第二次修訂。

本規則於民國____年____月份做第三次修訂，於____年____月____日起公告實施。

本規則於民國____年____月份做第____次修訂，於____年____月____日起公告實施。

附錄四　俱樂部經營管理顧問提案範例

◆俱樂部籌備工作提案◆

一、工作目標

研擬確立俱樂部的定位，俱樂部的策略目標，和爲往後的營運型態與規模，預先設定本俱樂部需要的相關功能與設施。

協助俱樂部建構該有之設施，購買特殊設備，提供特殊部分之俱樂部設施與裝潢需求之建議，並使在時間緊迫之下，協助能在X年X月順利完成開幕事宜；並建立俱樂部之經營軟體，使俱樂部得以在營運階段順利運作。

二、工作內容

2-1　俱樂部營運策略

＊俱樂部的價格策略

＊俱樂部管理方式及工作流程建議

＊營運收入的規劃

＊營運收支預算

2-2　功能規劃與動線配置

＊區域功能規劃與區域面積調配建議

＊各類型設施特殊尺寸建議

＊各功能區域與內部動線建議

2-3　設施、設備與消耗備品建議

＊根據俱樂部之設施需求，提供相關建議與諮詢

＊設備器材及消耗品建議及諮詢

2-4　會員服務辦法

＊俱樂部章程

＊會員基本資料管理

＊會員健康資料管理

＊會員使用俱樂部守則

2-5 櫃檯管理辦法

＊櫃檯人員作業標準及程序

＊櫃檯人員職務及守則

＊會員入場登記辦法

2-6 健康服務管理

＊教練職責與守則

＊會員健康管理辦法

＊體適能測量及處方設定準則

＊課程規劃

2-7 更衣室與三溫暖管理

＊服務人員執掌與守則

＊存物櫃管理辦法

＊三溫暖使用辦法

＊更衣室與三溫暖清潔與服務辦法

2-8 人員訓練與管理

＊人員招募協助

＊人員訓練

＊人員輪班辦法

＊薪資結構與獎懲辦法

＊加班及請假辦法

2-9 游泳池管理

＊游泳池清潔與維護管理辦法

＊游泳池使用管理辦法

＊游泳池課程規劃

2-10 其他附屬設施

＊清潔與維護管理辦法

＊使用及課程規劃管理辦法

2-11 多元化教室管理

＊各式各樣課程規劃及使用管理辦法

三、工作進度

在有限時間內，為配合X年X月X日開幕，依以下順位著手工作

3-1 設備器材進場

3-2 人員招募及各區人員定位

3-3 損益預算

3-4 價格策略、營運方向定位及目標

3-5 開幕日活動安排

3-6 於開幕日之後再回歸其他籌備工作。籌備期為三個月

四、顧問方式及費用

4-1 籌備期：從簽約日起為期三個月，由本公司專案小組派專案人員負責俱樂部前期籌備協助，並提供各階段各項工作執行服務之作業標準書，顧問費為新台幣XXX元整。

4-2 營運期：可依營運狀況，由本公司經營管理或以專業顧問之方式協助經營均可，細節及費用屆時再詳談。

附錄五　各式表單

一、行政類

1.部門協調單

<table>
<tr><td colspan="6">日期：　　年　　月　　日</td></tr>
<tr><td colspan="2">發文單位：</td><td colspan="2">申請人：</td><td colspan="2">部門主管簽核：</td></tr>
<tr><td colspan="6">協調事項：</td></tr>
<tr><td colspan="2">受文單位：</td><td colspan="2">受理窗口：</td><td colspan="2">部門主管簽核：</td></tr>
<tr><td colspan="6">回覆處理：</td></tr>
<tr><td colspan="6">其他部門會簽回覆：</td></tr>
<tr><td colspan="3">○呈核</td><td colspan="3">○呈核</td></tr>
<tr><td colspan="3">總經理</td><td colspan="3">經理</td></tr>
<tr><td colspan="3"></td><td colspan="3"></td></tr>
</table>

2.各項證明書申請單

<table>
<tr><td colspan="5">申請日期：　　年　　月　　日
需用日期：　　年　　月　　日</td></tr>
<tr><td>項次</td><td colspan="2">項目</td><td>份數</td><td>用途</td></tr>
<tr><td></td><td colspan="2"></td><td></td><td></td></tr>
<tr><td></td><td colspan="2"></td><td></td><td></td></tr>
<tr><td></td><td colspan="2"></td><td></td><td></td></tr>
<tr><td></td><td colspan="2"></td><td></td><td></td></tr>
<tr><td></td><td colspan="2"></td><td></td><td></td></tr>
<tr><td>總經理</td><td>經理</td><td>單位主管</td><td>申請人</td><td>申請單位</td></tr>
<tr><td></td><td></td><td></td><td></td><td></td></tr>
</table>

3.簽呈

敬　　呈		日　　期	月　　日
承辦部門		文　　號	
承辦人員		敬　　會	
副本傳送			
主　　旨：			
說明：			
會辦單位：			部門主管：
董事長意見	總經理批示	顧問建議	經理核示
	總經理裁定		

4.商品調撥移轉單

<table>
<tr><td colspan="6">移出單位：
移入單位：</td><td rowspan="5">核准：
移出單位主管：
管理人員：
轉入單位主管：
管理人員：</td></tr>
<tr><td>品名</td><td>1</td><td>2</td><td>3</td><td>4</td><td>5</td></tr>
<tr><td>數量</td><td></td><td></td><td></td><td></td><td></td></tr>
<tr><td>單價</td><td></td><td></td><td></td><td></td><td></td></tr>
<tr><td>總價</td><td></td><td></td><td></td><td></td><td></td></tr>
<tr><td colspan="6">其他說明：</td><td>用途：</td></tr>
</table>

5.臨時借用物品單

借用單位：				
品名	單位	數量	財產編號	備註
填 表 日 期： 年 月 日 預定歸還日期： 年 月 日 借出單位主管： 借出人： 借用單位主管： 借用人：				

6.報修單

申請日期： 年 月 日			
申請單位			
報修物品	型號		
報修事由	□人為操作疏失 □機件故障 □其他＿＿＿＿＿＿＿		
申請完成日期			
總經理	經理	部門主管	申請人
總務組			
受理日期		受理人	
送修狀況說明：			
預計完成日		實際完成日	
費　用：新台幣　拾　萬　仟　佰　拾　元正			
完件簽收：			

7.請購單（此表格只限於同類貨品採購時使用）

序號：　　申購單位：　　申購原因：　　日期：

項目	內容／規格	需要		前次採購				詢價比價			
		數量	日期	日期	數量	單價	存貨	廠商名稱	1.	2.	3.
								單價			
								總金額			
								交貨日期			
								付款方式			
								單價			
								總金額			
								交貨日期			
								付款方式			
								單價			
								總金額			
								交貨日期			
								付款方式			

備註：1.請購單位填明項目、日期及前次採購日期、數量。
2.採購單位填明比價欄。
3.不同類別之物品請勿使用同一張單據。
4.其他＿＿＿＿＿＿＿＿

使用單位主管／日期　　採購員／日期

採購單位推薦廠商理由：	會計單位意見：	使用單位意見：	俱樂部經理意見：
□品質良好 □價格合理 □固定廠商 □長期供應廠商 □信譽良好 □能提供所需之物品 □其他	□該項目今年有預算申購 □該項目今年沒有預算申購 □其他	□必須申請 □可等待明年申購 □取消申購	□准許申請 □延至明年申購 □取消申購 □請提供多樣選擇
採購員／日期　管理部組長／日期	會計單位／日期	使用單位主管／日期	俱樂部經理／日期

第一聯：採購單位　第二聯：會計單位　第三聯：使用單位　第四聯：驗收單位

二、營運類

1.會員來賓離館消費明細表

年　月　日								
櫃號	姓名	場地名稱	結帳時間	品名	數量	單位	單價	消費金額

付款方式										
櫃號	入館單號	姓名	消費金額	服務費	小計	折扣數	折扣額	抵用券	禮券	實收金額
								實收總金額		
會員／來賓簽名：							經辦：			

2.餐廳每日清潔檢查表

檢查項目 / 檢查時段									檢查簽章
								年　月　日	

3.遺失物登記表

月	日	拾獲地點／物品名稱	拾獲人	經辦	領取人／身分證字號	日期	經辦	備註

4.設施器材損耗表

月份：　　第　　頁						
日期 內容						
損壞物名稱						
數量						
損壞狀況與原因						
處理方式						
記錄人						
單位主管簽核						
部門主管簽核						
當月損壞狀況總計分析	=物品名稱×總數量					
統計者簽名						

5.每週工作進度報表

單位	姓名	工作期間：
順序	工作項目	進度說明
1		
2		
3		
4		
5		
6		
7		
8		
9		
10		
11		
12		
臨時交辦事項：		
順序	工作項目	進度說明
建議事項／顧問組		總經理核閱

三、人事類

1.面試記錄表

<table>
<tr><td>應徵人姓名</td><td colspan="2"></td><td>應徵職務</td><td></td><td colspan="2">工作地點</td><td colspan="2"></td></tr>
<tr><td colspan="9">初試部分</td></tr>
<tr><td>初試時間</td><td colspan="4">月　日　時　分至　時　分</td><td colspan="4">初試地點</td></tr>
<tr><td colspan="5">評估項目</td><td>佳</td><td>普通</td><td>差</td><td>其他</td></tr>
<tr><td rowspan="3">基本資料</td><td colspan="4">1.履歷表、自傳部分</td><td></td><td></td><td></td><td></td></tr>
<tr><td colspan="4">2.面試履歷表部分（字體，內容）</td><td></td><td></td><td></td><td></td></tr>
<tr><td colspan="4">3.與應徵職務需求條件符合程度</td><td></td><td></td><td></td><td></td></tr>
<tr><td rowspan="6">工作經歷與狀況評鑑</td><td colspan="4">4.過去工作與所應徵職務關聯性</td><td></td><td></td><td></td><td></td></tr>
<tr><td colspan="4">5.工作職能的認知</td><td></td><td></td><td></td><td></td></tr>
<tr><td colspan="4">6.工作上成就的表現</td><td></td><td></td><td></td><td></td></tr>
<tr><td colspan="4">7.專業知識</td><td></td><td></td><td></td><td></td></tr>
<tr><td colspan="4">8.工作壓力的承受</td><td></td><td></td><td></td><td></td></tr>
<tr><td colspan="4">9.就業穩定度</td><td></td><td></td><td></td><td></td></tr>
<tr><td rowspan="7">綜合評鑑</td><td colspan="4">10.儀表（穿著，姿態，精神，態度，應對）</td><td></td><td></td><td></td><td></td></tr>
<tr><td colspan="4">11.表達能力（陳述，反應，頭腦，思緒）</td><td></td><td></td><td></td><td></td></tr>
<tr><td colspan="4">12.人際關係（個性，情緒控制）</td><td></td><td></td><td></td><td></td></tr>
<tr><td colspan="4">13.企圖心與自我訓練</td><td></td><td></td><td></td><td></td></tr>
<tr><td colspan="4">14.自我認識瞭解程度</td><td></td><td></td><td></td><td></td></tr>
<tr><td colspan="4">15.生涯目標規劃與工作結合</td><td></td><td></td><td></td><td></td></tr>
<tr><td colspan="4">16.個人潛力</td><td></td><td></td><td></td><td></td></tr>
<tr><td>電腦程度</td><td colspan="3"></td><td>駕　照</td><td colspan="4">□汽車□機車□</td></tr>
<tr><td>交通工具</td><td colspan="3"></td><td>筆試成績</td><td colspan="4">分</td></tr>
<tr><td>希望待遇</td><td colspan="3">元</td><td>可上班時間</td><td colspan="4">年　月　日</td></tr>
<tr><td>備　註</td><td colspan="8"></td></tr>
<tr><td colspan="3">初試評核結語

簽名：________</td><td colspan="6">建議：□不予考慮□進行複試□直接試用
錄取後______月______日可上班
單位：______職稱：________
薪資待遇：________元／月（年）</td></tr>
<tr><td colspan="3">複試評核結語

簽名：________</td><td colspan="6">建議：□同初試者建議□不予考慮□進行複試□直接試用
錄取後______月______日可上班
單位：______職稱：______
試用期：三個月／______薪資待遇：______元／月（年）</td></tr>
<tr><td colspan="3">核准

簽名：________</td><td colspan="6">核定：□不予考慮□直接試用
單位：______職稱：______敘薪：______元／月（年）應於___月___日報到</td></tr>
</table>

2.請假單

XXX股份有限公司員工請假單					
職　稱			職務代理人		
姓　名			請假日期	自　年　月　日　時　分起	
假　別	假	天數　天		至　年　月　日　時　分止	
請假事由			聯絡地址電話		
核准單位	複核單位		管理部	部門主管	

3.員工加班申請單

XXX股份有限公司員工加班申請單						
編　號		姓　名		部　門		
加班日期	加班時間		加班事由	誤餐費	加班累積	經辦
	時　分至　時　分					
	時　分至　時　分					
	時　分至　時　分					
管理部	核准		單位主管			

4.調班／補休通知單

部門別：						日期：　年　月		
員工編號	姓名	原排班（休）日		調班／補休狀況		原因說明	職務代理人	補休時數
		日期	值班／公休時間	日期	值班／公休時間			
						□補休 □調班		
						□補休 □調班		
管理部：		核准：			單位主管：			

5.人力需求申請單

<table>
<tr><td colspan="4">表單編號：
申請日期：</td></tr>
<tr><td>公司名稱</td><td></td><td>需求單位</td><td></td></tr>
<tr><td>申請原因</td><td colspan="3">□補缺　□新增／擴編（補簽呈呈核）</td></tr>
<tr><td>職　　稱</td><td></td><td>需求人數</td><td>人</td></tr>
<tr><td>希望到職日</td><td>年　　月　　日</td><td>薪資範圍</td><td>元～　　　元</td></tr>
<tr><td>條件說明</td><td colspan="3">性別：□男　□女　□不拘
年齡：□30歲以下　□30~40歲　□40歲以上　□不拘
學歷：□高中（職）　□專科　□大學　□研究所　□不拘
科系：____________
技能：□熟　OFFICE軟體　　□其他____________
專長：____________
經驗：____________</td></tr>
<tr><td>職務概述</td><td colspan="3"></td></tr>
<tr><td>備　　註</td><td colspan="3">希望登稿時間：□星期日　□星期________</td></tr>
</table>

總經理	顧問	管理部	申請人／主管

6.外出申請單

<table>
<tr><td>申 請 人</td><td></td><td>部　　門</td><td></td></tr>
<tr><td>外出日期</td><td></td><td>外出時間</td><td></td></tr>
<tr><td>事　　由</td><td colspan="3"></td></tr>
<tr><td>陪同人員</td><td colspan="3"></td></tr>
<tr><td>返回日期</td><td></td><td>返回時間</td><td></td></tr>
<tr><td>備　　註</td><td colspan="3">□外出跨越上班時間□返回跨越下班時間</td></tr>
</table>

部門主管	申請人

7.員工資料表

<table>
<tr><td colspan="6">員工編號：□□□□□</td></tr>
<tr><td colspan="2">姓名：</td><td colspan="3">籍貫： 省（市） 縣（市）</td><td rowspan="6">照片</td></tr>
<tr><td colspan="2">兵役：□已役□未役□免役</td><td colspan="3">婚姻狀況：□未婚□已婚</td></tr>
<tr><td colspan="2">身分證字號：</td><td colspan="3">出生日期： 年 月 日</td></tr>
<tr><td colspan="2">性別：□男□女</td><td colspan="3">血型：</td></tr>
<tr><td colspan="5">戶籍地：
縣 鄉鎮 里 鄰 路 段 巷 弄 號 之
市 市區 村 街 樓之</td></tr>
<tr><td colspan="5">通訊處：
縣 鄉鎮 里 鄰 路 段 巷 弄 號 之
市 市區 村 街 樓之</td></tr>
<tr><td colspan="2">戶籍電話：（ ）</td><td colspan="2">行動電話：</td><td colspan="2">緊急聯絡人：</td></tr>
<tr><td colspan="2">通訊電話：（ ）</td><td colspan="2"></td><td colspan="2">緊急電話：（ ）</td></tr>
<tr><td>學歷</td><td>學校名稱</td><td colspan="2">科系</td><td colspan="2">起迄日期</td></tr>
<tr><td></td><td></td><td colspan="2"></td><td colspan="2"></td></tr>
<tr><td></td><td></td><td colspan="2"></td><td colspan="2"></td></tr>
<tr><td></td><td></td><td colspan="2"></td><td colspan="2"></td></tr>
<tr><td></td><td></td><td colspan="2"></td><td colspan="2"></td></tr>
<tr><td>經歷</td><td>公司名稱</td><td colspan="2">職位</td><td colspan="2">薪給</td></tr>
<tr><td></td><td></td><td colspan="2"></td><td colspan="2"></td></tr>
<tr><td></td><td></td><td colspan="2"></td><td colspan="2"></td></tr>
<tr><td></td><td></td><td colspan="2"></td><td colspan="2"></td></tr>
<tr><td></td><td></td><td colspan="2"></td><td colspan="2"></td></tr>
<tr><td>（需加保健保者請打✓）</td><td>家屬姓名</td><td>身分證字號</td><td>出生年月日</td><td>稱謂</td><td>年齡</td></tr>
<tr><td></td><td></td><td></td><td></td><td></td><td></td></tr>
<tr><td></td><td></td><td></td><td></td><td></td><td></td></tr>
<tr><td></td><td></td><td></td><td></td><td></td><td></td></tr>
<tr><td colspan="6">所屬部門： 報到日期：
職稱： 填表人：</td></tr>
</table>

8.切結書

切結書

立書人＿＿＿＿＿＿＿＿於＿＿＿＿＿＿＿＿公司任職，任職期間必遵守公司所有明定之規定及公告。工作期間，公司義務提供良善之工作環境及辦理各項保險作業。立書人若未依公司規定辦理參加保險，期間因工作所致之各項意外傷害或死亡，由立書人自行承擔所有費用及完全責任，公司不負任何責任。

以上，恐後無憑特立此切結書存照。

立書人：＿＿＿＿＿＿＿＿＿＿（簽名蓋章）

中華民國　　　　　年　　　　　月　　　　　日

參考文獻

吳松齡（2004）。《休閒產業經營管理》。揚智文化事業股份有限公司。

呂慧珍等（1999）。《游泳池管理手冊》。臺北：行政院體育委員會。

宋明哲（1980）。《風險管理》。五南出版社。

宋曉婷（2001）。《台北市健康俱樂部會員轉換行為之研究》。朝陽科技大學休閒事業管理系碩士論文。

李文昌（1998）。《游泳池與按摩池水質管理》。

李文昌（2001）。《游泳池與按摩池水質測試》。臺北：李文昌。

李正綱、黃金印（2004）。《人力資源管理》（*Human Resource Management*）。前程企業。

李茂興、蔡佩真譯，高俊雄校閱（2001），S. Balahandran著。《服務管理》（*Customer-Driven Service Management*）。弘智文化事業有限公司。

李敏玲（1997）。《運動連鎖服務業生命週期與經營策略之研究：以韻律舞蹈業為例》。國立體育學院體育研究所碩士論文。

李豪傑（2006）。〈中國大陸健身俱樂部產業發展之探討〉。《運動管理季刊》，第11期，頁13-22。

周明智（2002）。《俱樂部管理》。華泰文化事業公司。

周逸衡譯（1999），C. H. Lovelock著。《服務業行銷》（*Service Marketing*）。華泰文化事業公司。

林月枝（1996a）。〈圓一個老闆的夢系列報導之一：運動健康事業的經營與管理〉。《銳步專業教練季刊》，第2期。

林月枝（1996b）。〈圓一個老闆的夢系列報導之二：運動健康事業總體營造〉。《銳步專業教練季刊》，第3期。

林月枝（2000）。〈臺灣運動休閒俱樂部經營管理模式分析〉。2000年國際體育運動管理研討會，國立體育學院。

林月枝（2001）。〈就運動休閒俱樂部各類型管理模式看運動休閒產業經理人協會之緣起與願景〉。《中華民國體育管理學會會刊》。中華民國體育管理學會。

林月枝（2004）。《銀髮族選擇運動休閒俱樂部考量因素之探討》。國立台北大學企業管理系碩士論文。
林月枝、吳秀雲等合著（2001）。《休閒俱樂部經營規劃及教育訓練手冊》。捷立運動顧問有限公司。
林月枝、吳秀雲編著（1999）。《水都健康休閒俱樂部教育訓練手冊》。
林月枝、張佳玄、吳秀雲、魏淑屏、陳清豪等編著（2005）。《運動休閒產業實務管理經理人研習手冊》。台灣運動休閒產業經理人協會。
林月枝、陳有村（2003）。〈社區型運動健康俱樂部經營管理實務分析之個案研究〉。體育學術論文發表會，中華民國體育學會。
姜慧嵐（2002）。《台灣健身房（體適能中心）設施及管理研究》。中華民國有氧體能運動協會。
凌平、施芳芳（1996）。〈我國體育健身娛樂市場初期發展階段的基本動因初探〉。《山東體育學院學報》，第2期。
徐堅白（2002）。《俱樂部的經營管理》。揚智文化事業股份有限公司。
高俊雄（1995）。〈台北市健康體適能俱樂部經營管理型態初探〉。《大專體育》，第22期，頁39-53。
高俊雄（2004）。《運動休閒事業管理：理論與實務》。台灣體育運動管理學會。
高秋英、林玥秀（2004）。《餐飲管理：理論與實務》（第四版）。揚智文化事業股份有限公司。
張宮熊、林鉦棽（2005）。《休閒事業管理》。揚智文化事業股份有限公司。
陳有村（2002）。《消費者選擇運動休閒俱樂部考量因素之探討：以太平洋都會生活俱樂部之會員為例》。天主教輔仁大學體育學系碩士論文。
陳金冰（1991）。《休閒俱樂部行銷策略之研究》。國立政治大學企業管理研究所碩士論文。
陳啓昌（2006）。〈探討台灣健身俱樂部及私人教練市場之概況〉。《運動管理季刊》，第11期，頁35-44。
陳堯帝（2004）。《餐飲管理》（第三版）。揚智文化事業股份有限公司。
陳覺、何賢滿編（2004）。《餐飲管理：理論與個案》。揚智文化事業股份有限公司。

程紹同（1997）。〈國內運動休閒與體適能企業之概況介紹及經營策略分析〉。《桃園文教》（復刊號），頁29-36。

節能技術手冊.五、水質管理介紹。新湧科技股份有限公司網站，http://www.prowatertech.com.tw/index_inner_info_skill_detail.asp?id=39

葉怡君（2003）。《健身俱樂部指導員專業能力調查》。國立體育學院運動保健系。

詹益政（2002）。《旅館餐飲經營實務》。揚智文化事業股份有限公司。

趙麗雲（2007）。〈台灣健身運動俱樂部的發展現況與趨勢〉。國家研究報告。

潘成滿編譯（1999），Christian Grönroos著。《服務業管理與行銷》（*Service Management and Marketing*）。普林斯頓股份有限公司。

欒開封（1996）。〈全民健身需要體育俱樂部〉，《體育文史》，第4期，頁13-14。

Buchanan, J. (1965). The economic theory of clubs. *Economic, 32*, 371-384.

Butcher, Ken J. (2004). *CIBSE Guide G-Public Health Engineering* (2nd Edition). CIBSE.

Crosby, P. B. (1979). *Quality is Free*. New York: McGraw-Hill.

Deming, W. Edwards (1986). *Out of the Crisis*. Boston: MIT Center for Advanced Engineering Study.

Garvin, David A. (1988). *Managing Quality*. New York: Free Press.

IHRSA (2005). The State of the Health Club Industry: A Global Perspective, Trends, Challenges & Opportunities. By John Holsinger, Director, IHRSA Asia Pacific.

Juran, J. M., & Gryna, Frank M. (1980). *Quality Planning and Analysis: From Product Planning Through Use*. New York: McGraw-Hill.

Parasuraman, A., Zeithaml, V. A., & Berry, L. L. (1988). SERVQUAL. *Journal of Retailing, No.1*, Spring.

Poolcom Pak Corp. "Indoor Pool Dehumidification" "The Ultimate Dehumidification System"

PWTAG (1999). Swimming Pool Water : Treatment and Quality Standards for Pools and Spas. PWTAG.

休閒遊憩系列

休閒俱樂部經營管理實務

作　　者／林月枝、陳有村
出 版 者／揚智文化事業股份有限公司
發 行 人／葉忠賢
總 編 輯／閻富萍
特約執編／鄭美珠
地　　址／新北市深坑區北深路三段 260 號 8 樓
電　　話／(02)8662-6826
傳　　真／(02)2664-7633
網　　址／http://www.ycrc.com.tw
E-mail／service@ycrc.com.tw
印　　刷／鼎易印刷事業股份有限公司
ISBN／978-986-298-187-0
初版一刷／2006 年 9 月
三版一刷／2015 年 5 月
三版二刷／2016 年 10 月
定　　價／新台幣 550 元

國家圖書館出版品預行編目資料

休閒俱樂部經營管理實務 / 林月枝, 陳有村著. -- 三版. -- 新北市 : 揚智文化, 2015.05
面 ; 公分. -- (休閒遊憩系列)

ISBN 978-986-298-187-0(平裝)

1.俱樂部 2.企業管理

991.3 104008148